Niederländische Redewendungen

Siegfried Theissen ist emeritierter Ordinarius der Universität Lüttich (Belgien) und Autor von mehr als 30 Werken über Redewendungen, ‚falsche Freunde' und kontrastive Präpositionen in Deutsch, Französisch, Niederländisch und Englisch.

Siegfried Theissen

Niederländische Redewendungen

mit niederländischer Umschreibung, deutscher Übersetzung, Erläuterung, Etymologie und Beispielsätzen

BUSKE

Bibliografische Information der Deutschen Nationalbibliothek

Die Deutsche Nationalbibliothek verzeichnet diese Publikation in der Deutschen Nationalbibliografie; detaillierte bibliografische Daten sind im Internet über ‹https://portal.dnb.de› abrufbar.

ISBN 978-3-96769-191-7

 Umschlaggestaltung: QART Büro für Gestaltung, Hamburg. Satz: Reemers Publishing Services, Krefeld. Druck und Bindung: Printing Solutions, Torún. Printed in Poland.

Inhaltsverzeichnis

Vorwort

In diesem Buch werden fast 2.500 niederländische Redewendungen aufgeführt mit einer niederländischen Umschreibung, der deutschen Übersetzung, der Etymologie (insofern sie zu ergründen war), einer wörtlichen Wiedergabe oder der Übersetzung ihrer Kernwörter und einem Beispielsatz. Zusammen mit den ca. 200 Vergleichen, die gesondert aufgelistet sind, z. B. zo arm als een kerkrat (so arm wie eine Kirchenmaus) oder bloeden als een rund (bluten wie ein Schwein) sind es sogar mehr als 2.500 Einträge.

Da beide Sprachen viel enger miteinander verwandt sind als z. B. Deutsch und Französisch, darf es einen nicht wundern, dass es Hunderte niederländische Redewendungen gibt, die ihren deutschen Entsprechungen sehr ähnlich sind: Vom Typ iemand bont en blauw slaan (jdn grün und blau schlagen) habe ich fast 500 Beispiele gefunden. Sie sind mit einem Asterisk (*) versehen, brauchen keine Umschreibung und keinen Beispielsatz, weil sie ja für einen Deutschsprachigen sofort verständlich sind. Wohl wird dort, wo sie nötig ist, die Etymologie gegeben, z. B. bei voor een dubbeltje op de eerste rang/rij willen zitten (für einen Groschen in der ersten Reihe sitzen wollen). Vor der Einführung des Euro war een dubbeltje eine Münze von 10 Cent. Dubbeltje, weil es zweimal 5 Cent wert war. Die Unterschiede zwischen der niederländischen und der deutschen Redewendung werden durch *Kursivschrift* hervorgehoben.

Die anderen Redewendungen werden in drei Kategorien eingeteilt: die Frequenzziffer (1) (ca. 35 %, wenn man die mit * markierten Redewendungen mitzählt) steht für die sehr geläufigen Redewendungen; die (2) für weniger geläufige (ca. 30 %) und die (3) (ca. 35 %) für die eher seltenen Redewendungen, die jedoch für Fortgeschrittene oder Übersetzer von großem Nutzen sein können. Beispiele für (1): loop naar de bliksem! (scher dich zum Teufel!); für (2): door de bocht gaan (nachgeben); für (3): op de bonnefooi (im guten Glauben). Die (3) findet man auch bei Redewendungen, die keiner weiteren Erklärung, außer eventuell der Etymologie, bedürfen, weil auf ein häufiger gebrauchtes Synonym verwiesen wird: So steht bei (3) de bramzeilen bijzetten (siehe alles op alles zetten) | de bramzeilen = die Bramsegel.

In fast 50 % der Fälle (auch bei mit * markierten Einträgen) wird auf ähnliche Redewendungen verwiesen. So findet man unter hij gaat eraan (er wird dran glAuben müssen) siehe auch zijn laatste adem uitblazen, op apegapen liggen, ten dode opgeschreven zijn, op sterven na dood zijn, het hoekje om gaan, het niet lang meer maken, het loodje leggen u. a. m.

Somit ist dieses Buch auch eine Art Synonymwörterbuch. Natürlich haben die hier angeführten Verweise nicht genau dieselbe Bedeutung. Echte Synonyme gibt es ja sowieso nicht.

Was sofort auffällt, ist die große Zahl der Verkleinerungsformen, nämlich ca. 6 % aller Redewendungen, die in der deutschen Entsprechung nicht als Verkleinerungsformen vorkommen, z. B. het op een akkoordje gooien (sich einigen, sich arrangieren). Dies sagt einiges über die niederländische Mentalität, die alles Großspurige verabscheut. Ihr Motto ist Doe maar gewoon dan doe je al gek genoeg!

Es darf einen auch nicht wundern, dass fast 100 Redewendungen aus der Schifffahrt stammen, wie z. B. aan lagerwal geraakt ([finanziell] heruntergekommen). Die Niederlande waren im 17. und 18. Jahrhundert, in der Zeit, aus der viele Redewendungen stammen, eine der führenden Seefahrernationen Europas.

Was die Etymologie betrifft, so verfügen wir zum Glück über sehr vertrauenswürdige Quellen (siehe Bibliografie), aber in einigen Fällen mussten auch die die Antwort schuldig bleiben.

Die Umschreibungen stammen meistens aus dem „dikke Van Dale" in drei Bänden (2015) und die deutsche Übersetzung aus Van Dale Groot Woordenboek Nederlands-Duits (2012).

Redewendungen, die man wörtlich ins Deutsche übersetzen kann, wie dat spreekt boekdelen (das spricht Bände) sind nicht berücksichtigt worden.

Sprichwörter wurden nur dann aufgenommen, wenn sie nicht direkt „durchsichtig" sind, wie de aanhouder wint (ohne Fleiß kein Preis).

Die Reihenfolge ist strikt alphabetisch, wobei Einzahl und Mehrzahl voneinander getrennt sind, was viele Wörterbücher nicht machen, sodass man oft lange suchen muss, weil Redewendungen in der Einzahl und die, welche nur in der Mehrzahl vorkommen, wie Kraut und Rüben durcheinander stehen. Auch die verschiedenen grammatischen Kategorien (Substantiv, Verb, Adverbium) werden voneinander getrennt.

Als Kernwort gilt, von wenigen Ausnahmen abgesehen, das (wichtigste) Substantiv und wenn das nicht vorhanden ist, ein anderes Kernwort: So steht ergens vaart achter zetten unter vaart, de onnozele uithangen unter uithangen und dat is iets om u tegen te zeggen unter u.

Auch wenn, zusammen mit den Vergleichen, mehr als 2.500 Redewendungen aufgelistet sind, so kann dieses Werk natürlich keinen Anspruch auf Vollständigkeit erheben.

Stembert-Verviers, im August 2022 — Siegfried Theissen

A

Aagje

(2) een nieuwsgierig Aagje (een nieuwsgierig iemand) ▸ eine Schnüffelnase, eine neugierige Ziege | Aagje = Agathe

☞ Nach einer Komödie aus dem 17. Jh., in der eine Holländerin aus Neugier nach Antwerpen reist und dort allerlei Abenteuer erlebt. Ursprünglich bezog sich diese Redewendung allein auf Frauen.

Nee, dat zal ik je niet vertellen, je bent me te zeer *een nieuwsgierig Aagje*!

aal

(3) aal is geen paling! (men mag het mindere niet met het betere op één lijn stellen) ▸ man darf nicht alles in einen Topf werfen! | de aal = der junge Aal, de paling = der ausgewachsene Aal, der teurer ist

We zijn toch allebei generaal, zei de brigadegeneraal tot de generaal-majoor, waarop deze antwoordde: *aal is geen paling!*

aambeeld

(3) steeds op hetzelfde aambeeld hameren/slaan (altijd het belang van dezelfde zaak benadrukken) ▸ immer wieder auf dasselbe Thema zurückkommen | het aambeeld = der Amboss

De Groenen *hameren steeds op hetzelfde aambeeld*: ze willen de kernenergie weg.

aan

(2) je kunt ervan op aan dat ... (je kunt er zeker van zijn dat ...) ▸ du kannst dich darauf verlassen, dass ...

Hij zegt dat het nooit meer zal gebeuren, maar *je kan ervan op aan, dat het toch nog gebeurt.*

Siehe auch **dat geef ik je op een briefje, daar kun je donder op zeggen, dat staat als een paal boven water**.

(2) hij gaat eraan (hij zal weldra sterven) ▸ er wird dran glauben müssen

Als hij ons nog eens zoiets flikt, *gaat hij eraan*!

Siehe auch **zijn laatste adem uitblazen, op apegapen liggen, ten dode opgeschreven zijn, op sterven na dood zijn, het hoekje om**

gaan, het niet lang meer maken, het loodje leggen, de pijp aan Maarten geven, de pijp uit gaan, in het stof bijten, in het zand bijten.

(3) daar is niets van aan (daar is niets van waar) ▸ an der Sache ist kein wahres Wort

Wat de journalisten allemaal over deze minister verteld hebben, *daar is niets van aan.*

aangebrand

(2) gauw aangebrand zijn (snel boos worden) ▸ sich schnell ärgern, schnell beleidigt sein

☞ Aus der Küchensprache.

Stel hem niet teveel kritische vragen, want *hij is gauw aangebrand.*

Siehe auch **zich op zijn pik getrapt voelen, gauw op de tenen/teentjes getrapt zijn, lange tenen hebben, in zijn/de wiek geschoten zijn**.

aangekleed

(3) aangekleed gaat uit! (gezegd van iemand die pronkt met opvallende kleding) ▸ der/die hat sich aber aufgedonnert!

Kijk die eens: *aangekleed gaat uit!*

Siehe auch **op z'n paasbest**.

aanhouder

(2) de aanhouder wint (wie doorzet, bereikt zijn doel) ▸ ohne Fleiß kein Preis

☞ Aanhouden bedeutet hier ‚durchhalten', ‚nicht lockerlassen'.

Wanneer ik weer eens geen zin had om te studeren, zei vader altijd: *de aanhouder wint*!

aantikken

(2) dat tikt aan! (dat kost nogal wat geld!) ▸ das läppert sich ganz schön zusammen! | aantikken (von Geldbeträgen) = sich summieren

☞ Man denkt an eine Rechenmaschine, auf der man einen Betrag eintippt.

Je kind vier of vijf jaar op de universiteit laten studeren, *dat tikt aan!*

Siehe auch **dat loopt (aardig) in de papieren**.

aanvaring

(2) met iemand in aanvaring komen (ruzie of problemen met iemand krijgen) ▸ mit jdm zusammenstoßen
☞ In der eigentlichen Bedeutung ist *aanvaring* ein Zusammenstoß von Schiffen.
De oppositie is weer eens *met de regering in aanvaring gekomen.*

Siehe auch **Hoekse en Kabeljauwse twisten, overhoop met iemand liggen, hoge woorden met iemand hebben**.

aap

(1) en toen kwam de aap uit de mouw (en toen bleek wat zijn/haar eigenlijke bedoeling was) ▸ da ließ er/sie die Katze aus dem Sack
☞ Früher verbargen manche Zauberkünstler einen kleinen Affen in ihrem Ärmel. Wenn das Äffchen dann hervorlugte, verriet es seinen Herrn.
Eerst dacht ik nog dat hij me een beleefdheidsbezoek wilde brengen, maar *toen kwam de aap uit de mouw*: hij wilde geld!

(2) voor aap staan (een belachelijke indruk maken) ▸ das Nachsehen haben, der Dumme sein
Als hij niet voor aap wil staan, moet de minister mij een precies antwoord op mijn vraag geven.

Siehe auch **voor gek staan, te kijk staan, voor lul staan, voor paal staan, voor schut staan**.

(3) in de aap gelogeerd zijn (in moeilijkheden geraakt zijn) ▸ in der Patsche sitzen
☞ Ursprünglich war *de aap* wahrscheinlich der Name einer Herberge in Amsterdam.
Nu er steeds minder wagens met een dieselmotor gekocht worden, is de autoindustrie *in de aap gelogeerd.*

Siehe auch **beren op de weg zien, de bietenbrug opgaan, de bui zien hangen, dan zijn we nog verder van huis, er is een kink in de kabel, in de knel zitten, in de knoei zitten, in de knoop zitten, in de nesten zitten, in een lastig/moeilijk parket verkeren, iemand parten spelen, in de penarie zitten, in de piepzak zitten, in de puree zitten, in de put zitten, in de rats zitten, in het schip zitten, in de soep zitten, er is stront aan de knikker, er zijn voetangels en klemmen, het niet meer zien zitten**.

(3) iemand voor aap zetten (iemand in het openbaar belachelijk maken) ▸ jdn öffentlich zum Narren halten

Ik wil niet meer met jou in het openbaar gezien worden. Ik laat me niet graag door jou *voor aap zetten*!

Siehe auch **de draak met iemand steken, iemand voor de gek houden, iemand op de hak nemen, iemand in zijn hemd zetten, iemand voor joker zetten, iemand te kijk zetten, iemand een kool stoven, iemand een kunstje flikken, iemand voor het lapje houden, iemand een loer draaien, een loopje met iemand nemen, iemand voor lul zetten, iemand in de maling nemen, iemand een oor aannaaien, iemand in het ootje nemen, iemand een poets bakken, iemand voor schut zetten**.

(3) aap, wat heb je mooie jongen! (iemand vleien om hem/haar gunstig te stemmen) ▸ sagt man, wenn man jdm Honig ums Maul schmiert

☞ Aus der Tierfabel *Reineke Fuchs*, in der der Fuchs einem hässlichen Affen schmeichelt, indem er die Schönheit seiner Jungen lobt.

De reclame op radio en TV doet niets anders dan ons voortdurend te vleien, zo van *aap, wat heb je mooie jongen!*

(3) dat is de aap gevlooid! (dat is veel te veel werk!) ▸ das wäre eine Sisyphusarbeit!

☞ Ein Affe hat so viel Flöhe, dass es eine Sisyphusarbeit wäre, ihn zu lausen.

Die honderden drukfouten uit dat boek te halen, *dat is de aap gevlooid!*

Siehe auch **dat is onbegonnen werk**.

aard

(3) dat is de aard van het beestje! (zo is zijn/haar karakter nu eenmaal!) ▸ so ist er/sie nun einmal! | Beestje = Tierchen. Wie so oft im Niederländischen eine Verkleinerungsform.

Die politicus is al vijf keer minister geweest en nu is hij weer kandidaat: *dat is de aard van het beestje !*

aardappels

(3) de aardappels afgieten (vulg.) (urineren, van een man gezegd) ▸ urinieren

☞ Wörtlich: Die Kartoffel abgießen.

Wacht een ogenblikje, ik moet nog even *de aardappels afgieten.*

aarde

(2) (niet) in goede aarde vallen ([niet]gewaardeerd worden) ▸ (nicht) auf fruchtbaren Boden fallen

☞ Diese Redewendung bezieht sich auf die Parabel des Sämannes.

Ik besefte dat mijn laatste opmerking bij de meeste toehoorders niet *in goede aarde was gevallen.*

Siehe auch **dat is me in het verkeerde keelgat geschoten**.

aardje

(3) een aardje naar zijn vaartje hebben (lichamelijk of anders op zijn vader lijken) ▸ auf seinen Vater herauskommen

☞ *Vaartje* ist die Kurzform von *vadertje.*

Men zag meteen dat de jonge Merckx *een aardje naar zijn vaartje had.*

Abraham

* hij weet waar *Abraham* de mosterd haalt ▸ er weiß, wo *Barthel* den Most holt

☞ *Mosterd* (normalerweise Senf) scheint hier eine Verballhornung von *mutsaard* (Reisigbündel) zu sein, wahrscheinlich in Anlehnung an die biblische Geschichte, in der Abraham seinen Sohn opfern soll.

Siehe auch **het fijne van iets weten, er haring of kuit van willen hebben, van de hoed en de rand weten, erg goed op de hoogte zijn, willen weten hoe de kaarten worden geschud, het naadje van de kous, weten hoe het er aan toe gaat, weten hoe de steel in de vork zit**.

(3) Abraham gezien hebben (50 jaar geworden zijn) ▸ fünfzig geworden sein

☞ Sagt man nur von einem Mann. Für eine Frau sagen die Niederländer *Sarah* (Abrahams Frau) *gezien hebben.* Aus der Bibel: Als Jesus behauptete, Abraham gesehen zu haben, sagten seine Gegner: „Du willst Abraham gesehen haben und bist noch keine fünfzig?“ Da antwortete Jesus: „Ich war schon da, bevor Abraham da war.“ Dabei war Abraham schon lange tot.

Nu je Abraham gezien hebt, hoop ik dat je een beetje wijzer geworden bent.

achterdeur

* *via/langs* een achterdeur ▸ *durch die*/eine Hintertür

achterhoofd

* niet op z'n *achterhoofd* gevallen zijn ▸ nicht auf den Kopf gefallen zijn. | het achterhoofd = der Hinterkopf

acte de présence

(2) acte de présence geven (ervoor zorgen dat je ergens tenminste kort aanwezig bent) ▸ sich irgendwo kurz blicken lassen

☞ Aus dem Französischen.

Je hoeft niet de hele avond te blijven, maar je zou wel *acte de présence* moeten *geven.*

adder

* reageren als door een adder gebeten ▸ reagieren wie von *einer Tarantel gestochen.* | de adder = die Natter

* een adder *aan zijn borst*/boezem koesteren ▸ eine Natter *am* Busen hegen.

addertje

(2) er zit/schuilt een addertje/adder onder het gras (achter de schone schijn verbergt zich een gevaar/klopt iets niet) ▸ die Sache hat einen Pferdefuß/Haken

Jouw voorstel lijkt wel voordelig voor ons, maar ik heb de indruk *dat er een addertje onder het gras zit.*

adem

* de laatste adem uitblazen ▸ die letzten *Atemzüge tun*

Siehe auch **op apegapen liggen, ten dode opgeschreven zijn, op sterven na dood zijn, eraan gaan, het hoekje om gaan, het niet lang meer maken, het loodje leggen, de pijp aan Maarten geven, de pijp uit gaan, in het stof bijten, in het zand bijten**.

* de *langste* adem hebben ▸ den *längeren* Atem haben.

* iemands *hete adem* in *zijn* nek *voelen* ▸ jdn im Nacken haben

afbijten

(2) van zich afbijten (niet alles accepteren) ▸ sich nicht auf die Füße treten lassen, sich seiner Haut wehren

☞ Wörtlich: Beißend vertreiben.

Pas op dat je hem niet beledigt, want *hij kan van zich afbijten.*

Siehe auch **geen katje om zonder handschoenen aan te pakken, niet op zijn mondje gevallen zijn, zijn tanden laten zien**.

afdrogen

(3) zich laten afdrogen (1. een grote nederlaag lijden. 2. siehe een pak slaag krijgen.) ▸ 1. eine Schlappe erleiden | afdrogen = abtrocknen
In de finale heeft Becker *zich laten afdrogen.*

Siehe auch (zu 1.) **het tegen iemand moeten afleggen. voor de bijl gaan, aan het kortste eind(je) trekken, het onderspit delven, er niet aan te pas komen, ergens niet tegenop kunnen**.

afgaan

(2) afgaan als een gieter (erg afgaan) ▸ sich fürchterlich blamieren | Gieter = Gießkanne
☞ In dieser Redewendung bedeutet *afgaan* ‚Durchfall haben'.
Omdat ik niet wist hoe de premier van Denemarken heet, *ben ik afgegaan als een gieter.*

Siehe auch **op zijn bek gaan, op zijn gezicht gaan**.

(2) op iets/iemand afgaan (geloven wat iemand zegt en daarnaar handelen; zich op iets baseren) ▸ sich auf etwas/jdn verlassen
☞ *Afgaan* bedeutet hier ‚(auf jdn) zugehen'.
Als we *op de getuigenis van het slachtoffer afgaan*, is er wel degelijk politiegeweld geweest.

afgedaan

(2) afgedaan hebben (niet meer belangrijk zijn, niet meer meetellen; niet meer bruikbaar zijn) ▸ ausgedient haben; zum alten Eisen gehören | Afdoen = zu einem Ende bringen; afgedaan hebben = zu nichts noch zu gebrauchen sein
Dieselwagens *hebben* praktisch *afgedaan.*

afgeven

(3) op iemand/iets afgeven (over een afwezige persoon of over een zaak een afkeurend oordeel vellen) ▸ über jdn/etwas herziehen

Ik vind het niet in orde *dat je altijd op je vrienden afgeeft.*

afkloppen

(2) even afkloppen! (gezegd als iemand een ongeluk bezweert) ▸ auf Holz klopfen, toi, toi, toi

☞ Ursprünglich aus einem keltisch-germanischen Brauch: Viele Bäume galten als Wohnsitz der Götter als heilig. Wenn man sich von dämonischen Kräften bedroht fühlte, musste man auf Holz klopfen. Später, in der katholischen Traditon, war dies eine Erinnerung an das Kreuz Christi.

Ik denk dat het allemaal – *even afkloppen!* – goed zal eindigen.

afknappen

(3) op iemand/iets afknappen (iemand/iets ineens niet meer interessant vinden, teleurgesteld zijn door iemand) ▸ von jdm/etwas frustriert sein | afknappen = zerreißen; zusammenbrechen

☞ Hier ist es der Augenblick, in dem sich für jdn etwas Positives ins Negative verändert.

Ik ga niet meer naar de kerk, *omdat ik er op afgeknapt ben.*

afkunnen

(1) het kan er niet af (de financiële omstandigheden laten het niet toe) ▸ das ist nicht drin; das kann ich nicht bezahlen

☞ Gemeint ist: Von der Summe, die zur Verfügung steht, kann man das nicht bezahlen (af = abnehmen).

Je koopt wel zo'n dure wagen, maar *een goede verzekering kan er blijkbaar niet af.*

Siehe auch **in de brand zitten, het niet breed hebben, dat kan Bruin(tje) niet trekken, geen rooie cent, de eindjes niet aan elkaar kunnen knopen, aan de grond zitten, pijn in zijn portemonnee hebben, platzak zijn, op zwart zaad zitten**.

(1) kan er geen glimlach af? (moet je altijd zo streng kijken?) ▸ könntest du auch mal lächeln?

☞ Gemeint ist: Kannst du auch mal ein Lächeln von deinem Gesicht ‚abnehmen'? (so, dass man es sieht)

Waarom kijk je altijd zo streng? *Kan er niet ook eens een glimlach af?*

afleggen

(1) het tegen iemand (moeten) afleggen (de mindere zijn van iemand, niet opgewassen zijn tegen iemand) ▸ jdm unterlegen sein
☞ Diese Bedeutung von *afleggen* hat sich aus einer anderen Bedeutung, nämlich ‚den Geist aufgeben', entwickelt.
Ik ben wel niet de slechtste tennisser, maar tegen zo'n sterke tegenstander *heb ik het moeten afleggen.*

Siehe auch **zich laten afdrogen, voor de bijl gaan, aan het kortste eind(je) trekken, het onderspit delven, er niet aan te pas komen, ergens niet tegenop kunnen**.

afschepen

(1) iemand met iets (bijv. met mooie praatjes, met vage beloften) afschepen (iemand met mooie praatjes, met vage beloften wegsturen) ▸ jdn abwimmeln, jdn mit etwas abspeisen
☞ Aus dem Mittelalter, wenn Waren (später Personen) verschifft wurden, mit der Nebenbedeutung ‚weggeschickt'.
Ik weet nog steeds niet waar ik aan toe ben, want de directeur heeft me weer *met vage beloften afgescheept.*

Siehe auch **iemand met apenmunt betalen, iemand het bos in sturen, iemand met een dooddoener afschepen, zich ergens met een jantje-van-leiden van afmaken, iemand met een kluitje in het riet sturen, iemand aan het lijntje houden, iemand blij maken met een dode mus**.

aftocht

*de aftocht blazen ▸ *zum* Rückzug blasen (klein beigeben) | Aftocht = Abmarsch

aftrek

(1) gretig aftrek vinden (gemakkelijk verkocht worden) ▸ reißenden Absatz finden. | Gretig = gierig, begierlich
Het nieuwe boek over Trump *heeft gretig aftrek gevonden.*

Siehe auch **als warme broodjes over de toonbank gaan, grif van de hand gaan, het loopt als een trein, goed in de markt liggen, opgang maken, opgeld doen, in trek zijn, in zwang zijn**.

afweten

(1) **het laten afweten** (1. niet komen; 2. [van een toestel, een motor ...] niet meer functioneren.) ▸ 1. absagen. 2. versagen, es nicht mehr tun

1. Ik dacht dat Piet ook zou komen, maar *hij heeft het laten afweten.*

2. Ik ben aan een nieuwe computer toe, *de oude heeft het laten afweten.*

Siehe auch (zu 1.) **verstek laten gaan**, (zu 2.) **het begeven**.

agenda

(2) een verborgen agenda hebben (een doel hebben dat voor anderen verborgen gehouden wordt) ▸ einen Hintergedanken haben

Ik vrees dat de regering met dit wetsvoorstel *een verborgen agenda heeft.*

agentje

(3) agentje pesten (het de agenten van politie bij hun dienstvervulling op straat opzettelijk moeilijk maken) ▸ Bullen ärgern | pesten = schikanieren

☞ Man achte auf die für das Niederländische so typische Verkleinerungsform, die in diesem Fall eine abwertende Bedeutung hat.

Sommige jongeren houden ervan *agentje te pesten.*

akkertje

(3) op z'n dooie akkertje (siehe *op z'n gemak*)

akkoordje

(1) het op een akkoordje gooien (wederzijds wat toegeven om tot overeenstemming te komen) ▸ sich einigen, sich arrangieren | het akkoord (man beachte wieder die Verkleinerungsform!) = die Übereinkunft, der Vergleich; gooien = werfen, hier jedoch ‚erreichen'.

Misschien kunnen we *het nog op een akkoordje gooien* met de concurrentie.

alles

* alles op alles zetten ▸ alles *dran* setzen

Siehe auch **de bramzeilen bijzetten, kosten noch moeite sparen, alle registers opentrekken, alles in de waagschaal stellen, alles in het werk stellen, alle zeilen bijzetten**.

(1) alles en iedereen (absoluut iedereen) ▸ jeder
☞ *Alles* und *iedereen* sind hier Synonyme. Es handelt sich also um eine Tautologie.
Na Covid-19 wilde *alles en iedereen* weer met vakantie gaan.

Siehe auch **Jan en alleman, Jan, Piet en Klaas**.

(1) van alles en nog wat (een bonte verzameling van allerlei dingen) ▸ alles Mögliche
Als Journalist moet je bereid zijn over *van alles en nog wat* te schrijven.

ambachten

* (het is met hem) twaalf ambachten (en) dertien ongelukken ▸ *vierzehn* Handwerke, *fünfzehn* Unglücke.

ammehoela/ammenooitniet

(3) ammenooitniet! ammehoela! aan me hoela! (dat doe ik zeker niet!) ▸ mit mir nicht!
☞ Ammehoela bezieht sich auf den König Amanoulla (1892–1960) von Afghanistan, der von seinem Volk vertrieben wurde. *Hoela* ist jedoch auch ein Euphemismus für *reet* = Arsch.
Als je al tien jaar leraar bent en de inspecteur vertelt je dat je het helemaal anders moet aanpakken, dan denk je: ‚*Ammehoela!*'

Siehe auch **om de dooie dood niet, geen haar op mijn hoofd dat/die eraan denkt, morgen brengen, soep met balletjes**.

anderhalf

(3) anderhalve man en een paardenkop (vrijwel niemand) ▸ kaum einer, kaum jemand
☞ Aus dem Till Eulenspiegel: Als der junge Till allein zu Hause ist, sieht er einen Reiter, der, auf seinem Pferd sitzend, den Kopf durch die Türöffnung steckt. Auf die Frage, ob jemand zu Hause sei, antwortet Till: ‚Ja, anderthalber Mann (er und die Hälfte des Reiters) und ein Pferdekopf.'
Ik dacht dat de zaal helemaal vol zou zijn, maar ik stond er te praten voor *anderhalve man en een paardenkop*.

Siehe auch **er was geen hond, er was geen kip**.

anders

(1) mooi, handig, leuk (+ andere adjectieven met positieve connotatie) is anders! ▸ schön, geschickt, angenehm ... ist es nicht gerade!

Je hebt me anderhalf uur in de kou laten wachten, *leuk is anders!*

angel

(3) ergens de angel uit trekken (iets onschadelijk of minder pijnlijk maken) ▸ einer Sache die Giftzähne ausbrechen | De angel = der Stachel einer Biene oder einer Wespe.

Een kopje sterke koffie en een aspirientje *trekken de angel uit* de hardnekkigste hoofdpijn.

anker

* het anker lichten ▸ *den* Anker lichten

Siehe auch **de benen nemen, zijn benen onder zijn arm nemen, zijn biezen pakken, ervandoor gaan, het hazenpad kiezen, zijn hielen lichten, ertussenuit knijpen, de kuierlatten nemen, op de loop gaan, zijn matten oprollen, met de muziek meezijn, met de noorderzon vertrekken, ertussenuit piepen, de plaat poetsen, ’m smeren, er de sokken in zetten, met de stille trom vertrekken, zich uit de voeten maken, de wijk nemen.**

apegapen

(3) op apegapen liggen (siehe op sterven na dood zijn)

☞ *Apegapen* gibt es nur in dieser Redewendung. Sie hat nichts mit Affen zu tun, sondern mit dem älteren Verb *hap(p)egapen* = mit weit aufgesperrtem Mund nach Luft schnappen, wie jd, der schon halb tot ist.

apenmunt

(3) met apenmunt betalen (siehe met mooie praatjes afschepen)

☞ Aus dem Französischen *payer en monnaie de singe.*

appel (siehe auch appeltje)

* door de zure appel (heen) bijten ▸ *in* den sauren Apfel beißen

appelflauwte

(2) een appelflauwte hebben/krijgen (een lichte, meestal geveinsde flauwte hebben/krijgen) ▸ in eine vorgetäuschte Ohnmacht fallen

☞ Die Etymologen geben zwei mögliche Erklärungen: 1. eine leichte

Ohnmacht, gegen die schon das Essen eines Apfels helfen konnte; 2. eine Verballhornung von Apoplexie.

Je hoeft je geen zorgen te maken, *ze heeft weer eens een van haar appelflauwtes*!

appeltje (siehe auch appel)

(1) een appeltje met iemand te schillen hebben (een onaangename zaak met iemand moeten behandelen; nog iets met iemand te vereffenen hebben) ▸ mit jdm ein Hühnchen zu rupfen haben | schillen = schälen

☞ Es handelt sich hier, wie auch im Deutschen, um die sarkastische Umdeutung eines gemütlichen Zusammenseins. Hier greifen beide Sprachen auf eine Verkleinerungsform zurück.

Zo iemand kun je niet vertrouwen; *ik heb trouwens nog een appeltje te schillen met die man.*

(2) een appeltje voor de dorst bewaren (iets opzij leggen voor later) ▸ einen Notgroschen zurücklegen

Gelukkig had Duitsland voor de bankencrisis *een appeltje voor de dorst bewaard.*

apropos

(3) van zijn apropos raken (siehe de kluts kwijt raken)

☞ Apropos kommt aus dem Französischen *à propos*, das jedoch ‚übrigens', ‚nebenbei bemerkt' bedeutet.

arm

* de *sterke* arm (der wet) ▸ das *Auge* des Gesetzes

(1) een advocaat in de arm nemen (een advocaat raadplegen) ▸ sich einen Rechtsanwalt nehmen

☞ Die allgemeine Bedeutung von *iemand in de arm nemen* ist ‚Hilfe, Unterstützung bei jdm suchen'.

Die moeilijke zaak kun je niet alleen oplossen, *je moet een advocaat in de arm nemen.*

armoe

(1) daar is (het) armoe troef (er heerst daar voortdurend armoede) ▸ es herrscht dort äußerste (auch geistige) Armut. | Troef = Trumpf, dessen normale positive Bedeutung hier ins Negative verwandelt wird.

In het Belgisch tennis *is het ook dit jaar weer armoe troef.*

(3) van armoe (bij gebrek aan iets beters) ▸ vor Überdruss, aus Langeweile
☞ Gemeint ist: Weil man nichts anderes hat.
Omdat het regende, konden we niet gaan wandelen. *Van armoe* zijn we dan maar naar de bioscoop gegaan.

Siehe auch in **arren moede**.

armslag

(2) armslag hebben/krijgen (meer mogelijkheden hebben/krijgen) ▸ mehr Spielraum haben
☞ Gemeint ist: So, dass man die Arme schwingen kann.
Bij het opsporen van terroristen moet de politie *meer armslag krijgen.*

averechts

(2) averechts uitpakken (helemaal verkeerd aflopen) ▸ eine entgegengesetzte Auswirkung haben | averechts = falsch, verkehrt herum
☞ Aus dem alten Wort *ave* (jetzt *af*), mit der negativen Bedeutung ‚nicht recht', ‚nicht gerade'; *uitpakken* = (hier) ausgehen, auf etwas hinauslaufen.
De belastingverhoging zal *averechts uitpakken*, want de mensen zullen minder geld kunnen uitgeven en daardoor zal de consumptie in het gedrang komen.

Siehe auch **in het honderd lopen**.

B

baan (siehe auch banen)

* iets op de lange *baan* schuiven ▸ etwas auf die lange *Bank* schieben
☞ Die Etymologie ist nicht dieselbe: *Baan* = Weg, *Bank* = bankähnliche Truhen, in denen früher Gerichtsakten aufbewahrt wurden; *schuiven* = wegschieben. Vielleicht ist die niederländische Redewendung unter dem Einfluss der deutschen Redewendung entstanden.
Siehe auch **op een laag pitje zetten**.

(1) dat is van de baan (dat is niet meer aan de orde) ▸ das hat sich erledigt

☞ Wörtlich: Das liegt nicht mehr auf unserem Weg.

Een nieuwe kerncentrale in België is nu definitief *van de baan.*

(3) iemand van de baan knikkeren (iemand uit zijn positie verdringen) ▸ jdn verdrängen, ausstechen

☞ Diese Redewendung bezog sich ursprünglich auf das Murmelspiel, bei dem man die Murmel (*knikker*) des Gegners aus der Bahn schießen musste.

In de Grand Prix van Spa werd Hamilton in de laatste ronde *van de baan geknikkerd.*

baard

(3) de baard in de keel hebben/krijgen (gezegd als de stem aan het breken is) ▸ im Stimmbruch sein

☞ Gemeint ist: Wenn das Kind einen Bart kriegt, ist es erwachsen und dann bricht die Stimme.

Als die tiener de *baard in de keel krijgt*, kan hij zijn carrière waarschijnlijk vergeten.

baas

(2) iemand (in iets) de baas zijn (ergens beter in zijn dan iemand anders) ▸ jdm (in etwas) überlegen sein | de baas = der Chef; daraus *der Boss*

Veel ouders zijn tegenwoordig *hun kinderen* niet meer *de baas.*

Siehe auch **iemand het gras voor de voeten wegmaaien, er zijn kapers op de kust, iemand de loef afsteken, iemand vliegen afvangen, iemand te vlug af zijn**.

baat

(1) de gelegenheid te baat nemen (van de gelegenheid profiteren) ▸ die Gelegenheit (aus)nutzen | de baat = der Nutzen, der Vorteil

We hebben de gelegenheid te baat genomen om eens grondig te informeren naar de mogelijkheden ons huis zo voordelig mogelijk te verkopen.

badwater

* het kind met het badwater *weggooien* ▸ das Kind mit dem Bade *ausschütten* | weggooien = wegwerfen

B

bak

(1) aan de bak komen (werk vinden; aan de beurt komen) ▸ eine Stelle bekommen; an die Reihe kommen

☞ Aus der Seemannssprache: *De bak* ist die hölzerne Schüssel, aus der die Schiffsbesatzung aß.

Veel jongeren *komen*, ondanks een goede opleiding, *niet meer aan de bak.*

(1) het is volle bak (de zaal is helemaal uitverkocht) ▸ ein volles Haus

☞ Eine der 30 Bedeutungen von *bak* ist: Sitzplätze auf dem Boden eines Theaters.

Als ik een lezing geef, *is het meestal volle bak.*

baken

(1) de bakens verzetten (zich aan de veranderde omstandigheden aanpassen) ▸ sich den Umständen entsprechend anpassen. | het baken = die Bake

☞ Aus dem Sprichwort ‚Als het (ge)tij verloopt, moet men de bakens verzetten'.

Siehe auch **nu zijn de bordjes verhangen, de hekken zijn verhangen, de kaarten liggen nu anders, het tij is gekeerd**.

bakken

(2) er niets van bakken (er niets van terechtbrengen) ▸ mit etwas überhaupt nicht klarkommen

☞ Der Gedanke ist, dass man mit den verschiedenen Zutaten nicht imstande ist, etwas Gutes zu backen.

Nadat hij mijn examen gecorrigeerd had, zei de leraar *dat ik er niet veel van gebakken had.*

Siehe auch **er niets/weinig van brouwen**.

bakzeil

(2) bakzeil halen (zijn ongelijk moeten toegeven, niet kunnen bereiken wat men wilde) ▸ klein beigeben

☞ Wörtlich: Die Segel backholen, d. h., die Segel so richten, dass der Wind von vorne hineinbläst, wodurch das Schiff gebremst wird.

Mijn tegenstander had ijzersterke argumenten en dus moest ik *bakzeil halen.*

bal

* de bal *aan het* rollen brengen ▸ den Ball *ins* Rollen bringen

* de bal *terugkaatsen* ▸ den Ball zurück*spielen* | kaatsen = eine Art Schlagball spielen

(1) er geen bal van snappen/weten (er niets van snappen/weten) ▸ nicht die Bohne von etwas verstehen / keinen blassen Schimmer von etwas haben
☞ Schon im Mittelalter konnte *bal* (hier eigentlich *Hode*) ‚wenig' oder ‚nichts' bedeuten.
Ik dacht dat hij begrepen had wat ik bedoelde, maar *hij had er geen bal van gesnapt.*

Siehe auch **geen biet, geen hout, geen sikkepit, geen snars, tittel noch jota, er geen touw aan kunnen vastknopen, geen zier**.

balans

* de balans *opmaken* ▸ die Bilanz *aufstellen*

balletje

(1) een balletje trappen/slaan (een partijtje voetballen/tennissen) ▸ eine Partie Fußball/Tennis spielen
☞ Man achte wieder auf die verniedlichende Verkleinerungsform.
Mijn opa is nu al tachtig, maar hij is nog steeds in staat *een balletje te slaan.*

(2) een balletje opgooien (terloops iets loslaten om te kijken hoe er gereageerd wordt) ▸ einen Versuchsballon steigen lassen
☞ Gemeint ist, dass man bei einem Ballspiel zuerst einen Ball hochwirft, um die Windrichtung festzustellen.
De regering *heeft een balletje opgegooid* over een mogelijke hervorming van de pensioenen.

Siehe auch **een (proef)ballonnetje oplaten**.

ballonnetje

(3) een ballonnetje oplaten (siehe een proefballonnetje oplaten).

band

(2) door de band genomen (gemiddeld, meestal) ▸ durchweg
☞ Für die Herkunft gibt es zwei Erklärungen: 1. Band könnte der Reifen sein, an dem Stockfische aufgehängt wurden, die alle gleich

aussahen. 2. Band könnte auch das Band sein, das ein durchschnittlich dickes Reisigbündel zusammenhält. In den Niederlanden hört man jetzt auch oft *door de bank genomen*, aber in Flandern sagt man meistens *door de band genomen*.

Werknemers gaan *door de band genomen* op zestigjarige leeftijd met pensioen.

(2) uit de band springen (gekke dingen doen, zich flink uitleven) ▸ außer Rand und Band geraten, über die Stränge schlagen
☞ *De band* ist hier der Fassreifen.

Na die lange examenperiode hadden we allemaal echt zin om *uit de band te springen*.

Siehe auch **de beest uithangen**.

banden

(1) iets aan banden leggen (iets beperken, beteugelen) ▸ einer Sache Zügel anlegen
☞ *Band* ist hier etwas, um festzubinden.

Het wordt hoog tijd om het populisme van bepaalde partijen *aan banden te leggen*.

banen (siehe auch **baan**)

(1) iets in goede banen leiden (ervoor zorgen dat iets goed verloopt, iets goed regelen) ▸ etwas ins Gleis bringen
☞ *Baan* bedeutet hier ‚Weg', ‚Spur'.

Stoplichten dienen ertoe het verkeer *in goede banen te leiden*.

bang

(3) bang zijn (om) zich aan koud water te branden (overdreven voorzichtig zijn) ▸ übervorsichtig sein
☞ Gemeint ist: Weil man sich einmal an heißem Wasser verbrannt hat, schreckt man sogar vor kaltem Wasser zurück.

We moeten als maatschappij niet in een situatie belanden, waarbij iedereen *bang wordt zich aan koud water te branden*.

bank

(2) door de bank genomen (siehe door de band genomen)
☞ *Bank* hat jedoch einen anderen Ursprung als *band*: Es handelt sich ursprünglich um Fisch- und Fleischbänke auf dem Markt, wo die Preise von Bank zu Bank verschieden sein konnten. Verglich man

die verschiedenen Preise, dann konnte man einen mittleren Preis ermitteln.

bar

(2) bar en boos (van situaties: heel slecht) ▸ scheußlich | bar = fürchterlich, schrecklich

☞ Bei der Wahl der Worte hat die Alliteration natürlich eine Rolle gespielt.

Het is bar en boos op de Nederlandse wegen: er zijn steeds meer ongelukken.

Barbertje

(2) Barbertje moet hangen! (hij/zij moet het slachtoffer worden, meestal ten onrechte) ▸ eine(n) Schuldige(n) findet man immer

☞ Aus einem Theaterstück von *Multatuli*, in dem *Barbertje* zum Tode verurteilt wird, obwohl ihre Unschuld bewiesen ist.

De veroordeling was niet terecht, maar *Barbertje moest hangen!*

barricades

* de barricades *opgaan* ▸ *auf* die Barrikaden *gehen*

barst

(2) dat kan me geen barst schelen (dat kan me helemaal niet schelen) ▸ das kümmert mich überhaupt nicht. | de barst = der kleine Riss, Sprung

☞ Gemeint ist: Das würde auch nicht den kleinsten Riss verursachen.

Dat honderden oude mensen in bejaardentehuizen aan Corona overleden zijn, *kon de regering geen barst schelen.*

Siehe auch **het is me om het even, dat kan me geen fluit schelen, dat kan me geen lor schelen, ik maal er niet om, dat kan me geen moer schelen, daar word ik warm noch koud van, dat kan me geen zak schelen, dat kan me geen zier schelen, dat zal me een zorg wezen**.

Bartjens

(3) volgens (Willem) Bartjens (is bijv. vijf en zeven twaalf) (nauwkeurig berekend, meestal ironisch) ▸ nach Adam Riese

☞ *Bartjens* war ein berühmter Mathematiker im Amsterdam des 17. Jahrhunderts.

Volgens Willem Bartjens is twee plus twee nog steeds vier en niet drie of vijf, zoals Trump ons met zijn alternatieve waarheid wou wijsmaken.

baten

* baat het niet, het schaadt ook niet ▸ nützt es nicht, so schadet es auch nicht

(1) het mocht niet baten (het hielp niets) ▸ es half alles nichts | baten = nützen

Ik heb hem verschillende keren geld geleend, maar *het mocht niet baten*: hij is toch failliet gegaan.

Siehe auch **daar helpt geen lievemoederen aan, daar helpt geen moedertjelief aan**.

bed (siehe auch bedje)

(2) dat is ver van mijn bed (daar hoef ik me niets van aan te trekken) ▸ das berührt mich nicht

De meeste mensen in Europa denken dat de hongersnood in Afrika *ver van hun bed is.*

Siehe auch **dat raakt mijn kouwe kleren niet**.

(3) hij staat ermee op en gaat ermee naar bed (hij denkt aan niets anders) ▸ es beschäftigt ihn Tag und Nacht.

Het inflatiespook, *de Duitse regering staat ermee op en gaat ermee naar bed.*

bedanken

* *feestelijk* voor iets bedanken ▸ *sich bestens* für etwas bedanken

☞ In beiden Sprachen ironisch.

bedelstaf

* aan de bedelstaf *raken* ▸ an den Bettelstab *kommen*

bedje (siehe auch bed)

(3) zijn bedje is gespreid (voor zijn toekomst is gezorgd) ▸ er kann sich ins gemachte Bett legen | spreiden = ausbreiten, spreizen; het bed spreiden = das Bett bereiten

Nu hij met deze rijke erfgename getrouwd is, *is zijn bedje gespreid.*

bedrijven

(2) tussen de bedrijven door (tussen andere bezigheden in) ▸ zwischendurch, nebenbei

☞ *Het bedrijf* ist hier der Akt in einem Theaterstück.

De Europese Commissie heeft dit weekend *tussen de bedrijven door* de definitieve grenzen van de Europese Unie bepaald.

bedruipen

(2) zichzelf kunnen bedruipen (genoeg verdienen om voor zichzelf te kunnen zorgen) ▸ seinen Unterhalt bestreiten können | bedruipen = betreufeln, begießen

☞ Ursprünglich bezog sich diese Redewendung auf Fleisch, das man in seinem eigenen Saft braten konnte, d. h. ohne Butter oder Fett.

Ik heb het geld van mijn ouders niet meer nodig, *ik kan me nu zelf bedruipen.*

been (siehe auch **benen**)

* op de *been* blijven ▸ auf den Beinen *bleiben*

☞ Der Unterschied ist eigentlich keiner, denn mit *de been* ist die verkürzte Mehrzahl von *de benen* gemeint. In der Einzahl wäre es ja *het been.*

* op het verkeerde been *gezet* worden ▸ auf dem verkehrten Bein *erwischt* werden

(1) iemand tegen het zere been schoppen, tegen het zere been (van iemand) zijn (iemand op een gevoelige plek treffen) ▸ jdn an seinem wunden Punkt treffen

☞ *Zeer* bedeutet hier ‚schmerzhaft'.

De spotgoedkope tickets van Ryan Air *zijn tegen het zere been* van de traditionele luchtvaartmaatschappijen.

Siehe auch **iemand op het hart trappen, iemand op zijn pik trappen, iemand op zijn ziel trappen**.

(1) met het verkeerde been uit bed gestapt zijn (slecht gehumeurd zijn) ▸ mit dem linken Bein/Fuß zuerst aufgestanden sein.

Toen vader de keuken binnenkwam, zag ik direct dat hij met *het verkeerde been uit bed gestapt was.*

Siehe auch **de bokkenpruik op hebben, de bolworm hebben, in een slechte bui zijn, slecht gemutst zijn, een gezicht zetten als**

een oorwurm, het (lelijk) op de heupen hebben, (er) de pee/de pest in hebben, de smoor (over iets) in hebben.

B

(2) ergens geen been in zien (geen bezwaar tegen iets maken, niet voor iets terugschrikken) ▸ keine Gewissensbisse haben | Het been = (hier:) der Knochen im Fleisch

Sommige politieagenten *zien er geen been in* met racistische standpunten te flirten.

(2) geen been hebben om op te staan (geen steekhoudend argument hebben om zich op te beroepen) ▸ auf nichts mehr fußen können.

Wettelijk gezien *hebt* u *geen been om op te staan.*

Siehe auch **geen poot meer hebben om op te staan**.

(2) het been stijf houden (niet toegeven) ▸ hart bleiben; nicht locker lassen

Je moet zeker niet toegeven, gewoon *het been stijf houden* en je eigen weg gaan.

Siehe auch **de poot stijf houden, voet bij stuk houden**.

beentje (siehe auch been und benen)

(1) zijn beste beentje voorzetten (zijn uiterste best doen) ▸ sein Bestes tun, sich von seiner besten Seite zeigen

☞ Gemeint ist hier das linke Bein, wenn man sich anschickt, an einem Wettlauf teilzunehmen oder beim Schlittschuhlaufen. Man achte wieder auf die typische Verkleinerungsform.

Als je voor een sollicitatiegesprek wordt uitgenodigd, moet je altijd *je beste beentje voorzetten.*

(3) iemand (een) beentje lichten (1. iemand misleiden; 2. iemand laten struikelen; 3. iemand op listige wijze ergens uitwerken) ▸ 1. jdn irreführen, täuschen; 2. jdm ein Bein stellen; 3. jdn ausbooten | lichten = heben

1. De regering probeert alweer het parlement *een beentje te lichten.*

2. Deze leerling heeft straf gekregen *voor beentje lichten.*

3. Ik zal dus toch niet directeur worden, want *een collega heeft me beentje gelicht.*

Siehe auch (zu 1.) **iemand te grazen nemen, iemand om de tuin leiden, iemand in de luren leggen**; (zu 2.) **iemand (een) pootje lichten/haken**.

B

beer (siehe auch **beren**)

(2) een ongelikte beer (een onfatsoenlijk iemand) ▸ ein ungehobelter Klotz

☞ Aus dem Volksglauben, dass die Bärenmutter ihre Jungen erst in die richtige Form lecken muss.

Iedereen noemde hem *een ongelikte beer*, maar hij was gewoon een lieve man.

(3) een beer op sokken (een zwaarlijvig, plomp iemand) ▸ ein Trampel

☞ Die Socken sind das menschliche Element, das jedoch aus einem Bären noch keinen Menschen macht.

Een held is hij zeker niet, eerder *een beer op sokken.*

(3) iets op de beer halen/kopen (iets op afbetaling kopen) ▸ etwas auf Pump kaufen

☞ *De beer* bedeutet hier ‚die Schuld'.

Die nieuwe Opel heb ik *op de beer gekocht.*

Siehe auch **iets op de pof kopen**.

beest

(2) de beest uithangen (uitbundig feestvieren en zich daarbij onbehoorlijk gedragen) ▸ die Sau rauslassen

☞ Früher war *beest* weiblich (also *de*), jetzt ist es sächlich. *Uithangen* bedeutet hier ‚sich benehmen'.

Na de examens wilden we eens echt *de beest uithangen.*

Siehe auch **uit de band springen**.

beesten

(3) bij de beesten af (verschrikkelijk, afschuwelijk) ▸ tierisch, ungeheuerlich

☞ Dies ist auch der Titel eines berühmten Dokumentarfilms von Bert Haanstra (1972).

De gezondheidszorg in dat land is *bij de beesten af.*

Siehe auch **dat wordt me te bruin, het is bij de wilde spinnen af, het loopt de spuigaten uit**.

beestje

* *het beestje* bij zijn naam noemen ▸ *das Kind* beim rechten Namen nennen

☞ Man beachte wieder die typische Verkleinerungsform.

B

beetje

(1) beetje bij beetje (langzamerhand) ▸ nach und nach, Schritt für Schritt

Niet meteen, maar *beetje bij beetje.*

Siehe auch **stukje bij beetje**.

(2) een béétje neerlandicus moet zoiets weten! (een echte neerlandicus moet zoiets weten) ▸ was ein Niederlandist ist, weiß das!
☞ Gemeint ist: Wer nur ein wenig ... der weiß das!
Een béétje neerlandicus moet toch weten wie Chomsky is!

begaan

(2) met iemand/iets begaan zijn (1. medelijden met iemand hebben 2. aandacht voor iets hebben) ▸ mit jdm Mitleid haben / etwas dauert jdn

1. Mijn beste vriend is ernstig ziek en *ik ben echt begaan met hem.*

2. We zijn nu allemaal echt *begaan met het* klimaat.

Siehe auch **met iemand te doen hebben**.

begeven

(1) het begeven (van en toestel) (kapotgaan) ▸ nicht mehr funktionieren

We moeten een nieuw televisietoestel aanschaffen, want *het oude heeft het begeven.*

Siehe auch **het laten afweten**.

begrepen

(3) het ergens niet op begrepen hebben; het op iemand niet begrepen hebben (ergens niet van houden; niet van iemand houden) ▸ nicht viel von etwas/jdm halten
☞ *Begrijpen* bedeutet hier ‚einen Plan entwerfen'. Gemeint ist, dass man für etwas/jdn keinen Plan entwerfen will, weil man nichts davon/von ihm hält.
Ik heb weinig contact met mijn buren, want *ik heb het niet begrepen op die mensen.*

(3) het op iemand begrepen hebben (siehe het op iemand gemunt hebben)
☞ Für die Erklärung, siehe die vorige Redewendung.

behang

(3) door het behang gaan (zich niet kunnen beheersen) ▸ außer sich geraten

☞ Wörtlich: Durch die Tapete gehen. Die Etymologie ist nicht bekannt.

De mensen worden steeds agressiever en *ze gaan steeds vlugger door het behang.*

(3) iemand wel achter het behang kunnen plakken (hem meer dan beu zijn, hem niet meer willen zien) ▸ jdn am liebsten an die Wand klatschen

☞ Wer hinter die Tapete geklebt würde, den würde man nicht mehr sehen.

Soms kun je je kinderen *wel achter het behang plakken!*

bek

(1) op zijn bek gaan (afgaan) ▸ sein Gesicht verlieren

Als die middelmatige violist deelneemt aan het Concours, *zal hij lelijk op zijn bek gaan.*

Siehe auch **afgaan als een gieter, op zijn gezicht gaan**.

(2) breek me de bek niet open! (dwing me niet te zeggen wat ik weet, want dan vertel ik alles) ▸ ich kann besser mein Maul halten!

Ik weet dat die man je vriend is, maar *breek me de bek niet open* over die persoon.

bekaaid

(3) er bekaaid afkomen / vanaf komen (slecht, bedrogen uitkomen) ▸ übel davonkommen

☞ Es gibt hier verschiedene Deutungen:

a) *bekaaid* kommt von *becaden*, mit einem Kai umschließen. Daraus entstand die Bedeutung ‚fangen' und daraus wiederum die negative Bedeutung ‚weniger fangen, als man gehofft hatte'.

b) Fisch war *bekaaid*, wenn die Fischkörbe zu lange auf dem Kai gestanden hatten und der Fisch dadurch nicht mehr frisch war. Kaufte man ihn doch, dann war man *bekaaid.*

c) *bekaaid* konnte früher auch ‚ohnmächtig' bedeuten.

d) eine andere Bedeutung von *bekaaid* war ‚mit Steinen beworfen' (*de kei* = der Stein).

Het universitair onderwijs is er de laatste jaren *bekaaid vanaf gekomen.*

B

bekaf

(1) bekaf zijn (doodmoe, uitgeput zijn) ▸ hundemüde sein, geschafft sein

☞ Dies sagte man zuerst vom Maul eines Pferdes, das man zuschanden geritten hatte. Wörtlich: Das Maul ist ab.

Ik heb vandaag vijf uur in de tuin gewerkt en nu *ben ik helemaal bekaf.*

Siehe auch **op zijn laatste benen lopen, gaar zijn, de man met de hamer, voor pampus liggen, uitgeteld zijn**.

bekijken

(2) je bekijkt het maar! (je zoekt het maar uit! probeer jezelf maar te redden!) ▸ das ist deine Sache!

☞ Gemeint ist: Schau dir die Sache an und tu dann, was du willst!

Je wil niet naar mijn raad luisteren? *Dan bekijk je het maar!*

Siehe auch **gooi het maar in mijn pet**.

(2) het is zo bekeken! (het kost weinig tijd) ▸ das nimmt nicht viel Zeit in Anspruch

Als je direct aan je werk begint, *dan is het zo bekeken!*

Siehe auch **en klaar is Kees**.

bekocht

(2) zich bekocht voelen (zich beetgenomen voelen) ▸ sich betrogen fühlen

☞ Gemeint ist: Einen schlechten Kauf gemacht haben.

Ik voel me bekocht, want de nieuwe wasmachine is niet zo goed als de vorige.

bekomst

(3) zijn bekomst van iets hebben (siehe er zijn / de buik van vol hebben)

☞ Aus *dat bekomt me niet meer*, das ist nicht mehr nach meinem Geschmack.

bel (siehe auch **belletje**)

(1) aan de bel trekken (voor iets waarschuwen) ▸ Alarm schlagen | de bel = die Klingel, die Glocke

☞ Gemeint ist die Alarmglocke.

Het is de taak van de oppositie tijdig *aan de bel te trekken.*

B

belatafeld

(3) ben je belatafeld? (siehe je bent zeker niet goed wijs!)
☞ Aus Lazarus, der an Lepra litt, einer gefürchteten Krankheit.

belletje (siehe auch bel)

(1) er gaat een belletje rinkelen (ik begin het te begrijpen, ik weet wat je bedoelt) ▸ ich fang an, es zu verstehen, ich weiß jetzt, was du meinst ☞ Wahrscheinlich aus dem Englischen *to ring a bell.* Man beachte wieder die typische Verkleinerungsform.

Ik wist eerst niet waarover je het had, maar *toen ging er een belletje rinkelen.*

Siehe auch **er gaat mij een lichtje op**.

beloop

(1) iets op zijn beloop laten (niet willen ingrijpen in iets) ▸ einer Sache ihren Lauf lassen | det beloop = der Verlauf

We moeten zeker niet ingrijpen, het is beter *de zaak op zijn beloop te laten.*

benen (siehe auch been und beentje)

* de benen nemen, *zijn* benen *onder de arm* nemen ▸ die Beine *in die Hand* nehmen

Siehe auch **het anker lichten, zijn biezen pakken, ervandoor gaan, het hazenpad kiezen, de/zijn hielen lichten, ertussenuit knijpen, de kuierlatten nemen, op de loop gaan, zijn matten oprollen, met de muziek mee zijn, met de noorderzon vertrekken, ertussenuit piepen, de plaat poetsen, er de sokken in zetten, met de stille trom vertrekken, zich uit de voeten maken, de wijk nemen**.

* met beide benen op de grond staan ▸ mit beiden Beinen fest auf der Erde stehen

(2) op zijn laatste benen lopen (het is bijna afgelopen voor iemand) ▸ am Ende seiner Kräfte sein, aus dem letzten Loch pfeifen

In 1989 *liep de Sovjet-Unie op haar laatste benen.*

Siehe auch **bekaf zijn, gaar zijn, voor pampus liggen, uitgeteld zijn**.

B

(3) op zijn achterste benen gaan staan (zich erg kwaad maken) ▸ aufbrausen, stinkwütend werden

☞ *De achterste benen* sind hier die Hinterbeine eines steigernden Pferdes.

Toen ze het voorstel van de regering hoorde, *ging de oppositie op haar achterste benen staan.*

Siehe auch **zich druk maken, de duivel in hebben, des duivels zijn, gebeten zijn op iemand, tekeergaan dat de honden er geen brood van lusten, door het lint gaan, een kort lontje hebben, op zijn achterste poten gaan staan, uit zijn slof schieten, tekeergaan als een bezetene, uit zijn vel springen, vuur spuwen**.

benenwagen

(2) met de benenwagen komen (te voet komen) ▸ auf Schusters Rappen kommen

Mijn fiets is kapot, ik moet dus *met de benenwagen komen.*

bepakt

* bepakt en bezakt ▸ mit Sack und Pack

☞ Man beachte die Umkehrung!

Siehe auch **met zijn hele hebben en houden, met hutje en mutje, met pak en zak**.

berde

(2) iets te berde brengen (iets ter sprake brengen) ▸ etwas aufs Tapet bringen

☞ *Het berd* ist das Brett (man beachte die Metathese *ber/Bre*, wie *in Born/Brunnen*), das als Tisch dienen konnte und auf dem der Kaufmann seine Waren ausstellte.

Als je de onenigheid in de partij *te berde wil brengen*, zal de voorzitter heel kwaad worden.

Siehe auch **iets aan de orde stellen, iets ter tafel brengen**.

beren (siehe auch beer)

(3) beren op de weg zien (moeilijkheden zien) ▸ Schwierigkeiten befürchten

Als het over de hervorming van de sociale zekerheid gaat, *zie ik nog wel beren op de weg.*

Siehe auch **in de aap gelogeerd zijn, de bietenbrug opgaan, de bui zien hangen, dan zijn we nog verder van huis, er is een kink in de kabel, in de knel zitten, in de knoei zitten, in de knoop zitten, in het nauw komen/zitten, in de nesten zitten, in een lastig/moeilijk parket verkeren, iemand parten spelen, in de penarie zitten, in de piepzak zitten, in de puree zitten, in de put zitten, in de rats zitten, in het schip zitten, in de soep zitten, er is stront aan de knikker, er zijn voetangels en klemmen, het niet meer zien zitten**.

B

berg

* de berg *heeft* een muis *gebaard*! ▸ der Berg *kreißte* und *gebar* eine Maus!

(2) ergens tegen opzien als tegen een berg (iets als een zeer moeilijke of onplezierige taak beschouwen) ▸ einer Sache mit Schrecken entgegensehen

Tegen dat examen zie ik op als tegen een berg.

bergen

(1) iemand gouden bergen beloven (iemand dingen beloven die je nooit waar kunt maken) ▸ jdm das Blaue vom Himmel versprechen.

Vóór de verkiezingen *beloven alle kandidaten ons gouden bergen.*

beroerd

(1) niet te beroerd zijn om iets te doen (zich niet te goed voelen om iets te doen) ▸ durchaus bereit sein, etwas zu tun; nicht abgeneigt sein, etwas zu tun | beroerd = elend, erbärmlich

Ik ben zeker niet te beroerd om je te helpen, maar je kan het ook eens alleen proberen.

beschuitje

(3) met iemand wel een beschuitje willen eten (met iemand de nacht willen doorbrengen, gevolgd door een ontbijt) ▸ gern mit jdm schlafen wollen

☞ Der Zwieback steht dann als pars pro toto für das Frühstück. Wieder die verniedlichende Verkleinerungsform!

Met zo'n mooie vrouw zou ik ook graag eens *een beschuitje willen eten.*

beslagen

(3) goed beslagen ten ijs komen (goed voorbereid zijn) ▸ gut auf etwas vorbereitet sein | Goed beslagen = mit guten Schlittschuhen

We moeten de vergadering zorgvuldig voorbereiden zodat we *goed beslagen ten ijs komen.*

bestek

(2) in kort bestek (siehe in een notendop)

bestorven

(3) dat ligt hem in de / zijn mond bestorven (dat zegt hij vaak) ▸ das ist sein Lieblingsthema

☞ Gemeint ist: Das liegt in seinem Mund fest, als ob es dort gestorben wär.

Patriottisme, dat woord lag Trump *in de mond bestorven.*

betaald

(2) iemand iets betaald zetten (zich op iemand wreken) ▸ jdm etwas heimzahlen

De minister heeft geprobeerd de oppositie te vernederen, maar *ze zullen het hem betaald zetten.*

Siehe auch **iemand een koekje van eigen deeg geven, iemand met gelijke munt terugbetalen.**

beterhand

(3) aan de beterhand zijn (siehe aan de beterende hand zijn)

beugel

(1) dat kan niet door de beugel! (dat mag niet! dat kan echt niet!) ▸ das kann man nicht durchgehen lassen!

☞ *De beugel* war im Mittelalter ein Ring, durch den Hunde gehen mussten, damit man sehen konnte, ob sie nicht zu groß waren. Man durfte nämlich nicht zu große Hunde halten. Diese Redewendung könnte sich jedoch auch aus dem *beugelspel* entwickelt haben, bei dem man einen Ball durch einen eisernen Bügel schlagen musste. Wenn der Ball schräg zum Bügel lag, ging das nicht.

Ik vind dat je gedrag helemaal *niet door de beugel kan.*

Siehe auch **uit den boze zijn.**

beuk

(2) de beuk erin! (gezegd als men iets met veel energie wil aanpakken) ▸ nichts wie ran! auf in den Kampf!

☞ *De beuk* bedeutet hier ein heftiger Schlag.

Je moet niet zolang wachten met je reactie! *De beuk erin*!

Siehe auch **vooruit met de geit, geef hem van katoen, zet 'm op**.

beurs

(3) flink in je beurs moeten tasten (siehe flink in de buidel moeten tasten)

beurt

(2) een goede beurt maken (siehe een goed figuur slaan)

☞ *De beurt* ist die Reihe. Aus *aan de beurt zijn*, an der Reihe sein.

bezem

(1) ergens de bezem door halen (een eind maken aan allerlei misstanden) ▸ irgendwo aufräumen

Het eerste wat de minister zal moeten doen, is *de bezem door zijn administratie halen.*

biet

(3) geen biet van iets snappen (niets) ▸ nicht die Bohne von etwas verstehen | de biet = die Rübe

☞ Was dem einen die Bohne ist, ist dem anderen die Rübe: Beide sind billige Nahrungsmittel und also nicht viel wert, was den Gedanken an ‚nichts' nahelegt.

Wat die filosoof ons vertelt, *daar snap ik geen biet van.*

Siehe auch **geen bal, geen hout, geen sikkepit, geen snars, tittel noch jota, er geen touw aan kunnen vastknopen, geen zier**.

bietenbrug

(3) de bietenbrug opgaan (verkeerd aflopen, in de problemen raken) ▸ Schwierigkeiten bekommen

☞ *De bietenbrug* war die Brücke, worüber die Bauern mit ihren Rübenkarren fuhren, was den Weg durch die heruntergefallenen Rüben glitschig und gefährlich machte.

Hardlopers die te snel aan een marathon beginnen, *gaan* vaak na twintig kilometer *de bietenbrug op.*

B

Siehe auch **in de aap gelogeerd zijn, beren op de weg zien, de bui zien hangen, dan zijn we nog verder van huis, er is een kink in de kabel, in de knoei zitten, in de knoop zitten, in de nesten zitten, in een lastig/moeilijk parket verkeren, iemand parten spelen, in de penarie zitten, in de piepzak zitten, in de puree zitten, in de put zitten, in de rats zitten, in het schip zitten, in de soep zitten, er is stront aan de knikker, er zijn voetangels en klemmen, het niet meer zien zitten**.

biezen

(1) zijn biezen pakken (heel snel weglopen, maken dat je wegkomt) ▸ sich aus dem Staub machen, seine Siebensachen zusammenpacken

☞ Mit *biezen* sind die Schilfmatten gemeint, worauf fahrende Gesellen schliefen.

Na het zoveelste schandaal *zal de minister zijn biezen moeten pakken.*

Siehe auch **het anker lichten, de benen nemen, zijn benen onder zijn arm nemen, ervandoor gaan, het hazenpad kiezen, zijn hielen lichten, ertussenuit knijpen, de kuierlatten nemen, op de loop gaan, zijn matten oprollen, met de muziek meezijn, met de noorderzon vertrekken, ertussenuit piepen, de plaat poetsen, 'm smeren, er de sokken in zetten, met de stille trom vertrekken, zich uit de voeten maken, de wijk nemen**.

bijl

(2) de botte bijl hanteren / (er) met de botte bijl (in)hakken / met de botte bijl werken (ruw aanpakken of te werk gaan) ▸ mit dem Holzhammer vorgehen | bot = stumpf; de bijl = das Beil

Bij de hervorming van de sociale zekerheid *heeft de regering de botte bijl gehanteerd.*

(3) voor de bijl gaan (1. gesnapt worden; 2. siehe aan het kortste eind trekken) ▸ geschnappt werden

☞ *Bijl* hat hier nichts mit einem Beil zu tun. Es handelt sich um eine ältere Form von *balie* (Gericht).

Na tien jaar op de vlucht geweest te zijn, *is de maffiabaas ten slotte toch voor de bijl gegaan.*

B

bijltje

(2) het bijltje erbij neerleggen/neergooien (zijn werk niet voortzetten, geen moeite meer doen omdat het hopeloos is) ▸ etwas an den Nagel hängen

☞ Zuerst wurde dies von Schiffszimmerleuten gesagt, die keine Lust mehr hatten, weiter zu arbeiten und dann das Beil aus der Hand legten. Man beachte auch wieder die typische Verkleinerungsform!

Nu er zoveel onenigheid in de partij is, dreigt de voorzitter ermee *het bijltje erbij neer te leggen.*

Siehe auch **er de brui aan geven, iets over de haag gooien, het hoofd in de schoot leggen, de pijp aan Maarten geven, iets aan de wilgen hangen**.

(2) ik heb meer/al vaker met dat bijltje gehakt! (ik heb zoiets al vaker gedaan!) ▸ da kenne ich mich aus!

Ik weet hoe ik die zaak moet aanpakken, *ik heb al vaker met dat bijltje gehakt!*

bijltjesdag

(3) het is bijltjesdag (de dag van de afrekening, het uur van de waarheid)) ▸ der Tag der Abrechnung, die Stunde der Wahrheit

☞ Meistens bezieht sich diese Redewendung auf holländische Kollaborateure der deutschen Besatzungsmacht im 2. Weltkrieg, mit denen man nach dem Krieg gnadenlos abgerechnet hat.

Het was bijltjesdag op Wimbledon: bij de mannen én bij de vrouwen verloor de nummer één.

bijwagen

(2) (niet) als bijwagen (willen) fungeren ((niet) van ondergeschikt belang (willen) zijn) ▸ (nicht) das fünfte Rad am Wagen sein (wollen) | de bijwagen = der Anhänger

Nee, ik ga niet met jullie mee, *ik wil niet als bijwagen fungeren.*

Siehe auch **niets in te brengen hebben, er voor Jan Lul bij zitten, niets in de melk te brokkelen/brokken hebben, een nul in het cijfer zijn, er voor Piet Snot bij zitten, (er) voor spek en bonen meedoen (bijlopen)**.

B

billen

(2) met de billen bloot moeten (kleur moeten bekennen) ▸ Farbe bekennen müssen | de billen = der Hintern

Voor je die betrekking krijgt, *moet je met de billen bloot* en allerlei formulieren invullen.

(2) zien wie de blankste billen heeft (zien op wie het minst valt aan te merken) ▸ prüfen, wer die reinste Weste hat

☞ Aus einem Kartenspiel: Dies sagte man, wenn man seine Karten auf den Tisch legen musste.

Iedereen vertelt nu eens hoe hij de crisis heeft beleefd en dan zien we *wie de blankste billen heeft.*

billenwagen

(3) met de billenwagen komen (siehe benenwagen)

binnen

(2) binnen zijn (genoeg verdiend hebben voor de rest van je leven) ▸ seine Schäfchen im Trockenen haben

☞ Gemeint war ursprünglich: Die Ernte eingefahren haben.

Mijn broer heeft tien jaar lang het grootste restaurant van de stad gehad. Nu heeft hij het verkocht en *is binnen.*

Siehe auch **onder dak zijn, het gemaakt hebben, onder de pannen zijn**.

blaadje

(2) bij iemand (niet) in een goed blaadje staan (bij iemand [niet] goed aangeschreven staan) ▸ bei jdm (nicht) gut angeschrieben sein

☞ Es handelte sich ursprünglich um das Blatt, auf dem jds Schulden standen. Wer nicht auf dem Blatt eines Schuldners stand, dem hatte man nichts vorzuwerfen.

De ministers doen er alles aan om bij de Koning *in een goed blaadje te staan.*

Siehe auch **goed te boek staan, bij iemand een potje kunnen breken, bij iemand een streepje voor hebben, een wit voetje bij iemand halen; bij iemand geen goed kunnen doen**.

blauw

(2) zich blauw betalen (veel geld moeten betalen) ▸ sehr viel bezahlen
☞ Man denkt hier an Silbermünzen, die den Fingern eine bläuliche Färbung gaben.
De staat heeft zoveel schulden, dat de gewone burger *zich blauw betaalt* aan belastingen.

Siehe auch **zich scheel aan iets betalen**.

blauwblauw

(3) iets (maar) blauwblauw laten (1. iets laten zoals het is. 2. er niet meer over praten) ▸ 1. alles so lassen, wie es ist. 2. etwas auf sich beruhen lassen
☞ Früher bedeutete *blauw* etwas Unbedeutendes, das man also auch nicht verändern musste und man brauchte auch keine Worte darüber zu verlieren.
1. Ik zou er niets meer aan veranderen en *alles maar blauwblauw laten.*

2. Je hebt nu genoeg over de oorlog verteld, *ik zou dat onderwerp voortaan liever blauwblauw laten.*

Siehe auch (zu 1.) **de boel de boel laten, ze dronken een glas, deden een plas en lieten de zaak zoals ze was, Gods water over Gods akker laten lopen**.

blauwtje

(1) een blauwtje lopen (afgewezen worden bij een verleidingspoging) ▸ einen Korb bekommen
☞ *Het blauwtje* (wieder die typische Verkleinerungsform!) ist der blaue Fleck, den man am Schienbein hat, wenn man brutal zurückgestoßen wird.
Ik heb geprobeerd dat mooie meisje op een kopje koffie uit te nodigen, maar *ik heb een blauwtje gelopen.*

Siehe auch **bot vangen, de kous op de kop krijgen, zijn neus stoten, nul op het rekest krijgen**.

blikken

(1) zonder blikken of blozen (zonder tekenen van verlegenheid, onbeschaamd) ▸ ohne mit der Wimper zu zucken
☞ *Blikken* kommt von *verbleken* (*erblassen*). Wörtlich also: Ohne zu erblassen oder zu erröten. Die Alliteration hat bei der Wahl der Verben natürlich eine Rolle gespielt.

Zonder blikken of blozen beweert de minister dat hij met dat financieel schandaal niets te maken heeft.

bliksem

* als *de gesmeerde* bliksem ▸ wie *ein geölter* Blitz

(1) loop naar de bliksem! (loop naar de duivel!) ▸ scher dich zum Teufel!

Siehe auch **je kunt de boom in, je kan me de bout hachelen, schrijf het maar op je buik, je kan het dak op, je kan op je duim fluiten, ga toch fietsen, mij niet gezien, daar komt niets van in, loop naar de maan, loop naar de pomp, je kan de pot op**.

(1) dat interesseert me geen bliksem! (dat interesseert me helemaal niet!) ▸ das interessiert mich einen Dreck!

Wat de mensen allemaal over mij vertellen, *dat interessert me geen bliksem!*

Siehe auch **geen donder, geen hout, geen sikkepit, geen snars**.

(1) naar de bliksem zijn (1. kapot zijn; 2. weg, verloren zijn) ▸ 1. im Eimer sein; 2. futsch sein

☞ *Bliksem* steht hier wahrscheinlich für *duivel*.

1. De nieuwe computer die ik pas een half jaar geleden gekocht heb, is nu al *naar de bliksem*.

2. Nadat ik in de verkeerde aandelen had geïnvesteerd, was mijn geld in de kortste keren *naar de bliksem*.

Siehe auch (zu 1.) **naar de filistijnen zijn, naar de knoppen zijn, naar de mallemoer zijn, in de poeier liggen**; (zu 2.) **naar de haaien zijn, zeg maar dag met je handje, naar de maan zijn**.

blind

(3) zich blind op iets staren (te veel op één zaak letten, zodat men daardoor alle andere niet meer ziet, gebiologeerd zijn door iets) ▸ sich in etwas verrennen, kein Auge mehr für etwas anderes haben

☞ Wörtlich: Auf etwas starren, bis man blind ist.

We mogen *ons* niet *blind staren op het deficit op de begroting*, maar moeten ook oog hebben voor de bezuinigingsmaatregelen die we doorgevoerd hebben.

bloed

* kwaad bloed *zetten* ▸ böses Blut *machen*

(3) iemands bloed kunnen drinken (iemand heel intens haten) ▸ jdn in der Luft zerreißen können.

Ik weet dat die collega mij haat. *Hij zou wel mijn bloed kunnen drinken.*

(3) iemand het bloed onder de nagels vandaan halen (iemand tot het uiterste tergen) ▸ jdn bis aufs Blut reizen | Nagel = Fingernagel

☞ Stammt wahrscheinlich aus einer mittelalterlichen Foltermethode.

Sommige leerlingen kunnen *hun leraar het bloed onder de nagels vandaan halen.*

(3) het heeft bloed, zweet en tranen gekost (het heeft veel moeite/ ellende gekost) ▸ das hat viel Mühe gekostet

Het budget weer in evenwicht brengen *heeft veel bloed, zweet en tranen gekost.*

bloemetjes

(1) de bloemetjes buitenzetten (veel pret maken, flink feest vieren) ▸ auf die Pauke hauen, einen draufmachen

☞ Die Herkunft ist umstritten: Einige Etymologen denken an den Frühling, wenn man die Blumentöpfe wieder nach draußen stellt. Andere stellen sich ein bei festlichen Anlässen mit Blumen geschmücktes Haus vor. Andere wiederum sehen den Ursprung dieser Redewendung in Leuten, die sich mit Blumen schmückten, wenn sie zu einem Fest gingen.

Na afloop van de examens zullen de studenten eens flink *de bloemetjes buitenzetten.*

Siehe auch **aan de boemel zijn, aan de zwier zijn**.

(1) iemand in de bloemetjes zetten (voor iemand een feestje organiseren) ▸ jdm einen festlichen Empfang bereiten

☞ Wie oben, wieder die typische Verkleinerungsform!

Al de mensen die bij de bestrijding van dit verschrikkelijke virus geholpen hebben, *zullen we in de bloemetjes zetten.*

blok

* dat is een *blok* aan het / *zijn been* ▸ das ist ein *Klotz* am Bein

(2) iemand voor het blok zetten (iemand in een situatie brengen waarin hij geen keuze meer heeft) ▸ jdm die Pistole auf die Brust setzen | het blok = (hier:) der Pranger

Ik doe wat ik wil en *laat me door jou niet voor het blok zetten.*

Siehe auch **iemand het vuur (na) aan de schenen leggen**.

blootje

(1) in zijn blootje (helemaal naakt) ▸ im Adamskostüm, im Evaskostüm

☞ Auch hier wieder die Verkleinerungsform!

Toen ik aanbelde, kwam hij de deur opendoen, helemaal *in zijn blootje.*

bocht

(1) te kort door de bocht (overhaast, zonder overleg) ▸ überhastet, voreilig

☞ Gemeint ist ursprünglich der Rennfahrer, der aus der zu scharfen Kurve geschleudert wird.

Als er een vliegtuigongeluk is, is de eerste reactie meestal: De piloten hebben een fout gemaakt, maar *dat is te kort door de bocht.*

(2) door de bocht gaan (bezwijken, toegeven) ▸ nachgeben

☞ Wörtlich: Durch die Kurve gehen; daher, seine Richtung ändern, seine Meinung ändern.

Als China verder handel wil drijven met de VS, zal het *door de bocht moeten gaan.*

bochten

(1) zich in allerlei bochten wringen (allerlei pogingen doen om iets niet te hoeven zeggen) ▸ sich winden wie ein Aal

De regering *windt zich in allerlei bochten* om aan te tonen dat de belastingverhoging geen echte belastingverhoging is.

bod

(1) aan bod komen/zijn (1. ter sprake komen; 2. geholpen worden, bijv. in een winkel) ▸ 1. aufs Tapet kommen; 2. an der Reihe sein

☞ Diese Redewendung bezog sich ursprünglich auf Auktionen, wo der Käufer ein Angebot *(het bod)* machen musste.

1. Radio en TV doen er alles aan om alle maatschappelijke stromingen *aan bod te laten komen.*

2. Na al die uitzendingen over de socialisten *zijn nu eens de liberalen aan bod.*

bodem

(2) iets tot op de bodem uitzoeken (iets heel grondig onderzoeken) ▸ einer Sache auf den Grund gehen
☞ Das Bild ist in beiden Sprachen fast dasselbe.
Dit financieel schandaal zal tot *op de bodem uitgezocht worden.*

Siehe auch **iets tot op het bot onderzoeken/uitzoeken, de onderste steen moet boven**.

boe

(3) boe noch ba zeggen (helemaal niets zeggen) ▸ keinen Ton sagen / von sich geben
☞ *Boe* und *ba* haben die gleiche Bedeutung. Im Mittelalter galten sie beide als Ausdruck der Verachtung.
Zonder *boe noch ba te zeggen* ging hij weg.

(3) zich zonder boe of ba uit iets terugtrekken (zich zonder een enkel woord ter verklaring uit iets terugtrekken) ▸ sich ohne Erklärung aus etwas zurückziehen.
Onze grootste investeerder heeft *zich zonder boe of ba uit ons bedrijf teruggetrokken.*

boeg

(2) nog heel wat voor de boeg hebben (nog heel wat te doen hebben) ▸ noch einiges vor sich haben
☞ Ursprünglich war eine lange Seereise gemeint.
Voor we ons project kunnen afsluiten, *hebben we nog heel wat werk voor de boeg.*

Siehe auch **iets voor zijn kiezen krijgen, er is veel werk aan de winkel**.

(2) het over een andere boeg gooien (iets op een andere wijze aanpakken) ▸ einen anderen Kurs einschlagen; dem Gespräch eine andere Wendung geben.
Nadat de oppositie geweigerd heeft mee te werken, wil de regering *de zaak over een andere boeg gooien.*

B

boek

* goed *te* boek staan ▸ *in* gutem Buche stehen

Siehe auch **in een goed blaadje staan, een potje bij iemand kunnen breken, een streepje voor hebben, een wit voetje bij iemand halen**.

(2) dat is een gesloten boek (die zaak is afgedaan) ▸ das ist ein geschlossenes Kapitel

☞ Aus der Bibel.

Over onze meningsverschillen in het verleden hoeven we niet meer te praten, *dat is een gesloten boek.*

boekje

(1) volgens het boekje (zoals het hoort) ▸ nach Vorschrift

☞ Gemeint ist das Büchlein, in dem die Regeln stehen.

De directeur wil dat in zijn bedrijf alles *volgens het boekje* gebeurt.

(2) zijn boekje te buiten gaan/buiten zijn boekje gaan (iets doen waartoe men niet bevoegd is) ▸ seine Befugnisse überschreiten

☞ Siehe oben die Bedeutug von *boekje.*

Ook een minister mag *zijn boekje niet te buiten gaan.*

Siehe auch **iets te buiten gaan, alle perken te buiten gaan, over de schreef gaan**.

(3) een boekje over iemand opendoen (de gebreken van iemand vertellen) ▸ jds Sündenregister aufschlagen

☞ Zuerst war dieses *boekje* das Register eines Kaufmanns, in dem jds Schulden und Forderungen standen.

Als je zoiets nog eens zegt, *zal ik een boekje opendoen over* jouw oorlogsverleden.

boel

(1) de boel de boel laten (alles laten zoals het is) ▸ alles stehen und liegen lassen | de boel = der Kram.

Ik heb geen zin om nog meer energie in die zaak te investeren, *ik zal maar de boel de boel laten.*

Siehe auch **iets blauwblauw laten, ze dronken een glas, deden een plas en lieten de zaak zoals ze was, Gods water over Gods akker laten lopen**.

boemel

(1) aan de boemel zijn (siehe de bloemetjes buitenzetten)
☞ Entspricht nicht ‚einen Bummel machen'!

B

boer

(1) (met iets) de boer opgaan (iets proberen te verkopen, ook zijn ideeën) ▸ seine Ware preisen, auf die Dörfer gehen, mit etwas hausieren gehen
☞ Wörtlich: Versuchen, den Bauern etwas anzudrehen.
Er zijn uitgevers die van hun auteurs verwachten dat ze zelf met hun boek *de boer opgaan*.

Siehe auch **iets aan de straatstenen niet kwijtraken**.

bok

(3) je zult (nog) van de bok dromen! (er staat je een bestraffing te wachten!) ▸ du wirst übel dabei wegkommen! | de bok = (hier:) eine Folterbank
Als je dat doet, *zul je van de bok dromen*!

(3) erop zitten als een / de bok op de haverkist (zeer happig op iets zijn) ▸ auf etwas versessen sein, wie der Teufel auf eine arme Seele.
De oppositie *zit als de bok op de haverkist* om de minister te kunnen interpelleren.

bokkenpruik

(3) de bokkenpruik ophebben (slecht gehumeurd zijn) ▸ schlecht gelaunt sein, ihm/ihr ist eine Laus über die Leber gelaufen
☞ Wenn man im 18. Jh., in der Zeit, in der man Perücken trug, diese verkehrt aufgesetzt hatte, galt man als ein unordentlicher und mürrischer Mensch (*een bok*).
Vraag hem liever niet of je vandaag wat eerder weg mag, want ik *zie dat hij de bokkenpruik op heeft*.

Siehe auch **met het verkeerde been uit bed gestapt zijn, de bolworm hebben, in een slechte bui zijn, slecht gemutst zijn, een gezicht zetten als een oorwurm, het (lelijk) op zijn heupen hebben/krijgen, (er) de pee/de pest in hebben, de smoor (over iets) in hebben**.

bokkensprongen

B

(3) (vreemde) bokkensprongen maken (dwaas handelen, gekke dingen doen) ▸ unberechenbar handeln, verrückte Dinge tun
☞ Gemeint ist: Wie ein Bock springen, Kapriolen machen.
De oppositie heeft de regering erop gewezen *dat de premier vreemde bokkensprongen maakt.*

* daarvan kan ik geen bokkensprongen maken ▸ davon kann ich keine großen Sprünge machen.

bol (Substantiv)

(1) het hoog in de / zijn bol hebben (verwaand zijn) ▸ sich für etwas ganz Besonderes halten | de bol = der Kopf
Sinds je vriend minister is geworden *heeft hij het hoog in zijn bol.*

Siehe auch **het gras kunnen horen groeien**.

(2) het is hem in zijn bol geslagen (hij is gek geworden) ▸ er ist nicht ganz richtig im Oberstübchen
☞ Man denkt hier an einen Blitzschlag.
Het succes van het vorige seizoen is onze tennisclub *in de bol geslagen.*

Siehe auch **belatafeld, niet goed bij zijn hoofd zijn, van lotje getikt, een klap/slag/tik van de molen (gekregen) hebben, met molentjes lopen, ze niet allemaal op een rijtje hebben, niet goed snik zijn, niet goed bij zijn verstand zijn, ze zien vliegen, niet goed wijs zijn**.

(2) uit zijn bol gaan (zich helemaal overgeven aan een uitgelaten stemming) ▸ ausgelassen sein | de bol = der Kopf
Na de proclamatie van de resultaten *zijn de studenten uit hun bol gegaan.*

Siehe auch **uit zijn dak gaan, door het dolle heen zijn, een gat in de lucht springen**.

bol (Adverb)

(1) bol staan van (vol zijn met, bijv. fouten) ▸ strotzen vor (z. B. Fehlern) | bol = aufgebauscht, prall
Jan, je opstel *staat weer eens bol van de fouten*!

bolster

* ruwe bolster, blanke pit ▸ raue Schale, guter Kern | de bolster = die Fruchthülle

B

bolwerken

(2) iets niet kunnen bolwerken (iets niet in orde kunnen krijgen, omdat het te veel of te moeilijk is) ▸ es nicht schaffen, mit etwas nicht klarkommen | bolwerken = ein Bollwerk errichten. Hier jedoch ‚schaffen'.

Al deze documenten lezen in twee uur tijd, *dat kan ik niet bolwerken.*

bolworm

(3) de bolworm hebben (slecht gehumeurd zijn) ▸ schlecht gelaunt sein
☞ Bei bolworm handelt es sich um die Larve des *Taenia coenurus cerebralis*, der im Kopf von Schafen die Drehkrankheit verursacht. Die deutsche Redewendung *den Drehwurm haben* (das ist der gleiche Wurm) bedeutet jedoch ‚sich schwindlig fühlen' oder ‚launisch sein'.

Ik vraag je liever niets, ik *zie dat je alweer de bolworm hebt.*

Siehe auch **met het verkeerde been uit bed gestapt zijn, de bokkenpruik op hebben, in een slechte bui zijn, slecht gemutst zijn, een gezicht zetten als een oorwurm, het (lelijk) op de heupen hebben, (er) de pee/de pest in hebben, de smoor (over iets) in hebben**.

bomen (siehe auch boom)

(3) er zijn wel hogere bomen gevallen! (er zijn wel vreemder dingen gebeurd!) ▸ da sind schon ganz andere Sachen passiert!

Waarom verbaast je dat? *Er zijn wel hogere bomen gevallen!*

bon

(1) iemand op de bon slingeren/zetten (iemand een bekeuring geven) ▸ jdm einen Strafzettel aufbrummen; die gelbe oder die rote Karte zeigen (Sport) | slingeren = schleudern

Omdat ik in de stad tien kilometer te hard reed, *heeft de politie me op de bon geslingerd.*

(1) een bon krijgen, op de bon gaan (een bekeuring krijgen) ▸ einen Strafzettel kriegen, aufgeschrieben werden

Wanneer je te snel rijdt, *krijg je gegarandeerd een bon.*

bonen (siehe auch boon und boontje)

(2) in de bonen zijn (1. in de war zijn; 2. zich vergissen) ▸ 1. verwirrt, durcheinander sein; 2. auf dem Holzweg sein

B

☞ Im Rheinland als ‚in den Bohnen sein' bekannt. Früher glaubte man, dass der starke Geruch von Bohnenblüten eine halluzinogene Wirkung hatte.

1. Sorry, ik heb niet goed naar je geluisterd, *ik was even in de bonen.*

2. Toen de voorzitter beweerde dat er geen tegenstemmen zouden zijn, *was hij blijkbaar in de bonen.*

Siehe auch (zu 1.) **van zijn apropos raken, met de handen in zijn haar zitten, niet weten hoe men het heeft, (helemaal) van de kaart zijn, de kluts kwijt zijn, van de kook zijn, aan het eind van zijn Latijn zijn, uit het lood geslagen, overstuur zijn, ten einde raad, van slag raken, het spoor bijster zijn, van streek zijn**; (zu 2.) **het bij het verkeerde eind hebben, de plank misslaan**.

(3) zijn eigen bonen doppen (siehe zijn eigen boontjes doppen)

bonnefooi

(3) op de bonnefooi (siehe op goed geluk [af])

☞ Bonnefooi ist das französische *à la bonne foi*, im guten Glauben.

bons

(2) iemand de bons geven; de bons krijgen (1. iemand ontslaan; ontslagen worden; 2. de verkering uitmaken) ▸ 1. jdn entlassen; entlassen werden; 2. jdm den Laufpass geben | de bons = der Schlag, der Stoß

1. Na die grove nalatigheid heeft de kabinetschef *de bons gekregen.*

2. Mijn broer wou met zijn vriendin trouwen, maar één week voor het huwelijk *heeft zij hem de bons gegeven.*

Siehe auch (zu 1.) **iemand aan de dijk zetten, iemand de laan uit sturen**.

bont

* iemand *bont* en blauw slaan ▸ jdn *grün* und blau schlagen

Siehe auch **iemand op zijn broek geven, iemand ervanlangs geven, iemand op zijn flikker geven, iemand onder handen nemen, iemand alle hoeken van de kamer laten zien, van dik hout zaagt men planken, iemand van jetje geven, iemand van katoen geven, iemand een opdoffer geven, iemand een opdonder geven, iemand rauw lusten, iemand een pak slaag geven, iemand naar de strot vliegen, iemand een dreun/een klap verkopen**.

boodschap

(1) daar heb ik geen boodschap aan (daar heb ik niets mee te maken) ▸ das geht mich nichts an

☞ Wörtlich: Das ist für mich keine Botschaft.

We zien dat deze auteur in zijn romans *geen boodschap heeft aan* menselijke gevoelens.

boom (siehe auch bomen)

(3) een boom over iets opzetten (een lang gesprek over iets beginnen) ▸ etwas lang und breit erörtern

☞ Diese Redewendung bezieht sich auf ein dem Schafskopf ähnliches Kartenspiel, bei dem man die Gewinne mit kleinen Strichen links und rechts einer senkrechten Linie markierte, die dann einem Baum glich. Die erste Bedeutung war: Ein Kartenspiel beginnen.

Ik *zie dat je weer een boom wil opzetten over dat politiek schandaal,* maar daar heb ik gewoon geen tijd voor.

Siehe auch **daar heb je hem weer, honderduit praten, op zijn praatstoel zitten, lang van stof zijn**.

(3) je kunt (me) de boom in! (siehe loop naar de bliksem!)

☞ Man vergleicht den Abgewiesenen mit einem Affen.

boon (siehe auch bonen)

(2) ik ben een boon als het niet waar is! (ik ben er heilig van overtuigd dat het waar is!) ▸ ich fresse einen Besen, wenn es nicht wahr ist!

☞ Die Bohne galt früher als ein unbedeutendes, billiges Gemüse.

Ik zie wel dat je me niet gelooft, maar *ik ben een boon als het niet waar is!*

boontje (siehe auch bonen)

(2) boontje komt om zijn loontje (iedereen krijgt zijn verdiende straf) ▸ alle Schuld rächt sich auf Erden

☞ Aus einem von Grimms Märchen (‚Strohhalm, Kohle und Bohne'), das in den Niederlanden jedoch schon viel länger bekannt war: *Strootje, Kooltje-vuur* und *Boontje* kommen bei einem Spaziergang an ein Wasser. *Strootje* legt sich über das Wasser, damit *Kooltje-vuur* hinüber kann. Der Strohhalm fängt jedoch Feuer, bricht entzwei und *Kooltje-vuur* fällt ins Wasser. Darüber muss *Boontje* so sehr lachen, dass er sich buchstäblich zu Tode lacht.

De president, die honderden leden van de oppositie heeft laten opsluiten, wordt nu zelf aangeklaagd: *boontje komt om zijn loontje.*

(2) een heilig boontje (iemand die zich bijzonder braaf voordoet) ▸ ein Tugendbold

☞ *Boontje* ist hier abgeleitet von *bontje*, das früher ‚Waisenkind' bedeutete und zwar wegen der bunten Kleidung, die sie trugen. Ein Waisenkind galt als besonders tugendhaft. Später wurde diese Redewendung dann ironisch gebraucht.

De hulp van de EU aan Afrika heeft ook economische en politieke aspecten, waarover gezwegen wordt, want erover praten zou ons imago van *heilig boontje* kunnen schaden.

boontjes (siehe auch **bonen**)

(2) zijn eigen boontjes doppen (voor zichzelf zorgen; zijn eigen zaken regelen) ▸ selbst sehen, wie man zurechtkommt; für sich selbst sorgen

☞ Wörtlich: Seine eigenen Bohnen enthülsen. Man beachte wieder die typische Verkleinerungsform!

We hebben jouw hulp helemaal niet nodig: *we kunnen onze eigen boontjes doppen*!

Siehe auch **zijn eigen bonen doppen**.

boord

(3) er is nog geen man over boord (siehe er is nog geen man overboord)

boot

(1) de boot missen (een kans missen) ▸ der Zug ist abgefahren

☞ Wörtlich: Das Schiff verfehlen.

Ik had meteen ‚ja' moeten zeggen, toen die betrekking me werd aangeboden. Nu is het te laat, *ik heb de boot gemist.*

Siehe auch **achter de feiten aan lopen, voor open doel missen, de hond in de pot vinden, de kans is verkeken, achter het net vissen, het tij laten verlopen**.

(1) buiten/uit de boot vallen (niet meer mee kunnen doen, zijn positie verliezen) ▸ das Nachsehen haben

Bij het zoeken naar een nieuwe baan *vallen veel werkzoekenden uit de boot*, omdat ze geen goede opleiding hebben.

(2) de boot afhouden (terughoudend op iets reageren) ▸ nicht sofort ‚ja' sagen

☞ Während die übrigen Matrosen ruderten, musste einer das Boot vom Hafenrand abhalten. Man kann jedoch auch an jdn denken, der das Boot mit einer Stange vom Hafenrand abhält, um es nicht an Land kommen zu lassen.

We hadden verwacht dat de banken ons volmondig zouden steunen, maar *die houden voorlopig de boot af.*

(3) de boot ingaan (siehe het schip ingaan)

(3) de boot is aan! (nu beginnen de problemen pas goed!) ▸ da haben wir die Bescherung! Jetzt ist der Teufel los!

☞ Die Herkunft ist nicht ganz geklärt. Einige Etymologen meinen, dass früher die Ankunft eines Schiffes (*aan* wäre dann ‚am Kai') immer für Aufregung sorgte.

Nadat hij de mededeling van de regering had gehoord, zei de leider van de oppositie: ‚Nu *is de boot aan!*'

Siehe auch **daar heb je het gedonder (in de glazen), dan is voor mij de gort klaar, het is hommeles, dan is het huis te klein, de kat vliegt in de gordijnen, nu is Leiden in last, daar heb je de poppen aan het dansen, de rapen zijn gaar, dan is de wereld te klein**.

bord

* met een bord voor de kop lopen ▸ ein Brett vor dem Kopf haben

☞ Man beachte die Metathese: Vokal + r (*bord*) gegenüber r +Vokal (*Brett*).

(1) iets op zijn bord krijgen (iets te verwerken krijgen) ▸ etwas durchstehen müssen | het bord = der Teller

Ik vraag me af wat we nog allemaal *op ons bord krijgen.*

Siehe auch **iets voor zijn kiezen krijgen**.

bordjes

(3) nu zijn de bordjes verhangen! (de omstandigheden zijn gewijzigd, nu zijn anderen de baas) ▸ das Blatt hat sich gewendet!

☞ *Bordjes* (wieder die Verkleinerungsform!) sind hier die Schilder einer Herberge, die man veränderte, wenn eine neuer Besitzer eingezogen war.

Nu de bordjes verhangen zijn, moeten we ons oorspronkelijk plan opgeven en iets nieuws bedenken.

Siehe auch **de bakens verzetten, de hekken zijn verhangen, de kaarten liggen nu anders, het tij is gekeerd**.

borg

* voor iets/iemand *borg staan*; zich *borg* voor iets/iemand *stellen* ▸ sich für etwas/jdn *verbürgen*

borst

(2) zijn borst natmaken (zich op iets ergs voorbereiden) ▸ sich auf etwas Schlimmes gefasst machen

☞ Der Ursprung ist umstritten: Einige Etymologen meinen, man habe das von Matrosen auf Segelschiffen gesagt, die viel schwitzten, weil sie hart arbeiten mussten. Andere denken an jdn, der ins Wasser springen will und zuerst die Brust netzt, um sich auf den Temperaturunterschied vorzubereiten.

Computerbedrijven kunnen nu alvast *hun borst natmaken*, want IT specialisten willen vanaf volgend jaar meer loon.

Siehe auch **zich schrap zetten**.

(2) dat stuit me tegen de borst (dat staat me tegen, daar heb ik een afkeer van) ▸ das geht mir wider den Strich

☞ *Borst* steht hier für den ganzen Menschen.

De hoge kosten van de vergoeding voor het installeren van zonnepanelen *stuiten de oppositie tegen de borst.*

(2) zich(zelf) over iets op de borst kloppen/slaan (erg trots op iets zijn) ▸ sich in die Brust werfen

☞ Wie ein Affe, der sich auf die Brust klopft, um seinen Affenstatus zu bekräftigen.

Je hoeft je niet op de borst te kloppen, want je succes is vooral aan het toeval te danken.

Siehe auch **prat op iets gaan**.

(3) een hoge borst opzetten (zich hoogmoedig gedragen) ▸ hochnäsig sein | hoge borst = geschwollene Brust

De organisatoren van het colloquium *zetten een hoge borst op*, want ze zijn erin geslaagd, een aantal geleerden met wereldfaam te strikken.

Siehe auch **veel kouwe drukte maken, de grote Jan uithangen, met spek schieten, hoog van de toren blazen**.

bos

(2) iemand het bos in sturen (zich met een nietszeggend antwoord van iemand afmaken) ▸ jdn abwimmeln

☞ Mit *bos* ist hier nicht der eigentliche Wald gemeint, sondern eher ein Labyrinth, aus dem man nicht mehr herausfindet.

De ambtenaar wilde me het bos in sturen, maar ik heb me dat niet laten welgevallen.

Siehe auch **iemand met mooie praatjes afschepen, iemand met apenmunt betalen, iemand met een dooddoener afschepen, zich ergens met een jantje-van-leiden van afmaken, iemand met een kluitje in het riet sturen, iemand aan het lijntje houden, iemand blij maken met een dode mus**.

B

bot (siehe auch botje)

(2) bot vangen (zijn doel niet bereiken) ▸ abblitzen

☞ Einige Etymologen glauben, bei diesem *bot* (jetzt Flunder) handele es sich um eine ältere Bedeutung, nämlich ‚Schlag'. Dies wird jedoch von anderen angezweifelt, die aber selbst keine bessere Erklärung vorschlagen.

Met ons plan *hebben we bot gevangen*; niemand wilde ons steunen.

Siehe auch **een blauwtje lopen, de kous op de kop krijgen, zijn neus stoten, nul op het rekest krijgen**.

(3) iets tot op het bot onderzoeken/uitzoeken (iets erg grondig onderzoeken/uitzoeken) ▸ etwas gründlich untersuchen | het bot = der Knochen

De oppositie eist dat de regering dit politiek schandaal *tot op het bot uitzoekt*.

Siehe auch **iets tot op de bodem onderzoeken/uitzoeken, de onderste steen moet boven**.

(3) tot op het bot versleten (helemaal versleten) ▸ völlig abgenutzt sein

De kinderen zijn aan nieuwe schoenen toe, de oude zijn *tot op het bot versleten*.

Siehe auch **tot op de draad versleten**.

boter (siehe auch botertje)

(2) boter bij de vis! (zonder betaling krijg je niets!) ▸ Sofort bezahlen!

☞ Dies deckt sich also nicht mit ‚Butter bei die Fische!'

De felicitaties zijn natuurlijk welkom, maar hoe zit het met *boter bij de vis*?

Siehe auch **geen geld, geen Zwitsers**.

B

(2) dat is boter aan de galg (gesmeerd)! (het is vergeefse moeite voor een verloren zaak) ▸ diese Mühe können wir uns sparen!
☞ Den Strick am Galgen braucht man nicht zu schmieren.
Voor luie mensen kun je niet veel doen, *dat is boter aan de galg gesmeerd.*

(2) boter op zijn hoofd hebben (geen zuiver geweten hebben) ▸ Dreck am Stecken haben
☞ Aus dem Sprichwort: *Wie boter op zijn hoofd heeft, moet niet in de zon lopen.* Vielleicht, weil Butter oft in Körben auf dem Kopf getragen wurde.
De oppositie beweert dat de meeste ministers *boter op hun hoofd hebben.*

boterbriefje

(3) een boterbriefje halen (trouwen) ▸ heiraten
☞ Ein *boterbriefje* war früher eine kirchliche Bescheinigung, dass man während der Fastenzeit Butter, Käse, Eier und Fleisch essen durfte. Später wurde es dann interpretiert als Heiratsbescheinigung.
Mijn broer, een eeuwige vrijgezel, heeft nu toch *een boterbriefje gehaald.*

boteren

(2) tussen hen wil het niet boteren (er is telkens onenigheid tussen die twee) ▸ sie kommen miteinander nicht zurecht | boteren = zu Butter werden
Als het om abortus gaat, *wil het maar niet boteren* tussen de coalitiepartijen.

Siehe auch **niet met iemand door één deur kunnen, (niet) goed met elkaar kunnen opschieten, (niet) goed met iemand overweg kunnen, het (niet) goed met iemand kunnen vinden, die twee zijn water en vuur**.

boterham

* iets op zijn boterham krijgen ▸ etwas aufs Butterbrot geschmiert bekommen
Siehe auch **iets op zijn brood krijgen, iets op zijn dak krijgen**.

(3) een boterham met tevredenheid (1. een boterham zonder beleg; 2. een gering inkomen) ▸ 1. ein Butterbrot ohne Belag; 2. ein spärliches Einkommen

1. Ik heb geen broodbeleg meer, dus krijg je vandaag slechts *een boterham met tevedenheid.*

2. Amateurvoetballers zijn al blij als ze *een boterham met tevredenheid* krijgen.

(3) ergens een goed belegde boterham aan/mee verdienen (ergens veel geld mee verdienen) ▸ schön, seine Brötchen mit etwas verdienen
Met al zijn mandaten *verdient deze politicus een goed belegde boterham.*

botertje (siehe auch boter)

(3) het is botertje boven (het is een buitenkansje) ▸ das ist ein Glücksfall
☞ Gemeint ist, dass das Butterbrot mit der Butterseite nach oben fällt. Wieder die typische Verkleinerungsform!
Dat ik naast de promotie ook nog een dienstwagen krijg, *is botertje boven.*

(3) het is allemaal/daar is alles botertje tot de boom (1. alles gaat naar wens. 2. ze zijn buitengewoon vriendelijk voor elkaar.) ▸ 1. alles ist in Butter. 2. sie machen sich Komplimente
☞ *De boom* ist hier nicht der Baum, sondern der Boden (*bodem*): Wenn die Butter bis zum Boden des Butterfasses reichte (und dieser also nicht mit billigem Fett bedeckt war), konnte man dem Verkäufer trauen
1. Nee, er is geen enkel probleem, *het is allemaal botertje tot de boom.*

2. Ik dacht dat Jan jaloers was op zijn broer, maar ik zie dat het tussen die twee *botertje tot de boom is.*

Siehe auch (zu 2.) **het is koek en ei tussen hen, het is dikke mik tussen hen**.

botje (siehe auch bot)

(3) botje bij botje leggen (samen de kosten dragen) ▸ zusammen die Kosten tragen
☞ *Het botje* war im 15. Jh. eine Münze von geringem Wert.
Als we *botje bij botje leggen*, kunnen we met de hele klas een uitstapje naar zee maken.

bout

(3) je kan me de bout hachelen! (loop naar de maan!) ▸ du kannst mir den Buckel runterrutschen!

☞ Diese Redewendung ist ziemlich vulgär, denn *bout* ist eine altes Wort für *Kot* und *hachelen* = essen (Jiddisch *achelen*, aus Hebräisch *akkal*). Wörtlich also: Du kannst meinen Kot fressen!

Ik jou geld lenen? *Je kan me de bout hachelen!*

Siehe auch **loop naar de bliksem, je kunt de boom in, schrijf het maar op je buik, je kan het dak op, je kan op je duim fluiten, ga toch fietsen, mij niet gezien, daar komt niets van in, loop naar de maan, loop naar de pomp, je kan de pot op**.

boven

(2) iets te boven komen (iets overwinnen) ▸ etwas überwinden

☞ Wörtlich: Über etwas kommen.

De ontgoocheling over het gedrag van mijn vriendin ben ik nog niet *te boven gekomen.*

bovenhand

* de *boven*hand krijgen ▸ die *Ober*hand bekommen

bovenkamer

* er *mankeert* iets in zijn *boven*kamer ▸ *er ist nicht ganz richtig* im *Ober*stübchen

Siehe auch **belatafeld, niet goed bij zijn hoofd zijn, van lotje getikt zijn, een klap/slag/tik van de molen (gekregen) hebben, met molentjes lopen, ze niet allemaal op een rijtje hebben, niet goed snik zijn, niet goed bij zijn verstand zijn, ze zien vliegen, niet goed wijs zijn**.

boventoon

* de *boventoon* voeren ▸ das *große Wort* führen

Siehe auch **het voor het zeggen hebben**.

boze

(1) uit den boze zijn (volstrekt ontoelaatbaar zijn) ▸ schlecht, fehl am Platze sein

☞ *De boze* ist der Böse, der Teufel. Wörtlich: Aus dem Teufel geboren sein.

Tijdens de coronacrisis waren grote samenscholingen *uit den boze.*

Siehe auch **dat kan niet door de beugel**.

bramzeilen

(3) de bramzeilen bijzetten (siehe alles op alles zetten) | de bramzeilen = die Bramsegel

brand

(2) iemand uit de brand helpen (iemand [financieel] helpen) ▸ jdm (finanziell) aus der Klemme helfen

☞ Wörtlich: Jdn aus einem brennnenden Haus retten.

Pas op, als hij naar je toekomt, zal hij je vragen hem *uit de brand te helpen.*

(3) in de brand zitten (siehe aan de grond zitten)

brandhout

* *brandhout* van iets maken ▸ *Kleinholz* aus etwas machen

(3) dat is brandhout! (dat is niets waard) ▸ das ist Mist!

☞ Gemeint ist: Daraus kann man nur Brennholz machen.

De jongste roman van deze beroemde schrijver *is brandhout.*

Siehe auch **het is niet je dát, weinig/niets om het lijf hebben, dat is een wassen neus, beneden alle peil, het is niet om over naar huis te schrijven, het is niet veel soeps**.

breed

* het niet *breed* hebben ▸ es nicht *dick* haben

Siehe auch **het kan er niet af, in de brand zitten, dat kan Bruin(tje) niet trekken, geen rooie cent hebben, de eindjes niet aan elkaar kunnen knopen, aan de grond zitten, pijn in zijn portemonnee hebben, platzak zijn, op zwart zaad zitten**.

breeveertien

(3) de breeveertien opgaan (een losbandig leven leiden) ▸ ein liederliches Leben führen

☞ *Breeveertien* ist eine lange, breite Sandbank vor der niederländischen Küste, die 14 (deshalb *veertien*) Faden (26 M.) unter dem Meeresspiegel liegt. Zuerst bedeutete diese Redewendung ‚in See stechen', weil viele Schiffe diese Stelle passieren mussten. Dann ‚auf dem verkehrten Weg sein'.

‚Als je verder *de breeveertien opgaat*, zal ik je verlaten', zei mijn vrouw.

B

breien

(2) ergens een eind / een punt aan breien (bij een toespraak tot een afsluiting komen) ▸ zum Schluss kommen | breien = stricken

Nog even een paar opmerkingen en dan zal ik *een eind aan mijn betoog breien.*

briefje

(2) dat geef ik je op een briefje! (dat verzeker ik je!) ▸ das geb ich dir schriftlich!

Als de voorzitter van plan is, mijn vriend uit de partij te zetten, dan neem ik ontslag, *dat geef ik je op een briefje!*

Siehe auch **daar kun je van op aan, daar kun je donder op zeggen, dat staat als een paal boven water**.

brode (siehe auch **brood, broodje und broodjes**)

(3) (iets) om den brode (doen) (om de kost te verdienen) ▸ um des Geldes willen, als Broterwerb

De nieuwe job bevalt me niet echt, maar ik doe het *om den brode.*

broeder (siehe auch **broertje**)

(2) een zwakke broeder (iemand die niet erg getalenteerd is) ▸ kein großes Licht

De nieuwe voorzitter van de partij is toch maar *een zwakke broeder.*

Siehe auch **het buskruit niet uitgevonden hebben, geen hoogvlieger zijn**.

broek

(2) iemand achter de broek zitten (iemand voortdurend aansporen om door te werken) ▸ jdm Beine machen

Die man heeft geen enkele zin voor initiatief, *je moet hem voortdurend achter de broek zitten.*

Siehe auch **iemand achter de vodden zitten**.

(3) een grote broek aantrekken (brutaal zijn; hoge eisen stellen) ▸ frech sein; hohe Anforderungen stellen

☞ Gemeint ist: Eine lange Hose anziehen, für die man eigentlich noch zu klein ist.

Deze oppositiepartij heeft maar drie zetels en dan *zo'n grote broek aantrekken*!

Siehe auch **de gebraden haan uithangen, de grote Jan uithangen, een grote mond opzetten, iemand een grote mond geven, hoog van de toren blazen**.

B

(3) een proces aan zijn broek krijgen (voor de rechter gedaagd worden) ▸ einen Prozess angehängt bekommen

Als je verder zulke leugens over me vertelt, *krijg je een proces aan je broek.*

(3) voor de broek/op zijn broek krijgen/geven (siehe een pak slaag krijgen/geven)

(3) daar zakt me de broek van af! (daarover ben ik stomverbaasd, dat kan ik niet geloven) ▸ das will mir nicht in den Kopf!

☞ Die Etymologie ist nicht geklärt, aber das Bild ist deutlich.

Ik heb gehoord dat het in België soms tien jaar duurt, vóór een wetsontwerp wet wordt; *daar zakt me de broek van af!*

Siehe auch **daar word ik niet goed van, staan te kijken of men het in Keulen hoorde donderen, ergens niet over uit kunnen, daar krijg ik een punthoofd van**.

(3) zijn broek aan iets scheuren (er flinke schade van ondervinden) ▸ schlecht bei etwas wegkommen, Federn lassen | scheuren = zerreißen

Aan die aandelenkoop *heb ik mijn broek gescheurd.*

broekriem (siehe auch **buikriem**)

* de broekriem aanhalen ▸ den Gürtel enger schnallen

broertje (siehe auch **broeder**)

(3) aan iets een broertje dood hebben (een vreselijke hekel aan iets hebben) ▸ etwas auf den Tod nicht leiden können

☞ Zuerst bedeutete diese Redewendung ‚einen jüngeren Bruder durch eine Krankheit verlieren'. Die Krankheit verwünschte man deshalb. Diese Bedeutung wurde dann verallgemeinert.

Ik heb een broertje dood aan politiek correct denken.

Siehe auch **iets aan zijn laars lappen, lak aan iets/iemand hebben, het land aan iets/iemand hebben, maling hebben aan iets, de pest aan iemand/iets hebben, schijt aan iemand/iets hebben, de schurft aan iemand/iets hebben**.

B

brok

* een brok in de *keel* hebben ▸ einen Kloß im *Hals* haben
Siehe **auch een prop in de keel hebben**.

(2) één brok zenuwen / ellende zijn (heel erg zenuwachtig zijn/zich heel ellendig voelen) ▸ ein Nervenbündel sein / ein Häufchen Elend sein
Toen ik voor de microfoon stond, *was ik één brok zenuwen.*

Siehe auch **het heen en weer krijgen, in alle staten zijn, over zijn toeren zijn, een en al zenuwen zijn**.

brood (siehe auch brode)

* iets op zijn brood krijgen ▸ etwas aufs *Butter*brot *geschmiert* bekommen
Siehe auch **iets op zijn boterham krijgen, iets op zijn dak krijgen**.

* daar valt geen droog brood mee te verdienen ▸ damit kann man sich nicht die *Butter aufs Brot* verdienen
Siehe auch **dat brengt niet veel geld in het laatje**.

(2) (geen) brood in iets zien (ergens [geen] voordeel of winst in zien) ▸ sich bei etwas (k)einen Vorteil erhoffen
In een dalende markt *zie ik er geen brood in* nu aandelen te kopen.

(2) iemand het brood uit de mond stoten (iemand zijn broodwinning ontnemen) ▸ jdn um Brot und Lohn bringen
Als de werkgever weer honderd mensen ontslaat, dan *stoot hij hun het brood uit de mond.*

(2) brood op de plank hebben (genoeg hebben om van te leven) ▸ ein gutes Auskommen haben | de plank = das Brotschneidebrett
Je hoeft je om ons geen zorgen te maken, we *hebben nog genoeg brood op de plank.*

(3) daar kan ik geen brood van bakken! (daar kan ik niets mee beginnen) ▸ damit kann ich nichts anfangen!
Van alleen felicitaties en bedankjes, maar zonder vast inkomen, *kan ik geen brood bakken.*

Siehe auch **daar kan ik geen chocola van maken**.

B

broodje

(3) een broodje aap, een broodjeaapverhaal (een verzonnen gruwelijk hedendaags volksverhaal, een stadslegende) ▸ eine Urban Legend, eine Stadtlegende

Dat er kleine krokodillen uit de WC zouden kunnen kruipen is *een broodjeaapverhaal*.

broodjes

* als warme broodjes *over de toonbank gaan* (zeer gemakkelijk verkopen) ▸ *weggehen* wie warme Semmeln | de toonbank = die Ladentheke

Siehe auch **gretig aftrek vinden, grif van de hand gaan, het loopt als een trein, goed in de markt liggen, opgang maken, opgeld doen, in trek zijn, in zwang zijn**.

* *zoete* broodjes bakken ▸ *kleine* Brötchen backen

Siehe auch **een andere toon aanslaan, een toontje lager zingen, uit een ander vaatje tappen**.

brouwen

(3) ergens niets/weinig van brouwen (er niets/weinig van terechtbrengen) ▸ nicht viel erreichen | brouwen = Bier brauen

Je zit nu al vier jaar op de universiteit, maar *je hebt er nog niet veel van gebrouwen*.

Siehe auch **er niets van bakken**.

brug

(2) over de brug (moeten) komen (1. een tegemoetkomende stap [moeten] doen. 2. [moeten] betalen.) ▸ 1. einen Schritt tun (müssen). 2. mit dem Geld rausrücken (müssen)

☞ Es handelt sich hier wahrscheinlich um den Brückenzoll.

1. Ik ben eens benieuwd of China in de strijd met de VS als eerste *over de brug komt*.

2. Als ze mijn toneelstuk willen opvoeren, *moeten* ze met enkele duizenden euro's *over de brug komen*.

brui

(2) er de brui aan geven (het opgeven) ▸ aufgeben, den ganzen Kram hinschmeißen

B

☞ Einige Etymologen behaupten *brui* sei früher wertloses Zeug gewesen, das man wegwirft. Diese Herkunft ist jedoch umstritten.
Veel leraren *geven er*, na enkele jaren in het onderwijs gestaan te hebben, *de brui aan.*

Siehe auch **het bijltje erbij neergooien, iets over de haag gooien, het hoofd in de schoot leggen, de pijp aan Maarten geven, iets aan de wilgen hangen**.

bruin

* dat wordt me te *bruin*! ▸ das wird mir zu *bunt*!
☞ Man denkt an Brot, das nicht zu braun gebacken werden soll.
Siehe auch **het is bij de beesten af, het is bij de wilde spinnen af, het loopt de spuigaten uit**.

(3) hij bakt ze wel bruin! (nu overdrijft hij toch!) ▸ er übertreibt maßlos!
☞ Wahrscheinlich sind hier Brötchen gemeint.
Deze kamergeleerde met Einstein te vergelijken, *je bakt ze wel bruin!*

Siehe auch **zich te buiten gaan aan iets, het te gortig maken, alle perken te buiten gaan, over de schreef gaan**.

Bruin(tje)

(3) dat kan Bruin(tje) niet trekken! (dat kan ik niet betalen!) ▸ das kann ich mir nicht leisten!
☞ *Bruin* ist der Name eines braunen Pferdes.
Mijn twee kinderen tegelijk laten studeren? *Dat kan Bruin niet trekken!*

Siehe auch **het kan er niet af, in de brand zitten, het niet breed hebben, geen rooie cent, de eindjes niet aan elkaar kunnen knopen, aan de grond zitten, pijn in zijn portemonnee hebben, platzak zijn, op zwart zaad zitten**.

bui

(1) in een goede/slechte bui zijn (goed/slecht gehumeurd zijn) ▸ gute/schlechte Laune haben | de bui = die Laune
Toen vader binnenkwam, zag ik direct *dat hij in een slechte bui was.*

Siehe auch **met het verkeerde been uit bed gestapt zijn, de bokkenpruik ophebben, de bolworm hebben, goed/slecht gemutst zijn, een gezicht zetten als een oorwurm, het (lelijk) op zijn heupen hebben, (er) de pee/de pest in hebben, de smoor over iets in hebben**.

(2) de bui zien hangen (weten dat er moeilijkheden zullen komen) ▸ dunkle Wolken heraufziehen sehen | de bui = der Schauer

Als je zoiets tegen de voorzitter durft te zeggen, *dan zie ik de bui al hangen.*

Siehe auch **in de aap gelogeerd zijn, beren op de weg zien, de bietenbrug opgaan, dan zijn we nog verder van huis, er is een kink in de kabel, in de knel zitten, in de knoei zitten, in de knoop zitten, in het nauw komen/zitten, in de nesten zitten, in een lastig/moeilijk parket verkeren, iemand parten spelen, in de penarie zitten, in de piepzak zitten, in de puree zitten, in de put zitten, in de rats zitten, in het schip zitten, in de soep zitten, er is stront aan de knikker, er zijn voetangels en klemmen, het niet meer zien zitten**.

(3) de bui waait wel over! (dit moeilijke moment is maar van korte duur) ▸ das Gewitter wird sich schon verziehen!

Wind je niet op over de negatieve reactie van de voorzitter, *de bui zal wel overwaaien!*

Siehe auch **het zal wel overwaaien**.

buidel

* diep/*flink* in de *buidel* moeten *tasten* ▸ tief in die *Tasche greifen* müssen

Siehe auch **flink in de beurs (moeten) tasten**.

buigen

* het *is* buigen of barsten ▸ es *geht auf* Biegen und Brechen

Siehe auch **het is slikken of stikken**.

buik

* er *zijn* / de *buik* van vol hebben ▸ die *Nase gestrichen* voll haben

Siehe auch **zijn bekomst van iets hebben, dat hangt me de keel uit, dat komt me de strot uit, ergens tabak van hebben, dat/het zit me tot hier**.

(3) schrijf het maar op je buik! je kunt het op je buik schrijven (en met je hemd uitvegen) (je kunt het wel vergeten!) ▸ darauf kannst du lange warten! das kannst du dir abschminken! das kannst du in den Schornstein schreiben!

☞ Zuerst meinte man damit das Geld, das man jdm schuldete. Als Schuldschein war der Bauch jedoch nicht geeignet.

Het geld dat je je vriend geleend hebt, *kun je op je buik schrijven!*

B

Siehe auch **je kunt op je duim fluiten, naar iets kunnen fluiten, daar komt niets van in, dan kun je het wel schudden, dat is geen spekkie voor je bekkie**.

buikriem

(3) de buikriem moeten aanhalen (siehe broekriem)

buil

(3) zich geen buil aan iets vallen (geen risico lopen bij/met iets) ▸ etwas getrost riskieren können | de buil = die Beule

Aan aandelen van grote internationale bedrijven *kun je je geen buil vallen.*

buiten

(3) zich te buiten gaan aan iets, bijv. aan sterke drank, aan racistische opmerkingen (overdreven gebruik van iets maken) ▸ zu tief ins Glas geschaut haben, sich zu rassistischen Äußerungen hinreißen lassen

Met zijn kwetsende woorden over Afrikanen *is de voorzitter zich te buiten gegaan aan racisme.*

Siehe auch **over de schreef gaan**.

(3) iets (bijv. zijn bevoegdheden) te buiten gaan (de grens van iets overschrijden) ▸ etwas überschreiten (z. B. seine Befugnisse)

Met deze maatregel is de gouverneur duidelijk *zijn bevoegdheden te buiten gegaan.*

Siehe auch **zijn boekje te buiten gaan, alle perken te buiten gaan, over de schreef gaan**.

bus

(2) eens kijken wat er uit de bus komt! (eens kijken wat het resultaat is!) ▸ mal sehen, was dabei herauskommt! | de bus = die Wahlurne

Over enkele maanden zullen we weten wie de nieuwe president wordt, *eens kijken wat er uit de bus komt!*

(3) flink in de bus blazen (veel geld uitgeven) ▸ tief in den Säckel greifen

☞ Es gibt hier zwei Erklärungen: 1. *bus* wäre *geldbus* (Sparbüchse). Dann würde man das Geld aus der Sparbüchse blasen, was wenig wahrscheinlich ist. 2. In einem alten Gauklertrick versprach man alten

Leuten, dass sie wieder jung würden, wenn sie, gegen Entgelt, in eine Dose blasen würden. Darin war jedoch nur Ruß, der, zum Gespött der Umstehenden, das Gesicht der Alten schwärzte.

Nederlanders zijn er niet om bekend dat ze op vakantie in het buitenland *flink in de bus blazen.*

Siehe auch **een gat in de hand hebben, het geld brandt hem in de zak, het geld over de balk smijten, geld ertegenaan gooien**.

buskruit

* het *buskruit* niet hebben uitgevonden ▸ das (*Schieß*)pulver nicht erfunden haben

Siehe **auch een zwakke broeder, geen hoogvlieger zijn**.

C

cadeau

(2) dat krijg je van mij cadeau! (dat wil ik niet! dat is waardeloos!) ▸ das kannst du dir schenken!

☞ Gemeint ist: Das schenk ich dir, weil ich es nicht will.

Franse Pernod, *die krijg je van mij cadeau*, want zoiets drink ik van mijn leven niet.

Siehe auch **het is huilen met de pet op, uit/van het jaar nul**.

cent

* geen rooie cent hebben/waard zijn ▸ keinen roten Heller mehr haben/ wert sein

Siehe auch **het kan er niet af, in de brand zitten, het niet breed hebben, dat kan Bruin(tje) niet trekken, de eindjes niet aan elkaar kunnen knopen, aan de grond zitten, pijn in zijn portemonnee hebben, platzak zijn, op zwart zaad zitten**.

chocola

(3) daar kan ik geen chocola van maken! (daar kan ik niets mee beginnen! dat is voor mij onbegrijpelijke taal!) ▸ damit kann ich nichts anfangen! darauf kann ich mir keinen Reim machen!

☞ Diese Redewendung hat nicht direkt etwas mit Schokolade zu tun.

Gemeint ist, dass etwas ungenügend ist, um daraus etwas machen zu können und in der übertragenen Bedeutung, so kompliziert, dass man es nicht versteht.

De mededelingen van de minister? *Ik kan er geen chocolade van maken!*

Siehe auch **daar kan ik geen brood van bakken, daar kan ik met mijn pet niet bij, gooi het maar in mijn pet**.

contramine

(3) in de contramine zijn (dwarsliggen) ▸ kontra sein

☞ Bei Belagerungen wurden unter die Stellungen des Gegners Minen gegraben; dieser verteidigte sich dann mit Gegenminen.

Pubers willen niet altijd hun ouders gehoorzamen. Het is normaal dat ze *soms in de contramine zijn.*

D

daad

* de *daad* bij het *woord voegen* ▸ den Wort*en* Tat*en folgen lassen*

daarbij

* hoe kom je *daarbij?* ▸ wie kommst du dar*auf?*

dag

* voor dag en dauw ▸ vor Tau und Tag

☞ Man beachte die Umkehrung!

* van de ene dag in de andere leven ▸ in den Tag hinein leben

(1) goed/sterk voor de dag komen (een goede/sterke indruk maken) ▸ Eindruck machen

☞ *Dag* ist hier das Tageslicht.

Als je je dossier niet goed kent, *zul je niet goed voor de dag komen.*

(2) het is kort dag! (we hebben niet veel tijd meer) ▸ die Zeit drängt!

☞ Gemeint ist: Der Teil des Tages, der uns bleibt, ist kurz.

Voor overlevenden van de holocaust *is het kort dag*, want over enkele jaren zijn ze allemaal dood.

(2) met iets voor de dag komen (met iets te voorschijn komen) ▸ mit etwas herausrücken; etwas zur Sprache bringen

☞ *Dag* ist auch hier das Tageslicht.

Met de resultaten die we bereikt hebben, kunnen we zeker *voor de dag komen.*

Siehe auch **met iets voor de draad komen, met iets op de proppen komen**.

D

(3) ja, dag! (dat accepteer ik niet!) ▸ danke bestens! nicht mit mir!

☞ Eine ironische Antwort.

Ik jou mijn Jaguar lenen ? *Ja, dag!*

Siehe auch **dat doet de deur dicht, iets niet kunnen hebben, iets niet nemen, iets niet pikken, het er niet bij laten zitten**.

dagen

* het *begint* me te dagen ▸ es dämmert mir

daglicht

(2) iemand in een kwaad daglicht stellen (alles van iemand ongunstig voorstellen) ▸ jdn in Verruf bringen

Dat schandaal heeft de financiële wereld *in een kwaad daglicht gesteld.*

dak

* de politie op *zijn dak* krijgen ▸ die Polizei auf *den Hals* kriegen

(1) uit zijn dak gaan (zich helemaal overgeven aan een uitgelaten stemming) ▸ außer Rand und Band geraten

☞ *Dak* steht hier für den Kopf.

Nadat ze gehoord hadden dat ze allemaal geslaagd waren, *gingen de studenten uit hun dak.*

Siehe auch **uit zijn bol gaan, door het dolle heen zijn, een gat in de lucht springen**.

(2) onder dak zijn (geen financiële zorgen hebben) ▸ seine Schäfchen im Trockenen haben

Na de enorme winst die hij op zijn aandelen gemaakt heeft, *is mijn broer nu helemaal onder dak.*

Siehe auch binnen **zijn, het gemaakt hebben, onder de pannen zijn**.

(3) iets op zijn dak krijgen (ergens de schuld van krijgen) ▸ etwas aufs Butterbrot geschmiert bekommen

Jij hebt de fout gemaakt, maar *ik krijg het op mijn dak!*

Siehe auch **iets op zijn boterham krijgen, iets op zijn brood krijgen**.

D

(3) je kan het dak op! je kan op het dak gaan zitten (geen sprake van, ik denk er niet aan!) ▸ ich werde dir was husten!

☞ Die Etymologie ist nicht bekannt.

Denk je nu echt dat ik je voor de tweede keer geld leen?
Je kan het dak op!

Siehe auch **loop naar de bliksem, je kan de boom in, je kan me de bout hachelen, schrijf het maar op je buik, je kunt op je duim fluiten, ga toch fietsen, daar komt niets van in, je kunt de pot op**.

daken

(2) iets van de daken schreeuwen/roepen/verkondigen (iets overal bekend maken) ▸ etwas ausposaunen

☞ Aus der Bibel: Christus sagt, dass die zwölf Apostel seine Botschaft von den Dächern verkünden sollen. Da die Dächer der nahöstlichen Häuser meistens flach sind, kann man sich gut darauf stellen, um den Leuten etwas zu verkünden.

Ik zou van de daken willen schreeuwen: mensen, geloof niet wat de kernindustrie jullie wijs wil maken!

Siehe auch **iets op de kaart zetten, met iets te koop lopen**.

dakje

(1) het gaat/loopt van een leien dakje (het verloopt zonder moeilijkheden) ▸ es klappt wie am Schnürchen

☞ Von einem glatten Schieferdach (*lei* = Schiefer) läuft das Wasser besser ab.

Mijn wiskundeexamen *ging van een leien dakje.*

Siehe auch **dat is een eitje, een fluitje van een cent zijn, er zijn hand niet voor omdraaien, kat in't bakkie, een kind kan de was doen, dat is gesneden koek, een koud kunstje**.

dal

(3) uit het dal klimmen (na een moeilijke tijd weer sterker worden) ▸ aus der Talsohle herauskommen

Na het dieselschandaal is VW weer langzaam *uit het dal geklommen.*

dank

(1) iemand iets niet in dank afnemen (niet tevreden zijn over wat iemand gedaan of gezegd heeft) ▸ jdm etwas verübeln

Dat je hem voor zijn benoeming niet gesteund hebt, *zal hij je niet in dank afnemen.*

D

dans

(2) de dans ontspringen (aan iets heel onaangenaams ontsnappen) ▸ mit knapper Not davonkommen

☞ Es handelt sich hier um den Totentanz, dem man normalerweise nicht entkommen kann.

Slechts in enkele landen konden de joden tijdens de Tweede Wereldoorlog *de dans ontspringen.*

das

(2) iemand/iets de das omdoen (de oorzaak zijn van de definitieve ondergang van iemand of iets) ▸ etwas/jdm den Gnadenstoß geben

☞ *De das* (die Krawatte) ist hier der Strick, an dem jd aufgehängt wird.

Zijn arrogantie heeft de vakbondsleider *de das omgedaan.*

dat

(3) het is niet je dát! (het is niet denderend/geweldig!) ▸ umwerfend ist es nicht!

☞ Aus *dat is het!*

De nieuwe roman van deze beroemde schrijver *is niet je dát!*

Siehe auch **dat is brandhout, weinig/niets om het lijf hebben, een wassen neus zijn, beneden alle peil, dat is niet om over naar huis te schrijven, niet veel soeps zijn**.

degens

* de *degens* kruisen ▸ die *Klingen* kreuzen

deksel

(2) het deksel op zijn/de neus krijgen (gestraft worden, omdat men teveel gevraagd heeft) ▸ leer ausgehen, weil man zu viel verlangt hat

☞ Aus dem Sprichwort: *Wie het onderste uit de kan wil, krijgt het deksel op zijn neus.* Versteht sich von selbst, wenn man weiß, dass die Kannen früher einen Deckel hatten.

Als we teveel loonsverhoging eisen, *krijgen we het deksel op de neus.*

Siehe auch **het lid op de neus krijgen**.

dertien

D

* daarvan gaan er *dertien* in een dozijn ▸ davon gehen *zwölf* auf ein Dutzend

deuk

(3) in een deuk liggen (heel erg moeten lachen) ▸ sich vor Lachen biegen

☞ *De deuk* ist die Beule. Wenn man sich vor Lachen biegt, scheint der Rücken eine Beule zu haben. *Liggen*, als ob man sich vor Lachen auf dem Boden wälzen würde.

Toen hij die mop vertelde, *lag iedereen in een deuk.*

Siehe auch **dubbel liggen van het lachen, zich een ongeluk lachen, in een stuip liggen**.

deur

(2) dat doet de deur dicht! (dat maakt alle verdere redenering overbodig! dat accepteer ik niet!) ▸ damit ist jede Diskussion abgeschlossen! das ist ja die Höhe!

☞ Gemeint ist, dass man jeder weiteren Diskussion die Tür schließt.

Toen de voorzitter met dat onzinnige voorstel kwam, *deed dat voor mij de deur dicht.*

Siehe auch **ja, dag, iets niet kunnen hebben, iets niet nemen, iets niet pikken, het er niet bij laten zitten**.

(3) niet met iemand door één deur kunnen (niet met iemand kunnen samenwerken door verschil in persoonlijkheid) ▸ jdn nicht leiden können, sodass man nicht mit ihm zusammenarbeiten kann

Ik mag die man niet, *ik kan niet met hem door één deur.*

Siehe auch **het wil niet boteren tussen die twee, niet goed met iemand kunnen opschieten, niet goed met iemand overweg kunnen, het niet goed met iemand kunnen vinden, die twee zijn water en vuur**.

(3) bij iemand de deur plat lopen (bij iemand erg vaak op bezoek gaan, meestal om iets te verkrijgen) ▸ jdm die Tür/die Bude einrennen

Jan loopt me nu al wekenlang de deur plat, maar ik zal hem toch niet geven wat hij wil.

deuren

* open deuren *intrappen* ▸ offene Türen *einrennen* | intrappen = einstoßen

dief

(3) het is dief en diefjesmaat (de een steelt evengoed als de ander) ▸ einer ist so schlimm wie der andere | de maat = der Kamerad
☞ *Diefjesmaat* (Diebeskumpel) kommt nur in dieser Redewendung vor.

Wat de dieselgate betreft, zijn VW en Audi *dief en diefjesmaat.*

Siehe auch **aan elkaar gewaagd zijn**.

diep

(3) in het diepe gegooid worden (voor een moeilijke taak geplaatst worden, zonder dat men zich erop heeft kunnen voorbereiden) ▸ ohne Vorbereitung einer Herausforderung ausgesetzt werden, von der man nicht weiß, ob man ihr gewachsen ist. Ein Sprung ins kalte Wasser
☞ *Het diepe* ist tiefes Wasser. Man lernt am schnellsten schwimmen, wenn man sofort in tiefes Wasser springt bzw. geworfen wird.

Al na enkele maanden in het bedrijf *werd ik in het diepe gegooid* en moest ik mijn werk alleen doen.

diets

(3) iemand iets diets maken (1. iemand iets duidelijk maken; 2. iemand iets wijsmaken) ▸ 1. jdm etwas verdeutlichen; 2. jdm etwas weismachen
☞ Ursprünglich bedeutete *diets maken* etwas in der Sprache des Volkes sagen, sodass es für jeden verständlich wurde. In 2. haben wir es mit der späteren Bedeutung, einer ironischen Umdeutung von 1. zu tun.

1. *Ik heb hem diets gemaakt* dat zijn gedrag ontoelaatbaar was.

2. De atoomlobby *probeert ons diets te maken* dat kernafval helemaal niet gevaarlijk is.

Siehe auch (zu 1.) **iemand iets aan zijn verstand brengen**; (zu 2.) **iemand op een dwaalspoor brengen, iemand te grazen nemen, iemand knollen voor citroenen verkopen, iemand in de luren leggen, iemand iets op de mouw spelden, iemand een rad voor (de) ogen draaien, iemand om de tuin leiden**.

dijk

(1) een dijk van een huis (een geweldig groot huis) ▸ ein kolossal großes Haus

☞ Gemeint ist: Ein Haus, so groß wie ein Deich, der in Holland besonders hoch sein muss, weil ja ein Großteil Hollands unter dem Meeresspiegel liegt.

Mijn broer heeft zoveel geld dat hij het zich kan permitteren in *een dijk van een huis* te wonen.

Siehe auch **een kast van een huis**.

(2) iemand aan de dijk zetten (iemand ontslaan) ▸ jdn ausbooten

☞ Stammt noch aus der Zeit, als Boote von Pferden auf den Deich gezogen wurden. Passagiere, die nicht bezahlten oder randalierten, wurden gnadenlos ausgebootet.

De baas wilde me *aan de dijk zetten*, maar de vakbond heeft dat weten te verhinderen.

Siehe auch **iemand de bons geven, iemand de laan uit sturen**.

dik

(2) het zit er dik in dat ...; dat zit er dik in (het is zeer waarschijnlijk dat ...; dat is zeer waarschijnlijk) ▸ es ist zu erwarten, es ist sehr wahrscheinlich, dass ...

☞ *Dik* bedeutet hier ‚sehr'. Diese Redewendung bezog sich zuerst auf Schafe, die dick in der Wolle saßen. Daher der Gedanke an Übermäßigkeit und dann an große Wahrscheinlichkeit.

Het zit er dik in dat ik dit jaar enkele maanden in de VS ga studeren.

(3) zich dik maken (siehe zich druk maken)

(3) er dik in zitten (veel geld hebben) ▸ mit Geld um sich werfen können

☞ Siehe die Erklärung in der obigen Redewendung.

Mijn broer hoeft niet meer te gaan werken, *hij zit er dik in*.

Siehe auch **in goede doen zijn, er warmpjes bij/in zitten, goed in de slappe was zitten**.

(3) dat ligt er dik bovenop (dat is overduidelijk, dat kun je merken) ▸ das kann man mit Händen greifen

Het ligt er dik bovenop dat de nieuwe regering een aantal bezuinigingsmaatregelen gaat nemen.

ditjes

(3) ditjes en datjes hebben (altijd kleinigheden op of aan te merken hebben) ▸ immer etwas auszusetzen haben

☞ Gemeint ist: *Er is nog dit en dat* ... da wäre noch dieser oder jene Einwand ...

Ik kan die man niet uitstaan: als je iets voorstelt, *heeft hij altijd ditjes en datjes.*

D

dobber

(2) dat zal een zware/harde dobber worden (dat zal moeilijk worden) ▸ das wird ein harter Brocken

☞ *De dobber* ist eigentlich *de dobbel* (der Würfel). Man denkt, dass es eine schwer zu gewinnende Partie werden wird.

Dit jaar de begroting in evenwicht te krijgen zal voor de regering *een harde dobber worden.*

(2) een harde/zware dobber aan iets hebben (grote moeite met iets hebben) ▸ einen schweren Stand haben

☞ Die Etymologie steht bei der vorigen Redewendung.

Dat werk is niet zo eenvoudig, daar zullen we *een harde dobber aan hebben.*

dode (siehe auch dood)

(3) ten dode opgeschreven zijn (niet lang meer te leven hebben; geen toekomst meer hebben [van zaken]) ▸ dem Tode geweiht sein

☞ Wörtlich: Im Totenbuch aufgeschrieben sein.

Toen ik mijn grootvader zag, wist ik *dat hij ten dode opgeschreven was.*

Siehe auch **zijn laatste adem uitblazen, op apegapen liggen, op sterven na dood zijn, eraan gaan, het hoekje om gaan, het niet lang meer maken, het loodje leggen, de pijp aan Maarten geven, de pijp uit gaan, in het stof bijten, in het zand bijten**.

doeken

(1) iets uit de doeken doen (iets uiteenzetten) ▸ etwas erklären

☞ Wörtlich: Etwas aus den Tüchern, in die es eingepackt ist, entfalten.

Je zou nu eens *uit de doeken moeten doen*, wat er allemaal gebeurd is.

Siehe auch **tekst en uitleg geven**.

doekje

(2) een doekje voor het bloeden (iets dat een zware teleurstelling enigszins goed zou moeten maken) ▸ ein schwacher Trost
☞ Gemeint ist: Es ist keine echte Heilung, nur ein Tüchlein, das verhindern soll, dass die Wunde blutet.

Die armzalige loonsverhoging van 2 % is toch maar *een doekje voor het bloeden.*

doekjes

(1) ergens geen doekjes om winden (zeggen wat men denkt) ▸ kein Blatt vor den Mund nehmen
☞ Wörtlich: Etwas nicht mit Tüchern verhüllen.

Ik wil er geen doekjes om winden: er moet dringend iets gedaan worden aan de jeugdwerkloosheid.

Siehe auch **recht voor zijn raap, iets niet onder stoelen of banken steken**.

doel

(3) voor open doel missen (een prachtige gelegenheid voorbij laten gaan) ▸ eine prächtige Gelegenheit verpassen
☞ Wörtlich: Kein Tor schießen können, obwohl niemand im Tor steht.

Wat een teleurstelling voor onze ploeg! *We hebben voor open doel gemist!*

Siehe auch **de boot missen, achter de feiten aan lopen, de hond in de pot vinden, de kans is verkeken, achter het net vissen, het tij laten verlopen**.

doen (Substantiv)

* iets *van* doen hebben met, bijv. belastingontduiking ▸ etwas mit etwas *zu* tun haben.

(2) in goede(n) doen zijn (1. in vorm zijn; 2. veel geld hebben) ▸ 1. gut in Form sein; 2. sich gut stehen | het doen = der Betrieb, das Geschäft

1. De meeste generaals sterven in hun bed *in goede doen.*

2. Mijn broer hoeft niet meer te gaan werken; na de verkoop van zijn aandelen *is hij in goede doen.*

Siehe auch (zu 1.) **goed op dreef zijn**; (zu 2.) **er dik in zitten, er warmpjes bij/in zitten, goed in de slappe was zitten**.

(3) uit zijn (gewone) doen zijn (niet meer in zijn gewone ritme zitten) ▸ aus dem gewohnten Gleis heraus sein

Na twee maanden vakantie kon ik niet meer aan de school wennen: *ik was uit mijn gewone doen.*

D

doen (Verb)

* je *doet* maar! ▸ *mach* nur!

(2) met iemand te doen hebben (medelijden met iemand hebben) ▸ mit jdm Mitleid haben

☞ Die Etymologie ist nicht bekannt. Entspricht also nicht ‚mit jdm zu tun haben' (*met iemand te maken hebben*).

Nu moet mijn vriend al voor de derde keer een operatie ondergaan; *ik heb echt te doen met die jongen.*

Siehe auch **met iemand begaan zijn**.

(2) waar doet hij het van? (waar vindt hij het geld dat hij daarvoor nodig heeft?) ▸ wie kommt er zu dem vielen Geld?

Die man werkt niet, hij heeft nooit iets geërfd, dus *waar doet hij het van*?

dol

(2) door het dolle heen zijn (heel uitgelaten zijn) ▸ aus dem Häuschen sein

☞ Wörtlich: Schon über das Stadium des Verrücktseins hinaus sein.

Na zijn overwinning op de nummer één *was Becker door het dolle heen.*

Siehe auch **uit zijn bol gaan, uit zijn dak gaan, een gat in de lucht springen**.

dominee

* daar gaat een dominee voorbij ▸ da geht/fliegt ein Engel durchs Zimmer | de dominee = der Pfarrer

☞ Wenn der Pfarrer vorbeikam, schwieg man ehrerbietig.

domme

(2) zich van de(n) domme houden (doen alsof men niets van de zaak afweet) ▸ sich dumm stellen

☞ Zuerst sagte man: *zich van de gekke houden* (*doen alsof men gek is*)

De regering wist allang dat deze minister niet deugde, maar ze koos ervoor *zich van de domme te houden.*

Siehe auch **van zijn gezond niet weten, van de prins geen kwaad weten, van zijn santé niet weten**.

domper

* een domper op de *feest*vreugde zetten ▸ der Freude einen Dämpfer aufsetzen

D

donder

(1) er geen donder van begrijpen; dat gaat je geen donder aan! daar geef ik geen donder om (helemaal niets) ▸ nichts von etwas verstehen; das geht dich überhaupt nichts an! das ist mir völlig egal!

☞ *Donder* (Donner) ist Teil eines Fluches, also etwas aus der Tabusphäre.

Het heeft geen zin die man ons plan uit te leggen, *hij begrijpt er geen donder van.*

Siehe auch **geen bliksem, geen hout, geen sikkepit, geen snars**.

(2) op zijn donder krijgen; iemand op zijn donder geven (een uitbrander krijgen; iemand een uitbrander geven) ▸ eins aufs Dach bekommen; jdm eins aufs Dach geben

☞ *Donder* steht hier für Kopf.

Omdat ik kritiek had geuit op het voorstel van de voorzitter *heb ik op mijn donder gekregen.*

Siehe auch **op z'n duvel krijgen, ervanlangs krijgen, op het matje geroepen worden, een uitbrander krijgen, een veeg uit de pan krijgen, de wind van voren krijgen, dan zwaait er wat voor je; iemand onder handen nemen, iemand een kat geven, iemand de volle laag geven, iemand de les lezen, iemand de mantel uitvegen, iemand op zijn nummer zetten, iemand te pakken nemen, iemand de huid vol schelden, iemand een standje geven, iemand uitmaken voor alles wat mooi en lelijk is, iemand uitmaken voor honderd en tien, iemand op de vingers tikken, iemand de wacht aanzeggen**.

(2) daar kun je donder op zeggen! (daar kun je zeker van zijn!) ▸ darauf kannst du Gift nehmen!

☞ *Donder* war früher ein Fluch. Man denke an *donnerwetter!*

Na wat ik hem allemaal gezegd heb, zullen we hem nooit meer zien, *daar kun je donder op zeggen!*

Siehe auch **je kunt ervan op aan, dat geef ik je op een briefje, dat staat als een paal boven water**.

donderslag

* als een *donderslag* bij heldere hemel ▸ wie ein *Blitz* aus heiterem Himmel

donker

* in het donker *tasten* ▸ im Dunklen *tappen*

Siehe auch **in het duister tasten**.

D

dood (Substantiv, siehe auch **dode**)

* *om* de *dooie* dood niet! ▸ *auf* den Tod nicht! | dooie (dode) = (hier:) eine Verstärkung

Siehe auch **ammehoela/ammenooitniet, geen haar op mijn hoofd dat/die eraan denkt, morgen brengen, soep met balletjes**.

(2) als de dood voor iets zijn (erg bang voor iets zijn) ▸ eine Höllenangst vor etwas haben

☞ Gemeint ist: *Zo bang als voor de dood.*

Ik was als de dood voor dit laatste examen, maar gelukkig is alles goed afgelopen.

(3) het is er de dood in de pot (het is daar een saaie boel, men verveelt zich er gruwelijk) ▸ das ist ein müder Laden, da ist tote Hose

☞ Zuerst bezog sich diese Redewendung auf verdorbenes Essen: Aus einem Bibelzitat, in dem Propheten, nachdem sie von einem Gericht mit einer unbekannten Pflanze gegessen haben, ausrufen: ‚Der Tod ist im Topf!'

In dat stadje valt niets te beleven, *het is er de dood in de pot.*

dood (Adjektiv, Adverb)

(1) op sterven na dood zijn (bijna dood zijn) ▸ sterbenskrank sein

☞ Gemeint ist: Fast tot sein.

Enkele weken geleden was mijn opa nog helemaal fit. *Nu is hij op sterven na dood.*

Siehe auch **zijn laatste adem uitblazen, op apegapen liggen, ten dode opgeschreven zijn, eraan gaan, het hoekje om gaan, het niet lang meer maken, het loodje leggen, de pijp aan Maarten geven, de pijp uit gaan, in het stof bijten, in het zand bijten**.

dooddoener

(2) iemand met een dooddoener afschepen (iemand antwoorden met een waardeloos, nietszeggend argument) ▸ jdn mit einer abgedroschenen

Phrase abspeisen
☞ *Dooddoener* (abgeleitet von *dood doen*, hier ‚kraftlos machen') kommt nur in dieser Redewendung vor; *afschepen*: Siehe dort.

Toen ik de minister om uitleg vroeg, *werd ik met een dooddoener afgescheept*.

D

Siehe auch **met mooie praatjes afschepen, met apenmunt betalen, iemand het bos in sturen, zich ergens met een jantje-van-leiden van afmaken, iemand met een kluitje in het riet sturen, iemand aan het lijntje houden, iemand blij maken met een dode mus**.

doof

(3) Oost-Indisch doof voor iets zijn/blijven, zich Oost-Indisch doof houden voor iets (doen alsof men iets niet hoort) ▸ sich taub stellen
☞ Die Indonesier stellten sich manchmal taub, wenn sie keine Lust hatten, ihren holländischen Herren zu gehorchen.

De Europese Commissie is weer eens *Oost-Indisch doof gebleven* voor de voorstellen van het Europees parlement.

Siehe auch **geen oren naar iets hebben**.

doofpot

(2) een zaak in de doofpot stoppen (ervoor zorgen dat men van een kwalijke zaak niets meer hoort) ▸ etwas unter den Teppich kehren | de doofpot = der Dämpftopf

De regering zal proberen dat financieel schandaal *in de doofpot te stoppen*.

doopceel

(3) iemands doopceel lichten (al het kwaad vertellen dat men van iemand weet) ▸ jds Sündenregister aufschlagen | de doop = die Taufe
☞ *De/het ceel* (Lat. cedula) ist eine offizielle Bescheinigung.

De minister heeft beloofd *de doopceel te laten lichten* van een aantal rijke belastingontduikers.

doorslag

* de *door*slag geven ▸ den *Aus*schlag geben

doos

(3) uit de oude doos (uit een ver verleden) ▸ aus der Mottenkiste
☞ Zuerst handelte es sich um eine Dose oder Kiste, in der alte Kleider aufbewahrt wurden, später dann Fotos.
Grootmoeder luistert graag naar *liedjes uit de oude doos.*

D

doppen

(3) goed uit z'n doppen kijken (goed opletten, goed uitkijken) ▸ gut aufpassen, die Augen offen halten
☞ *De dop* ist die Hülse einer Frucht, steht aber hier für das Auge.
Na dit domme ongeval heeft mijn zoon beloofd voortaan *beter uit z'n doppen te kijken.*

Siehe auch **iets in de gaten hebben, zijn ogen de kost geven, zijn ogen niet in zijn zak hebben, iemand/iets in de peiling hebben**.

dovemansoren

(1) dat is tegen/aan geen dovemansoren gezegd! (dat zal ik goed onthouden!) ▸ das werd ich mir hinter die Ohren schreiben! | doof = taub
Je dreigement is *niet tegen dovemansoren gezegd!*

draad

* de draad *kwijt zijn* ▸ den Faden *verloren haben.*

(1) de draad (van iets) weer oppakken/oppikken (ergens weer mee beginnen) ▸ wieder zur Sache kommen
☞ Es handelt sich um den Faden des Spinnrads.
Na de lange onderbreking door de ziekte van onze voorzitter zullen we vanaf volgende week *de draad weer oppikken.*

(2) tot op de draad versleten (helemaal versleten) ▸ total verschlissen, fadenscheinig
☞ Wörtlich: Bis auf den Faden verschlissen.
Ik ben aan een nieuw pak toe, het oude is *tot op de draad versleten.*

Siehe auch **tot op het bot versleten**.

(3) met iets voor de draad komen (iets naar voren brengen, iets ter sprake brengen) ▸ mit der Sprache herauskommen
☞ Einige Etymologen sehen in *de draad* das Seil, das im Gerichtssaal die Zeugen und die Angeklagten von den übrigen Personen trennte. Wenn man sich vor dieses Seil stellen musste, wurde erwartet, dass

man die Wahrheit sagte. Andere meinen, es könnte sich um das Seil am Start eines Wettlaufs oder Wettrennens handeln.

Ik was verbaasd dat mijn collega *met dat oude verhaal voor de draad kwam.*

Siehe auch **met iets voor de dag komen, met iets op de proppen komen**.

draaiorgel

(3) dat is als een draaiorgel op een uitvaart (die versiering past niet bij de rest) ▸ das passt wie die Faust aufs Auge | de uitvaart = das Begräbnis

Met een oude Citoën naar het Festival van Cannes komen, *dat is als een draaiorgel op een uitvaart.*

Siehe auch **dat is geen gezicht, dat staat als een vlag op een modderschuit**.

draak

(2) met iets/iemand de draak steken (ergens mee spotten) ▸ sich über etwas/jdn lustig machen

☞ Beim Kampf des heiligen Georgs (Sint-Joris) gegen den Drachen (ein Symbol des Teufels) machte man sich über diesen lustig, indem man mit einer Lanze in eine Stoffpuppe stach.

Als je probeert *de draak met mij te steken*, ben je aan het verkeerde adres.

Siehe auch **iemand voor aap zetten, iemand voor de gek houden, iemand op de hak nemen, iemand in zijn hemd zetten, iemand voor joker zetten, iemand te kijk zetten, iemand een kool stoven, iemand een kunstje flikken, iemand voor het lapje houden, iemand een loer draaien, een loopje met iemand nemen, iemand voor lul zetten, iemand in de maling nemen, iemand bij de neus nemen, iemand een oor aannaaien, iemand in het ootje nemen, iemand een poets bakken, iemand voor schut zetten**.

dreef

(1) (goed) op dreef zijn (in vorm zijn) ▸ in Schwung sein

☞ *De dreef* (abgeleitet von *drijven*) ist ein vor allem in Belgien bekanntes Wort für einen von Bäumen umsäumten Weg, durch den das Vieh getrieben wurde, damit es auf offener Wiese grasen konnte. Siehe auch *drève*, ein belgisch-französisches Wort.

Ik dacht dat mijn buurvrouw nog steeds ziek was, maar ik zie dat ze weer *op dreef is.*

D

drinken

(3) ze dronken een glas, deden een plas en lieten de zaak zoals ze was (wordt gezegd van een vergadering waar veel gepraat maar niets besloten is) ▸ sagt man von einer Versammlung, auf der viel geredet, aber nichts beschlossen wurde | een plas doen = urinieren

De ministers hebben drie uur lang vergaderd, maar zijn niet tot een beslissing gekomen, m.a.w. *ze dronken een glas, deden een plas en lieten de zaak zoals ze was.*

Siehe auch **iets blauwblauw laten, de boel de boel laten, Gods water over Gods akker laten lopen**.

druk (Substantiv)

(2) de druk op de ketel houden (niet nalaten druk uit te oefenen) ▸ weiterhin Dampf machen | de ketel = (hier:) der Dampfkessel

De Amerikaanse President wil ook verder *de druk op de ketel houden* om Europa ertoe aan te zetten meer geld uit te geven voor zijn defensie.

druk (Adverb)

(1) zich druk maken (zich opwinden) ▸ sich aufregen

Maak je niet druk! Wat die man beweert, gelooft allang niemand meer.

Siehe auch **op zijn achterste benen gaan staan, de duivel in hebben, des duivels zijn, gebeten zijn op iemand, tekeergaan dat de honden er geen brood van lusten, door het lint gaan, een kort lontje hebben, op zijn achterste poten gaan staan, uit zijn slof schieten, tekeergaan als een bezetene, uit zijn vel springen, vuur spuwen**.

drukte

(3) (veel) kouwe drukte maken (zich aanstellen, zich op hinderlijke wijze laten gelden) ▸ viel Wind machen | Drukte = Hektik, Remmidemmi

Een Nederlander is niet iemand die van *kouwe drukte maken* houdt.

Siehe auch **een hoge borst opzetten, de grote Jan uithangen, met spek schieten, hoog van de toren blazen**.

druppel

* een druppel op een gloeiende *plaat* ▸ ein Tropfen auf einen heißen *Stein*

D

dubbel

(2) dubbel en dwars (ruimschoots) ▸ doppelt und dreifach | dwars = schräg

☞ Gemeint ist: Gerade und schräg, also in alle Richtungen.

Ik ben blij dat je die promotie gekregen hebt, die verdien je *dubbel en dwars.*

dubbeltje

* een dubbeltje *driemaal* omkeren ▸ jeden Groschen *einzeln* umdrehen. Siehe auch **op de dubbeltjes letten, de hand op de knip houden, een kei het vel afstropen, op de kleintjes letten**.

* voor een dubbeltje *op* de eerste *rang*/rij willen zitten ▸ für einen Groschen *in* der ersten Reihe sitzen wollen

☞ Vor der Einführung des Euro war *een dubbeltje* eine Münze von 10 cent. Dubbeltje, weil es 2 x 5 Cent wert war.

(3) (het is) een dubbeltje op zijn kant (het resultaat is nog erg onzeker) ▸ auf (des) Messers Schneide

☞ Man denkt an eine Münze, die auf der Kante steht und nach links oder nach rechts fallen kann.

De stemming in het parlement is *een dubbeltje op zijn kant.*

Siehe auch **het scheelde maar een haar/een haartje, met de hakken over de sloot, kantje boord, op het nippertje, door het oog van de naald gekropen, dat was op het randje, op de valreep**.

(3) niet op een dubbeltje kijken (niet gierig zijn) ▸ nicht knauserig sein

Ik wist dat ik die man om een gift voor onze club kon vragen, want *die kijkt niet op een dubbeltje.*

(3) je weet nooit hoe een dubbeltje kan rollen! (de dingen kunnen anders verlopen dan je verwacht) ▸ es ist noch nicht aller Tage Abend!

We zijn nog lang niet zeker van de overwinning van onze partij, want *je weet nooit hoe een dubbeltje kan rollen.*

Siehe auch **het is vreemd hoe een stuiver kan rollen**.

dubbeltjes

(3) op de dubbeltjes letten/passen (siehe op de kleintjes letten)

duim (siehe auch duimpje)

* iets uit *zijn duim* zuigen ▸ *sich* etwas aus *den Fingern* saugen

(3) op zijn duim kunnen fluiten (niets krijgen) ▸ das Nachsehen haben
☞ Wer keine Flöte hat, um Vögel zu locken, kann es mit dem Daumen probieren, aber das wird nicht gelingen.

De arbeiders en de bedienden krijgen een loonsverhoging, maar *de ambtenaren kunnen op hun duim fluiten.*

Siehe auch **schrijf het maar op je buik, naar iets kunnen fluiten, daar komt niets van in, dan kun je het wel schudden, dat is geen spekkie voor je bekkie**.

duimbreed

* geen duimbreed *toegeven* ▸ keinen Zollbreit *nachgeben/weichen*

duimpje (siehe auch duim)

(2) iets op zijn duimpje kennen (iets door en door kennen) ▸ etwas durch und durch kennen
☞ Die Etymologie ist nicht geklärt.

Deze leraar is iemand die de Nederlandse literatuur *op zijn duimpje kent.*

Siehe auch **tot in de puntjes, uit-en-ter-na**.

duister

* in het duister *tasten* ▸ im Dunklen *tappen*
Siehe auch **in het donker tasten**.

duit

(2) ook een duit in het zakje doen (1. ook een bijdrage leveren. 2. ook iets willen zeggen) ▸ 1. sein Scherflein zu etwas beitragen. 2. seinen Senf dazu geben wollen | de duit = der Heller

1. Als je een woordje wil meespreken, moet je ook *een duit in het zakje doen.*

2. Jan vroeg om het woord, want hij wilde ook *een duit in het zakje doen.*

Siehe auch (zu 2.) **zijn ei niet kwijt kunnen, spuit elf geeft ook modder, hij moest zo nodig ook wat zeggen, zijn zegje willen doen**.

* geen *rode/rooie* duit bezitten ▸ keinen *lumpigen* Heller haben

D

Siehe auch **het kan er niet af, in de brand zitten, het niet breed hebben, dat kan Bruin(tje) niet trekken, geen rooie cent hebben, de eindjes niet aan elkaar kunnen knopen, aan de grond zitten, pijn in zijn portemonnee hebben, platzak zijn, op zwart zaad zitten**.

duivel (siehe auch duvel)

(2) des duivels zijn (razend zijn) ▸ fuchsteufelswild sein

Toen hij hoorde dat hij ontslagen zou worden, *was hij des duivels.*

Siehe auch **op zijn achterste benen gaan staan, zich druk maken, de duivel in hebben, gebeten zijn op iemand, tekeergaan dat de honden er geen brood van lusten, door het lint gaan, een kort lontje hebben, op zijn achterste poten gaan staan, uit zijn slof schieten, tekeergaan als een bezetene, uit zijn vel springen, vuur spuwen**.

(3) de duivel inhebben (erg kwaad zijn) ▸ stinksauer, stinkwütend sein

Als ik zo'n domme praat hoor, *heb ik de duivel in.*

Siehe auch **op zijn achterste benen gaan staan, zich druk maken, des duivels zijn, gebeten zijn op iemand, tekeergaan dat de honden er geen brood van lusten, door het lint gaan, een kort lontje hebben, op zijn achterste poten gaan staan, uit zijn slof schieten, tekeergaan als een bezetene, uit zijn vel springen, vuur spuwen**.

duiven

(3) onder iemands duiven schieten (iemand op zijn eigen gebied beconcurreren) ▸ jdm ins Gehege kommen

Tuincentra zien het niet graag dat warenhuizen *onder hun duiven schieten.*

dunk

(2) een hoge dunk van zichzelf hebben (arrogant zijn) ▸ dünkelhaft sein

☞ *Dunk* (aus *dunken*, einer Variante von *denken*) ist das, was man von etwas/jdm denkt. *Me dunkt = ik denk.*

Ik mag die man niet, *hij heeft een te hoge dunk van zichzelf.*

Siehe auch **van het hondje gebeten zijn, de grote Jan uithangen, naast zijn schoenen lopen**.

(2) geen hoge dunk van iemand hebben (iemand zeer negatief beoordelen, iemand minachten) ▸ nicht viel von jdm halten
☞ *Dunk*: Siehe oben.
Ik heb geen hoge dunk van iemand die zijn woord niet houdt.

Siehe auch **geen hoge pet van iemand ophebben**.

D

dunnetjes

(3) dat gaan we nog eens dunnetjes overdoen! (dat gaan we nog eens opnieuw doen) ▸ weil es so schön war, machen wir das Ganze noch einmal!
☞ Aus der Malersprache: Eine zweite, dünnere Farbschicht auflegen. Man beachte wieder die typische Verkleinerungsform, hier als Adverb.
Aangezien het probleem nog niet is opgelost, moeten we *het debat nog eens dunnetjes overdoen.*

dutje

(1) een dutje doen (een korte tijd gaan slapen) ▸ ein Nickerchen machen
☞ Die Etymologie von *dut* ist nicht bekannt.
Siehe auch **een hazenslaapje doen, een uiltje knappen, onder de wol kruipen, onder zeil gaan**.

duvel (siehe auch duivel)

(2) op z'n duvel krijgen (streng berispt worden) ▸ eins aufs Dach bekommen | de duvel = (hier:) der Kopf
Omdat ik niet akkoord ging met de voorzitter *heb ik op m'n duvel gekregen.*

Siehe auch **op zijn donder krijgen, ervanlangs krijgen, op het matje geroepen worden, een uitbrander krijgen, een veeg uit de pan krijgen, de wind van voren krijgen, dan zwaait er wat voor je**.

(3) op z'n duvel krijgen (siehe een pak slaag krijgen)

duwen

(3) na veel duwen en trekken (na veel moeite gedaan te hebben) ▸ mit Mühe und Not

Na veel duwen en trekken is het wetsvoorstel door de Kamer aangenomen.

Siehe auch **met veel getrek en geduw, met veel pijn en moeite**.

E

dwaalspoor

* iemand op een *dwaalspoor* brengen ▸ jdn auf *Abwege* bringen | het dwaalspoor = der Irrweg

Siehe auch **iemand iets diets maken, iemand te grazen nemen, iemand knollen voor citroenen verkopen, iemand in de luren leggen, iemand iets op de mouw spelden, iemand een rad voor (de) ogen draaien, iemand om de tuin leiden**.

dwars

(1) dat zit hem dwars (daarover maakt hij zich zorgen) ▸ das liegt ihm schwer im Magen | dwars = schräg

Dat je zoiets over mij durft te beweren, *dat zit me dwars.*

dweilen

(1) dat is dweilen met de kraan open! (gezegd als men probeert een probleem op te lossen, terwijl er aan de oorzaak van dat probleem niets gedaan wordt) ▸ nur die Symptome, nicht die wirkliche Ursache bekämpfen | dweilen = aufwischen

Proberen de CO2-uitstoot te verminderen en tegelijk programma's steunen die de uitstoot juist verhogen, is *dweilen met de kraan open.*

E

eelt

(3) eelt op de/zijn ziel hebben (ongevoelig zijn voor andermans leed) ▸ kein Mitleid mit anderen Leuten haben | de eelt = die Schwiele, die Hornhaut

Ik heb nog nooit meegemaakt dat Jan andere mensen geholpen heeft; *hij heeft eelt op zijn ziel.*

één

* *een* en al glimlach zijn ▸ *ganz* Lächeln sein.

Siehe auch **een en al zenuwen zijn**.

eend

(3) een vreemde eend in de bijt (een vreemdeling in een kring van bekenden) ▸ ein fremdes Gesicht in der Runde | de bijt = das Entenloch

☞ Wenn im Winter die Wasserfläche gefroren ist, versammeln sich die Wasservögel an einem Eisloch. Kommt eine fremde Ente dazu, fällt sie schnell auf.

Ik merkte direct dat ik niet welkom was, want *ik was een vreemde eend in de bijt.*

eentje

* je bent me d'r *eentje*! ▸ du bist mir *einer*!

☞ Man beachte wieder die typische Verkleinerungsform!

(2) iets in/op z'n dooie eentje doen (iets alleen doen) ▸ etwas im Alleingang tun

☞ Dooie (= dood) verstärkt die Bedeutung von *eentje: helemaal alleen.*

Ik heb jouw hulp helemaal niet nodig! *Ik doe het wel in m'n dooie eentje.*

eer (siehe auch ere)

* naar *eer* en geweten ▸ nach *bestem Wissen* und Gewissen

* daar is geen eer *aan* te *behalen*! ▸ da*bei* ist keine Ehre zu *gewinnen*! | behalen = erringen, erlangen

(2) de eer aan zichzelf houden (aftreden of ontslag nemen, voordat anderen je dwingen dat te doen en daardoor zijn gezicht redden) ▸ seine Ehre retten, dadurch, dass man selbst entscheidet zurückzutreten

Na dat schandaal hopen we allemaal *dat de minister de eer aan zichzelf houdt.*

(2) in eer en deugd (fatsoenlijk, op heel passende wijze) ▸ in allen Ehren | de deugd = die Tugend

Mijn moeder heeft haar kinderen *in eer en deugd* opgevoed.

(3) dat is mijn eer te na (ik acht het oneervol om dat te doen) ▸ das geht mir gegen die Ehre

☞ Gemeint ist: Das wäre meiner Ehre zu nahe getreten.

Om de kandidaat, die we beloofd hadden te steunen, nu te laten vallen, *dat is mijn eer te na.*

eeuwig

* *voor* eeuwig *en altijd* ▸ *auf* ewig

ei (siehe auch eitje)

(3) zijn ei niet kwijt kunnen (niet kunnen zeggen wat men wilde zeggen) ▸ nicht wissen, wohin man sein Ei legen soll

De voorzitter maakte voortijdig een eind aan de vergadering, *zodat ik mijn ei niet kwijt kon.*

Siehe auch **ook een duit in het zakje doen, spuit elf geeft ook modder, hij moest zo nodig ook wat zeggen, zijn zegje willen doen**.

(3) een zacht ei (siehe eitje)

eieren (siehe auch eitje)

* op eieren lopen ▸ *wie* auf Eiern gehen

(2) eieren voor zijn geld kiezen (afzien van iets dat onbereikbaar is en met minder genoegen moeten nemen) ▸ klein beigeben, einen Rückzieher machen.

☞ Wenn man kein Geld bekam, begnügte man sich mit Eiern, die immer vorhanden waren. Im 16. Jh. war das Geld in Friesland so knapp, dass man zeitweise Eier als Zahlungsmittel einführte.

Toen bleek dat ik drie maanden op een rode Jaguar moest wachten, *koos ik eieren voor mijn geld* en kocht de groene die voorradig was.

(3) dat is het hele eieren eten! (meer is het niet! zo gemakkelijk is het!) ▸ das ist der ganze Witz!

☞ Gemeint ist: So einfach wie Eier essen. Früher gab es zu Ostern Wettessen von Eiern. Einige konnten bis zu 50 Eier wegdrücken.

Als je wil afvallen, eet dan geen chocolade of ander snoepgoed, *dat is het hele eieren eten!*

Siehe auch **daar zit 'm de kneep**.

eind

(1) aan het kortste/langste eind trekken (het van iemand verliezen/winnen) ▸ den Kürzeren ziehen / am längeren Hebel sitzen

☞ Aus dem Losziehen mit Zündhölzern oder Strohhalmen.

Mijn tegenstander heeft het pleit gewonnen en *ik heb weer aan het kortste eind getrokken.*

We hebben allebei ons voorstel ingediend. Nu zullen we zien *wie aan het langste eind trekt.*

Siehe auch **zich laten afdrogen, het moeten afleggen, voor de bijl gaan, het onderspit delven, er niet aan te pas komen, ergens niet tegenop kunnen**.

(1) het bij het rechte/verkeerde eind hebben (gelijk/ongelijk hebben) ▸ Recht/Unrecht haben

E

Je kan niet ontkennen dat ik het bij het rechte eind had.

Siehe auch in de bonen zijn, de plank misslaan.

einde

(2) dat is het einde! (dat is niet te overtreffen! dat is prachtig!) ▸ das ist spitze!
☞ Gemeint ist wahrscheinlich das Ende einer Fahnenstange.
Voor een professor *is een eredoctoraat het einde.*

eindje

(3) aan het kortste/langste eindje trekken (siehe eind)

(3) zijn eindje vasthouden (niet toegeven, bij zijn standpunt blijven) ▸ auf etwas bestehen, nicht nachgeben
☞ Wörtlich: Sein Stückchen Schnur festhalten.
De voorzitter heeft nog geprobeerd me van zijn standpunt te overtuigen, maar *ik heb mijn eindje vastgehouden.*

Siehe auch **zich niet van de wijs laten brengen**.

eindjes

(2) de eindjes niet aan elkaar kunnen knopen (niet kunnen rondkomen met/van je inkomen) ▸ mit seinem Geld nicht auskommen
☞ Gemeint sind das Ende einer Woche oder eines Monats und der Anfang der nächsten Woche oder des nächsten Monats. Man beachte wieder die typische Verkleinerungsform!
Arme gezinnen hebben vaak al tegen de 20ste van de maand geen geld meer en *kunnen de eindjes niet aan elkaar knopen.*

Siehe auch **het kan er niet af, in de brand zitten, het niet breed hebben, dat kan Bruin(tje) niet trekken, geen rooie cent hebben,**

geen rooie duit hebben, aan de grond zitten, pijn in zijn portemonnee hebben, platzak zijn, op zwart zaad zitten.

eitje (siehe auch **ei und eieren**)

(3) een zacht eitje (een doetje, een sukkel) ▸ eine Pflaume, ein Weichei
Een echte man is Jan niet, eerder *een zacht eitje.*

E

(3) dat is een eitje! (dat is gemakkelijk!) ▸ das ist spielend zu erledigen!
☞ Aus *dat is voor hem een zacht gekookt eitje*, etwas, das leicht zu machen und zu essen ist.
Goede foto's maken met zo'n uitstekend fototoestel, *dat is een eitje!*

Siehe auch **van een leien dakje gaan/lopen, een fluitje van een cent, er zijn hand niet voor omdraaien, kat in 't bakkie, een kind kan de was doen, dat is gesneden koek, een koud kunstje**.

elfendertigst(e)

(3) op z'n elfendertigst(e) (uiterst langzaam) ▸ im Schneckentempo
☞ Zuerst in der Webersprache mit einer positiven Bedeutung: *11 en 30* war ein Kamm zum Weben feinster Stoffe. Dabei kam es zu 41 Vorgängen und konnten 41.000 Fäden durch den Kamm gezogen werden. Diese Arbeit war sehr zeitraubend und daher später die heutige Bedeutung.
Als ik een stad ga bezoeken, doe ik dat *op z'n elfendertigst.*

Siehe auch **op z'n dooie akkertje, op z'n dooie gemak**.

elk

(2) voor elk wat wils (voor iedereen iets dat naar zijn zin is) ▸ für jeden etwas, etwas für jeden Geschmack
Parijs biedt *voor elk wat wils.*

Siehe auch **iets van zijn gading vinden**.

elkaar

(1) **dat komt voor elkaar/mekaar!** (dat komt in orde; dat zal lukken) ▸ das geht in Ordnung!
Je zou al die dossiers moeten doornemen! – *Komt voor elkaar!*

E

ellebogen

(3) het achter de / zijn ellebogen hebben (achterbaks zijn) ▸ es faustdick hinter den Ohren haben

☞ Der Gedanke ist, dass man etwas hinter seinen Ellbogen verbirgt.

Die man is niet te vertrouwen, *hij heeft het achter zijn ellebogen.*

Siehe auch **in het geniep**.

engeltje

(3) het is alsof er een engeltje op mijn tong piest! (het is heel erg lekker) ▸ es ist köstlich!

Als je deze grand cru classé drinkt, *is het alsof een engeltje op je tong piest!*

erbij

(2) nu ben je erbij! (nu hebben we je te pakken!) ▸ jetzt bist du geliefert!

☞ Gemeint ist: Nun bist du einer von denen, die geschnappt werden.

Als de directeur te weten komt, wat je gedaan hebt, *ben je erbij!*

* dat is er niet meer *bij*! ▸ das ist nicht mehr *drin*!

erg

(1) geen erg in iets hebben (iets niet merken, zich iets niet bewust worden) ▸ nichts ahnen

☞ *Erg* ist hier gleichbedeutend mit *kwaad*. Der Komparativ von *kwaad* ist *erger*.

Sorry, *ik had er geen erg in* dat ik meer dan 120 reed!

eromheen

(1) eromheen draaien (niet ronduit zeggen) ▸ nicht mit der Wahrheit herausrücken

Hou nu eens op *eromheen te draaien* en zeg me gewoon de waarheid!

erop

* met alles *erop* en eraan ▸ mit allem *Drum* und Dran

Siehe auch **zoals het reilt en zeilt**.

(2) het is erop of eronder! (nu moet het gebeuren, het is alles of niets!) ▸ es geht auf Biegen und Brechen!

☞ Ursprünglich bezog sich diese Redewendung auf einen Ringkampf.

We moeten ons bedrijf helemaal reorganiseren, *het is erop of eronder!*

eropuit

(3) eropuit trekken (een tocht maken) ▸ eine Wanderung machen
Telkens als het mooi weer is, heb ik zin *eropuit te trekken.*

(3) eropuit zijn (iets proberen te bereiken, meestal iets negatiefs) ▸ es darauf anlegen
Pas op wat je tegen die man zegt, want *die is eropuit* je plaats in te nemen!

E

eruit

(2) we zijn eruit (we hebben de oplossing gevonden) ▸ wir haben die Lösung gefunden
☞ *Uit* bedeutet hier *uit de problemen.*
Na vijf uur zoeken *waren we er eindelijk uit.*

ervandoor

(1) ervandoor gaan (weggaan, weglopen, vluchten) ▸ reißaus nehmen
Na tien jaar getrouwd te zijn geweest *is mijn zus er opeens vandoor gegaan.*

Siehe auch **het anker lichten, de benen nemen, zijn benen onder de arm nemen, zijn biezen pakken, ervantussen gaan, het hazenpad kiezen, de hielen lichten, ertussenuit knijpen, de kuierlatten nemen, op de loop gaan, zijn matten oprollen, met de muziek meezijn, met de noorderzon vertrekken, ertussenuit piepen, de plaat poetsen, 'm smeren, met de stille trom vertrekken, zich uit de voeten maken, de wijk nemen**.

ervanlangs

(1) ervanlangs krijgen; iemand ervanlangs geven (1. heel erg berispt worden; heel erg berispen; 2. siehe een pak slaag krijgen) ▸ 1. eins auf den Deckel bekommen; es jdm gehörig geben
Omdat ik weer eens te laat was, *heb ik ervanlangs gekregen.*

Siehe auch (zu 1.) **op z'n donder krijgen, op z'n duvel krijgen, op het matje geroepen worden, een uitbrander krijgen, een veeg uit de pan krijgen, de wind van voren krijgen, dan zwaait er wat; iemand onder handen nemen, iemand een kat geven, iemand de volle laag geven, iemand de les lezen, iemand de mantel uitvegen, iemand op zijn nummer zetten, iemand de oren wassen, iemand de pin op de neus zetten, iemand op zijn**

plaats zetten, iemand een standje geven, iemand zijn vet geven, iemand op de vingers tikken, iemand de wacht aanzeggen.

ervantussen

(3) ervantussen gaan (siehe ervandoor gaan)

esprit de l'escalier

* de *esprit* de l'escalier ▸ der Treppen*witz*
☞ Aus dem französischen *avoir l'esprit d'escalier.*

F

etter

* *etter* en bloed zweten ▸ Blut und *Wasser* schwitzen | de etter = der Eiter

euvel

(2) iemand iets euvel duiden (iemand iets kwalijk nemen) ▸ jdm etwas verübeln | euvel = schlecht; verwandt mit übel
Als je niet kunt komen, *zal ik je dat niet euvel duiden.*

even

(1) het is me om het even (dat maakt voor mij geen verschil) ▸ das ist mir einerlei
☞ Aus *even voor even ruilen*, Gleiches gegen Gleiches tauschen.
Of je nu komt of niet, *dat is mij om het even.*

Siehe auch **dat kan me geen barst schelen, dat kan me geen fluit schelen, ik maal er niet om, dat kan me geen moer schelen, daar word ik warm noch koud van, dat kan me geen zak schelen, dat kan me geen zier schelen.**

F

falie

(3) op zijn falie krijgen (siehe een pak slaag krijgen)
☞ *Falie* war ursprünglich der schwarze Schleier, den Frauen als Teil der Trauerkleidung trugen. Hier steht *falie* für Kopf.

F

feiten

(1) achter de feiten aan lopen (maatregelen nemen als het te laat is; beschouwingen geven die door de ontwikkeling van de gebeurtenissen al achterhaald zijn) ▸ den Realitäten hinterherhinken

Als we verder achter de feiten aan lopen, zal ons bedrijf failliet gaan.

Siehe auch **de boot missen, voor open doel missen, de hond in de pot vinden, de kans is verkeken, achter het net vissen, het tij laten verlopen**.

fiets

(3) op een oude fiets moet je het leren! (oudere vrouwen zijn goed om jonge mannen in de liefde in te wijden) ▸ auf alten Pfannen lernt man kochen

Mijn vriend heeft altijd iets met oudere vrouwen, want hij beweert *dat je het op een oude fiets moet leren.*

(3) eerst mijn fiets terug! (eerst moet je me mijn fiets teruggeven!) ▸ erst mein Fahrrad zurück!

☞ Als die deutschen Besatzer am Ende des 2. Weltkriegs Hals über Kopf Amsterdam verließen, nahmen sie alles mit, was Räder hatte, also auch zahlreiche Fahrräder, etwas, was die Holländer ihnen nie verziehen haben.

Toen de Duitser, die met pech op de snelweg stond, hem vroeg of hij hem kon helpen, antwoordde de Nederlander: ‚*Eerst mijn fiets terug!*‘

(3) wat heb ik nu weer aan mijn fiets hangen? (wat staat er me nu te gebeuren?) ▸ was ist denn jetzt wieder los?

Toen de commissaris zijn adjunct beval direct naar de plaats van het ongeval te komen, dacht die ‚Wat heb ik nu weer aan mijn fiets hangen?‘

fietsen

(3) ga toch fietsen! (ga weg en val me niet lastig!) ▸ hau doch ab!

Toen ik hem mijn plan wilde uitleggen, zei Jan ‚Ach, man, *ga toch fietsen!*‘

Siehe auch **loop naar de bliksem, je kunt de boom in, je kunt me de bout hachelen, schrijf het maar op je buik, je kunt ernaar fluiten, mij niet gezien, daar komt niets van in, loop naar de maan, loop naar de pomp, je kan de pot op**.

figuur

(2) een goed/slecht figuur slaan (een goede/slechte indruk maken) ▸ einen guten/schlechten Eindruck machen

Met dit verfrommelde pak en die gekke das *zul je een slecht figuur slaan.*

Siehe auch **een goede/slechte beurt maken**.

fijne

(2) het fijne van iets weten (alles van een zaak weten en vooral de belangrijkste details) ▸ alle Einzelheiten einer Sache kennen

Als je dat wil weten, moet je een specialist vragen, *die zal er wel het fijne van weten.*

Siehe auch **weten waar Abraham de mosterd haalt, er haring of kuit van willen hebben, van de hoed en de rand weten, erg goed op de hoogte zijn, willen weten hoe de kaarten worden geschud, het naadje van de kous, weten hoe het er aan toe gaat, willen weten hoe de vork in de steel zit**.

filistijnen

(3) naar de filistijnen zijn (van zaken) (siehe naar de bliksem zijn)

☞ Diese Redewendung erinnert an den Kampf zwischen Israeliten und Philistern, die als Krieger gefürchtet waren.

fles

(1) op de fles gaan (failliet gaan) ▸ Pleite gehen

☞ Die Etymologie ist umstritten: Möglicherweise aus dem französischen *fiasco* (Fiasko, Reinfall), das selbst aus dem italienischen *far fiasco* (einen Reinfall erleben) stammt.

Na de crisis van 2008 zijn heel wat kleinere banken *op de fles gegaan.*

Siehe auch **over de kop gaan**.

flikker

(1) het interesseert me geen flikker; geen flikker uitvoeren (het interesseert me helemaal niet; helemaal niets doen) ▸ es interessiert mich einen Dreck; keinen Finger krumm machen | de flikker = der Schwule

☞ Zuerst war *flikker* nur ein allgemeiner Schimpfname. Gemeint ist: Das interessiert mich so wenig wie ein Schwuler.

Wat je me daar vertelt, interesseert me *geen flikker.*

Siehe auch **dat kan me geen barst schelen, het is me om het even, het kan me geen fluit schelen, dat kan me geen lor schelen, ik maal er niet om, dat kan me geen moer schelen, daar word ik warm noch koud van, dat kan me geen zak schelen, dat kan me geen zier schelen**.

(2) iemand op zijn flikker geven (siehe iemand een pak slaag geven)
☞ In Anlehnung an die Bedeutung ‚Schwuler' ist *flikker* hier ‚der Hintern'.

fluit (siehe auch fluitje)

(1) het kan me geen fluit schelen! zich er geen fluit van aantrekken (dat kan me niet[s] schelen) ▸ das ist mir Wurscht, das ist mir schnuppe
☞ In der Volkssprache kann *fluit* ‚Penis' bedeuten.
Of hij nu komt of niet, *dat kan me geen fluit schelen.*

Siehe auch **dat kan me geen barst schelen, het is me om het even, dat kan me geen lor schelen, ik maal er niet om, dat kan me geen moer schelen, daar word ik warm noch koud van, dat kan me geen zak schelen, dat kan me geen zier schelen**.

fluiten

(2) naar iets kunnen fluiten (iets niet [terug] krijgen) ▸ etwas in den Schornstein schreiben können
☞ Ursprünglich bedeutete diese Redewendung: Auch wenn man nach seinem Hund pfeift, kommt er doch nicht zurück.
Wie in dit bedrijf, dat net failliet is gegaan, geïnvesteerd heeft, *kan naar zijn geld fluiten.*

Siehe auch **schrijf het maar op je buik, je kunt op je duim fluiten, zeg maar dag met je handje, daar komt niets van in, dan kun je het wel schudden, dat is geen spekkie voor je bekkie**.

fluitje (siehe auch fluit)

(1) een fluitje van een cent zijn (erg gemakkelijk zijn) ▸ das ist ein Kinderspiel
☞ Wörtlich: Eine kleine Flöte von geringem Wert; daher etwas Unbedeutendes. Auf so einer Flöte ein paar Töne spielen ist nicht sehr kompliziert.
Via internet is het uitwisselen van gegevens *een fluitje van een cent.*

Siehe auch van een leien dakje gaan/lopen, dat is een eitje, er zijn hand niet voor omdraaien, kat in't bakkie, een kind kan de was doen, dat is (voor hem) gesneden koek, een koud kunstje.

fout (Substantiv)

(1) in de fout gaan (een onaanvaardbaar of strafbaar feit begaan) ▸ einen Verstoß begehen

Ik weet dat ik te hard rijd en ik ben al meerdere keren *in de fout gegaan.*

fout (Adverb)

G

(1) fout zijn geweest (in WO II collaborateur zijn geweest) ▸ im Krieg auf der Seite der Deutschen gestanden haben

Jan werd na de oorlog door zijn vroegere vrienden gemeden, want *zijn vader was fout geweest.*

Frans

(2) iets met de Franse slag doen; zich met de Franse slag van iets afmaken (iets haastig, zonder veel zorg doen) ▸ bei etwas schludern

☞ Zuerst war *de Franse slag* ein weit ausholender Schlag mit der Peitsche, wie er in Frankreich ausgeführt wurde. Dann bedeutete diese Redewendung eine, den Franzosen angedichtete, schludrige Art.

Van Italiaanse auto's wordt soms gezegd *dat ze met de Franse slag zijn gemaakt.*

Siehe auch **op z'n janboerenfluitjes**.

(3) daar is geen woord Frans bij! (duidelijker kan men het niet zeggen!) ▸ das ist klares Deutsch, das ist unmissverständlich

☞ Für einen Niederländer ist Französisch eine schwer zu verstehende und zu erlernende Sprache.

Wat de directeur me gisteren allemaal voor verwijten naar het hoofd geslingerd heeft, *daar was geen woord Frans bij.*

G

gaan

(2) voor iets gaan (alles doen om iets te bereiken) ▸ sich für etwas einsetzen

De beker aan het eind van het seizoen, onze voetbalploeg *gaat ervoor.*

(3) over iets gaan (over iets kunnen/mogen beslissen) ▸ über etwas entscheiden können

Wie gaat hier over de verdeling van het werk?

gaar

(3) gaar zijn (personen) (uitgeput) ▸ fertig sein, total erschöpft sein

☞ Gemeint ist: Wie gar gekochtes Essen.

Ik was gaar van slaapgebrek, honger en pijn.

G

Siehe auch **bekaf zijn, op zijn laatste benen lopen, de man met de hamer, voor pampus liggen, uitgeteld zijn**.

gaatje (siehe auch gat und gaten)

(3) tot het gaatje doorgaan (tot het einde doorgaan) ▸ bis zum Letzten gehen, etwas durchziehen

☞ Het *gaatje* ist das Loch in der Schallplatte. Ursprünglich handelte es sich um eine Persiflage von André van Duin auf ein Lied von Ramses Shaffy.

We mogen nu niet stoppen, maar integendeel *doorgaan tot het gaatje.*

gading

(2) iets van zijn gading vinden (iets dat naar iemands zin is) ▸ etwas nach seinem Geschmack finden

☞ *Gading* ist zurückzuführen auf das mittelniederländische *gaden*, das ‚passen', ‚übereinstimmen' bedeutete.

Ik zie dat je weer bent gaan shoppen. Heb je *iets van je gading gevonden*?

Siehe auch **voor elk wat wils**.

gang

* *(goed) op* gang komen ▸ (*richtig*) *in* Gang kommen

(1) ga je gang! (doe maar!) ▸ nur zu!

Je zegt dat je alles alleen wil doen? *Ga je gang*!

(1) iemand zijn eigen gang laten gaan (iemand laten begaan) ▸ jdn gewähren lassen

Ik wil mijn zoon niet altijd zeggen, wat hij moet doen, *ik laat hem zijn gang gaan.*

(1) rustig zijn gang gaan (zich door niets laten storen) ▸ sich durch nichts beirren lassen

Ik ga mijn gang en laat me door niemand zeggen wat ik moet doen.

gans

(1) de godganse/godganselijke dag (de hele dag) ▸ den lieben langen Tag

☞ *God* ist hier nur eine Verstärkung.

De godganse dag kijk je TV! Zou je niet ook eens een boek willen lezen of een wandeling maken?

G

gareel

(2) iemand weer in het gareel krijgen ▸ iemand tot de orde roepen | het gareel = das Joch; das Kummet

Na twee maanden vakantie is het moeilijk *de leerlingen weer in het gareel te krijgen.*

(2) in het gareel lopen (zich conformeren aan het algemeen aanvaarde gedrag) ▸ sich fügen

☞ *Gareel*: Siehe oben.

Als je in dit bedrijf promotie wil maken, moet je *in het gareel lopen.*

garen

(2) garen bij/met iets (kunnen) spinnen (voordeel uit iets kunnen halen) ▸ aus etwas einen Vorteil ziehen

☞ Also eine ganz andere Bedeutung als *(s)ein Garn spinnen*!

Met de overname van die kleine zakenbank *hoopt Fortis garen te kunnen spinnen.*

gas

(2) gas terugnemen (het rustiger aan doen) ▸ etwas langsamer angehen

☞ Wörtlich: Beim Fahren Gas zurücknehmen

Toen ik zag dat de andere leden niet erg enthousiast waren over mijn plan, moest ik *gas terugnemen.*

Siehe auch **tegengas geven**.

gat (siehe auch **gaatje**)

(2) een gat in de lucht springen (erg blij zijn) ▸ vor Freude an die Decke springen | het gat = das Loch

Toen mijn zoon hoorde dat hij voor alle examens geslaagd was, *sprong hij een gat in de lucht.*

Siehe auch **uit zijn bol gaan, uit zijn dak gaan, door het dolle heen zijn**.

(2) een gat in de dag slapen (tot laat in de dag doorslapen) ▸ bis in die Puppen schlafen
☞ Die verschlafenen Stunden fehlen ja dann, sodass es aussieht, als hätte der Tag ein Loch.
Na die marathon was ik zo moe *dat ik een gat in de dag heb geslapen.*

G

(3) niet voor één gat te vangen zijn (niet gemakkelijk in de problemen te brengen zijn) ▸ mit allen Hunden gehetzt sein
☞ *Gat* ist hier das Loch eines Kaninchenbaus, der immer mehrere Ausgänge hat. Die erste Bedeutung war demnach: Nicht leicht zu fangen sein.
Napoleon had wel de slag verloren, maar niet de oorlog. *Hij was niet voor één gat te vangen.*

(3) hij heeft een gat in zijn hand (hij geeft teveel geld uit, hij komt altijd geld te kort) ▸ das Geld zerrinnt ihm unter den Händen
Het verbaast me niet dat mijn buurman failliet is gegaan, *hij heeft altijd al een gat in zijn hand gehad.*

Siehe auch **flink in de bus blazen, het geld brandt hem in de zak, het geld over de balk smijten, geld ertegenaan gooien**.

(3) iemand het gat van de deur wijzen (iemand de deur wijzen, hem verzoeken onmiddellijk het huis of de kamer te verlaten) ▸ jdm zeigen, wo der Zimmermann das Loch gelassen hat.
Toen de student onbeleefd werd, *heb ik hem het gat van de deur gewezen.*

(3) ergens geen gat in zien (geen uitweg/uitkomst zien) ▸ keinen Ausweg mehr sehen
☞ Man denkt hier an ein gefangenes Tier, das sich nicht aus der Falle befreien kann.
Er zijn in dit land steeds meer mensen die *er geen gat meer in zien* en zelfmoord plegen.

Siehe auch **in de put zitten, het niet meer zien zitten**.

(3) zijn gat aan iemand/iets afvegen (vulg.) (iemand/iets volstekt minachten) ▸ auf jdn/etwas scheißen | het gat = der Arsch

Deze minister is terecht ontslagen, want *hij veegde zijn gat aan alles en iedereen.*

Siehe auch **zijn kont aan iets/iemand afvegen**.

gaten (siehe auch gaatje und gat)

(1) iemand in de gaten houden (iemand surveilleren) ▸ jdn im Auge behalten | Gaten = kijkgaten = Augen

Ik weet nog niet wat we aan die man hebben. Het zou goed zijn *hem nauwkeurig in de gaten te houden.*

(1) iets in de gaten hebben/krijgen (iets zien, beginnen te merken) ▸ etwas durchschauen

De voorzitter heeft in de gaten gekregen dat de secretaris hem verraden heeft.

Siehe auch **goed uit zijn doppen kijken, zijn ogen niet in zijn zak hebben, zijn ogen de kost geven, iets in het oog krijgen, een oogje in het zeil houden, iemand/iets in de peiling hebben, iets in de smiezen krijgen**.

gebed

(3) een gebed zonder einde (iets waar geen einde aan komt) ▸ ein endloses Theater

☞ Ursprünglich handelte es sich tatsächlich um ein sehr langes Gebet.

De EU probeert al een tijdje belastingen te heffen op de GAFA's, maar *dat is een gebed zonder einde.*

gebeiteld

(3) ergens gebeiteld zitten (ergens een vaste positie hebben) ▸ fest im Sattel sitzen | beitelen = meißeln

☞ Gemeint ist: Man würde schon einen Meißel brauchen, um jdn aus seiner Stelle zu vertreiben.

Als je ambtenaar bent, *zit je gebeiteld.*

gebekt

(3) goed gebekt zijn (siehe niet op zijn mondje gevallen zijn) | de bek = der Schnabel

gebeten

(2) gebeten zijn op iemand (erg boos zijn op iemand) ▸ einen bitteren Hass gegen jdn hegen

☞ Gemeint ist: Jdn so sehr hassen, dass man ihn am liebsten beißen würde.

Vanaf de eerste dag was de directeur gebeten op mij, misschien omdat hij de betrekking liever aan iemand anders gegeven had.

Siehe auch **op zijn achterste benen gaan staan, zich druk maken, de duivel in hebben, des duivels zijn, tekeergaan dat de honden er geen brood van lusten, door het lint gaan, een kort lontje hebben, op zijn achterste poten gaan staan, op hoge poten komen aanzetten, uit zijn slof schieten, tekeergaan als een bezetene, uit zijn vel springen, vuur spuwen**.

G

geblazen

(1) nu is het opletten/oppassen geblazen! (nu moet er opgelet/opgepast worden!) ▸ jetzt heißt es aufpassen!

☞ *Blazen* bedeutet hier ein Trompetensignal.

De politie is op de hoogte van onze plannen: *nu is het oppassen geblazen!*

Siehe auch **oppassen is de boodschap**.

geboden

(3) met zijn tien geboden eten (met zijn vingers eten) ▸ mit der fünfzinkigen Gabel essen

☞ Die zehn Finger werden hier mit den zehn Geboten verglichen.

Als je te gast bent bij deze Zuidamerikaanse indianenstam, moet je, zoals alle anderen, *met je tien geboden eten.*

geboren

* ergens geboren en getogen zijn ▸ irgendwo geboren und *aufgewachsen* sein

☞ *Getogen* (Partizip von *tijgen* = ziehen) gibt es nur noch in dieser Redewendung.

gebreken

* de *gebreken* van zijn deugden hebben ▸ die *Nachteile* seiner Tugenden haben | het gebrek = der Mangel, die Schwäche

gebukt

(1) gebukt gaan onder zorgen (veel zorgen hebben) ▸ schwer an seinen Sorgen zu tragen haben

Frankrijk gaat nog steeds gebukt onder zorgen wegens de terroristische aanslagen.

Siehe auch **veel aan het/zijn hoofd hebben**.

gedachten

(3) op twee gedachten hinken (aarzelen tussen twee beslissingen) ▸ hin und her schwanken, nicht konsequent sein

☞ Aus der Bibel: Der Prophet Elias wirft den Israeliten vor, sich nicht entscheiden zu können zwischen Gott und dem Abgott Baal.

De EU hinkt op twee gedachten: enerzijds zou ze de Unie nog willen uitbreiden, anderzijds wil ze de cohesie van de Unie verdiepen.

gedeisd

(3) zich gedeisd houden (zich beheersen) ▸ sich klein machen, sich ruhig verhalten | gedeisd = ruhig

De politie heeft vernomen dat we iets van plan zijn. *We moeten ons dus een tijdje gedeisd houden.*

geding

(2) in het geding zijn/komen (voorwerp van bespreking zijn) ▸ zur Diskussion stehen | het geding = das Verfahren, der Prozess

Je moet absoluut naar de vergadering komen, *er zijn immers veel voorstellen in het geding.*

gedonder

(2) daar heb je het gedonder (in de glazen)! (nu gaat het mis! nu komt er herrie!) ▸ da haben wir die Bescherung! | Gedonder = 1. Gedonner; 2. Unannehmlichkeit

☞ Warum es *in de glazen* sein kann, ist nicht bekannt.

De oppositie was het weer eens niet eens en *nu heb je het gedonder.*

Siehe auch **de boot is aan, dan is voor mij de gort gaar, het is hommeles, dan is het huis te klein, de kat vliegt in de gordijnen, nu is Leiden in last, daar heb je de poppen aan het dansen, de rapen zijn gaar, dan is de wereld te klein**.

gedoodverfd

(3) de gedoodverfde winnaar, opvolger ... (gezegd van iemand die zeker de winnaar, de opvolger ... wordt) ▸ der haushohe Favorit

☞ *Doodverf* ist die Grundfarbe. *Dood*, weil sie nach dem Anbringen der Deckfarbe verschwindet.

Iedereen weet wie *de gedoodverfde opvolger* van de huidige president is.

Siehe auch **hoge ogen gooien, iemand op het oog hebben, goede papieren hebben**.

G

geest

* de geest geven ▸ den Geist *auf*geben.

(2) zich iets voor de geest halen (zich iets herinneren) ▸ sich an etwas erinnern

☞ *De geest* bedeutet hier ‚das Bewusstsein'.

Ik weet nog goed hoe vader opeens een hartaanval kreeg en onmiddellijk stierf. Ook na dertig jaar *kan ik me dit ogenblik nog voor de geest halen.*

geheel

(1) over het geheel genomen (over het algemeen) ▸ im Großen und Ganzen

Ik weet wel dat die bediende soms te laat komt, maar *over het geheel genomen* is hij toch een betrouwbare medewerker.

geheim

(3) dat is het geheim van de smid! (dat is speciale vakkennis, waarvan ik het geheim niet verklap!) ▸ Das ist mein Geheimrezept!

☞ Über die Etymologie wird gestritten: Einige meinen, dass *smid* eine Verballhornung von *mis* (Messe) sein könnte. Dann wäre dieses Geheimnis die Transsubstantiation.

Van een stradivari weet men nog steeds niet waar die superieure klankkwaliteit vandaan komt. ‚*Dat is het geheim van de smid!*' zei Antonio Stradivari.

gehinderd

(2) niet gehinderd worden door enige kennis van zaken/door valse bescheidenheid (ironisch gezegd als iemand het genoemde helemaal niet bezit) ▸ sich nicht gerade durch Sachkenntnis/Bescheidenheit auszeichnen

Niet gehinderd door valse bescheidenheid beweerde de Amerikaanse president dat hij de grootste president aller tijden was.

geit

(2) vooruit met de geit! (laten we dan maar beginnen!) ▸ ran an die Bouletten! | de geit = die Ziege

☞ Um die Ziege melken zu können, muss man sie dazu bringen aufzustehen.

Waarop wachten we nog? *Vooruit met de geit!*

Siehe auch **de beuk erin, geef 'm van katoen, zet 'm op**.

G

gek (Substantiv, siehe auch gekke)

* iemand voor *de* gek houden ▸ jdn zum Narren halten

Siehe auch **iemand voor aap zetten, met iemand de draak steken, iemand in zijn hemd zetten, iemand voor joker zetten, iemand te kijk zetten, iemand een kool stoven, iemand een kunstje flikken, iemand voor het lapje houden, iemand een loer draaien, een loopje met iemand nemen, iemand voor lul zetten, iemand in de maling nemen, iemand bij de neus nemen, iemand een oor aannaaien, iemand in het ootje nemen, iemand een poets bakken, iemand voor schut zetten**.

(1) (het is maar net) wat de gek ervoor geeft! (het is zoveel waard als iemand ervoor wil geven!) ▸ der Narr bestimmt den Preis!

Je hebt twee miljoen dollar voor dit schilderij betaald? *Het is maar net wat de gek ervoor geeft!*

(2) voor gek staan (een belachelijke indruk maken) ▸ eine lächerliche Figur abgeben

Met die belachelijke das *heb je de hele avond voor gek gestaan.*

Siehe auch **voor aap staan, te kijk staan, voor lul staan, voor paal staan, voor schut staan**.

gek (Adjektiv/Adverb)

* gek zijn *op* iets/iemand ▸ *in* etwas/jdn vernarrt sein

(1) te gek! (fantastisch!) ▸ einfach toll! irre!

De nieuwe roman van Stephen King *is te gek!*

(2) iemand zo gek krijgen dat ... (iemand zo ver krijgen dat hij iets doet waar hij eigenlijk geen zin in heeft) ▸ jdn so weit kriegen, dass er etwas tut, wozu er eigentlich keine Lust hat.

Iemand geld lenen die de hele dag niets doet en ook nog nooit gewerkt heeft? *Zo gek krijg je me niet!*

Siehe auch **ik ben wel goed, maar niet gek**.

(2) dat is lang niet gek! (dat is heel aardig! dat is heel goed!) ▸ das ist gar nicht so übel!

Ik vind het nieuwe voorstel van de voorzitter *lang niet gek!*

(2) het is te gek om los te lopen! het is te gek voor woorden! (het is te dwaas!) ▸ das ist ja Wahnsinn!

☞ Zuerst sagte man das von Irren, die zu gefährlich waren, um frei herumlaufen zu dürfen.

De plannen van de regering *zijn te gek voor woorden!*

Siehe auch **het is van de gekke**.

G

gekant

(1) tegen iets gekant zijn (zich tegen iets verzetten) ▸ gegen etwas sein, sich gegen etwas wehren

☞ *Gekant* gibt es nur in dieser Redewendung.

Met de oppositie is niet te praten: *die is gekant tegen* alles wat de regering voorstelt.

Siehe auch **tegen iets in het geweer komen, zich tegen iets kanten**.

gekheid

(3) alle gekheid op een stokje! (laten we nu eens serieus naar de zaak kijken!) ▸ Spaß beiseite! | het stokje = die Marotte, das Narrenzepter

☞ Gemeint ist: Lass den Spaß für die Marotte! Zuerst war diese Redewendung eine Warnung an einen Hofnarren.

Je grappen over de voorstellen van de regering zijn altijd welkom, maar nu *alle gekheid op een stokje!*

gekke (siehe auch gek)

(1) het is van de gekke dat ... (het is idioot dat ...) ▸ es ist verrückt, dass ...

☞ Aus dem Kinder TV-Programm ‚Pipo de Clown', in dem ein Indianer verhaspeltes Niederländisch sprach.

Het is van de gekke dat de Amerikanen niet protesteren tegen een president die alles wat hem misnoegt ‚fake news' noemt.

Siehe auch **het is te gek**.

gelaarsd

* gelaarsd en gespoord ▸ gestiefelt und gespornt | de laars = der Stiefel

gelag

(2) het gelag (moeten) betalen ([moeten] boeten, meestal voor iemand anders) ▸ es ausbaden müssen | het gelag = die Zeche

Jij hebt de fout gemaakt en *ik moet het gelag betalen!*

Siehe auch **hij zal ervan lusten, het moeten ontgelden, voor iets moeten opdraaien**.

G

geld

(1) geen geld, geen *Zwitsers*! ▸ kein Geld, keine *Ware*!

☞ Im 16. Jh. waren schweizer Söldner in vielen europäischen Armeen sehr beliebt. Wenn der Auftraggeber aber kein Geld mehr hatte, um sie bezahlen zu können, wollten sie auch nicht mehr kämpfen. Jetzt gibt es sie nur noch bei der päpstlichen Schweizergarde.

Ik stuur je dat boek pas als je het geld overgemaakt hebt, want ‚*geen geld, geen Zwitsers!*'

Siehe auch **boter bij de vis**.

(1) geld in het laatje brengen (geld opbrengen) ▸ Geld einbringen | het laatje = die Schublade, die Kasse

Boeken schrijven *brengt meestal niet veel geld in het laatje*.

Siehe auch **daar valt geen droog brood mee te verdienen**.

(2) voor geen geld of goede woorden (onder geen enkele voorwaarde) ▸ um keinen Preis

In China gaan wonen, waar iedereen dag en nacht in de gaten wordt gehouden? *Voor geen geld of goede woorden.*

Siehe auch **voor geen goud**.

(2) het geld brandt hem in de zak (hij geeft makkelijk geld uit) ▸ er wirft das Geld mit beiden Händen zum Fenster hinaus | de zak = die Tasche

Het verbaast me niet dat hij op de 15de van de maand al geen geld meer heeft. Zodra hij zijn salaris gekregen heeft, *brandt het geld hem in de zak.*

Siehe auch **die folgende Redewendung**.

(2) het/zijn geld (niet) over de balk smijten (het/zijn geld niet verspillen) ▸ das Geld (nicht) zum Fenster hinauswerfen
☞ Über der Futterraufe im Stall befand sich ein Balken. Wenn der Bauer das Heu oder anderes Viehfutter in die Raufe warf, konnte es passieren, dass ein Teil über den Balken fiel. Daher der Gedanke an Sorglosigkeit und an ein sorgloses Umgehen mit dem Geld.
Nederlanders zijn er niet om bekend dat *ze hun geld over de balk smijten.*

Siehe auch **flink in de bus blazen, een gat in zijn hand hebben, het geld brandt hem in zijn zak, geld ertegenaan gooien**.

G

(3) het geld groeit me niet op de rug! (ik moet te hard werken voor mijn geld om het zomaar te verspillen!) ▸ ich habe keinen Goldesel!
Ik kan niet altijd alles voor je betalen, *het geld groeit me niet op de rug!*

(3) voor hetzelfde geld was het verkeerd afgelopen (het had evengoed verkeerd kunnen aflopen) ▸ genauso gut hätte es schlecht ausgehen können
De politie heeft mijn broer opgepakt. *Voor hetzelfde geld* hadden ze ook mij kunnen arresteren, want ik was ook op deze betoging.

(3) geld ertegenaan gooien (veel geld eraan spenderen) ▸ viel Geld für etwas locker machen | gooien = werfen
Om de bankencrisis te boven te komen, *hebben veel regeringen er veel geld tegenaan gegooid.*

Siehe auch **flink in de bus blazen, een gat in de hand hebben, geld over de balk smijten, het geld brandt hem in zijn zak**.

gelijk

(1) je hebt het grootste gelijk van de wereld (je hebt volkomen gelijk) ▸ du hast vollkommen Recht
Je hebt het grootste gelijk van de wereld, als je zegt dat de belastingbetaler weer de dupe is.

(3) je hebt het grootste gelijk van de vismarkt! (gezegd tegen iemand die door schreeuwen laat blijken van zijn gelijk overtuigd te zijn) ▸ mit deinem Geschrei bist du noch lange nicht im Recht!
☞ Auf dem Markt wird von den Fischweibern viel gerufen und geschrien, um Kunden anzulocken.
Je hebt het grootste gelijk van de vismarkt, maar ik wil niet verder met je discussiëren!

geloven

(1) ik geloof het wel! (daar geloof ik niets van!) ▸ mach das einem anderen weis!

☞ Eine Antiphrase.

Je belooft je leven te beteren? Ja, ja, *ik geloof het wel!*

Siehe auch **maak dat de kat wijs, dat dank je de koekoek, zo lust ik er nog wel eentje, je kunt me nog meer vertellen**.

(2) ik geloof het wel! (ik heb er geen zin meer in!) ▸ ich habe keine Lust mehr!

Nog boeken schrijven? Nee, hoor, ik ben nu tachtig en *ik geloof het wel!*

G

geluk

* een geluk *bij* het ongeluk ▸ ein Glück *im* Unglück.

(2) op goed geluk (af) (in de hoop dat alles goed zal aflopen) ▸ aufs Geratewohl

☞ Gemeint ist, dass man auf sein Glück vertraut.

Als je *op goed geluk af* door een land als Oezbekistan reist, kan dit wel voor een aantal gevaarlijke situaties zorgen.

Siehe auch **op de bonnefooi, op hoop van zegen**.

gemaakt (siehe **maken**)

gemak

(1) op zijn dooie gemak (erg ontspannen, relaxed) ▸ in aller Gemütsruhe

☞ *Dooie* (*dode*) ist hier nur Verstärkung, wie in *doodmoe.*

Ik had nochtans gezegd dat ik haast had, maar *de ober deed alles op zijn dooie gemak.*

Siehe auch **op z'n dooie akkertje, op z'n elfendertigst(e)**.

gemunt

(2) het op iemand gemunt hebben (iemand als mikpunt nemen) ▸ es auf jdn abgesehen haben

☞ Früher bedeutete *munten* ‚auf ein Ziel losgehen'. Wurde zuerst von Schiffen gesagt.

Ik zag direct *dat de directeur het* met zijn toespraak *op mij gemunt had.*

Siehe auch **het op iemand begrepen hebben, iemand op de korrel nemen, het op iemand voorzien hebben**.

G

gemutst

(1) goed/slecht gemutst zijn (goed/slecht gehumeurd zijn) ▸ gut/schlecht gelaunt sein
☞ Aus der Art und Weise wie jd seine Schlafmütze auf hatte, konnte man seine Laune erraten.

Ik zie *dat de directeur goed gemutst is.* Profiteer ervan om hem een loonsverhoging te vragen!

Siehe auch **met het verkeerde been uit bed gestapt zijn, de bokkenpruik op hebben, de bolworm hebben, in een slechte bui zijn, een gezicht zetten als een oorwurm, (er) de pee/de pest in hebben, de smoor (over iets) in hebben**.

geniep

(1) in het geniep (in het geheim, stiekem) ▸ (klamm)heimlich
☞ *Geniep* bedeutete früher ‚Dunkelheit'.

Ik heb gehoord dat onze ondervoorzitter *in het geniep* contact heeft opgenomen met een andere partij.

Siehe auch **het achter de/zijn elleboog hebben.**

gepiept

(3) het is gepiept (siehe in kannen en kruiken zijn) | piepen = braten, gar kochen

gepokt

(2) gepokt en gemazeld (heel wat positieve en negatieve ervaring hebben opgedaan, al heel wat meegemaakt hebben) ▸ mit allen Wassern gewaschen
☞ Gemeint ist, dass man alle Kinderkrankheiten gehabt hat und also dagegen immun ist. *Pokken* und *mazelen* (jetzt nur noch Substantive) waren früher auch Verben.

Als voetbaltrainer was hij gepokt en gemazeld en daarom verbaast het me niet dat hij met een gouden handdruk is vertrokken.

Siehe auch **het klappen van de zweep kennen, van wanten weten, door de wol geverfd**.

gespeend

(2) van iets gespeend zijn, bijv. van gevoel voor humor (helemaal niet hebben) ▸ etwas nicht haben, z. B. keinen Sinn für Humor haben
☞ Wörtlich: Abgestillt sein, denn *de speen* = die Zitze.
De nieuwe minister van Buitenlandse Zaken is *gespeend van alle internationale ervaring.*

getrek

(3) met veel getrek en geduw (met heel veel moeite) ▸ mit Mühe und Not | trekken = ziehen, duwen = stoßen
Met veel getrek en geduw zijn we er dan toch in geslaagd ons doel te bereiken.

Siehe auch **na veel duwen en trekken, met veel pijn en moeite**.

G

geuren

(2) iets in geuren en kleuren vertellen (iets heel erg gedetailleerd vertellen) ▸ etwas in allen Einzelheiten schildern
☞ Zuerst sagte man *in kleuren* (Farben) *en geuren* (Gerüche). Dass man auch die Gerüche erwähnt, ist schon eigenartig, ist jedoch dem Binnenreim geschuldet.
Als ze met vakantie geweest zijn, komen onze buren ons altijd *in geuren en kleuren vertellen* wat ze allemaal beleefd hebben.

Siehe auch **tot in de puntjes, uit-en-ter-na**.

geurtje

(2) er zit/is een geurtje aan! (het lijkt niet zuiver) ▸ die Sache kommt mir anrüchig vor, die Sache stinkt
☞ Hier hat die Verkleinerungsform eine pejorative Bedeutung.
Dat zaakje bevalt me niet, *er zit een geurtje aan!*

Siehe auch **niet in de haak zijn, er zit een luchtje aan, er is iets niet pluis**.

geven

(1) dat geeft niet! (dat is niet erg!) ▸ das macht nichts!
Ik vrees dat ik morgen niet kan komen werken. – *Dat geeft niet!*

Siehe auch **dat maakt niet(s) uit!**

gewaagd

(3) aan elkaar gewaagd zijn (even sterk, even slim zijn, gelijkwaardig zijn) ▸ jdm in nichts nachstehen

☞ Die Etymologie ist nicht bekannt.

Wat hun dictatoriaal gedrag betreft, *waren Hitler en Stalin aan elkaar gewaagd.*

Siehe auch **dief en diefjesmaat zijn**.

G

gewag

(1) gewag van iets maken (iets vermelden) ▸ etwas erwähnen

☞ *Gewag* findet man nur noch in dieser Redewendung. Früher bedeutete es ‚der Klang der Stimmen'.

De voorzitter heeft geen gewag gemaakt van de onenigheid in de partij.

geweer

(3) tegen iets in het geweer komen (zich tegen iets verzetten) ▸ gegen etwas protestieren

☞ *het geweer* bedeutet hier nicht ‚das Gewehr'. Es hat die kollektive Bedeutung: Alles, was einem zur Verfügung steht, um sich zu verteidigen.

De traditionalisten zijn natuurlijk *in het geweer gekomen* tegen alle vernieuwingen.

Siehe auch **tegen iets gekant zijn, zich tegen iets kanten**.

gewicht

* *veel* gewicht in de *schaal leggen* ▸ *sein ganzes* Gewicht in die *Waagschale werfen.*

gezegend

(3) daar ben je mooi mee gezegend! (dat zal je zeker niet verder helpen!) ▸ das nützt mir/dir auch nichts!

☞ Eine Antiphrase.

De automobilist die me aangereden had, heeft zijn excuses aangeboden. *Daar ben je mooi mee gezegend!*

Siehe auch **dat zet geen zoden aan de dijk**.

gezicht

(1) dat is geen gezicht! (dat is niet mooi!) ▸ das ist nicht zum Ansehen!
☞ Gemeint ist: *Dat is geen mooi, aangenaam gezicht!*
Zo'n gekke das bij zo'n mooi pak, *dat is geen gezicht!*

Siehe auch **dat is als een draaiorgel op een uitvaart, dat staat als een vlag op een modderschuit**.

(2) met een uitgestreken gezicht (onbewogen) ▸ ohne irgendwelche Emotionen zu verraten | uitgestreken = glatt, ohne Falten
Met een uitgestreken gezicht vertelde hij de ergste gruwelen.

Siehe auch **nooit uit de plooi raken, geen spier vertrekken**.

(3) op zijn gezicht gaan (volledig falen, afgaan) ▸ sich gewaltig blamieren
☞ Die erste Bedeutung ist ‚fallen'.
Met die slecht voorbereide lezing *is hij helemaal op zijn gezicht gegaan.*

Siehe auch **op zijn bek gaan**.

gezien (siehe auch zien)

(2) iets voor gezien houden (ergens mee op willen houden) ▸ etwas aufgeben, nicht mehr weitermachen
☞ Gemeint ist: Man hat sich etwas angesehen und interessiert sich nicht mehr dafür.
Nee, jongens, ik doe niet meer mee, *ik hou het voor gezien*!

(3) mij niet gezien! (siehe loop naar de bliksem)

gezond (Substantiv)

(3) van zijn gezond niet weten (siehe van de prins geen kwaad weten)

gezond (Adjektiv)

* gezond *van hoofd* en *hart*, gezond *naar* ziel en lichaam ▸ gesund an Leib und Seele
☞ Man achte auf die Umkehrung. Siehe auch die folgende Redewendung.

(2) gezond van lijf en leden (kerngezond) ▸ kerngesund | Leden = Glieder
☞ Die Alliteration hat natürlich eine Rolle gespielt bei der Wahl der Worte. Siehe auch die vorige Redewendung.
Nee, ik ben nooit ziek geweest, *ik ben gezond van lijf en leden.*

(2) gezond en wel zijn (in goede gezondheid verkeren) ▸ bei bester Gesundheit sein
☞ *Gezond* und *wel* sind hier Synonyme.
Maak je geen zorgen, we zijn allemaal *gezond en wel.*

Siehe auch **levend en wel** und die beiden vorigen Redewendungen.

Gijs

(3) een Holle Bolle Gijs (een bijzonder dik iemand die altijd honger heeft) ▸ ein nimmersatter Dickwanst
☞ Aus einem Kinderlied. *Gijs* ist die Kurzform von *Gijsbert*, einem holländischen Vornamen. Mit *hol* ist ‚hohl' gemeint, wohl, weil sein Magen nicht zu füllen ist und *bol* bedeutet ‚kugelförmig, kugelrund'.
In de *Efteling is de Holle, Bolle Gijs* een afvalbak in de vorm van een sprookjesfiguur die om afval roept: ‚Papier, hier!'

Siehe auch goed in zijn/het vlees zitten.

glaasje

(1) een glaasje op hebben (dronken zijn) ▸ ein Gläschen über den Durst getrunken haben
☞ Wieder die typische, hier verniedlichende Verkleinerungsform!
Als je een glaasje op hebt, mag je zeker niet rijden!

Siehe auch **in de olie zijn, 'm om hebben, in kennelijke staat zijn, een stuk in zijn kraag hebben, (flink) boven zijn theewater zijn**.

God

* van God *en alle mensen* verlaten ▸ gottverlassen

(1) godsamme! (uitroep van afkeer, schrik of verontwaardiging) ▸ Herrgott nochmal!
☞ Gemeint ist: *God zal me bewaren!*
Wie heeft jou, *godsamme*, eigenlijk wat gevraagd?

(3) Gods water over Gods akker laten lopen (alles zo laten zoals het is) ▸ den lieben Gott einen guten Mann sein lassen
☞ Wurde ursprünglich von Bauern gesagt, die bei überfluteten Feldern nicht viel tun konnten.
Op die man hoef je niet te rekenen, *die laat Gods water over Gods akker lopen.*

Siehe auch **iets blauwblauw laten, de boel de boel laten, ze dronken een glas, deden een plas en lieten de zaak zoals ze was**.

goed

* zo goed *en zo kwaad* als het gaat ▸ so gut es *eben* geht

(2) ik ben wel goed, maar niet gek! (ik heb wel een goed hart, maar je mag niet overdrijven!) ▸ so verrückt bin ich nun auch wieder nicht!
Jou voor de derde keer geld lenen, dat ik nooit terugkrijg? *Ik ben wel goed, maar niet gek!*

Siehe auch **zo gek krijg je me niet**.

(2) voor hij het goed en wel besefte ... (voor hij begreep wat er gebeurde ...) ▸ bevor er sich darüber im Klaren war ...
☞ *Goed* und *wel* sind Synonyme, wobei *wel* die Verstärkung von *goed* ist.
Voor hij het goed en wel besefte had zijn vrouw al een reis naar de VS geboekt.

(2) daar word ik niet goed van! (dat irriteert me!) ▸ darüber kann ich mich ärgern!
Nu al met pensioen gaan en de hele dag thuis zitten*? Daar word ik niet goed van!*

Siehe auch **daar zakt mijn broek van af, daar krijg ik een punthoofd van**.

(2) (dat is) allemaal goed en wel, maar ... (dat mag wel zo zijn, maar ...) ▸ das mag sein, aber ...
☞ *Wel* ist hier wieder nur die Verstärkung von *goed.*
Hij heeft zich geëxcuseerd, *allemaal goed en wel*, maar wanneer zal hij de schade vergoeden?

(2) geen goed kunnen doen (nooit iets kunnen doen wat geapprecieerd wordt) ▸ es einem nicht recht machen können
De directeur heeft iets tegen mij, *ik kan bij die man geen goed doen.*

Siehe auch **bij iemand niet in een goed blaadje staan**.

goedschiks

* goedschiks of kwaadschiks ▸ wohl oder übel
☞ *Schik* bedeutet hier ‚Anstand, schickliches Verhalten'.
Siehe auch **willens nillens**.

gooi

(2) ergens een gooi naar doen (iets proberen te krijgen) ▸ sein Glück versuchen | de gooi = der Wurf

Dit parlementslid wil *een gooi naar het presidentschap doen.*

gort

(3) dan is voor mij de gort gaar! (dan is er ruzie!) ▸ dann ist der Teufel los! | Gort = Graupen, Grütze

☞ Die Etymologie ist nicht bekannt.

G

Als de regering niet direct reageert op dit politiek schandaal *is voor mij de gort gaar.*

Siehe auch **de boot is aan, daar heb je het gedonder (in de glazen), het is hommeles, dan is het huis te klein, de kat vliegt in de gordijnen, nu is Leiden in last, daar heb je de poppen aan het dansen, de rapen zijn gaar, dan is de wereld te klein**.

gortig

(2) te gortig worden; het te gortig maken (te erg worden; het al te erg maken) ▸ es wird zu bunt; es zu bunt machen

☞ *Gortig* (aus *gort*, Graupen) bedeutet schmutzig. Sagte man zuerst von Schweinen, die von Bandwurmlarven befallen waren.

Ik wil dat je je ontslag indient, *je hebt het al te gortig gemaakt.*

Siehe auch **je bakt ze wel bruin, buiten zijn boekje gaan, alle perken te buiten gaan, over de schreef gaan**.

goud

(1) (iets) voor geen goud (willen doen) (absoluut niet) ▸ um nichts in der Welt

Ook al ben je steenrijk, ik zou *voor geen goud* met je willen ruilen.

Siehe auch **voor geen geld of goede woorden**.

graantje

(2) ergens een graantje van meepikken (met anderen meeprofiteren) ▸ etwas abbekommen

☞ Die Spatzen fressen die Körner, die die Hühner haben liegenlassen. Wieder die typische Verkleinerungsform!

Als VW met zijn nieuwe model succes heeft, kunnen wij, als toeleveringsfirma, *een graantje meepikken.*

gram

(3) bij iemand zijn gram halen (genoegdoening krijgen na een teleurstelling) ▸ an jdm sein Mütchen kühlen; seine Rachlust befriedigen

☞ Dieses *gram* (nicht zu verwechseln mit dem deutschen *Gram* = *verdriet*) gibt es nur in dieser Redewendung. Es hat sich aus *grant*, einer Verballhornung von *garantie*, in der Bedeutung ‚Genugtuung' entwickelt.

Ik zie wel dat je slecht gehumeurd bent, maar waarom moet je precies bij mij *je gram halen*?

grappen

(3) grappen en grollen (grappenmakerij) ▸ Ulk, Späße und Faxen

☞ *Grol* ist ein veraltetes Synonym von *grap* und dient hier als Verstärkung. Bei der Wahl der Worte hat die Alliteration natürlich eine Rolle gespielt.

Die vriend van je zit vol *grappen en grollen*.

gras

* het gras *kunnen* horen groeien ▸ das Gras wachsen hören

Siehe auch **het hoog in zijn bol hebben**.

(1) er geen gras over laten groeien (zonder uitstel handelen) ▸ sofort handeln

☞ Das Deutsche kennt vor allem die positive Form Gras über etwas wachsen lassen.

De regering heeft er geen gras over laten groeien en het wetsvoorstel direct door de Kamer laten goedkeuren.

(2) iemand het gras voor de voeten wegmaaien (zeggen of doen wat iemand juist wilde zeggen of doen) ▸ jdm das Wasser abgraben

☞ Zuerst sagte man ... *onder de voeten*.

Ik wilde net iets belangrijks zeggen, maar *de voorzitter maaide me het gras voor de voeten weg*.

Siehe auch **iemand de baas zijn, er zijn kapers op de kust, iemand de loef afsteken, iemand vliegen afvangen, iemand te vlug af zijn**.

grauw

(3) met een grauw en een snauw (met onvriendelijke, bitse woorden) ▸ barsch und bissig

☞ Diese beiden Substantive sind von den Verben *grauwen* und *snauwen* abgeleitet, die ‚schimpfen', ‚murren' bedeuten.

Met een grauw en een snauw werd mij te verstaan gegeven dat ik mijn mond moest houden.

grazen

(2) iemand te grazen nemen (iemand te pakken nemen, iemand bedriegen) ▸ jdn hereinlegen

☞ Aus einem alten Spiel, bei dem man jdn mit Heu bedeckte.

Die oplichter *heeft onze hele gemeenschap te grazen genomen.*

Siehe auch **iemand iets diets maken, iemand op een dwaalspoor brengen, iemand knollen voor citroenen verkopen, iemand in de luren leggen, iemand iets op de mouw spelden, iemand een rad voor (de) ogen draaien, iemand om de tuin leiden**.

G

grond

* iets *met* de grond gelijkmaken ▸ etwas dem *Erd*boden gleichmachen

(1) niet van de grond komen (geen succes hebben) ▸ nicht werden wollen

☞ Man denkt wahrscheinlich an einen Ballon.

De infrastructuur van de elektromobiliteit wil maar *niet van de grond komen.*

Siehe auch **geen voet aan de grond krijgen**.

(1) iets van de grond krijgen (iets oprichten; iets doen slagen) ▸ etwas aufbauen, auf die Beine stellen

De regering is er niet in geslaagd de elektromobiliteit *van de grond te krijgen.*

(1) aan de grond zitten (in benarde omstandigheden verkeren; geen geld meer hebben) ▸ (finanziell) am Ende sein

☞ Sagte man zuerst von Schiffen, die auf eine Sandbank aufgelaufen waren.

Na de bankencrisis *zat ons bedrijf aan de grond.*

Siehe auch **het kan er niet af, in de brand zitten, het niet breed hebben, dat kan Bruin(tje) niet trekken, geen rooie cent hebben, geen rooie duit hebben, de eindjes niet aan elkaar kunnen knopen, pijn in zijn portemonnee hebben, platzak zijn, op zwart zaad zitten**.

groot

(3) te groot voor servet en te klein voor tafellaken (nog niet volwassen, maar ook geen kind meer; in de tienerjaren) ▸ in den Flegeljahren

☞ Man denkt an einen Tisch, der zu groß ist für eine Serviette und zu klein für eine Tischdecke.

Tussen dertien en zeventien is een tragische leeftijd: *te groot voor servet en te klein voor tafellaken.*

Siehe auch **tussen mal en dwaas, tussen servet en tafellaken**.

H

H

haag

(3) iets over de haag gooien (iets opgeven) ▸ etwas an den Nagel hängen

☞ Ursprünglich sagte man: *De monnikskap over de haag gooien*, den Mönchsorden verlassen.

Om Paulus te worden, moest Saulus zijn vroegere manier van leven *over de haag gooien.*

Siehe auch **het bijltje erbij neerleggen, er de brui aan geven, het hoofd in de schoot leggen, de pijp aan Maarten geven, iets aan de wilgen hangen**.

haaien

(2) naar de haaien zijn/gaan (onherroepelijk verloren zijn) ▸ flöten gegangen sein / vor die Hunde gehen

☞ Wer über Bord ging, wurde von den Haien gefressen.

Terwijl de economie *naar de haaien gaat*, worstelt ons land nog steeds met zijn politieke problemen.

Siehe auch **naar de bliksem gaan, naar de filistijnen, zeg maar dag met je handje, naar de knoppen, naar de maan zijn**.

haak (siehe auch haken)

(1) niet in de haak zijn (niet in orde zijn) ▸ nicht in Ordnung sein
☞ Wörtlich: Nicht rechtwinklig sein. Nur als negative Formulierung.
Ik heb het sterke vermoeden dat er in het plan van de regering *iets niet in de haak is.*

Siehe auch **er zit een geurtje aan, er zit een luchtje aan, er is iets niet pluis**.

(2) iemand aan de haak slaan (iemand inpalmen, bijv. een toekomstige partner) ▸ jdn angeln | de haak = (hier:) der Angelhaken
Het is nu al tien jaar geleden dat ik mijn vrouw *aan de haak heb geslagen.*

H

(2) 100 kg. schoon aan de haak (schertsend gezegd van iemands [hoge] gewicht) ▸ 100 Kilo ohne Kleider
☞ Mit *haak* ist der Fleischerhaken gemeint.
Ja, ik ben afgevallen, ik weeg nu nog 77 kg. *schoon aan de haak.*

haaks

(1) hou je haaks! (hou je goed!) ▸ halt die Ohren steif!
☞ *Haaks* ist gerade, aufrecht, rechtwinklig zur Erde.
Toen ik, na de zoveelste poging, een beetje ontmoedigd was, zei mijn vader: *Hou je haaks* en begin opnieuw!

haal

(2) met iets aan de haal gaan (met iets weglopen) ▸ sich mit etwas aus dem Staub machen
☞ *Haal* (*de*) geht auf das Verb *halen* zurück, das früher ‚weglaufen, fliehen' bedeutete.
De dieven zijn aan de haal gegaan met mijn gloednieuwe Jaguar.

haan

(3) de gebraden haan uithangen (de grote heer uithangen) ▸ den großen/feinen Herrn spielen
☞ *Haan* könnte man noch erklären: Sich wie ein Gockel benehmen, aber *gebraden* ist nicht ergründet.
Moet je nu altijd *de gebraden haan uithangen* om vrouwen te versieren ?

Siehe auch **veel kouwe drukte maken, de grote Jan uithangen, hoog van de toren blazen, de onnozele, leuke ... uithangen**.

haantje

(2) haantje de voorste zijn (gezegd van iemand die er altijd het eerst bij is, als er iets gebeurt) ▸ immer als Erster dabei sein wollen
☞ Der Hahn frisst immer als Erster. Wieder die typische Verkleinerungsform!
Waarom moet je toch altijd *haantje de voorste zijn*!

Siehe auch **er als de kippen bij zijn willen**.

haar (siehe auch haren)

* *haar* op de tanden hebben ▸ *Haare* auf den Zähnen haben

* elkaar in het *haar zitten/vliegen* ▸ sich in den *Haaren* liegen

(2) er is een haar in de boter (siehe er is een haartje in de boter)

(2) geen haar op mijn hoofd die/dat eraan denkt! (ik denk er totaal niet aan!) ▸ ich denke nicht im Traum dran!
☞ *Die* ist eigenartig, denn *haar* ist sächlich. Man erwartet deshalb nur *dat*, das jedoch etwas weniger gebräuchlich ist.
Geen haar op mijn hoofd dat eraan denkt met jullie op vakantie te gaan.

Siehe auch **ammehoela/ammenooitniet, om de dooie dood niet, morgen brengen, soep met balletjes**.

(2) het scheelde maar een haar/het scheelde geen haar (het scheelde niet veel) ▸ um ein Haar ... | schelen = einen Unterschied machen
Het scheelde maar een haar of ik had de fietser omvergereden.

Siehe auch **een dubbeltje op zijn kant, het scheelde maar een haartje, met de hakken over de sloot, dat was op het kantje (af), dat was kantje boord, op het nippertje, door het oog van de naald gekropen, op het randje, op de valreep**.

haartje (siehe auch haren)

* er is een *haartje* in de boter ▸ es ist ein *Haar* in der Butter
Siehe auch **er is een haar in de boter**.

(2) het scheelde maar een haartje (siehe het scheelde maar een haar)

haasje

(3) het haasje zijn (de dupe zijn) ▸ der Dumme sein
☞ Gemeint ist: Das arme Häschen sein, das dem Jäger ausgeliefert ist.

H

In die hele coronacrisis zijn de oude mensen in de woon-zorgcentra *het haasje geweest.*

Siehe auch **altijd in het hoekje zitten waar de klappen vallen, de gebeten hond zijn, het kind van de rekening zijn, de klos zijn, de kop van jut zijn, het moeten ontgelden, met de gebakken peren (blijven) zitten, de kwaaie pier zijn, de pineut zijn, het pispaaltje zijn, de sigaar zijn, in het verdomhoekje zitten**.

hachje

(3) er zijn hachje bij inschieten (er het leven bij laten) ▸ Kopf und Kragen verlieren | inschieten = einbüßen, verlieren

☞ *Hachje* hat sich aus dem früheren *hacht* entwickelt, das ‚Stück Fleisch' oder ‚Speck' bedeutete.

Veel soldaten denken er niet aan dat ze ingeval van oorlog *hun hachje erbij kunnen inschieten.*

hak

* iemand op de *hak* nemen ▸ jdn auf die *Schippe* nehmen

Siehe auch **iemand voor aap zetten, de draak met iemand steken, iemand voor de gek houden, iemand in zijn hemd zetten, iemand voor joker zetten, iemand te kijk zetten, iemand een kool stoven, iemand een kunstje flikken, iemand voor het lapje houden, iemand een loer draaien, een loopje met iemand nemen, iemand voor lul zetten, iemand in de maling nemen, iemand een oor aannaaien, iemand in het ootje nemen, iemand een poets bakken, iemand voor schut zetten**.

(2) van de hak op de tak springen (in het gesprek telkens op een ander onderwerp overgaan) ▸ vom Hundertsten ins Tausendste kommen

☞ *Hak* ist hier keine Hacke, sondern ein hakenförmiger Ast. Gemeint ist also: Von einem Ast auf den anderen springen. Bei der Wahl der Worte hat natürlich auch der Binnenreim eine Rolle gespielt.

Het is moeilijk het verhaal te volgen, want de auteur *springt voortdurend van de hak op de tak.*

(2) iemand een hak zetten (iemand een gemene streek leveren) ▸ jdm ein Bein stellen

☞ Aus *iemand hakken* = schneiden, hacken, Schmerz verursachen.

In de VS is het bijna onmogelijk de fiscus *een hak te zetten.*

Siehe auch **iemand een steek onder water geven**.

haken (siehe auch haak)

(2) daar zitten haken en ogen aan (dat is nogal gecompliceerd) ▸ das ist eine komplizierte Angelegenheit
☞ Wörtlich: *Häkchen und Ösen.* Man denkt an einen Verschluss, den man zuerst aufmachen muss. Nicht zu verwechseln mit *Haken und Ösen* (Sport), ‚mit allen erdenklichen fairen und unfairen Mitteln'.
In Nederland heeft men cannabis gelegaliseerd, *al zaten er haken en ogen aan.*

hakken (ist zwar die Mehrzahl von hak, aber nicht von dem oben behandelten hak)

* de hakken *laten zien* ▸ die Fersen *zeigen* | de hak = die Ferse, der Absatz

H

(1) met de hakken over de sloot (nog net) ▸ mit Mühe und Not
☞ Als ob man, wenn man über einen Graben springt, noch gerade mit den Absätzen den Rand erreicht.
Ik ben ten slotte voor mijn examen geslaagd, maar het was *met de hakken over de sloot.*

Siehe auch **een dubbeltje op zijn kant, het scheelde maar een haar/een haartje, kantje boord, op het nippertje, door het oog van de naald gekropen, op het randje, op de valreep**.

(3) de hakken in het zand zetten (siehe zich schrap zetten)

halfzeven

(3) zijn das hangt op halfzeven (zijn stropdas hangt scheef) ▸ seine Krawatte hängt schief
Met je das op halfzeven kun je onmogelijk naar dit sollicitatiegesprek gaan.

halszaak

(2) er geen halszaak van maken (het niet te zwaar opnemen) ▸ etwas nicht allzu schwer nehmen
☞ *De halszaak* ist wörtlich ein Kapitalverbrechen, das einen den Kopf kosten kann.
Er staan wel een aantal fouten in je opstel, *maar ik zal er geen halszaak van maken.*

hameren

(1) ergens op hameren (iets sterk benadrukken) ▸ auf eine Sache immer wieder zurückkommen

De directeur heeft er telkens weer *op gehamerd* dat stiptheid voor hem de allereerste prioriteit heeft.

hamerstuk

(3) een voorstel als hamerstuk behandelen (het voorstel zonder discussie aannemen) ▸ den Vorschlag ohne Diskussion annehmen

☞ Der Vorsitzende hat den Hammer.

H

De voorzitter wenste het voorstel van de regering *als hamerstuk te behandelen.*

hamvraag

(2) dat is de hamvraag (dat ist de belangrijkste vraag) ▸ das ist die Kernfrage, der springende Punkt

☞ Aus dem Stangenklettern: Man musste an einem Mast emporklimmen, um den oben befestigten Schinken zu bekommen.

Ik ben wel assistent op de universiteit geworden, maar of ik daar ook vastbenoemd kan worden, *dat is de hamvraag.*

hand (siehe auch **handen und handje**)

* elkaar *een* hand kunnen geven ▸ sich *die* Hand geben können

* iemand *de* vrije hand *geven, de vrije* hand hebben ▸ jdm freie Hand *lassen*, freie Hand haben

* ergens *de* hand *in* hebben ▸ bei einer Sache *seine* Hand *mit im Spiel* haben

Siehe auch **in talrijke potjes roeren, een stem in het kapittel hebben, aan de touwtjes trekken, een vinger in de pap hebben**.

* *geen* hand voor ogen kunnen zien ▸ *nicht die* Hand vor *den* Augen sehen können

* uit *de* eerste hand ▸ aus erster Hand

* *voor* de hand liggen ▸ *auf* der Hand liegen

* zich met *hand* en *tand* verzetten ▸ sich mit *Händen* und *Füßen* sträuben.

* van de hand in de *tand* leven ▸ von der Hand in den *Mund* leben

☞ Im Niederländischen ist die Wortwahl dem Binnenreim geschuldet.

Im Deutschen wäre das nicht möglich gewesen: *Hand*, kurzes a; *Zahn*, langes a.

* de hand op de *knip houden* ▸ die Hand auf dem *Beutel haben* | de knip = die Geldbörse

☞ Ursprünglich war *de knip* der Schnappverschluss der Geldbörse.

Siehe auch **een dubbeltje driemaal omkeren, op de dubbeltjes letten, een kei het vel afstropen, op de kleintjes letten**.

* *de* hand aan zich*zelf slaan* ▸ Hand an sich *legen*

Siehe auch **zich van kant maken**.

* op iemands *hand* zijn ▸ auf jds *Seite* stehen

☞ *Hand* bedeutet hier *kant* (Seite).

* iemand *de* hand boven *het hoofd* houden ▸ *seine* Hand über jdn halten

* *de* ene hand wast de andere ▸ eine Hand wäscht die andere

Siehe auch **voor wat hoort wat**.

(1) wat is er aan de hand? (wat gebeurt daar?) ▸ was ist los?

Toen ik vroeg *wat er aan de hand was*, zei de politie alleen dat er een zwaar ongeval gebeurd was.

(1) er is niets aan de hand (er is niets mis) ▸ es gibt kein Problem, es ist alles in Butter

Ik vroeg de agent of er een probleem was, maar hij zei: ‚Nee, *niets aan de hand*!'

Siehe auch **er is geen vuiltje aan de lucht**.

(1) de zaak is uit de hand gelopen (de zaak is niet meer te controleren) ▸ die Sache ist außer Kontrolle geraten

☞ Gemeint ist, dass man die Sache nicht mehr in der Hand hat.

We dachten dat we de situatie konden controleren, *maar de zaak was volledig uit de hand gelopen.*

(1) hand over hand toenemen (steeds erger worden, van geweld, schulden ...) ▸ überhand nehmen

☞ Aus der Seemannssprache: Wenn die Segel gehisst wurden, zog man ‚Hand über Hand' an den Seilen.

Sinds de coronacrisis *nemen de schulden van ons land hand over hand toe.*

(1) de hand in eigen boezem steken (bereid zijn zelf de schuld op zich te nemen) ▸ den Fehler bei sich selbst suchen | de boezem = der Busen, als Ort des Gewissens

☞ Diese Redewendung ist wahrscheinlich biblischen Ursprungs.

Het heeft geen zin anderen de schuld van onze mislukking te geven, we moeten *de hand in eigen boezem steken.*

(1) aan de beterende hand zijn (langzaam maar zeker genezen) ▸ auf dem Wege der Besserung sein

☞ *Hand* steht hier für *kant* = Seite.

Mijn opa is wel heel ziek geweest, *maar nu is hij aan de beterende hand.*

H

Siehe auch **aan de beterhand**.

(1) de hand op iets leggen (iets krijgen dat moeilijk te vinden is) ▸ etwas in die Hände bekommen

De oppositie *heeft de hand kunnen leggen op* een geheim document van de oppositie.

(1) iets in de hand werken (iets bevorderen) ▸ etwas förden

☞ Die von einem Lehrjungen angefangene Arbeit wurde dem Meister übergeben, der ihr dann den letzten Schliff gab.

Zo'n laks gedrag van de overheid kan alleen maar fraude *in de hand werken.*

(1) iets van de hand wijzen (iets weigeren, afwijzen) ▸ etwas ablehnen

☞ Wörtlich: Etwas entfernen.

Het voorstel van de oppositie werd door de regering *van de hand gewezen.*

(2) geen hand uitsteken (niets doen om te helpen) ▸ keinen Finger rühren

☞ Wörtlich: Keine Hand ausstrecken.

Die man kun je niet vertrouwen. *Hij zal geen hand uitsteken* om je te helpen.

Siehe auch **met de handen over elkaar, geen klap uitvoeren, op zijn krent zitten, uit de neus eten, geen poot uitsteken, geen steek uitvoeren, geen vinger uitsteken, vliegen vangen**.

(2) iets van de hand doen (iets verkopen om het kwijt te zijn) ▸ etwas verkaufen, um es los zu werden

Ik heb geprobeerd om mijn oude Jaguar *van de hand te doen*, maar niemand wilde hem hebben.

(2) grif van de hand gaan (makkelijk en in grote hoeveelheden verkocht worden) ▸ reißenden Absatz finden | grif = prompt
☞ *De hand* ist hier die Hand des Verkäufers.
Ik dacht dat mijn boek niet veel kopers zou vinden, maar de uitgever zegt *dat het grif van de hand gaat.*

Siehe auch **gretig aftrek vinden, als warme broodjes over de toonbank gaan, goed in de markt liggen, opgang maken, opgeld doen, het loopt als een trein, in trek zijn, in zwang zijn**.

(2) iemand naar zijn hand zetten (iemand iets opdringen) ▸ jdn gefügig machen
Je kan proberen *hem naar je hand te zetten*, maar hij zal zich dat niet laten welgevallen.

H

(2) iets naar zijn hand zetten (iets zo regelen dat iets gebeurt zoals men het wil) ▸ etwas so regeln, dass man es kontrollieren kann, etwas sein Gepräge geben
☞ Zuerst meinte man damit: Ein Tier daran gewöhnen, einem aus der Hand zu fressen.
Totnogtoe is hij er altijd in geslaagd *de situatie naar zijn hand te zetten.*

(2) iets achter de hand houden (iets in reserve houden) ▸ etwas zurückbehalten
Ik heb nog lang niet alles gezegd, want het is altijd goed *een paar argumenten achter de hand te houden.*

(2) de hand aan iets houden (erop toezien dat een regel wordt nageleefd) ▸ etwas nicht vernachlässigen
☞ Wörtlich: Etwas festhalten, nicht loslassen.
Het wordt hoog tijd *dat de regering de hand houdt aan een strict begrotingsbeleid.*

(3) zwaar op de hand zijn (alles gewichtig opnemen) ▸ alles schwernehmen
☞ Aus dem Pferdesport: Wenn das Pferd den Kopf hängen lässt, wird das Festhalten der Zügel schwerer.
Echt een vrolijk type is je vriend niet, *hij is eerder zwaar op de hand.*

(3) de hand aan de ploeg slaan (flink aan het werk gaan) ▸ an die Arbeit gehen | de ploeg = der Pflug
☞ Aus der Bibel (Lukas, 9,62).
Kom jongens, we moeten *de hand aan de ploeg slaan.*

Siehe auch **handen aan het lijf hebben, de handen uit de mouwen steken, de handen aan de ploeg slaan, zich uit de naad werken, aan de slag gaan, er flink/stevig tegenaan gaan, van wanten weten**.

(3) de hand met iets lichten (siehe het niet zo nauw nemen met iets)

(3) zijn hand overspelen (meer risico's nemen dan normaal is, te ver gaan) ▸ zu hoch pokern

☞ Aus dem Kartenspiel. Die niederländische Redewendung ist die Übersetzung des englischen *to overplay one's hand.*

Door deze risicoaandelen te kopen, *heb je je hand overspeeld.*

H

(3) er zijn hand niet voor omdraaien (iets gemakkelijk kunnen doen) ▸ etwas mit dem kleinen Finger machen

☞ Gemeint ist: Man braucht nicht mal seine Hand umzudrehen, um etwas zu tun.

Die tekst uit het Engels vertalen? *Daar draai ik mijn hand niet voor om*!

Siehe auch **van een leien dakje gaan, dat is een eitje, een fluitje van een cent, kat in't bakkie, een kind kan de was doen, gesneden koek, een koud kunstje**.

handdoek

* de handdoek *in de ring* gooien ▸ das Handtuch werfen

handdruk

* een gouden hand*druk* ▸ ein goldener Hand*schlag*

handel

(2) iemands handel en wandel (iemands hele gedrag) ▸ jds Tun und Lassen

☞ Die beiden niederländischen Substantive haben die gleiche Bedeutung.

Het parlement wil *de handel en wandel* van de minister onder de loep nemen.

Siehe auch **iemands reilen en zeilen**.

handen (siehe auch **hand und handje**)

* aan/*met* handen en voeten gebonden zijn ▸ an Händen und Füßen gebunden sein

* zijn handen vol hebben *aan* iets ▸ seine Hände voll *mit* etwas haben

* iemand iets uit handen nemen ▸ jdm etwas aus *den* Händen nehmen

(1) handen thuis! (gezegd als men niet wil dat iemand iets of iemand seksueel aanraakt) ▸ Pfoten weg!

Toen de directeur zijn secretaresse wilde omhelsen, riep die ‚*Handen thuis!*'

(1) de handen uit de mouwen steken (flink aan het werk gaan) ▸ die Ärmel hochkrempeln

Hij heeft beloofd zijn leven te beteren en voortaan *de handen uit de mouwen te steken.*

Siehe auch **de hand aan de ploeg slaan, de handen aan de ploeg slaan, handen aan het lijf hebben, zich uit de naad werken, aan de slag gaan, er flink/stevig tegenaan gaan, van wanten weten**.

H

(1) handen te kort komen (het te druk hebben) ▸ alle Hände voll zu tun haben

☞ Wörtlich: Zu wenig Hände haben.

We komen handen te kort, dus, we hebben absoluut hulp nodig.

(2) met de handen over elkaar zitten (niets uitvoeren) ▸ untätig dasitzen

☞ Wörtlich: Mit den Händen übereinander geschlagen.

Terwijl ik me doodwerk, zit jij *met de handen over elkaar.*

Siehe auch **geen hand uitsteken, geen klap uitvoeren, op zijn krent zitten, uit zijn neus eten, geen poot uitsteken, geen steek uitvoeren, geen vinger uitsteken, vliegen vangen**.

(2) iemand onder handen nemen (1. iemand streng berispen; 2. iemand behandelen, gezegd bijv. van een fysiotherapeut) ▸ 1. jdn ins Gebet nehmen; 2. jdn ärtzlich behandeln

1. Je zegt dat Jan alweer te laat was? *Ik zal hem eens flink onder handen nemen*!

2. Je hebt als profvoetballer een fysiotherapeut nodig, die je elke week eens goed *onder handen neemt.*

Siehe auch (zu 1.) **iemand ervanlangs geven, iemand een kat geven, iemand de volle laag geven, iemand de les lezen, iemand de mantel uitvegen, iemand de oren wassen, iemand de pin op de neus zetten, iemand op zijn plaats zetten, iemand een standje geven, iemand zijn vet geven, iemand op de vingers tikken, iemand de wacht aanzeggen**.

(2) iets om handen hebben (iets te doen hebben) ▸ mit etwas beschäftigt sein

☞ Zuerst meinte man damit *binnen handbereik*, in Reichweite.

Nu ik met pensioen ben, zou ik graag *iets om handen hebben.*

(2) de handen ineenslaan (samenwerken om iets te bereiken) ▸ zusammen Hand anlegen

Laten we *de handen ineenslaan*, dan zal het wel lukken!

(2) met de/zijn handen in het haar zitten (wanhopig zijn) ▸ weder aus noch ein wissen

We zaten met de handen in het haar, want we wisten niet of onze zoon de vliegtuigcrash overleefd had.

H

Siehe auch **van zijn apropos zijn, in de bonen zijn, niet weten hoe men het heeft, van de kaart zijn, de kluts kwijt zijn, van de kaart zijn, van de kook raken, aan het eind van zijn Latijn zijn, uit het lood geslagen, overstuur zijn, ten einde raad, van slag raken, het spoor bijster zijn, van streek zijn, van zijn stuk zijn**.

(3) op handen zijn (siehe ophanden zijn)

(3) handen aan het lijf hebben (kunnen en willen werken) ▸ tüchtig anpacken können

Die jongen kun je gerust in dienst nemen, *die heeft handen aan het lijf.*

Siehe auch **er flink/stevig tegenaan gaan, de hand aan de ploeg slaan, de handen aan de ploeg slaan, de handen uit de mouwen steken, zich uit de naad werken, aan de slag gaan, van wanten weten**.

(3) de handen op elkaar krijgen (applaus krijgen) ▸ Beifall ernten

☞ Gemeint ist: Beim Klatschen die Hände des Publikums ‚auf einander kriegen'.

De stand-upcomedian heeft met zijn nieuwe show *de handen op elkaar gekregen.*

(3) het zijn twee handen op één buik (ze zijn het helemaal eens, meestal in ongunstige zin) ▸ sie stecken unter einer Decke

☞ Zuerst waren es die zwei Hände einer selben Person.

De voorzitter en de ondervoorzitter van onze partij, *dat zijn twee handen op één buik.*

Siehe auch **onder één hoedje spelen**.

(3) zijn handen (kunnen) dichtknijpen (met iets erg blij zijn) ▸ heilfroh sein

☞ Das Zusammenkneifen der Hände ist ein Ausdruck der Freude, der Zufriedenheit.

Met die onverwachte overwinning *mogen we onze handen dichtknijpen.*

(3) de handen aan de ploeg slaan (siehe de hand aan de ploeg slaan)

handje (siehe auch hand)

(1) een handje helpen (even helpen) ▸ jdm unter die Arme greifen

☞ Wieder die typische Verkleinerungsform!

Ik kan dit zware toestel niet alleen dragen, kun je me niet *een handje helpen*?

H

(2) zeg maar dag met je handje! (dat ben je kwijt!) ▸ dem kannst du nur noch nachwinken!

Je auto is gestolen? *Zeg maar dag met je handje!*

Siehe auch **naar de bliksem zijn, naar de filistijnen zijn, naar de haaien zijn, naar de maan zijn**.

(2) ergens een handje van hebben (de veelal hinderlijke gewoonte hebben iets te doen) ▸ sich auf etwas Unangenehmes verstehen

☞ *Handje* bedeutet hier die Art und Weise, etwas zu tun.

Je hebt er altijd een handje van gehad te pas en te onpas het woord te willen nemen.

(2) handje contantje betalen (contant betalen) ▸ bar auf die Hand bezahlen

☞ Wenn man jdn bar bezahlt, gibt man ihm das Geld in die Hand.

In Zweden is het nagenoeg onmogelijk *handje contantje te betalen*; alles moet elektronisch worden betaald.

(3) van het handje zijn (homoseksueel zijn) ▸ homo sein

☞ Die Etymologie ist nicht geklärt.

Als je ziet hoe hij loopt, zou je kunnen denken *dat hij van het handje is.*

handschoen

* de handschoen op*nemen* ▸ den *Fehde*handschuh auf*heben*

hangijzer

* een heet *hang*ijzer ▸ ein heißes Eisen

hard

(2) iets niet hard kunnen maken (iets niet kunnen bewijzen) ▸ etwas nicht beweisen können

Wat je daar beweert, zal je niet *hard kunnen maken*!

haren (siehe auch haar und haartje)

* iets met de haren erbijs*lepen* ▸ etwas an/*bei* den Haaren herbei*ziehen*

* de haren *rijzen* me te berge ▸ die Haare *stehen* mir zu Berge | rijzen = sich erheben, steigen

* elkaar in de haren *zitten/vliegen* ▸ sich in die Haare *geraten*

H

(2) iemand tegen de haren in strijken (iemand opzettelijk ergeren) ▸ jdm gegen den Strich gehen

De regering wil niet openlijk het parlement *tegen de haren in strijken.*

(3) zich de haren uit het hoofd trekken (enorm veel spijt hebben) ▸ sich die Haare (aus)raufen.

Wie aandelen gekocht had van het bedrijf dat nu failliet is, *zal zich nu de haren uit het hoofd trekken.*

(3) alles op haren en snaren zetten (siehe hemel en aarde bewegen)

☞ Man dachte zuerst, dass *haren* sich auf die Rosshaare des Geigenbogens bezog und *snaren* auf die Saiten. Es scheint sich bei *haren* jedoch eher um das alte Verb *haren* (das Bersten der Haut oder der Lippen) zu handeln. *Snaren* wäre dann nur des Reimes wegen hinzugefügt worden.

(3) zijn wilde haren verliezen/kwijtraken (rustiger, wijzer worden) ▸ sich die Hörner abstoßen

☞ Gemeint sind wild wachsende Haare, wie bei Jugendlichen.

Je moet een beetje geduld hebben met je zoon, hij zal *wel zijn wilde haren kwijtraken.*

haring

(3) er haring of kuit van willen hebben (siehe het fijne van iets willen weten)

☞ Wörtlich: Entweder den Hering oder seinen Rogen haben wollen, aber auf jeden Fall etwas. Daher: Etwas wissen wollen.

haringen

* als haringen *in een ton* ▸ wie *die* Heringe

Siehe auch **je kunt hier je kont niet keren, op elkaars lip zitten**.

harnas

* iemand tegen zich in *het* harnas *jagen* ▸ jdn gegen sich in Harnisch *bringen*

(3) in het harnas sterven (in volle activiteit plotseling overlijden) ▸ in den Sielen sterben
☞ Ursprünglich bezog sich diese Redewendung auf einen mittelalterlichen Ritter, der im Kampf umkam.
Het komt niet vaak voor dat een minister *in het harnas sterft*.

hart

H

* uit het diepst *van mijn* hart ▸ aus tiefstem Herzen

* iemand iets *op* het hart *drukken/binden* ▸ jdm etwas *ans* Herz *legen*

* zijn hart *luchten* ▸ seinem Herzen *Luft machen* | luchten = lüften

* het komt *uit* een *goed* hart ▸ es kommt *von* (*ganzem*) Herzen

* het hart op de *goede plaats* hebben ▸ das Herz auf dem *richtigen Fleck* haben

* dat ligt me *na* aan het hart ▸ das liegt mir am Herzen

* dat moet me van het *hart* ▸ das muss mir von der *Seele*

* dat gaat me *aan het* hart ▸ das geht mir *zu* Herzen

* *van* zijn hart geen moordkuil maken ▸ *aus* seinem Herzen keine Mördergrube machen

(1) iemand een warm/goed hart toedragen (iemand goed gezind zijn) ▸ jdm wohlgesinnt sein
Je schijnt nog steeds niet te beseffen *dat ik je een goed hart toedraag*.

(2) dat is me uit het hart gegrepen (zo voel ik het ook) ▸ so empfinde ich das auch
Wat je over de voorzitter van onze partij gezegd hebt, *is me uit het hart gegrepen*.

(2) zijn hart vasthouden (bang zijn dat iets slecht afloopt) ▸ das Schlimmste befürchten
☞ Gemeint ist: Sein Herz festhalten, damit es nicht in die Hose rutscht.
Toen ik hoorde dat er in ons bedrijf weer ontslagen zouden vallen, *hield ik mijn hart vast*.

Siehe auch **'m knijpen, in de piepzak zitten**.

(2) iemand een hart onder de riem steken (iemand moed inspreken) ▸ jdm Mut machen

☞ *De riem* ist der Bauchriemen. Gemeint ist: Jdm, der nicht das Herz hat, etwas zu tun, ein Herz geben.

Toen ik de moed niet meer had verder te studeren, *heeft vader me een hart onder de riem gestoken.*

(3) het hart zonk hem in de schoenen (hij had totaal geen moed meer) ▸ er ließ den Mut sinken

Toen ik hoorde dat deze verschrikkelijke man mijn nieuwe chef zou worden, *zonk het hart me in de schoenen.*

H

(3) iemand op het hart trappen (iemand diep beledigen of kwetsen) ▸ jdn zutiefst verletzen

Met deze harde woorden *heb je me op het hart getrapt.*

Siehe auch **iemand tegen het zere been schoppen, iemand op zijn pik trappen, iemand op zijn ziel trappen**.

(3) (met) de hand over het hart strijken (iets vergeven) ▸ etwas vergeben, etwas durchgehen lassen

☞ Gemeint ist: Sein Herz streicheln, um es milder zu stimmen.

Als u over uw hart kon strijken, zou ik terugkomen en graag voor u werken.

Siehe auch **de spons erover, zand erover**.

hartje

(1) hartje zomer/winter (midden in de zomer/winter) ▸ im Hochsommer / im tiefsten Winter

☞ Wieder die typische Verkleinerungsform!

Dit jaar was het *hartje winter* in Nederland min 20 graden.

haver

(3) iets van haver tot gort kennen (iets door en door kennen) ▸ etwas in- und auswendig kennen, etwas durch und durch kennen

☞ Ursprünglich lautete diese Redewendung *van avere tot avere* (= *van ouder tot ouder*), d. h. vom Vater auf den Sohn. Als man *avere* nicht mehr verstand, machte man daraus *haver* (Hafer) und fügte in Analogie dazu *gort* (Gerste, Graupen) hinzu.

Pas op met je bijbelcitaten, want die man *kent de bijbel van haver tot gort.*

Siehe auch **op zijn duimpje, tot in de puntjes, uit-en-ter-na**.

haverklap

(2) om de haverklap (steeds weer) ▸ alle naselang

☞ Ursprünglich sagte man: *Om de avesklap*, d. h. bei jedem Angelusläuten, das dreimal am Tag stattfand. Als man *avesklap* nicht mehr verstand, machte man daraus *haverklap.*

Bij diplomaten is het zo, *dat je om de haverklap overgeplaatst kan worden.*

Siehe auch **keer op keer, strijk-en-zet**.

hazenpad

* het hazen*pad kiezen* ▸ das Hasenpanier *ergreifen*

Siehe auch **het anker lichten, de benen nemen, zijn benen onder de arm nemen, ervandoor gaan, de/zijn hielen lichten, ertussenuit knijpen, de kuierlatten nemen, op de loop gaan, zijn matten oprollen, met de muziek mee zijn, met de noorderzon vertrekken, ertussenuit piepen, de plaat poetsen, 'm smeren, er de sokken in zetten, met de stille trom vertrekken, zich uit de voeten maken, de wijk nemen**.

hazenslaapje

(3) een hazenslaapje doen (heel kort en licht slapen) ▸ ein Nickerchen machen

☞ Während er schläft, schließt der Hase die Augen nicht ganz, da er immer wachsam bleiben muss.

Ik heb vannacht niet goed geslapen. Slechts tegen 7 uur *kon ik een hazenslaapje doen.*

Siehe auch **een dutje doen, een uiltje knappen, onder de wol kruipen, onder zeil gaan**.

hebben (Substantiv)

(3) met zijn hele hebben en houden (met alles wat hij bezit) ▸ mit all seinen Habseligkeiten

☞ Beide Verben sind hier Synonyme. Was sie verbindet, ist die Alliteration.

Mijn broer is *met zijn hele hebben en houden* naar Canada vertrokken.

Siehe auch **bepakt en bezakt, met hutje en mutje, met pak en zak**.

hebben (Verb)

(2) iets niet kunnen hebben (iets niet kunnen verdragen) ▸ etwas nicht ertragen können
Zo'n onbeschoft gedrag *kan ik gewoon niet hebben.*

Siehe auch **ja, dag, dat doet de deur dicht, iets niet over zijn kant laten gaan, dat neem ik niet, iets niet pikken, het er niet bij laten zitten**.

(2) hij heeft iets met (bijv. Tenerife, auto's ...) (hij interesseert zich speciaal voor ...) ▸ er hat einen Teneriffafimmel, Autofimmel ...
Hij heeft nu al zijn vierde Jaguar gekocht. *Hij heeft iets met Engelse auto's.*

H

(2) daar heb je hem weer! (hij begint weer te zeuren!) ▸ da fängt er schon wieder an!
Daar heb je hem weer! Nu horen we alles nog eens over de tweede wereldoorlog!

Siehe auch **een boom over iets opzetten, honderduit praten, op zijn praatstoel zitten, lang van stof zijn**.

(2) wel, heb ik ooit! (zoiets heb ik nog nooit gezien, gehoord ...!) ▸ das ist ja wohl das Letzte!
☞ Gemeint ist: *Heb ik ooit al zoiets gezien, gehoord ...!* Eine rhetorische Frage.
Alle vliegverkeer met Spanje stopgezet? *Wel, heb ik ooit!*

(3) ik had het niet meer (ik ging bijna dood van het lachen) ▸ ich konnte mich nicht mehr halten vor Lachen
☞ Die Etymologie ist nicht bekannt.
De leraar kwam de klas binnen met een onmogelijke das en een te korte pantalon, *ik had het niet meer*!

Siehe auch **in een deuk liggen, dubbel liggen van het lachen, zich een bult/een ongeluk lachen, zich kapot/zich rot lachen**.

(3) niet weten hoe men het heeft (helemaal in de war zijn) ▸ total verwirrt sein
Toen ik dat verschrikkelijke nieuws hoorde, *wist ik niet hoe ik het had.*

Siehe auch **van zijn apropos raken, in de bonen zijn, met zijn handen in het haar zitten, van de kaart zijn/raken, de kluts kwijt zijn, van de kook raken, aan het eind van zijn Latijn zijn, uit het lood geslagen, overstuur zijn, ten einde raad, van slag raken, het spoor bijster zijn, van streek zijn, van zijn stuk raken**.

heen

(3) het heen-en-weer krijgen (erg zenuwachtig van iets worden) ▸ kribbelig von etwas werden

☞ Gemeint ist: Hin und her laufen vor Nervosität.

De minister kreeg het heen-en-weer van al de vragen van de oppositie.

Siehe auch **een en al zenuwen zijn, in alle staten zijn, over zijn toeren zijn**.

heg

(3) heg noch steg weten (ergens de weg totaal niet kennen) ▸ sich irgendwo überhaupt nicht auskennen

☞ Ursprünglich lautete diese Redewendung *weg noch steg kennen. De heg* = die Hecke, *de steg* = (selten) der Steg. *Steg* gibt es nur noch in dieser Redewendung. Normalerweise wird *der Steg* mit *de vonder* übersetzt.

De meeste asielzoekers *weten heg noch steg* in ons land.

heil

(2) ergens geen heil in zien (geen hoge verwachtingen van iets hebben) ▸ sich von etwas nichts versprechen

In het voorstel van de regering *ziet de oppositie geen heil.*

Hein

(3) Magere Hein (de dood) ▸ der Sensenmann

☞ *Hein* (*Hendrik*) ist ein sehr oft vorkommender Vorname. *Mager*, weil der Tod als Skelett dargestellt wird.

Op een dag zal jij ook *Magere Hein* ontmoeten.

heinde

(2) van heinde en ver/verre (van overal, uit alle windstreken) ▸ aus nah und fern

☞ *Heinde* ist ein altes Wort für *dichtbij* (in der Nähe).

De mensen kwamen *van heinde en ver* om in dit restaurant kreeft te eten.

hek (siehe auch **hekken**)

(2) als ..., dan is het hek van de dam (als ..., dan houdt niets het meer tegen) ▸ wenn ..., dann gibt es kein Halten meer | het hek = der Zaun, das Gatter

H

☞ Gemeint ist: Dann befindet sich nichts mehr auf dem Damm, was das Wasser zurückhalten könnte.

Als de beurs met nog eens tien procent zakt, *dan is het hek van de dam.*

hekel

(3) iemand/iets over de hekel halen (zich erg kritisch uitlaten over iemand/iets) ▸ über jdn/etwas herziehen | de hekel = der Hechel, eine Vorrichtung, um die Fasern voneinander zu trennen

De minister werd door het parlement herhaaldelijk *over de hekel gehaald.*

H

Siehe auch **dat krijg je van mij cadeau, de honden lusten er geen brood van, het is huilen met de pet op, van/uit het jaar nul, niet kapot van iets zijn, het is knudde, ergens geen goed woord voor over hebben**.

hekken (siehe auch hek)

(3) de hekken zijn verhangen (de situatie is veranderd) ▸ der Wind pfeift jetzt aus einem anderen Loch

☞ Wörtlich: Die Zäune sind jetzt anders aufgehängt, aufgestellt.

Ik ben van mening veranderd, omdat *de hekken verhangen zijn.*

Siehe auch **de bakens verzetten, nu zijn de bordjes verhangen, de kaarten liggen nu anders, het tij is gekeerd**.

hel

(2) loop naar de hel (siehe loop naar de bliksem)

held

(3) een held op sokken (een lafaard) ▸ ein Angsthase

☞ Jemand der in Socken zu Hause sitzt, kann kein richtiger Held sein.

Je hebt wel een grote mond, maar eigenlijk ben je *een held op sokken.*

Siehe auch **onder de plak zitten**.

helling

(3) iets op de helling zetten (iets herzien) ▸ etwas in Frage stellen

☞ Aus dem Schiffbau: *de helling* ist die Helling, verwandt mit Halde.

We moeten de hele organisatie van de administratie *op de helling zetten.*

(3) op de helling (komen te) staan (gevaar lopen niet door te gaan) ▸ in der Schwebe sein

☞ Für die Bedeutung von *helling* siehe oben.

Door jouw gedrag is ons hele plan *op de helling komen te staan.*

Siehe auch **op losse schroeven komen te staan**.

helm

(3) met de helm geboren zijn (paranormaal begaafd zijn) ▸ mit der Glückshaube geboren sein

☞ *De helm* ist die Fruchtblase, die den Fötus umschließt, was bei einem Neugeborenen nur selten vorkommt.

In heel wat dorpen vind je stokoude vrouwen *die met de helm geboren zijn.*

helpen

(1) het niet kunnen helpen (er niets aan kunnen doen) ▸ nichts daran ändern können

Ik vind het vreselijk voor je dat je ontslagen bent, maar *ik kan het niet helpen.*

hemd

(2) iemand het hemd van het lijf vragen (alle details van iemand willen weten) ▸ jdm ein Loch in den Bauch fragen

☞ Das Hemd gehört zur Intimsphäre.

Op het politiekantoor *vroeg de inspecteur me het hemd van het lijf.*

(2) iemand in zijn hemd zetten (iemand vernederen) ▸ jdn blamieren

☞ Hier ist *het hemd* das Unterhemd.

Ik zal je nooit vergeven *dat je me op de vergadering in het hemd hebt gezet.*

Siehe auch **iemand voor aap zetten, iemand voor de gek houden, iemand op de hak nemen, iemand voor joker zetten, iemand te kijk zetten, iemand een kool stoven, iemand een kunstje flikken, iemand voor het lapje houden, iemand voor lul zetten, iemand in de maling nemen, iemand een loer draaien, een loopje met iemand nemen, iemand een oor aannaaien, iemand in het ootje nemen, iemand een poets bakken, iemand voor schut zetten**.

H

hemel

* hemel en *aarde* bewegen ▸ Himmel und *Hölle* in Bewegung setzen

(1) iemand de hemel in prijzen (iemand overmatig prijzen) ▸ jdn in den Himmel heben

Eerst heb je je nieuwe assistent *de hemel in geprezen* en nu wil je hem ontslaan!

Siehe auch **de loftrompet over iemand steken, hoog opgeven van iemand, (veel) met iemand/iets ophebben, over het paard getild, iemand in het zonnetje zetten**.

H

(3) er is meer tussen hemel en aarde! (gezegd als men iets niet begrijpt) ▸ es gibt Dinge, die man nicht erklären kann!
☞ Aus *Hamlet: There are more things in heaven and earth*. Dort ist jedoch das Paranormale gemeint.

Ik begrijp niet hoe die illusionist een konijn uit zijn hoed heeft kunnen toveren.- Ja, *er is meer tussen hemel en aarde!*

Hendrik

(3) de brave Hendrik uithangen (zich heel erg braaf voordoen) ▸ den Tugendbold spielen
☞ *De Brave Hendrik* ist der Titel eines Schulbuchs aus dem Anfang des 19. Jhs, in dem ein gewisser *Hendrik* (ein oft vorkommender Vorname) der Musterknabe war. *Uithangen* = (hier) so tun als ob.

We weten *dat je graag de brave Hendrik uithangt*, maar daar trappen we niet in.

Siehe auch **de grote Jan uithangen, de onnozele, de leuke jongen ... uithangen**.

her

* *her* en *der* ▸ hier und da

heug

(2) iets tegen heug en meug doen (iets tegen zijn zin, met grote tegenzin doen) ▸ etwas mit Widerwillen tun
☞ *Heug* findet man wieder in *zich verheugen* (sich freuen). *Meug* ist abgeleitet von *mogen* (mögen).

Als je *tegen heug en meug* studeert, doe dan liever iets anders!

Siehe auch **met loden schoenen, met lood in de schoenen, tegen wil en dank**.

heup

* *van*uit de heup schieten ▸ aus der Hüfte schießen

heupen

(2) het (lelijk) op de heupen hebben/krijgen (slecht gehumeurd zijn) ▸ schlecht gelaunt sein, eine schlechte Laune kriegen

☞ Die Etymologie ist umstritten. Eine mögliche Erklärung könnte sein: Ischias haben und deshalb schlecht gelaunt sein.

Als ik zo'n onzin hoor, *krijg ik het op de heupen.*

Siehe auch **met het verkeerde been uit bed gestapt zijn, de bokkenpruik op hebben, de bolworm hebben, in een slechte bui zijn, slecht gemutst zijn, een gezicht zetten als een oorwurm, (er) de pee/de pest in hebben, de smoor (over iets) in hebben**.

H

hielen

(2) iemands hielen likken (bij iemand slijmen) ▸ vor jdm kriechen | de hiel = die Ferse

☞ Früher machte man als Begrüßung eine tiefe Beugung. Wenn sie sehr tief war, sah es aus, als ob man jds Füße küssen würde.

Als je denkt promotie te kunnen maken *door de hielen van de directeur te likken*, dan vergis je je.

(2) iemand de hielen laten zien (van iemand weglopen) ▸ Fersengeld geben

Toen de politie naderde, *lieten de dieven hun hielen zien.*

Siehe auch die nächste Redewendung.

(3) de/zijn hielen lichten (vertrekken, vluchten) ▸ sich aus dem Staub machen | lichten = heben

Als we nu direct aanvallen, *zal de vijand de hielen lichten.*

Siehe auch **het anker lichten, de benen nemen, zijn benen onder de arm nemen, zijn biezen pakken, ervandoor gaan, het hazenpad kiezen, ertussenuit knijpen, de kuierlatten nemen, op de loop gaan, zijn matten oprollen, met de muziek mee zijn, met de noorderzon vertrekken, ertussenuit piepen, de plaat poetsen, 'm smeren, er de sokken in zetten, met de stille trom vertrekken, zich uit de voeten maken, de wijk nemen**.

(3) liever de hielen van iemand zien dan zijn aangezicht (iemand liever zien gaan dan komen) ▸ jdn am liebsten von hinten sehen

Dat is iemand *van wie ik liever de hielen zie dan zijn aangezicht.*

hoed (siehe auch **hoedje**)

* voor iets de hoed *afnemen* ▸ vor etwas den Hut *ziehen*
Siehe auch **dat is iets um u tegen te zeggen**.

* iets uit *zijn* hoed toveren ▸ etwas aus *dem* Hut zaubern

(3) van de hoed en de rand weten (alle details kennen) ▸ alle Einzelheiten kennen
☞ Gemeint ist: Den Hut selbst und die Krempe kennen, d. h. das Wesentliche und das Nebensächliche. Die Etymologie ist nicht geklärt.
Wie i.v.m. het filmbedrijf *van de hoed en de rand wil weten*, moet dit boek lezen.

H

Siehe auch **weten waar Abraham de mosterd haalt, het fijne van iets weten, er haring of kuit van willen hebben, erg goed op de hoogte zijn, willen weten hoe de kaarten worden geschud, het naadje van de kous, weten hoe het er aan toe gaat, willen weten hoe de vork in de steel zit**.

hoedje

(3) met iemand onder één hoedje spelen (samenspannen en dus medeplichtig zijn, vooral bij oneerlijke praktijken) ▸ mit jdm unter einer Decke stecken
☞ Diese Redewendung bezieht sich auf das Würfelspiel oder auf die Tricks eines Zauberkünstlers.
Het is duidelijk dat de VS en Israël *onder één hoedje spelen.*

Siehe auch **twee handen op één buik**.

(3) onder een hoedje te vangen zijn (uit schrik stil en gedwee zijn) ▸ lammfromm sein
☞ Wie ein Vogel oder ein Schmetterling, den man unter einen Hut fangen kann.
Ik ben niet iemand *die onder een hoedje te vangen is.*

hoeken

* in alle hoeken en *gaten* ▸ in allen Ecken und *Winkeln*

(3) iemand alle hoeken van de kamer laten zien (siehe iemand een enorm pak slaag geven)

hoekje

(3) het hoekje om gaan (doodgaan) ▸ ins Gras beißen
☞ Aus der Schifffahrt: *Hoek* wurde das Kap genannt, das man beim Verlassen des Hafens umfahren musste. Wieder die Verkleinerungsform!
Tijdens de coronacrisis zijn heel wat bejaarden *het hoekje om gegaan.*

Siehe auch **zijn laatste adem uitblazen, op apegapen liggen, ten dode opgeschreven zijn, op sterven na dood zijn, eraan gaan, het niet lang meer maken, het loodje leggen, de pijp aan Maarten geven, de pijp uit gaan, in het stof bijten, in het zand bijten**.

H

(3) zich in een hoekje laten drukken (toelaten dat iemand de baas over je speelt) ▸ sich auf der Nase herumtanzen lassen
Ik laat me niet door jou *in een hoekje drukken.*

(3) in het hoekje zitten waar de klappen/slagen vallen (altijd de dupe, het slachtoffer zijn) ▸ immer herhalten müssen | de klap = der Schlag
Waarom moet ik altijd *in het hoekje zitten waar de slagen vallen*?

Siehe auch **het haasje zijn, de gebeten hond zijn, het kind van de rekening zijn, de klos zijn, de kop van jut zijn, het moeten ontgelden, met de gebakken peren (blijven) zitten, de kwaaie pier zijn, de pineut zijn, het pispaaltje zijn, de sigaar zijn, in het verdomhoekje zitten**.

Hoeks

(3) Hoekse en Kabeljauwse twisten (erg ingewikkelde ruzies met grote onenigheid) ▸ verworrene Streitigkeiten, dörfliche Querelen
☞ *De hoek* ist hier der Haken, mit dem man einen Kabeljau fängt. *Kabeljauwe* war der Spitzname der Anhänger des holländischen Herrschers Wilhelm V (14. Jh.), vielleicht, weil sein Wappen den Schuppen eines Kabeljaus gleicht. Die *Hoeksen* (die den Kabeljau fangen wollten) waren die Anhänger seiner Mutter, der Herzogin von Hennegau. Hundert Jahre später bekämpften beide Parteien sich immer noch, obwohl die Ursache des Streits längst vergessen war.
De ruzie tussen de EU en de VS lijkt erg op *Hoekse en Kabeljauwse twisten.*

Siehe auch **een aanvaring met iemand hebben, met iemand overhoop liggen, hoge woorden met iemand hebben**.

hol

(1) op hol slaan (niet meer weten wat men doet, doorslaan) ▸ die Nerven verlieren

☞ *Hol* ist abgeleitet von *hollen*, das Durchgehen eines Pferdes.

Als je zoiets verschrikkelijks hoort, is het toch normaal *dat je op hol slaat.*

Holland

(3) dat is Holland op z'n smalst! (gezegd van een Nederlander die bekrompen opvattingen heeft of van een bekrompen Nederlandse situatie) ▸ das ist der Gipfel der holländischen Spießbürgerlichkeit!

☞ Mit Holland sind hier die Niederlande gemeint. Früher war Holland im Norden nur 7 Km breit. Durch Eindeichung wurde der Norden breiter.

De houding van Nederland t.o.v. het budget van de EU, *dat is Holland op z'n smalst!*

hollen

(3) het is hollen of stilstaan (van het ene in het andere uiterste vervallen) ▸ von einem Extrem ins andere fallen | hollen = rennen

Jan weet geen maat te houden, *met hem is het hollen of stilstaan.*

hom

(3) hom of kuit willen hebben (siehe haring of kuit) | Hom = Fischmilch

hommeles

(3) het is hommeles! (nu komt er herrie!) ▸ da haben wir die Bescherung!

☞ Die Etymologie ist nicht geklärt. Vielleicht ist *hommeles* abgeleitet von *hommelen*, fuchsteufelswild werden.

Nu het schandaal bekend is geraakt, *is het hommeles.*

Siehe auch **de boot is aan, daar heb je het gedonder (in de glazen), dan is voor mij de gort gaar, dan is het huis te klein, de kat vliegt in de gordijnen, nu is Leiden in last, daar heb je de poppen aan het dansen, de rapen zijn gaar, dan is de wereld te klein**.

hond (siehe auch hondje)

* er was geen *hond* ▸ kein Schwein war da

Siehe auch **er was geen kip, anderhalve man en een paardenkop**.

(2) de hond in de pot vinden (te laat zijn voor het eten) ▸ leere Schüsseln finden
☞ Gemeint ist: Erst dann kommen, wenn der Hund schon dabei ist, die Schüssel auszulecken.
Als de banken na het faillissement van ons bedrijf uitbetaald zijn, zal er geen geld meer over zijn en zullen de werknemers *de hond in de pot vinden.*

Siehe auch **de boot missen, voor open doel missen, achter de feiten aan lopen, achter het net vissen, het tij laten verlopen**.

(2) de gebeten hond zijn (ergens de schuld van krijgen) ▸ etwas (für jdn anders) ausbaden müssen
☞ Diese Redewendung mutet sehr eigenartig an, denn der Hund wird ja nicht gebissen. Die Etymologie ist nicht bekannt.
Als een voetbalploeg verliest, *is de trainer meestal de gebeten hond.*

Siehe auch **het haasje zijn, in het hoekje zitten waar de klappen vallen, het kind van de rekening zijn, de klos zijn, de kop van jut zijn, het moeten ontgelden, met de gebakken peren (blijven) zitten, de kwaaie pier zijn, de pineut zijn, het pispaaltje zijn, de sigaar zijn, in het verdomhoekje zitten**.

(3) weggaan zonder hond noch stront te zeggen (weggaan zonder iemand te groeten) ▸ weggehen ohne ‚auf Wiedersehen' zu sagen
☞ Die beiden Substantive sind wegen des Binnenreims gewählt worden.
Wat is die jongen toch onbeleefd! *Hij is weggegaan zonder hond noch stront te zeggen.*

(3) commandeer je hond en blaf zelf! (mij kun je niet bevelen!) ▸ ich lasse mich von dir nicht herumkommandieren!
☞ Wörtlich: Befiehl deinem Hund (zu bellen) und belle selbst.
Dat doe ik zeker niet! *Commandeer je hond en blaf zelf!*

honden (siehe auch **hondje**)

(3) tekeergaan dat de honden er geen brood van lusten (hevig tekeergaan) ▸ wüten wie ein Berserker | lusten = mögen
☞ Gemeint ist: Von so einem Menschen würde selbst ein Hund kein Stück Brot annehmen.
Toen hij hoorde dat hij ontslagen zou worden, *ging hij tekeer dat de honden er geen brood van lusten.*

Siehe auch **op zijn achterste benen gaan staan, zich druk maken, de duivel in hebben, des duivels zijn, gebeten zijn op iemand, door het lint gaan, een kort lontje hebben, op zijn achterste poten gaan staan, uit zijn slof schieten, tekeergaan als een bezetene, uit zijn vel springen, vuur spuwen**.

(3) de honden lusten er geen brood van (het is van zeer slechte kwaliteit) ▸ es ist erschreckend schlecht

☞ Aus einem alten Sprichwort, in dem die Rede ist von einem Mann, der so schmutzig ist, dass selbst die Hunde kein Brot von ihm annehmen würden.

Die roman is zo slecht geschreven *dat de honden er geen brood van lusten.*

H

Siehe auch **dat krijg je van mij cadeau, iets over de hekel halen, het is huilen met de pet op, van/uit het jaar nul, niet kapot van iets zijn, het is knudde, ergens geen goed woord voor over hebben**.

honderd

(2) in het honderd lopen (helemaal misgaan) ▸ schief gehen

☞ Hier steht *honderd* für eine große Menge, in der man sich nicht zurechtfindet.

In Frankrijk zijn de verkiezingen door de coronacrisis *in het honderd gelopen.*

Siehe auch **averechts uitpakken**.

honderduit

(2) honderduit praten (veel en enthousiast vertellen, steeds maar door praten) ▸ endlos reden

☞ Gemeint ist: Hundert Sachen und noch mehr.

Toen de buren uit Spanje terug waren, *hebben ze honderduit gepraat* over kerken en kastelen die ze allemaal bezocht hadden.

Siehe auch **een boom over iets opzetten, daar heb je hem weer, op zijn praatstoel zitten, lang van stof zijn**.

hondje (siehe auch hond und honden)

(3) van het hondje gebeten zijn (ingebeeld, trots zijn) ▸ die Nase hoch tragen

☞ Man denkt an den Biss eines tollwütigen Hundes.

Ik mag die man niet, omdat hij zo *van het hondje gebeten is.*

Siehe auch **een hoge dunk van zichzelf hebben, de grote Jan uithangen, naast zijn schoenen lopen**.

honk

(3) van honk zijn (weg van huis zijn) ▸ unterwegs zijn

☞ *Het honk* bedeutete früher *het huis*.

Als de buren van honk zijn, passen wij wel op hun huis.

hoofd

* zich het hoofd breken ▸ sich den Kopf *zer*brechen

* iemand *het hoofd* bieden ▸ jdm *die Stirn* bieten

* *het hoofd* boven water houden ▸ *sich* über Wasser halten

* iemand iets uit *het hoofd* praten ▸ jdm etwas ausreden

(1) iets uit het hoofd leren (het zo leren dat je het kunt herhalen zonder hulpmiddelen te gebruiken) ▸ etwas auswendig lernen

Niemand *leert* meer lange gedichten *uit het hoofd.*

(1) iets over het hoofd zien (iets niet zien) ▸ etwas übersehen

☞ Zuerst sagte man *iemand over het hoofd* zien, wenn man eine kleine Person einfach übersah.

Dat de zaak niet zo eenvoudig in elkaar zit, *dat hebben we over het hoofd gezien.*

(1) veel aan het/zijn hoofd hebben (veel zorgen hebben) ▸ viel Sorgen haben

Laat je vader nu maar met rust, *hij heeft veel aan zijn hoofd.*

Siehe auch **gebukt gaan onder zorgen**.

(1) wel wat anders aan zijn/het hoofd hebben (andere zorgen hebben) ▸ andere Sorgen haben, ganz andere Dinge im Kopf haben

Met jou op vakantie gaan? *Ik heb wel wat anders aan mijn hoofd!*

(1) iemand boven het hoofd hangen (iemand te wachten staan) ▸ jdm bevorstehen

De arbeiders van dit failliete bedrijf weten niet *wat hun boven het hoofd hangt.*

(2) met zijn hoofd in de wolken zijn (erg blij/gelukkig zijn) ▸ im 7. Himmel sein

Toen ons land de olympische spelen toegewezen werden, *was de hele bevolking met haar hoofd in de wolken.*

Siehe auch **met iets in zijn nopjes zijn, met iets in zijn sas zijn, met iets in zijn schik zijn**.

(2) een zwaar/hard hoofd in iets hebben (sterk aan het succes van een zaak twijfelen) ▸ schwarzsehen

☞ Diese Redewendung, deren Etymologie nicht ergründet ist, bedeutet also nicht *einen schweren Kopf haben.*

De oppositie heeft een hard hoofd in het herstelplan van de regering.

(2) iemand het hoofd op hol brengen (iemand enthousiast, opgewonden maken) ▸ jdn völlig aus dem Häuschen bringen

☞ Aus *hollen*, das Durchgehen eines Pferdes.

H

Zijn nieuwe vriendin *heeft mijn broer compleet het hoofd op hol gebracht.*

(2) het hoofd in de schoot leggen (ergens in berusten, alle verzet opgeven) ▸ sich fügen, resignieren

Voor mij hoeft die ruzie helemaal niet meer, *ik heb het hoofd in de schoot gelegd.*

Siehe auch **het bijltje erbij neerleggen, er de brui aan geven, iets over de haag gooien, de pijp aan Maarten geven, iets aan de wilgen hangen**.

(2) niet goed bij zijn/het hoofd zijn (gek zijn) ▸ nicht mehr alle Tassen im Schrank haben

Wat is dat nu voor een gek voorstel! *Je bent zeker niet goed bij je hoofd!*

Siehe auch **belatafeld, het is hem in zijn bol geslagen, van lotje getikt, een klap/slag/tik van de molen (gekregen) hebben, met molentjes lopen, ze niet allemaal op een rijtje hebben, niet goed snik zijn, niet goed bij zijn verstand zijn, ze zien vliegen, niet goed wijs zijn**.

hoog

(2) bij hoog en (bij) laag zweren (met de grootst mogelijke overtuiging verzekeren) ▸ schwören bei allem, was einem heilig ist

☞ Mit *hoog* ist der Himmel oder Gott und mit *laag* die Erde oder der Teufel gemeint.

De dief zwoer bij hoog en bij laag dat dit de eerste keer was, dat hij iets gestolen had.

(3) dat zit me hoog! (dat trek ik me heel erg aan) ▸ das macht mir große Sorgen!

☞ Gemeint ist: Das steht ganz oben auf meiner Sorgenliste.

Dat er bij dit faillissement niet aan de werknemers is gedacht, *dat zit me hoog!*

hoogte

* op de *hoogte* zijn ▸ auf dem *Laufenden* sein

Siehe auch **weten waar Abraham de mosterd haalt, het fijne van iets weten, er haring of kuit van willen hebben, van de hoed en de rand weten, willen weten hoe de kaarten worden geschud, het naadje van de kous, weten hoe het er aan toe gaat, weten hoe de vork in de steel zit**.

(1) iemand op de hoogte stellen/brengen/houden (iemand inlichtingen geven / iemand blijven informeren) ▸ jdn über etwas in Kenntnis setzen

Waarom heeft niemand me op de hoogte gebracht van de ernst van de situatie?

(3) geen hoogte van iets kunnen krijgen (iets maar niet kunnen begrijpen) ▸ aus etwas nicht klug werden

☞ *Hoogte* bezieht sich hier auf die Höhe des Pols, also auf den Winkel des Polarsterns (in der nördlichen Hemisphäre) mit dem Horizont, der es den Seefahrern ermöglichte, ihre Position zu bestimmen.

De plannen van de regering? *We kunnen er gewoon geen hoogte van krijgen.*

hoogtij

(2) hoogtij vieren (gezegd van iets dat heel populair is) ▸ eine Blüte erleben, Urständ feiern

☞ Wörtlich: *Hoge tijd*, ein Festtag. Man denke an *Hochzeit*.

Al enkele jaren *viert het populisme* in België *hoogtij*.

hoogvlieger

(2) geen hoogvlieger zijn (niet erg intelligent zijn) ▸ nicht das (Schieß) Pulver erfunden haben

☞ Früher bezog *hoogvlieger* sich auf eine Taube, die sehr hoch fliegen konnte.

Die jongen kan ik niet als assistent nemen: iedereen zegt me *dat hij geen hoogvlieger is*.

Siehe auch **een zwakke broeder, het buskruit niet uitgevonden hebben**.

hooi

(2) teveel hooi op zijn vork nemen (teveel willen doen) ▸ sich zu viel aufbürden | het hooi = das Heu, de vork = die Heugabel

Dat je met je dissertatie niet op tijd klaar bent, verbaast me niet, want *je hebt teveel hooi op je vork genomen.*

(3) te hooi en te gras (zonder systeem of regelmaat) ▸ von Zeit zu Zeit ☞ *Hooi* bedeutet hier *in de hooitijd* und *gras, in de grasmaand* (april), also nur zweimal im Jahr.

Interventies *te hooi en te gras* van de VN volstaan niet.

H

hoop

* tussen hoop en vrees *zweven*/leven ▸ zwischen Hoffen und Bangen leben

(3) op hoop van zegen (hopende dat het goed afloopt) ▸ auf gut Glück ☞ Nach dem Titel eines Theaterstücks von Herman Heijermans.

‚*Op hoop van zegen*' zei de kapitein toen de storm naderde.

Siehe auch **op de bonnefooi, op goed geluk af**.

hoor

(3) hoor en wederhoor (het luisteren naar beide partijen) ▸ die Anhörung beider Parteien

Na afloop van de procedure van *hoor en wederhoor* stelt de rekenkamer het definitieve verslag vast.

horen

(1) voor wat hoort wat! (als je iets krijgt, moet je ook iets terugdoen) ▸ eine Hand wäscht die andere!

☞ *Horen* bedeutet hier nicht ‚hören', sondern ‚nötig sein'.

Uitbetalingen aan de boeren moeten ook gebaseerd zijn op de actie van de landbouw inzake milieu, want *voor wat hoort wat!*

Siehe auch **de ene hand wast de andere**.

horten

(1) met horten en stoten (niet soepel; met de nodige problemen) ▸ ruckweise; mit allerhand Schwierigkeiten | horten = holpern

In de afgelopen eeuw is de werkweek *met horten en stoten* teruggebracht tot 38 uur.

hot

(1) van hot naar her/haar lopen (zomaar van de ene plaats naar de andere lopen) ▸ von Pontius nach Pilatus laufen

☞ Diese Redewendung bezieht sich auf die Kutschersprache: *Hot* = rechts, *haar/her* = links.

Nadat haar dochter door een dronken chauffeur doodgereden was, is de moeder *van hot naar haar gelopen*, om informatie over het ongeval te krijgen.

houden

(3) het erop houden dat ... (als vaststaand feit aannemen dat ...; ervan uitgaan dat ...) ▸ dabei bleiben, dass ...

☞ Wörtlich: Etwas festhalten.

Ik hou het erop dat mijn vader nu gewoon te oud is om nog te mogen rijden.

H

hout

(2) dat snijdt geen hout (dat is niet erg efficiënt) ▸ das ist nicht sehr wirksam

☞ Dies bezog sich ursprünglich auf eine Säge, die nicht mehr gut schneidet.

Zijn argumenten snijden geen hout en dus trekken we ons er niets van aan.

Siehe auch **dat slaat als een kut op dirk, dat slaat als een tang op een varken, dat slaat nergens op**.

(3) van dik hout zaagt men planken! (1. gezegd als men iemand een pak slaag geeft; 2. gezegd als iets ruw of met de botte bijl gedaan wordt; 3. gezegd als iemand die veel geld heeft ook veel geld uitgeeft) ▸ 1. sagt man, wenn man jdn vermöbelt; 2. es heißt jetzt nicht kleckern, sondern klotzen; 3. sagt man, wenn jd, der viel Geld hat, auch viel Geld ausgibt

☞ Gemeint ist ursprünglich, dass man nur aus einem dicken Baum Bretter schneiden kann, aber der Zusammenhang zwischen den drei Bedeutungen dieser Redewendung ist unklar.

1. Toen ik thuiskwam kreeg ik een flink pak slaag. ‚*Van dik hout zaagt men planken*', zei vader.

2. Toen er nog van die donderpreken waren, zei de priester vaak ‚*Van dik hout zaagt men planken*'.

3. Al het geld dat hij een jaar geleden verdiend had, heeft hij nu weer uitgegeven: *van dik hout zaagt men planken.*

Siehe auch (zu 1.) **iemand bont en blauw slaan, iemand op zijn broek geven, iemand ervanlangs geven, iemand op zijn flikker geven, iemand onder handen nemen, iemand alle hoeken van de kamer laten zien, iemand van jetje geven, iemand van katoen geven, iemand een opdoffer geven, iemand een opdonder geven, iemand rauw lusten, iemand een pak slaag geven, iemand naar de strot vliegen, iemand een dreun/een klap verkopen**.

H

(3) er geen hout van begrijpen/snappen (er niets van begrijpen) ▸ nicht die Bohne von etwas verstehen

☞ Warum es gerade *hout* (Holz) ist, ist nicht geklärt.

Na zijn urenlange speech *had ik er nog steeds geen hout van begrepen.*

Siehe auch **er geen bal van snappen, geen biet, ergens geen sikkepit van begrijpen, ergens geen snars van begrijpen, er tittel noch jota van begrijpen, er geen touw aan kunnen vastknopen**.

houtje

(1) iets op eigen houtje doen (iets op eigen gezag en initiatief doen) ▸ etwas auf eigene Faust tun

☞ *Het houtje* ist hier ‚das Kerbholz, ein längstgespaltener Stock, von dem jeder der beiden Geschäftspartner eine Hälfte bekam, in die Kerben als Merkzeichen für Bezahlungen usw. geschnitten wurden'. (Wahrig)

Ik heb die brief *op eigen houtje* naar de minister gestuurd, niemand heeft me ertoe aangezet.

(3) op een houtje (moeten) bijten (niets te eten hebben) ▸ nichts zu beißen haben

☞ Wenn ein Hund nichts zu fressen hat, muss er sich mit einem Stück Holz begnügen.

Nu ik al een tijdje werkloos ben en nog steeds geen uitkering gekregen heb, *moeten mijn vrouw en ik op een houtje bijten.*

(3) van het houtje zijn (katholiek zijn) ▸ katholisch sein

☞ Met *houtje* ist das Holzkreuz gemeint.

Mijn ouders waren *van het houtje* en dus kwam er op vrijdag nooit vlees maar vis op tafel.

huid

* een dikke *huid* hebben ▸ ein dickes *Fell* haben

* iemand op de/zijn *huid* zitten ▸ jdm auf der *Pelle* sitzen
Siehe auch **iemand op zijn nek zitten**.

huik

* de *huik* naar de wind hangen ▸ sein *Mäntelchen* nach dem Wind hängen | de huik = die Heuke
Siehe auch **met alle winden meewaaien**.

huilen

(2) 't is huilen met de pet op! (het is heel erg slecht) ▸ es ist unter aller Kanone, unter aller Sau!
☞ Die Etymologie ist nicht bekannt.
Op de beurs speculeren is een gevaarlijke onderneming: de ene dag stijgt ze geweldig, de volgende dag *is het huilen met de pet op.*

Siehe auch **dat krijg je van mij cadeau, iets over de hekel halen, de honden lusten er geen brood van, van/uit het jaar nul, niet kapot van iets zijn, het is knudde, ergens geen goed woord voor over hebben**.

huis (siehe auch huisje)

* huis noch *haard*, huis noch *kluis* hebben ▸ weder Haus noch *Hof* haben | de haard = der Herd; de kluis = die Klause

(2) dan/daarmee zijn we nog verder van huis! (dan/daarmee zitten we in nog grotere moeilijkheden) ▸ dann/damit kommen wir vom Regen in die Traufe
☞ Wörtlich: Dann/damit sind wir noch weiter weg vom sicheren Zuhause.
Als we het voorstel van de regering niet aanvaarden, *zijn we nog verder van huis!*

Siehe auch **in de aap gelogeerd zijn, beren op de weg zien, de bietenbrug opgaan, de bui zien hangen, er is een kink in de kabel, in de knel zitten, in de knoei zitten, in de knoop zitten, in het nauw komen/zitten, in de nesten zitten, in een lastig/moeilijk parket verkeren, iemand parten spelen, in de penarie zitten, in de piepzak zitten, in de puree zitten, in de put zitten, in de rats zitten, in het schip zitten, in de soep zitten, er is stront aan de knikker, er zijn voetangels en klemmen, het niet meer zien zitten**.

(2) heel wat in huis hebben (veel kwaliteiten bezitten) ▸ eine Menge auf dem Kasten haben

Die jongen kun je gerust als assistent nemen, *die heeft heel wat in huis.*

Siehe auch **van alle markten thuis zijn, heel wat in zijn mars hebben, van zessen klaar zijn**.

(3) ..., dan is het huis te klein! (..., dan wordt hij/zij verschrikkelijk boos) ▸ dann ist der Teufel los!

Toen de regering de belastingen met 5 % wou verhogen, *was voor de vakbonden het huis te klein.*

H

Siehe auch **de boot is aan, daar heb je het gedonder (in de glazen), dan is voor mij de gort klaar, het is hommeles, de kat vliegt in de gordijnen, nu is Leiden in last, daar heb je de poppen aan het dansen, de rapen zijn gaar, dan is de wereld te klein**.

(3) er is geen huis met hem te houden (er is niets met hem te beginnen, hij is onhandelbaar) ▸ mit ihm ist nichts anzufangen

☞ Gemeint ist: Man könnte keinen Haushalt mit ihm führen.

Die man kun je niet in dienst nemen: hij is altijd slecht gehumeurd en *er is geen huis met hem te houden.*

Siehe auch **er is geen land met hem te bezeilen**.

huishouden

(2) een huishouden van Jan Steen (een chaotisch, slordig huishouden) ▸ eine polnische Wirtschaft

☞ Dies bezieht sich auf verschiedene Gemälde von Jan Steen (17. Jh.), in denen alles wie Kraut und Rüben durcheinander liegt. *Het huishouden* = der Haushalt.

‚Het is hier *een huishouden van Jan Steen*', zei mijn vrouw. Het wordt tijd dat ik hier eens orde op zaken stel!

huisje (siehe auch **huis**)

(2) huisje, boompje, beestje (gezegd van een truttig burgerlijk bestaan) ▸ sagt man von einem kleinbürgerlichen Leben

☞ Gemeint ist: Ein Leben mit einem eigenen Haus, einem Garten und einem Haustier. Man beachte wieder die typische Verkleinerungsform!

Huisje, boompje, beestje, dat was zijn leven.

* een heilig *huisje* ▸ eine heilige *Kuh*

☞ Wörtlich: Eine kleine Kapelle.

hutje

(3) met hutje en mutje (met alles wat men bezit) ▸ mit Sack und Pack, mit Kind und Kegel | de hut = die Hütte; de mut = die Sau (veraltet)
Mijn broer is *met hutje en mutje* naar Canada vertrokken.

Siehe auch **bepakt en bezakt, met zijn hele hebben en houden, met pak en zak**.

I, IJ

I

ijs

(2) ijs en weder dienende (als het weer het toelaat) ▸ sofern das Wetter es zulässt
☞ *Weder* ist eine alte Form von *weer*, *dienende* bedeutet hier ‚günstig sein'.
IJs en weder dienende zal ik rond tien uur in Amsterdam zijn.

(2) niet over één nacht ijs gaan (eerst goed nadenken voordat men iets doet, geen risico's nemen) ▸ sich nicht auf dünnes Eis begeben
Ik zou niet te vlug willen beslissen, want ik ben niet iemand *die over één nacht ijs gaat.*

inbrengen

(1) iets tegen iets inbrengen; daar is niets tegen in te brengen (een bezwaar tegen iets opperen; daar is geen bezwaar tegen) ▸ etwas gegen etwas einwenden; dagegen ist nichts einzuwenden
Heeft iemand iets in te brengen tegen het voorstel van de voorzitter ?

Siehe auch **daar is niets op tegen**.

(3) niets in te brengen hebben (niets te zeggen hebben, geen invloed hebben) ▸ nichts zu melden, zu bestellen haben
Een tiener heeft niets in te brengen, als zijn voogd een beslissing heeft genomen.

Siehe auch **als bijwagen fungeren, er voor Jan Lul bij zitten, niets in de melk te brokkelen/brokken hebben, een nul in het cijfer zijn, er voor Piet Snot bij zitten, voor spek en bonen meedoen, er voor spek en bonen bij lopen**.

inbreuk

(2) inbreuk maken op iemands rechten, privacy enz. (iemands rechten, privacy enz. schenden) ▸ einen Eingriff in jds Rechte, Privatleben usw. machen | de inbreuk = der Verstoß

Heel wat van die apps die we downloaden, *maken inbreuk op onze privacy.*

inhaken

(3) ergens op inhaken (reageren op iets wat gezegd is en daar verder op doorgaan) ▸ etwas, das gesagt wurde aufgreifen, festhalten

☞ Entspricht also nicht genau dem deutschen *einhaken.*

Mag ik even *inhaken op wat de voorzitter net gezegd heeft?*

I

inkomen

(2) daar kan ik inkomen! (dat kan ik begrijpen!) ▸ das kann ich verstehen! das leuchtet mir ein!

☞ Gemeint ist: Sich in jds Gedankengang hineinversetzen können.

Dat je nooit meer voor iemand die je zo slecht behandeld heeft, wil werken, *daar kan ik inkomen.*

(3) daar komt niets van in! (dat zal zeker niet gebeuren!) ▸ das wird nicht passieren! das kommt gar nicht in Frage!

☞ *In* steht hier für ‚in einen bestimmten Raum'.

Dat wij het voorstel van de minister zullen aanvaarden, *daar komt niets van in!*

Siehe auch **loop naar de bliksem, je kan de boom in, iets op zijn buik kunnen schrijven, je kan het dak op, je kunt op je duim fluiten, ga toch fietsen, naar iets kunnen fluiten, je kan de pot op, dan kun je het wel schudden**.

inpeperen

(2) iemand iets inpeperen (1. iemand iets betaald zetten; 2. iemand iets inprenten) ▸ 1. jdm etwas heimzahlen; 2. jmd etwas einschärfen

☞ Man denkt bei 1. an die scharfe, irritierende Wirkung des Pfeffers. Denselben Gedanken findet man in ‚jdm Pfeffer in den Hintern blasen'. Die Etymologie von 2. ist nicht bekannt.

1. Dat Jan me heeft laten vallen, *dat zal ik hem inpeperen.*

2. *Ik heb mijn dochter ingepeperd* dat ze 's nachts niet alleen op stap mag gaan.

inpikken

(3) pik in, het is winter! (gezegd als men een voordeeltje heeft) ▸ das kann ich gut gebrauchen!

☞ *Inpikken* bedeutet hier ‚an sich bringen', ‚sich etwas unter den Nagel reißen'. Aus einem Reklameslogan von Chevron Motoröl aus den 70er Jahren.

Ik verdien mijn geld als influencer op het internet, *pik in, het is winter!*

Siehe auch **dat is mooi meegenomen, met zijn neus in de boter vallen, van pas komen, nooit weg zijn**.

inspelen

(2) op iets inspelen (actief op iets reageren) ▸ sich auf etwas einstellen

Een winkelier moet inspelen op de behoeften van zijn klanten.

J

inval

(3) het is daar altijd de zoete inval (men is daar altijd heel erg gastvrij) ▸ es ist ein gastfreundliches Haus | de inval = der unerwartete Besuch

☞ *De zoete inval* war manchmal der Name einer Herberge.

Je kan ons komen bezoeken wanneer je maar wil en er staat altijd een kopje koffie klaar: *het is bij ons de zoete inval*!

invloed

* onder invloed rijden ▸ unter *Alkohol*einfluss fahren

J

jaar (siehe auch jaren)

(2) van/uit het jaar nul (waardeloos) ▸ wertlos, Scheiße

De auteur van zo'n soort roman is voor mij *een schrijver uit het jaar nul.*

Siehe **auch dat krijg je van mij cadeau, iets over de hekel halen, de honden lusten er geen brood van, het is huilen met de pet op, niet kapot van iets zijn, het is knudde, ergens geen goed woord voor over hebben**.

Jan

(1) Jan Modaal (iemand met een modaal [= gemiddeld] inkomen) ▸ Otto Normalverbraucher

Met zo'n inkomen kan *Jan Modaal* in tijden van inflatie niet rondkomen.

(1) Jan en alleman (iedereen) ▸ Hinz und Kunz

Ik koop geen tweedehandsartikelen van *Jan en alleman*.

Siehe auch **alles en iedereen, Jan, Piet en Klaas**.

(1) Jan met de pet (de gewone man; de arbeider) ▸ der kleine Mann; der Arbeiter | de pet = die Mütze

Zelfs *Jan met de pet* stemt niet meer op de socialisten.

(2) de grote Jan uithangen (zich belangrijk voordoen) ▸ den großen Herren spielen | uithangen = (hier:) vorgeben zu sein

J

Je hebt geen geld, maar wel veel schulden en toch wil je *de grote Jan uithangen*.

Siehe auch **een hoge borst opzetten, veel kouwe drukte maken, van het hondje gebeten zijn, met spek schieten, hoog van de toren blazen, de onnozele, leuke ... jongen uithangen**.

(2) Jan, Piet en Klaas (iedereen) ▸ alle Welt

☞ Drei in den Niederlanden weit verbreitete Vornamen.

Vroeger woonden hier alleen ambtenaren, nu zie je er *Jan, Piet en Klaas*.

Siehe auch **alles en iedereen, Jan en alleman**.

(3) er voor Jan Lul bij zitten (siehe er voor Piet Snot bij zitten) | de lul = der Pimmel

(3) Jan Rap en zijn maat (het ordinaire volk, het gepeupel) ▸ Krethi und Plethi, das Gesindel, das Pack

☞ *Rap* ist wahrscheinlich eine Abkürzung von *rapaille* (Gesindel). Dies sagte man zuerst von Matrosen niederen Ranges, dann von der Räude.

De mensen die je in die buurt ontmoet, dat is *Jan Rap en zijn maat*.

Siehe auch **tuig van de richel**.

(3) zo komt Jan Splinter door de winter (zo moeten mensen met een laag inkomen zich weten te redden) ▸ so müssen es die Armen machen, um zu überleben

☞ Ein Armer hat nur einen Bruchteil (*de splinter* = der Splitter) des Einkommens eines Reichen und doch muss er es schaffen, damit durch den Winter zu kommen.

Steeds meer mensen moeten een beroep doen op voedselbanken. *Zo komt Jan Splinter door de winter.*

(3) boven Jan zijn (de moeilijkheden overwonnen hebben) ▸ über den Berg sein; aus dem Schneider sein
☞ Diese Redewendung bezog sich zuerst auf ein dem Schafskopf ähnliches Kartenspiel. Man war *boven Jan*, wenn man eine gewisse Anzahl Punkte hatte. Der Zusammenhang mit *Jan* ist jedoch nicht geklärt.

Nog een kleine inspanning en *we zijn boven Jan*!

janboerenfluitjes

J

(3) op zijn janboerenfluitjes (op een knullige manier, zonder orde of overleg) ▸ schlampig
☞ *De Boerenfluit* ist die Schalmei, eine Hirtenflöte. Man denkt also an etwas, das nicht sehr fein oder sehr wertvoll ist.

De auteur van deze thriller heeft de intrige *op zijn janboerenfluitjes* opgelost.

Siehe auch **iets met de Franse slag doen, zich met de Franse slag van iets afmaken**.

jantje-van-leiden

(3) zich ergens met een jantje-van-leiden van afmaken (zich ergens gemakkelijk, met een mooi praatje, een smoesje van afmaken) ▸ sich mit einer faulen Ausrede vor etwas drücken
☞ Dies bezog sich ursprünglich auf einen gewissen Jan van Leiden, der als ein Schönredner galt.

Ik aanvaard het niet dat *je je met een jantje-van-leiden van je verantwoordelijkheid afmaakt.*

Siehe auch **iemand met mooie praatjes afschepen, met apenmunt betalen, iemand het bos in sturen, iemand met een dooddoener afschepen, iemand met een kluitje in het riet sturen, iemand aan het lijntje houden, iemand blij maken met een dode mus**.

jaren (siehe auch jaar)

(3) een man op jaren (siehe een man op leeftijd)

(3) de jaren des onderscheids (de leeftijd waarop men volwassen wordt) ▸ die Jahre der Vernunft

☞ Gemeint ist: Wo man den Unterschied machen kann zwischen dem Richtigen und dem Falschen.

Mijn zoon heeft nu *de jaren des onderscheids* bereikt: ik hoef hem niet meer te zeggen wat mag en wat niet mag, dat weet hij nu zelf.

jarig

(3) wie dat doet, is nog niet jarig! (wie dat doet, zal er de gevolgen van ondervinden) ▸ wenn jd das tut, dann wird er es bereuen!

☞ Wörtlich: Dann hat der Betreffende noch nicht Geburtstag, mit dem Unterton: Und den wird er auch nicht mehr erleben!

Wie verhinderen wil dat ik mijn plan tot een goed einde breng, *die is nog niet jarig!*

J

je

(3) dat is jé van hét! (dat is het allerbeste, de crème de la crème) ▸ das ist das Allerbeste!

☞ Gemeint ist: Dat is je beste van het beste.

Een vioolconcerto gespeeld door Janine Janssen, *dat is jé van hét!*

Siehe auch **het neusje van de zalm**.

jetje

(3) iemand van jetje geven (siehe iemand een pak slaag geven)

☞ Die Etymologie ist nicht bekannt.

jij

(2) en nu jij weer! (vind je dat niet ongelofelijk?) ▸ was sagst du dazu?

☞ Gemeint ist: Und jetzt bist du wieder dran, etwas Schockierendes zu erzählen!

Tijdens de coronacrisis heeft de regering niets gedaan om de oude mensen in de bejaardentehuizen te redden. *En nu jij weer!*

joker

(3) iemand voor joker zetten (siehe iemand voor de gek houden)

☞ In vielen Kartenspielen ist der Joker eine wichtige Karte. Hier ist jedoch der darauf abgebildete Narr gemeint.

(3) voor joker staan (siehe voor gek staan)

jong

(2) je bent jong en je wilt wat! (wanneer je jong bent, wil je wat ondernemen, wat uitproberen) ▸ die Jugend muss sich austoben

Laat je zoon toch begaan! *Je bent jong en je wilt wat!*

jongens

(3) jongens van de gestampte pot (doodgewone jongens zonder kapsones) ▸ kreuzfidele Burschen

☞ *De gestampte pot* ist der *stamppot*, der Eintopf. Es handelt sich also um einfache Leute, die einfache Gerichte essen. *Kapsones* = Großtuerei.

Wij zijn jongens van de gestampte pot en moeten niets hebben van stadsvermaak.

Joost

(2) Joost mag het weten! dat mag Joost weten! (dat weet niemand!) ▸ weiß der Kuckuck!

☞ Joost ist einer der zahlreichen Namen des Teufels.

Of we hem nog ooit terugzien? *Joost mag het weten!*

K

kaak

(1) iets aan de kaak stellen (iets hevig bekritiseren) ▸ etwas anprangern, an den Pranger stellen | de kaak = (hier:) der Pranger

We moeten het racisme en de schendingen van de mensenrechten *aan de kaak* blijven stellen.

Siehe auch **met iets de vloer aanvegen**.

kaart

* open *kaart* spelen ▸ *mit* offenen *Karten* spielen

Siehe auch **opening van zaken geven**.

* (niet) in je *kaart* laten kijken ▸ sich (nicht) in die *Karten* schauen lassen

Siehe auch **niet in zijn keuken laten** kijken.

(2) iets op de kaart zetten (iets overal bekend maken) ▸ etwas überall bekannt machen

☞ *De kaart* ist hier die Landkarte.

Deze ontdekking heeft onze universiteit *op de kaart gezet.*

Siehe auch **iets van de daken schreeuwen, met iets te koop lopen**.

(2) iemand in de kaart spelen (iets doen dat voor hem gunstig is) ▸ für jdn gerade richtig kommen

☞ Gemeint ist: Während eines Kartenspiels im Sinne des Gegners spielen.

Als we nu allemaal bang worden om normaal te leven, zal dat *de terroristen in de kaart spelen.*

(2) dat is geen haalbare kaart (dat maakt geen kans op succes) ▸ das ist eine aussichtslose Sache | haalbaar = machbar

☞ Gemeint ist: Mit dieser Karte kann man nicht gewinnen.

K

De regering alsnog overtuigen het wetsvoorstel te laten vallen, *dat is geen haalbare kaart.*

Siehe auch **dat zet geen zoden aan de dijk**.

(3) dat is (een) doorgestoken kaart (het is een vooraf afgesproken, bekonkelde zaak) ▸ das ist eine abgekartete Sache

☞ Man denkt hier an gezinkte Karten, die mit einem Merkmal (manchmal ein kleines Loch, daher *doorgestoken*) versehen waren.

De verkiezing van de nieuwe voorzitter, *dat was een doorgestoken kaart.*

Siehe auch **dat is opgelegd pandoer**.

(3) (helemaal) van de kaart zijn/raken (in de war zijn) ▸ durcheinander sein, aus dem Konzept sein

☞ Man denkt an eine Situation, in der man keine guten Karten mehr hat.

Na dit vreemde incident *was de spreker helemaal van de kaart.*

Siehe auch **van zijn apropos raken, in de bonen zijn, met zijn handen in het haar zitten, niet weten hoe men het heeft, de kluts kwijt zijn, van de kook raken, aan het eind van zijn Latijn zijn, uit het lood geslagen, overstuur zijn, ten einde raad, van slag raken, het spoor bijster zijn, van streek zijn, van zijn stuk raken**.

kaarten

(2) de kaarten liggen nu anders (de situatie is veranderd) ▸ das Blatt hat sich gewendet
Ik weet dat ik van mening veranderd ben, maar *de kaarten liggen nu anders.*

Siehe auch **de bakens verzetten, de bordjes zijn verhangen, de hekken zijn verhangen, het tij is gekeerd**.

(3) willen weten hoe de kaarten worden geschud (willen weten wat er precies gebeurt) ▸ wissen wollen, was gespielt wird | de kaarten schudden = die Karten mischen
Ik laat me niet van alles en nog wat wijsmaken! Ik wil nu weten *hoe de kaarten geschud worden.*

Siehe auch **weten waar Abraham de mosterd haalt, het fijne van iets weten, er haring of kuit van willen hebben, van de hoed en de rand weten, erg goed op de hoogte zijn, het naadje van de kous weten, weten hoe het er aan toe gaat, weten hoe de vork in de steel zit**.

K

kaas

* zich de *kaas* niet van het brood laten *eten* ▸ sich nicht die *Wurst* vom Brot *nehmen* lassen
☞ Was dem Deutschen die Wurst ist, ist dem Niederländer der Käse.

(1) ergens geen kaas van hebben gegeten (ergens geen verstand van hebben) ▸ von etwas nicht das Geringste verstehen
☞ Wer in Holland, dem Käseland par excellence, keinen Käse (von etwas) gegessen hat, kann nicht sehr viel wissen.
Jan weet alles af van literatuur, maar *van muziek heeft hij geen kaas gegeten.*

Siehe auch **ergens geen pap van gegeten hebben**.

kachel

(3) de kachel met iemand iets aanmaken (flink met iemand/iets spotten) ▸ jdn auf den Arm nemen
☞ Gemeint ist: Jdn als Brennholz oder Zeitungspapier behandeln, also nicht ernst nehmen.
De pers heeft de kachel aangemaakt met de jongste roman van die beroemde schrijver.

Siehe auch **iemand voor aap zetten, met iemand de draak steken, iemand voor de gek houden, iemand in zijn hemd zetten, iemand voor joker zetten, iemand te kijk zetten, iemand voor het lapje houden, een loopje met iemand nemen, iemand voor lul zetten, iemand in de maling nemen, iemand een oor aannaaien, iemand in het ootje nemen, iemand voor schut zetten**.

kaf

* het kaf van het koren *scheiden* ▸ die Spreu vom Weizen *trennen*
Siehe auch **de bokken van de schapen scheiden**.

kalveren

(3) als de kalveren op het ijs dansen (nooit) ▸ nie, am Sankt-Nimmerleins-Tag
Je geld kun je vergeten, dat krijg je pas terug *als de kalveren op het ijs dansen.*

K

Siehe auch **tot je een ons weegt, als Pasen en Pinksteren op één dag vallen, met sint-juttemis**.

kam

(1) alles/iedereen over één kam scheren (ten onrechte generaliseren) ▸ alles/alle in einen Topf werfen | de kam = (hier:) der Weberkamm
Het is onrechtvaardig iedereen *over één kam te scheren.*

kan (siehe auch **kannen**)

(1) het onderste uit de kan willen hebben (alles willen hebben) ▸ alles (auch den letzten Tropfen haben wollen
☞ Aus dem Sprichwort: *Wie het onderste uit de kan wil hebben, krijgt het deksel op de neus.*
Volkswagen wilde niet zoveel betalen, maar de advocaten van de bedrogen klanten zullen *het onderste uit de kan willen hebben.*

kanjer

(1) een kanjer van een fout/een vis/een meid ... (een grove fout, een enorme vis, een flinke meid ...) ▸ ein grober Fehler, ein Riesenfisch, eine tolle Braut ... | de kanjer = (hier:) etwas Riesiges
Al op de eerste bladzijde van dit boek heb ik *een kanjer van een fout* gevonden.

Siehe auch **koeien van fouten**.

kannen (siehe auch kan)

(2) in kannen en kruiken zijn (in orde, goed geregeld zijn) ▸ unter Dach und Fach sein

☞ Ursprünglich handelte es sich hier um Wein, der in Kannen und Krügen abgefüllt wurde.

Ik ben er nu zeker van dat alles *in kannen en kruiken is.*

Siehe auch **het is gepiept**.

kanon

* met een kanon op een *mug* schieten ▸ mit einer Kanone auf *Spatzen* schießen | de mug = die Mücke

kans

(3) de kans is voorgoed verkeken (de kans is voorgoed voorbij) ▸ die Chance ist verspielt | verkijken = ungenutzt vorbeigehen lassen

Jongens, we zijn gewoon te laat, de kans is voorgoed *verkeken*!

Siehe auch **de boot missen, voor open doel missen, achter de feiten aan lopen, de hond in de pot vinden, achter het net vissen, het tij laten verlopen**.

(3) zijn kans schoon zien (een goede mogelijkheid zien en die gebruiken) ▸ seine Chance ausnutzen

☞ Wörtlich: Sehen, dass die Chance gut ist.

Mijn tegenstander *heeft zijn kans schoon gezien* om promotie te maken.

kant

(2) iemand/zich van kant maken (iemand doden/zelfmoord plegen) ▸ jdn umbringen / Selbstmord begehen | de kant = (hier:) der Wegrand

Zijn vrouw had tegen hem gezegd: ‚Als je me verlaat, *maak ik me van kant*!'

Siehe auch **iemand om zeep brengen/helpen**.

(2) dat klopt van geen kant! (dat klopt helemaal niet!) ▸ das stimmt vorn und hinten nicht!

☞ Wörtlich: Von keiner Seite.

Dat Jan zijn werk niet behoorlijk zou doen, *dat klopt van geen kant.*

Siehe auch die folgende Redewendung.

K

(2) dat raakt kant noch wal! (dat is onzin!) ▸ das stimmt vorn und hinten nicht!
☞ *Kant* und *wal* haben hier die gleiche Bedeutung: Ufer.
De verklaring van de regering *raakt kant noch wal!*

Siehe auch **dat klopt van geen kant, dat heeft kop noch staart, kut met peren, larie en apekool**.

(3) iets niet over zijn kant laten gaan (iets niet accepteren) ▸ etwas nicht hinnehmen
☞ Gemeint ist: *Iets niet over zijn zijkanten laten glijden*, etwas nicht an sich herunterlaufen lassen.
Deze belediging *zal ik niet over zijn kant laten gaan.*

Siehe auch **ja, dag, dat doet de deur dicht, iets niet kunnen hebben, iets niet nemen, iets niet pikken, het er niet bij laten zitten**.

K

kanten (Substantiv, siehe auch kantje)

(1) daarmee kun je alle kanten op/uit (dat laat meerdere mogelijkheden open) ▸ damit sind alle Möglichkeiten offen
☞ Gemeint ist: Damit kann man jeden Weg einschlagen.
Met zo'n nietszeggende verklaring *kun je alle kanten op.*

(3) dat klopt van geen kanten (siehe dat klopt van geen kant)

kanten (Verb)

(1) zich tegen iets kanten (zich tegen iets verzetten) ▸ sich gegen etwas sträuben, sich einer Sache widersetzen
We kanten ons tegen alle pogingen van de regering om onze vrijheid te beknotten.

Siehe auch **tegen iets gekant zijn, tegen iets in het geweer komen**.

kantje

(2) het was kantje boord! dat was op/bij het kantje (af)! (dat is nog net gelukt!) ▸ das ist gerade noch mal gut gegangen!
☞ Gemeint ist der äußere Rand, über den man hätte fallen können.
De president is dan wel herkozen, maar *het was kantje boord!*

Siehe auch **een dubbeltje op zijn kant, het scheelde maar een haartje, op het nippertje, door het oog van de naald gekropen, dat was op het randje, met de hakken over de sloot**.

kantjes

(3) er de kantjes (van) aflopen (zich te gemakkelijk van een zaak afmaken) ▸ sich drücken

☞ Gemeint ist: *aan de kant blijven staan, niet willen werken.*

Als minister *loopt hij er* ongegeneerd *de kantjes af.*

Siehe auch **zijn snor drukken**.

kapers

(3) er zijn kapers op de kust (er zijn meer mensen die hetzelfde willen en je vóór willen zijn) ▸ die Konkurrenz ist nicht weit

Aarzel niet te lang om die betrekking te aanvaarden, *er zijn kapers op de kust.*

Siehe auch **iemand de baas zijn, iemand het gras voor de voeten wegmaaien, iemand de loef afsteken, iemand vliegen afvangen, iemand te vlug af zijn**.

K

kapot

(1) kapot van iets zijn (ontzet, verslagen, diep onder de indruk zijn) ▸ wie erschlagen von etwas sein

Toen ik van dat verschrikkelijke ongeval hoorde, *was ik er kapot van.*

Siehe auch **ondersteboven van iets zijn**.

(1) niet kapot zijn van iets (iets niet geweldig vinden) ▸ nicht gerade begeistert von etwas sein

Iedereen zegt dat die roman een meesterwerk is, maar *ik ben er niet kapot van.*

Siehe auch **dat krijg je van mij cadeau, iets over de hekel halen, de honden lusten er geen brood van, het is huilen met de pet op, van/uit het jaar nul, het is knudde, ergens geen goed woord voor over hebben**.

kar

(1) de kar trekken (het zware werk doen) ▸ die schwerste Arbeit leisten

☞ Gemeint ist: Wie ein Pferd oder ein Ochse die Karre ziehen.

Ik moet de kar trekken en jullie maar toekijken!

kast

(1) een kast van een huis (een heel groot huis) ▸ eine riesiger Kasten
☞ *Kast* bedeutet hier nicht Schrank, sondern ein großes Gebäude.
Mijn broer heeft zoveel geld met zijn restaurant verdiend, dat hij nu in *een kast van een huis* kan wonen.

Siehe auch **een dijk van een huis**.

(2) uit de kast komen (voor zijn seksuele geaardheid uitkomen) ▸ sich outen
☞ Wahrscheinlich eine Übersetzung des englischen *to come out of the closet.*
De laatste jaren zijn heel wat voetballers *uit de kast gekomen.*

(2) iemand op de kast jagen/krijgen (iemand voor je plezier boos maken, prikkelen, tergen) ▸ jdn in Harnisch bringen
☞ Gemeint ist, dass man jdn so ärgert, dass er auf einen Schrank springt.
Met die domme opmerking *heeft hij me op de kast gejaagd.*

Siehe auch **iemand op stang jagen**.

K

kastje

(1) iemand van het kastje naar de muur sturen (iemand van de een naar de ander sturen, zonder dat hij iets verder komt) ▸ jdn von Pontius zu Pilatus schicken
Op de administratie wilde niemand me inlichten. Integendeel, *ze hebben me van het kastje naar de muur gestuurd.*

Siehe auch **iemand van Pontius naar Pilatus sturen**.

kat (siehe auch katten)

* als de kat om de hete brij *draaien* ▸ wie die Katze um den heißen Brei *herumgehen*

* de kat de bel *aanbinden* ▸ der Katze die Schelle *umhängen*

(1) de kat uit de boom kijken (een afwachtende houding aannemen) ▸ erst einmal abwarten, wie der Hase läuft
☞ Die Etymologie ist nicht bekannt.
Ik neem nu nog geen beslissing, want ik wil eerst eens *de kat uit de boom kijken.*

(2) de kat in het donker knijpen (schijnheilig zijn, iets stiekem doen) ▸ heimtückisch/hinterlistig sein; es im Verborgenen treiben

☞ *De kat* ist hier wahrscheinlich *Katrien*, stellvertretend für jede Frau.

Hij doet zich voor als en moraalapostel, maar *hij knijpt de kat in het donker.*

(2) maak dat de kat (maar) wijs! (daar geloof ik niets van!) ▸ erzähl das deiner Großmutter!

Je hebt ufo's gezien? *Maak dat de kat wijs!*

Siehe auch **ik geloof het wel, dat dank je de koekoek, zo lust ik er nog wel eentje, je kunt me nog meer vertellen**.

(3) de kat op het spek binden (iemand in verleiding brengen) ▸ den Bock zum Gärtner machen

☞ Diese Redewendung ist aus der Verschmelzung von zwei Redewendungen entstanden: *Men moet de kat niet bij het spek zetten* und *als men de kat op het spek bindt, wil hij er niet van vreten.* Wir sehen hier, dass *kat* im Niederländischen männlich ist, auch wenn es kein Kater ist.

Als je je vrouw met je vriend op vakantie laat gaan, dan is dat *de kat op het spek binden.*

(3) kat in't bakkie! (een eenvoudig karweitje) ▸ ein Kinderspiel!

☞ In der Gaunersprache bedeutet *kat* (malaisch *gadji*, aus *gage*) Lohn oder Beute.

De match tegen zo'n middelmatige tennisser, dat was *kat in't bakkie*, dacht ik.

Siehe auch **van een leien dakje gaan/lopen, dat is een eitje, een fluitje van een cent, er zijn hand niet voor omdraaien, een kind kan de was doen, dat is gesneden koek, een koud kunstje**.

(3) iemand een kat geven (iemand afsnauwen) ▸ jdm eins auf den Deckel geben

☞ Aus *iemand afkatten*, anschnauzen.

Als de directeur me ziet, *zal hij me zeker een kat geven*, want ik was alweer te laat.

Siehe auch **iemand ervanlangs geven, iemand onder handen nemen, iemand de volle laag geven, iemand de les lezen, iemand de pin op de neus zetten, iemand op zijn nummer zetten, iemand de oren wassen, iemand op zijn plaats zetten, iemand zijn vet geven, iemand op de vingers tikken, iemand de wacht aanzeggen, dan zwaait er wat**.

K

(3) zich voelen als een kat in een vreemd pakhuis (zich ergens helemaal niet thuis voelen) ▸ sich irgendwo nicht auskennen; dastehen wie der Ochs vorm Berg | het pakhuis = das Lagerhaus

In Amsterdam *voel ik mij als een kat in een vreemd pakhuis.*

(3) hij weet er zoveel van als de kat van saffraan! (hij weet er absoluut niets van!) ▸ er hat absolut keine Ahnung

☞ Dieser eigenartige Vergleich ist noch nicht erklärt worden.

Muziek? Jan *weet er zoveel van als de kat van saffraan!*

Siehe auch **ergens geen kaas van gegeten hebben, als een koe van saffraan, ergens geen pap van gegeten hebben**.

(3) met de kat naar bed gaan (alleen naar bed gaan) ▸ allein schlafen gehen

Vanavond zal mijn vriendin waarschijnlijk niet komen; dan moet ik *maar met de kat naar bed gaan.*

K

(3) de kat zit/vliegt in de gordijnen! (er is, er ontstaat herrie) ▸ jetzt ist der Teufel los!

☞ Eine Katze, die sich verfolgt fühlt, springt im Freien auf einen Baum und im Haus in die Gardinen.

Ons voorstel is voor de zoveelste keer afgewezen en *nu zit de kat in de gordijnen!*

Siehe auch **de boot is aan, daar heb je het gedonder (in de glazen), dan is voor mij de gort klaar, het is hommeles, dan is het huis te klein, nu is Leiden in last, daar heb je de poppen aan het dansen, de rapen zijn gaar, dan is de wereld te klein**.

(3) dat weet de kat! (dat weet iedereen) ▸ das weiß doch jeder!

Dat deze minister corrupt is, *dat weet de kat!*

(3) een kat in het nauw maakt rare sprongen (wie in nood zit, doet soms onverwachte dingen) ▸ wer in Bedrängnis ist, ist unberechenbar | in het nauw zijn = in Bedrängnis sein; raar = seltsam

Pas op met een oorlog tegen deze dictator, want *een kat in het nauw maakt rare sprongen.*

katje, katjes (siehe auch katten)

(2) het is geen katje om zonder handschoenen aan te pakken (het is een meisje dat zich niet alles laat welgevallen) ▸ sie ist eine Henne mit Sporen

Mijn vrouw is *geen katje om zonder handschoenen aan te pakken.*

Siehe auch **van zich afbijten, niet op zijn mondje gevallen zijn, zijn tanden laten zien**.

(3) katjes die muizen, mauwen niet (siehe katten die muizen, mauwen niet)

katoen

(3) iemand van katoen geven (siehe iemand een pak slaag geven)
☞ Mit *katoen* ist *lampenkatoen* gemeint, ein langer Docht, mit dem man jdn schlagen konnte.

(3) 'm van katoen geven (zich heel erg inspannen) ▸ sich scharf ins Zeug legen
☞ Auch hier handelt es sich um den Baumwolldocht einer Petroleumlampe. Wenn man ihn höher dreht, wird das Licht heller.

‚*Geef 'm van katoen*', riep de trainer.
Siehe auch **de beuk erin, vooruit met de geit, zet 'm op**.

K

katten

(3) katten die muizen, mauwen niet (als je eet, kun je niet praten) ▸ mit vollem Munde spricht man nicht | muizen = mausen, auf Mäusejagd gehen; mauwen = miauen
Als ik onder het eten iets wilde vertellen, zei moeder altijd: *Katten die muizen, mauwen niet.*

kattendrek (siehe kattenpis)

kattenkwaad

(3) kattenkwaad uithalen (kwajongensstreken uithalen) ▸ Dummejungenstreiche aushecken | uithalen = anstellen
☞ Man denkt hier an Katzen, die einem oft einen Streich spielen.
Wind je niet op! Alle tieners *halen al eens kattenkwaad uit*.

kattenpis/kattendrek

* dat is (*lang*) geen *kattenpis*/kattendrek! ▸ das ist kein Katzendreck!
Siehe auch **dat is niet voor de poes**.

keel

* dat hangt me de *keel* uit! ▸ das hängt mir zum *Halse* heraus!

Siehe auch **zijn bekomst van iets hebben, er zijn/de buik van vol hebben, dat komt me de strot uit, ergens tabak van hebben, dat/het zit me tot hier**.

(3) je hoeft niet zo'n keel op te zetten! (je hoeft niet zo te schreeuwen!) ▸ du brauchst nicht so laut zu brüllen!
☞ *Opzetten* steht hier für *openzetten*. Gemeint ist den Mund öffnen, um zu schreien.

Je hoeft niet zo'n keel op te zetten, ik ben niet doof!

keelgat

(2) dat is me in het verkeerde keel*gat geschoten* ▸ das ist mir in die falsche Kehle *geraten*

Siehe auch **bij iemand niet in goede aarde vallen**.

keer

K

(1) keer op keer (telkens weer) ▸ jedes Mal, immer wieder

Keer op keer komt hij te laat. Nu heb ik er genoeg van en ik zal hem dus ontslaan.

Siehe auch **om de haverklap, strijk-en-zet**.

Kees

(1) ... en klaar is Kees! (... en alles is klaar, in orde) ▸ ... und fertig ist der Lack!
☞ In den Niederlanden ist Kees ein häufig vorkommender Vorname. Der gleiche Anlaut hat natürlich auch eine Rolle gespielt bei der Wahl des Vornamens.

Gewoon het formulier invullen en verzenden *en klaar is Kees!*

Siehe auch **het is zo bekeken**.

keet

(3) keet schoppen (voor de grap zeer luidruchtig doen, herrie maken) ▸ Krach machen, randalieren
☞ *De keet* ist eine kleine Bude, in der Landarbeiter hausten. Dort ging es oft unordentlich zu und es gab manchmal auch Krach.

Moet je nu altijd *keet schoppen*, terwijl ik alleen rustig wil studeren!

kei

(2) een kei in iets zijn (ergens heel goed in iets zijn) ▸ ein As in etwas zijn

☞ Vielleicht entstanden aus *zwerfkei* (Findling). Man denkt an etwas Großes.

Van muziek weet hij niet veel, maar *in wiskunde is hij een kei.*

(3) hij zou een kei het vel afstropen (hij is heel erg gierig) ▸ er ist ein schrecklicher Geizhals
☞ Wörtlich: Er würde einem Stein das Fell abziehen.

Die man is zo gierig *dat hij een kei het vel zou afstropen.*

Siehe auch **een dubbeltje driemaal omkeren, op de dubbeltjes letten/passen, de hand op de knip houden, op de kleintjes letten**.

keien

* iemand op de *keien* zetten ▸ jdn auf die Straße setzen | keien = straatstenen

kennen

(2) laat je niet kennen! (geef niet op! ga vooral door!) ▸ nur nicht schlappmachen!
☞ Gemeint ist: Laat je niet kennen als een slappeling!

Laat je niet kennen! Je moet nu vooral doorzetten!

(3) ons kent ons! (een besloten clubje waar mensen zaken onderling regelen) ▸ wir kennen uns ja!
☞ Gemeint ist: *We kennen elkaar!*

In een *ons-kent-ons* sfeer werd de deal gesloten, zonder dat het parlement er iets vanaf wist.

keper

(2) op de keper beschouwd (als je het nauwkeurig onderzoekt) ▸ genau betrachtet
☞ *De keper* ist der Köper, die diagonale Streifung in einem Gewebe.

Op de keper beschouwd heb je misschien toch gelijk!

kerfstok

* heel wat op zijn kerf*stok* hebben ▸ jede Menge auf dem Kerb*holz* haben

kerk

* de kerk in *het midden* laten ▸ die Kirche im *Dorf* lassen

K

(3) je bent zeker in de kerk geboren! (je laat altijd de deur openstaan!) ▸ habt ihr zu Hause Säcke an den Türen?
☞ Kirchentüren waren oft offen.
Doe eens in godsnaam de deur dicht of *ben je in een kerk geboren*?

(3) in kerk noch kluis komen (nooit naar de kerk gaan) ▸ weder Glauben noch Moral besitzen | de kluis = die Klause
☞ Die beiden Substantive werden durch die Alliteration miteinander verbunden.
Gelovig is mijn broer allang niet meer, hij is al jaren *in kerk noch kluis gekomen*.

kermis

(2) van een koude kermis thuiskomen (teleurgesteld worden; slecht ontvangen zijn) ▸ schwer von etwas enttäuscht sein; irgendwo schlecht empfangen worden sein
☞ *Koud* bedeutet hier, dass es kein warmes Essen gegeben hat.
Ik dacht dat ik in dat boek heel wat informatie zou vinden, maar *ik ben van een koude kermis thuisgekomen*.

Siehe auch **op de koffie komen**.

kers

(2) als kers op de taart (iets extra's, de kroon op het werk) ▸ das Sahnehäubchen | de kers = die Kirsche
Ik ben gisteren vastbenoemd en *als kers op de taart* heb ik ook nog een loonsverhoging gekregen.

keuken

(3) niet in zijn keuken laten kijken (zijn bedoelingen niet openbaar maken) ▸ sich nicht in die Karten gucken lassen
☞ Die Hausfrau oder der Koch lässt niemanden gern in die Küche, um zu sehen, wie das Essen zubereitet wird.
De nieuwe minister heeft zich, wat de begroting betreft, nog *niet in de keuken laten kijken*.

Siehe auch **niet in zijn kaart laten kijken**.

Keulen

* je kunt er wel met je gat op naar *Keulen* rijden! ▸ das Messer ist so stumpf, dass man mit dem *blanken* Hintern darauf nach *Bamberg* reisen könnte

(3) (staan te) kijken (als)of men het in Keulen hoorde donderen (stomverbaasd zijn) ▸ wie vom Schlag getroffen sein
☞ Zuerst bedeutete diese Redewendung etwas gleichgültig gegenüberstehen, denn, wenn es in Köln donnerte, hatte das ja keinen Einfluss auf das Wetter in Holland.
Toen ik hem zei dat zijn vrouw weg wilde, *keek hij alsof hij het in Keulen hoorde donderen.*

Siehe auch **daar zakt me de broek van af, daar word ik niet goed van, daar krijg ik een punthoofd van, daar kan ik niet over uit**.

kielzog

* in iemands kiel*zog* varen ▸ in jds Kiel*wasser* segeln

kiem

* iets in de kiem *smoren* ▸ etwas im Keim *ersticken*
Siehe auch **iets de kop indrukken**.

K

kiezen (Substantiv, siehe auch Verb)

(2) iets achter de kiezen hebben (net gegeten hebben) ▸ gerade mit dem Essen fertig sein | de kies = der Backenzahn
Nee, ik kan nu niets meer eten, ik heb al een geweldig Engels ontbijt *achter de kiezen.*

(2) iets voor zijn kiezen krijgen (iets te verwerken krijgen) ▸ etwas durchstehen müssen
Voor we ons doel bereikt zullen hebben, *krijgen we nog heel wat werk voor onze kiezen.*

Siehe auch **nog heel wat voor de boeg hebben, iets op zijn bord krijgen, er is veel werk aan de winkel**.

kiezen (Verb, siehe auch Substantiv)

(2) het is kiezen of delen! (nu moet je een keus doen!) ▸ jetzt musst du dich entscheiden!
☞ Wenn zwei gleichberechtigte Personen sich eine Nachlassenschaft teilen sollen, wählt der eine (meistens der Ältere) zwei ungefähr gleiche Anteile und der andere darf sich eins aussuchen.
Voor de Europese industrie *is het nu kiezen of delen*: de VS of China.

kijf

(1) buiten kijf staan (niet aan twijfel onderhevig zijn) ▸ außer Zweifel stehen

☞ *De kijf* war ursprünglich eine strittige Sache. *Buiten kijf* bedeutet also wörtlich: Was kein Gegenstand eines Streites ist. *Kijven* = streiten.

We zullen in de toekomst allemaal langer moeten werken, *dat staat buiten kijf.*

kijk (siehe auch **kijkje**)

(2) te kijk staan/iemand te kijk zetten (in het openbaar belachelijk gemaakt worden / iemand in het openbaar belachelijk maken) ▸ bis auf die Knochen blamiert sein / jdn bloßstellen, an den Pranger stellen

Ik vind het niet leuk dat mijn vrienden *te kijk staan.*

Siehe auch **voor aap staan, voor gek staan, voor lul staan, voor paal staan, voor schut staan; iemand voor aap zetten, met iemand de draak steken, iemand voor de gek houden, iemand op de hak nemen, iemand in zijn hemd zetten, iemand voor joker zetten, iemand een kool stoven, iemand een kunstje flikken, iemand voor het lapje houden, iemand een loer draaien, een loopje met iemand nemen, iemand voor lul zetten, iemand in de maling nemen, iemand een oor aannaaien, iemand in het ootje nemen, iemand een poets bakken, iemand voor schut zetten.**

K

kijken

(3) daar komt nog veel bij kijken! (dat is nog niet zo eenvoudig!) ▸ das geht nicht von allein, dazu gehört eine ganze Menge!

☞ Die Etymologie ist nicht geklärt.

Met dat plan zijn we nog lang niet klaar, *daar komt nog veel bij kijken!*

kijkje (siehe auch **kijk**)

(1) ergens een kijkje nemen (een plaats kort, vluchtig bezoeken) ▸ vorbeischauen, sich mal irgendwo umsehen

☞ Wieder die typische Verkleinerungsform!

Er zijn nog een aantal problemen en de directeur wil eens *een kijkje komen nemen.*

kik

(2) geen kik geven (heel erg stil zijn) ▸ keinen Mucks von sich geben

☞ *De kik* ist das Schnalzen der Zunge. Gemeint ist ein kleines, schwaches Geräusch.

Jan had vreselijke tandpijn, maar *gaf geen kik.*

Siehe auch **geen vin verroeren**.

kind

* kind noch *kraai* hebben ▸ Kind noch *Kegel* haben

☞ *De kraai* hat nichts mit einer Krähe zu tun, sondern mit dem veralteten *craet* (der Hahn). Diese Redewendung bedeutet also: Weder Kinder noch Haustiere haben. Das deutsche *Kegel* in ‚mit Kind und Kegel' bedeutet ‚uneheliches Kind'.

(2) een kind kan de was doen! (dat is heel gemakkelijk!) ▸ das ist kinderleicht!

Dat toestel bedienen is heel gemakkelijk, *een kind kan de was doen.*

Siehe auch **van een leien dakje gaan/lopen, dat is een eitje, een fluitje van een cent zijn, er zijn hand niet voor omdraaien, kat in't bakkie, dat is gesneden koek, dat is een koud kunstje**.

K

(2) ergens kind aan huis zijn (ergens vaak komen en er zich op zijn gemak voelen) ▸ irgendwo ein gern gesehener Gast sein und sich dort wohl fühlen

☞ Gemeint ist: Wie ein Kind, das man aufgenommen hat.

Ik ken die mensen al heel lang en ik ben er altijd *kind aan huis* geweest.

Siehe auch **bij iemand over de vloer komen**.

(2) het kind van de rekening zijn (de dupe zijn) ▸ der Gelackmeierte sein

☞ Aus *iemand voor het kind houden. Van de rekening* bedeutet dann, dass man die Rechnung eines anderen hat bezahlen müssen.

Jullie gaan lopen met de winst en *ik ben het kind van de rekening!*

Siehe auch **het haasje zijn, in het hoekje zitten waar de klappen vallen, de gebeten hond zijn, de klos zijn, de kop van jut zijn, het moeten ontgelden, met de gebakken peren (blijven) zitten, de kwaaie pier zijn, de pineut zijn, het pispaaltje zijn, de sigaar zijn, in het verdomhoekje zitten**.

kink

(3) er is een kink in de kabel (er zijn moeilijkheden) ▸ die Sache hat einen Haken

☞ *De kink* ist eine falsche Drehung, ein Hemmnis.

We dachten dat alles zonder problemen zou verlopen, maar *er was een kink in de kabel.*

Siehe auch **in de aap gelogeerd zijn, beren op de weg zien, de bietenbrug opgaan, de bui zien hangen, dan zijn we nog verder van huis, in de knel zitten, in de knoei zitten, in de knoop zitten, in het nauw komen/zitten, in de nesten zitten, in een lastig/moeilijk parket verkeren, iemand parten spelen, in de penarie zitten, in de piepzak zitten, in de puree zitten, in de put zitten, in de rats zitten, in het schip zitten, in de soep zitten, er is stront aan de knikker, er zijn voetangels en klemmen, het niet meer zien zitten**.

K

kip

* er was geen *kip*! ▸ kein *Schwein* war da!

Siehe auch **geen hond, anderhalve man en een paardenkop**.

kippen

* met de kippen *op stok* gaan ▸ mit den Hühnern *zu Bett* gehen

(1) er als de kippen bij zijn (zich heel erg haasten om er bij te zijn) ▸ blitzschnell dabei sein, zugreifen

☞ Men denkt an Hühner, die sich auf die Körner stürzen.

Toen de cadeaus uitgedeeld werden, *waren ze er allemaal als de kippen bij.*

Siehe auch **haantje de voorste zijn**.

kippenvel

* kippenvel van iets krijgen ▸ von etwas eine *Gänse*haut kriegen

kisten

(3) zich niet laten kisten (niet alles accepteren) ▸ sich nicht auf dem Kopf herumtanzen lassen

☞ Abgeleitet von *de kist* = *de doodkist* (der Sarg).

Laat je niet kisten door een slimme reclameslogan.

Siehe auch **zich niet op zijn kop laten zitten**.

klaar

... en klaar is Kees (siehe Kees)

Klaas

* een houten *Klaas* ▸ ein hölzerner *Mensch*

klad

(2) de klad is erin gekomen / zit erin (het gaat niet meer zo goed met een zaak als vroeger) ▸ es geht bergab | de klad = der Flecken

☞ Man denke an ‚die Kladde'.

Met Federer gaat het ook niet meer zo goed als vroeger, *de klad is erin gekomen.*

kladden

(3) iemand bij de kladden grijpen (1. iemand vastpakken; 2. iemand arresteren) ▸ 1. jdn beim Wickel nehmen; 2. jdn verhaften | de kladden = die Lappen, dann die Kleider

1. Als ik hem zie, zal ik hem eens goed *bij de kladden grijpen* en hem zeggen wat ik van hem denk.

2. De politie is er dan toch in geslaagd de dief *bij de kladden te grijpen.*

Siehe auch (zu 1.) **iemand bij de lurven pakken, iemand naar de strot vliegen**.

K

klap

* een klap *van de molen (gekregen)* hebben ▸ einen Klaps haben

Siehe auch **belatafeld zijn, het is hem in zijn bol geslagen, niet goed bij zijn hoofd zijn, van lotje getikt, een slag/tik van de molen (gekregen) hebben, met molentjes lopen, ze niet allemaal op een rijtje hebben, niet goed snik zijn, niet goed bij zijn verstand zijn, ze zien vliegen**.

(3) dat is de klap op de vuurpijl! (dat is het knallend sloteffect!) ▸ das Glanzstück

☞ Bei einem Feuerwerk platzt die Rakete am Ende mit einem bunten Knall.

Bij ieder verjaarsfeestje zijn de cadeaus *de klap op de vuurpijl.*

Siehe auch **dat spant de kroon**.

(3) geen klap uitvoeren (niets doen) ▸ nichts tun, keinen Handschlag tun | de klap = der Schlag

De hele dag heb je *nog geen klap uitgevoerd*!

Siehe auch **geen hand uitsteken, met de handen over elkaar zitten, op zijn krent zitten, uit zijn neus eten, geen poot uitsteken, geen steek uitvoeren, geen vinger (voor iemand) uitsteken, vliegen vangen**.

kleerscheuren

(3) iets zonder veel kleerscheuren doorstaan, zonder veel kleerscheuren van iets afkomen (geen nadelige gevolgen van iets ondervinden) ▸ mit heiler Haut davonkommen

☞ Wörtlich: Ohne seine Kleider zu zerreißen. *Kleerscheuren* kommt nur in dieser Redewendung vor.

Enkele banken hebben de crisis van 2008 *zonder veel kleerscheuren doorstaan.*

klei

(3) uit de klei getrokken zijn (lomp, boers zijn) ▸ ungeschlacht sein

☞ Wörtlich: Aus dem Lehm geformt sein; also nicht sehr fein sein.

Ik vind het gek dat een *uit de klei getrokken* boerentrien zo'n prestigieuze baan gekregen heeft.

kleintjes

(3) op de kleintjes letten (erg zuinig zijn, zelfs op kleine uitgaven letten) ▸ mit dem Pfennig rechnen

Nederlanders zijn erom bekend dat ze *op de kleintjes letten.*

Siehe auch **een dubbeltje driemaal omkeren, op de dubbeltjes letten/passen, de hand op de knip houden, een kei het vel afstropen**.

kleren

(3) dat gaat (je) niet in je/(de) kouwe kleren zitten! (daarvan voel je duidelijk de gevolgen) ▸ das geht einem ganz schön unter die Haut! | de kouwe kleren = die äußere Kleidung

☞ Gemeint ist, dass etwas bis auf die Haut geht.

Als je zo'n vreselijk ongeval gezien hebt, met zoveel doden, dan *gaat dat niet in je kouwe kleren zitten.*

(3) dat raakt mijn kouwe kleren niet! (dat laat me koud!) das kümmert mich einen Dreck!

Wat de mensen van mij denken, *dat raakt mijn kouwe kleren niet!*

Siehe auch **dat laat me Siberisch (koud)**.

klip

* een klip om*zeilen* ▸ eine Klippe um*gehen*

klippen

(2) tegen de klippen op (zonder zich iets van een mogelijke tegenwerking aan te trekken) ▸ auf Teufel komm heraus

☞ Man denkt an den Kapitän eines Schiffes, der sich durch die Klippen nicht aufhalten lässt.

Heel wat taalkundigen proberen tegen *de klippen op* de dialecten van hun streek te redden.

(2) tegen de klippen op liegen (schaamteloos liegen) ▸ lügen, dass sich die Balken biegen

☞ Wörtlich: Ohne sich von einer Klippe (einem Hindernis) davon abhalten zu lassen.

Die minister moet weg, want hij heeft *tegen de klippen op* tegen het parlement *gelogen*.

(2) op de klippen lopen (gezegd van iets dat mislukt is, bijv. van een huwelijk) ▸ scheitern

Als we niet direct reageren, zal ons plan *op de klippen lopen*.

Siehe auch **de boot ingaan, de mist in gaan, het schip ingaan, er komt niets van terecht**.

klok

(2) het is daar allemaal X (bijv. generatieve grammatica) wat de klok slaat (ze besteden geen aandacht aan iets anders) ▸ Dort zählt nur X (z. B. generative Grammatik)

☞ Meistens mit einem negativen Unterton. Gemeint ist ursprünglich: Bei jedem Glockenschlag der Turmuhr.

Een tijdlang was het in de VS allemaal generative grammatica *wat de klok slaat*.

(2) dat klinkt als een klok! (dat is klasse!) ▸ das ist vortrefflich!

De jongste plaat van die zanger *klinkt als een klok*.

klomp

(2) nu/nou breekt mijn klomp! (nu begrijp ik er niets meer van!) ▸ mir bleibt die Spucke weg!

☞ Wenn selbst die hochheiligen Holzschuhe kaputtgehen, herrscht Chaos.

K

De regering heeft haar plan laten vallen: *nu breekt mijn klomp!*

Siehe auch **van zijn apropos raken, in de bonen zijn, met de/zijn handen in het haar zitten, niet weten hoe men het heeft, van de kaart zijn, de kluts kwijt zijn, van de kook raken, aan het eind van zijn Latijn zijn, uit het lood geslagen, overstuur zijn, ten einde raad, het spoor bijster zijn, van streek zijn, van zijn stuk raken**.

klompen

(3) dat kun je op de/je klompen aanvoelen (gezegd als iets overduidelijk is; dat viel te verwachten) ▸ das merkt ein Blinder mit dem Krückstock

☞ Normalerweise kann man durch den harten Boden der Holzschuhe überhaupt nichts fühlen. Geschieht das doch, dann muss es schon etwas sehr Fühlbares sein.

K

De regering zal haar belofte niet kunnen nakomen, *dat kun je op je klompen aanvoelen.*

Siehe auch **iets aan zijn water voelen**.

klos

(2) de klos zijn (de dupe zijn) ▸ der Dumme sein

☞ *De klos* ist der Ball im *klosspel*, einer Art Krocket. Gemeint ist derjenige, auf den man einschlägt.

Als er een treinstaking is, *zijn de reizigers altijd de klos.*

Siehe auch **het haasje zijn, in het hoekje zitten waar de klappen vallen, de gebeten hond zijn, het kind van de rekening zijn, de kop van jut zijn, het moeten ontgelden, met de gebakken peren (blijven) zitten, de kwaaie pier zijn, de pineut zijn, het pispaaltje zijn, de sigaar zijn, in het verdomhoekje zitten**.

kluif

(2) een hele kluif aan iets hebben (veel werk met iets hebben) ▸ einen harten Brocken an etwas haben | de kluif = der Knochen

Als we al die dossiers moeten doornemen, *dan hebben we daar een hele kluif aan.*

kluiten

(3) (flink) uit de kluiten gewassen zijn (een flink of stevig postuur hebben) ▸ tüchtig gewachsen sein | de kluit = die Scholle

☞ Zuerst bezog sich diese Redewendung auf Korn, das so stark gewachsen ist, dass man es über der Scholle sehen kann.
Het was een *uit de kluiten gewassen* baby.

kluitje

(2) iemand met een kluitje in het riet sturen (iemand een antwoord geven of een belofte doen waar hij niets aan heeft) ▸ jdn mit leeren Versprechungen abspeisen | het kluitje = der Brocken, der Klumpen; het riet = das Schilf
☞ Die Etymologie ist nicht geklärt.
Ik wil een duidelijk antwoord, ik laat me niet door jou *met een kluitje in het riet sturen.*

Siehe auch **iemand met mooie praatjes afschepen, met apenmunt betalen, iemand het bos in sturen, iemand met een dooddoener afschepen, zich ergens met een jantje-van-leiden van afmaken, iemand aan het lijntje houden, iemand blij maken met een dode mus**.

K

klus

(1) een klus klaren (een flink karwei tot een goed einde brengen) ▸ eine Arbeit erledigen | de klus = eine kleine Arbeit
Ik moet nog even *een klus klaren* en dan kom ik.

kluts

(1) de kluts kwijt zijn (in de war zijn) ▸ aus der Fassung sein; durchdrehen
☞ Es gibt hier zwei mögliche Erklärungen: 1. Man denkt an das *klutsen* (verquirlen) von Eiern. 2. Diese Redewendung bezog sich ursprünglich auf die manuelle Papierbereitung, wobei die Masse gleichmäßig über die Form ausgebreitet wird: Das nannte man *klutsen.*
Ik wist niet meer waar ik aan toe was, *ik was volledig de kluts kwijt.*

Siehe auch **van zijn apropos raken, in de bonen zijn, met de handen in zijn haar zitten, niet weten hoe men het heeft, van de kaart zijn, van de kook zijn, aan het eind van zijn Latijn zijn, uit het lood geslagen, overstuur zijn, ten einde raad, van slag raken, het spoor bijster zijn, van streek zijn, van zijn stuk raken**.

kneep

(3) daar zit 'm de kneep! (daar zit de moeilijkheid!) ▸ da liegt der Hase im Pfeffer! da liegt der Hund begraben!
☞ *De kneep* ist abgeleitet von *de knoop*, der Knoten, die Schwierigkeit.
Het plan is wel goed maar *de kneep zit 'm* in de details.

Siehe auch **voelen/weten waar de schoen/het schoentje wringt**.

(3) daar zit 'm de kneep! (dat is het truukje!) ▸ das ist der Kniff an der ganzen Sache!
Je moet de zaak op de juiste manier aanpakken, *daar zit 'm de kneep!*

Siehe auch **dat is het hele eieren eten**.

knel

(2) in de knel zitten/komen (in de problemen zitten / in de problemen komen) ▸ in der Patsche sitzen / in die Klemme geraten | knellen = kneifen, drücken (wie zu enge Schuhe)
We hebben niet op tijd gereageerd en *nu zitten we in de knel.*

K

Siehe auch **in de aap gelogeerd zijn, beren op de weg zien, de bietenbrug opgaan, de bui zien hangen, dan zijn we nog verder van huis, er is een kink in de kabel, in de knoei zitten, in de knoop zitten, in de nesten zitten, in een lastig/moeilijk parket verkeren, iemand parten spelen, in de penarie zitten, in de piepzak zitten, in de puree zitten, in de put zitten, in de rats zitten, in het schip zitten, in de soep zitten, er is stront aan de knikker, er zijn voetangels en klemmen, het niet meer zien zitten**.

knie

* over de knie *gaan* ▸ übers Knie *gelegt werden*
Siehe auch **voor zijn broek/op zijn broek krijgen, op z'n duvel krijgen, ervanlangs krijgen, op zijn falie krijgen, een pak slaag krijgen**.

(1) iets onder de knie hebben (iets goed beheersen) ▸ etwas im Griff haben, etwas völlig beherrschen
☞ Aus dem Ringerwortschatz. Man denkt an den Sieger, der dem Unterlegenen das Knie auf die Brust setzt.
Ik weet dat mijn assistent het Nederlands perfect *onder de knie heeft.*

knieën

* *door* de knieën gaan ▸ *in* die Knie gehen

Siehe auch **overstag gaan**.

* iemand *op* de knieën *krijgen* ▸ jdn *in* die Knie *zwingen*

kniesoor

(2) een kniesoor die daarop let / daarover valt! (niemand zal het erg vinden) ▸ nur ein Griesgram hätte daran etwas auszusetzen!

Goed, je was vijf minuten te laat. *Een kniesoor die daarop let!*

knijpen

(3) 'm knijpen (bang zijn) ▸ Schiss haben

☞ Gemeint ist: Die Arschbacken zusammenkneifen, weil man bang ist.

Toen hij die bedreiging hoorde, zat hij daar *'m te knijpen.*

Siehe auch **zijn hart vasthouden, in de piepzak zitten**.

(3) ertussenuit knijpen (stiekem weggaan) ▸ stiften gehen

☞ *Knijpen*: Siehe oben.

Telkens als er gewerkt moet worden, probeert hij *ertussenuit te knijpen.*

Siehe auch **het anker lichten, de benen (onder zijn arm) nemen, zijn biezen pakken, ervandoor gaan, het hazenpad kiezen, de/zijn hielen lichten, de kuierlatten nemen, op de loop gaan, de matten oprollen, met de muziek mee zijn, met de noorderzon vertrekken, ertussenuit piepen, de plaat poetsen, 'm smeren, er de sokken in zetten, met de stille trom vertrekken, zich uit de voeten maken, de wijk nemen**.

knikkers

(3) (het gaat) niet om de knikkers, maar om het spel ([het gaat] niet om het [financiële] voordeel, maar om het principe) ▸ es geht ums Prinzip, nicht um den Gewinn | de knikker = die Murmel

Ik heb die promotie verdiend en *het gaat niet om de knikkers, maar om het spel.*

knip

(2) geen knip voor de neus waard zijn (helemaal niets waard zijn) ▸ keinen Schuss Pulver wert sein

☞ Früher schnippste man aus Spott mit dem Daumen und einer Fingerspitze gegen jds Nase.

De jongste roman van die schrijver *is geen knip voor de neus waard.*

Siehe auch **geen sikkepit waard zijn, geen pijp tabak waard zijn, het zout in de pap niet waard zijn**.

knoei

(3) in de knoei zitten (in moeilijkheden verkeren) ▸ in der Patsche sitzen

☞ Hier bedeutet *knoei* ‚Unannehmlichkeit'.

Ik geloof niet dat je die man kan helpen, *hij zit al een hele tijd in de knoei.*

Siehe auch **in de aap gelogeerd zijn, beren op de weg zien, de bietenbrug opgaan, de bui zien hangen, dan zijn we nog verder van huis, er is een kink in de kabel, in de knel zitten, in de knoop zitten, in de nesten zitten, in een lastig/moeilijk parket verkeren, iemand parten spelen, in de penarie zitten, in de piepzak zitten, in de puree zitten, in de put zitten, in de rats zitten, in het schip zitten, in de soep zitten, er is stront aan de knikker, er zijn voetangels en klemmen, het niet meer zien zitten**.

K

knollen

(3) iemand knollen voor citroenen verkopen (iemand iets wijsmaken door het veel mooier voor te stellen dan het in werkelijkheid is) ▸ jdm ein X für ein U vormachen | de knol = die Rübe (die viel billiger war als eine Zitrone)

En nu wil ik weten wat er echt gebeurd is, ik laat me door jou *geen knollen voor citroenen verkopen*!

Siehe auch **iemand iets diets maken, iemand op een dwaalspoor brengen, iemand te grazen nemen, iemand in de luren leggen, iemand iets op de mouw spelden, iemand een rad voor (de) ogen draaien, iemand om de tuin leiden**.

knollentuin(tje)

(3) in zijn knollentuin(tje) zijn (het naar zijn zin hebben) ▸ sich sauwohl fühlen | de knollentuin = der Rübengarten

☞ Man dachte zuerst an Hasen, die sich dort ‚sauwohl' fühlen.

Als ik in Zeeland met vakantie ben, *ben ik echt in mijn knollentuintje.*

knoop

* de (Gordiaanse) knoop door*hakken* ▸ den (Gordischen) Knoten durch*hauen*

Siehe auch **de kogel is door de kerk**.

(2) in de knoop zitten (problemen hebben, in moeilijkheden verkeren) ▸ in der Klemme sitzen | de knoop = der Knoten

Er zijn heel wat depressieve mensen die met zichzelf *in de knoop zitten*.

Siehe auch **in de aap gelogeerd zijn, beren op de weg zien, de bietenbrug opgaan, de bui zien hangen, dan zijn we nog verder van huis, er is een kink in de kabel, in de knel zitten, in de knoei zitten, in de nesten zitten, in een lastig/moeilijk parket verkeren, iemand parten spelen, in de penarie zitten, in de piepzak zitten, in de puree zitten, in de put zitten, in de rats zitten, in het schip zitten, in de soep zitten, er is stront aan de knikker, er zijn voetangels en klemmen, het niet meer zien zitten**.

* van de blauwe *knoop* zijn ▸ vom blauen *Kreuz* sein

knoppen

(1) naar de knoppen zijn (helemaal kapot zijn [van dingen gezegd]) ▸ kaputt sein

☞ Wahrscheinlich ein Euphemismus für *kloten* (Eier, Hoden).

De computer die ik verleden week gekocht heb, *is al naar de knoppen*.

Siehe auch **naar de bliksem zijn, naar de filistijnen zijn, naar de mallemoer zijn, in de poeier liggen**.

knudde

(3) het is knudde (met een rietje)! (het is bar slecht) ▸ so ein mist! | knudde = wertlos; rietje = Strohhalm, jedoch hier ohne besondere Bedeutung

Met de spelling van de meeste leerlingen *is het knudde*.

Siehe auch **dat krijg je van mij cadeau, iets over de hekel halen, de honden lusten er geen brood van, het is huilen met de pet op, van/uit het jaar nul, niet kapot van iets zijn, ergens geen goed woord voor over hebben**.

K

knuppel

(3) de knuppel in het hoenderhok gooien (iets zeggen dat opschudding of een hevige reactie veroorzaakt) ▸ heftige Verwirrung auslösen | het hoenderhok = der Hühnerstall

Met zijn vraag aan de voorzitter heeft Jan *de knuppel in het hoenderhok gegooid.*

koe (siehe auch **koetjes**)

* *de koe* bij de horens vatten ▸ *den Stier* bei den Hörnern fassen

(3) van iets zoveel verstand hebben als een koe van saffraan (eten) (er helemaal geen verstand van hebben) ▸ überhaupt nichts von etwas verstehen

☞ Weshalb hier von Safran die Rede ist, ist nicht bekannt. Kühe fressen keinen Safran.

Van literatuur *heb je zoveel verstand als een koe van saffraan.*

K

Siehe auch **ergens geen kaas van gegeten hebben, van iets zoveel verstand hebben als een kat van saffraan, ergens geen pap van gegeten hebben**.

(3) een oude koe die nog vlijtig uitgemolken wordt (een reeds lang bekend onderwerp of vooroordeel waar nog steeds over gezeurd wordt) ▸ ein Thema, das überstrapaziert wird

Dit verhaal over mensen die in de oorlog fout geweest zijn, is *een oude koe die nog vlijtig uitgemolken wordt.*

Siehe auch **met iets schermen**.

koeien (siehe auch **koetjes**)

(2) oude koeien uit de sloot halen (half vergeten dingen weer oprakelen [meist pejorativ]) ▸ alte Geschichten wieder aufrühren | de sloot = der Wassergraben

Toen er die avond sprake was van de oorlog, wilde opa weer *eens oude koeien uit de sloot halen.*

(2) koeien van letters, fouten ... (erg grote letters, erg grove fouten) ▸ Riesenbuchstaben, Riesenfehler

☞ Gemeint ist: So groß wie eine Kuh.

In koeien van letters stond op de garagedeur ‚MOORDENAAR'.

Siehe auch **een kanjer van een fout**.

koek

(2) dat is (voor hem) gesneden koek (dat is erg gemakkelijk) ▸ das ist (für ihn) ein Kinderspiel

☞ Der Kuchen ist schon in Scheiben geschnitten und also fertig zum Verzehr.

De vragen van de oppositie beantwoorden was voor de minister *gesneden koek*.

Siehe auch **van een leien dakje gaan/lopen, dat is een eitje, een fluitje van een cent, er zijn hand niet voor omdraaien, kat in't bakkie, een kind kan de was doen, een koud kunstje**.

(2) niet alles voor zoete koek slikken (niet alles zomaar accepteren, zich niet alles laten welgevallen) ▸ nicht alles kritiklos hinnehmen

☞ *Voor* steht hier für *als*.

Je mag niet alles geloven wat die man zegt. Je moet sowieso *niet alles voor zoete koek slikken*!

K

(2) dat is andere koek! (dat is heel wat anders, iets veel moeilijkers) ▸ das ist (et)was ganz anderes!

Dieven, inbrekers en andere criminelen kan de politie aan, maar terroristen, *dat is andere koek!*

Siehe auch **dat is andere koffie**.

(2) dat is ouwe koek (dat is achterhaald) ▸ das ist Schnee von gestern

Wat je daar allemaal vertelt, *dat is toch ouwe koek*!

(3) het is koek en ei tussen hen (het zijn dikke vrienden) ▸ sie sind ein Herz und eine Seele

☞ Gemeint ist: Sie sind sich so nahe, dass sie zusammen essen.

Die twee hebben nog nooit ruzie gehad. Het is altijd *koek en ei tussen hen* geweest.

Siehe auch **het is allemaal botertje tot de boom, het is dikke mik tussen hen, oude-jongens-krentenbrood, het is weer pais en vree tussen hen**.

koekje

(2) iemand een koekje van eigen deeg geven (iemand behandelen zoals hij de anderen behandelt; iemand met zijn eigen argumenten bestrijden) ▸ jdm mit gleicher Münze heimzahlen | het deeg = der Teig

We zullen de VS met hun onzinnige invoerbeperkingen eens *een koekje van eigen deeg geven.*

Siehe auch **iemand iets betaald zetten, iemand met gelijke munt terugbetalen**.

koekoek

(3) dat dank je/haal je de koekoek! (ik geloof er niets van!) ▸ denkste!
☞ *Koekoek* ist hier ein Euphemismus für den Teufel, den man nicht beim Namen nennen wollte, weil er sonst sofort erschien.
Als we niet naar dat veel te kleine huis verhuisd waren, zouden we nu niet gaan scheiden.– Ja, *dat dank je de koekoek!*

koetjes (siehe auch **koe und koeien**)

(2) over koetjes en kalfjes praten (over alledaagse onbelangrijke dingen praten) ▸ über Gott und die Welt reden
☞ Bauern sprachen vor allem über ihr Vieh. Auch hier wieder die typische Verkleinerungsform.
Eerst werd er slechts *over koetjes en kalfjes gepraat* en pas tegen het eind kwamen er fundamentele problemen op tafel.

K

koffer

(3) de koffer in duiken (met iemand geslachtsgemeenschap hebben) ▸ mit jdm ins Bett gehen
Die dame dacht zeker dat ik met haar *de koffer in wilde duiken*, maar daar had ze zich lelijk vergist.

Siehe auch **een potje neuken**.

koffie

(2) dat is andere koffie! (siehe dat is andere koek)

(3) dat is geen zuivere koffie! (dat is niet te vertrouwen!) ▸ da ist etwas faul dran!
Aandelen van zo'n bedrijf kopen? Nee hoor, *dat is geen zuivere koffie!*

Siehe auch **niet helemaal koosjer zijn, niet helemaal zuiver op de graat zijn**.

(3) op de koffie komen (fig.) (erg slecht ontvangen worden) ▸ sehr schlecht empfangen werden
☞ Zuerst sagte man: *Lelijk* (= hässlich) *op de koffie komen*, das hier ironisch zur Antiphrase verkürzt wird.

Als je te zelfverzekerd bent, kun je bij de nieuwe chef *op de koffie komen.*

Siehe auch **van een koude kermis thuiskomen**.

koffiedik

* ik kan geen koffiedik *kijken*! ▸ ich kann nicht *aus dem* Kaffeesatz *wahrsagen*!

kogel

(2) de kogel is door de kerk! (na lang aarzelen is er een besluit genomen) ▸ die Würfel sind gefallen!

☞ Wenn auf eine Kirche (die als unantastbar galt) geschossen wurde, hieß das, dass der Feind vor nichts zurückschreckte. Während der Belagerung von Harlem, 1573, haben die Spanier tatsächlich auf die Sint-Bavokirche geschossen. Die in der Mauer stecken gebliebene Kugel ist bis heute zu sehen.

De regering heeft ingestemd met het voorstel van de oppositie. *Nu is de kogel* definitief *door de kerk.*

Siehe auch **de (Gordiaanse) knoop doorhakken**.

K

koker

(3) dat komt uit de koker van Jan ... (dat heeft Jan ... bedacht) ▸ das ist Jans ... Idee | de koker = der Köcher

Zo'n gek voorstel kan alleen *uit de koker van Jan komen.*

kolen

* op *hete* kole zitten ▸ auf *glühenden* Kohlen sitzen

kolfje

(2) dat is een kolfje naar zijn hand (iets/een klusje dat hij graag doet) ▸ das ist ganz nach seinem Geschmack, das ist ihm wie auf den Leib geschnitten

☞ *Het kolfje* ist hier der Schläger in verschiedenen Spielen, z. B. im früheren *kolfspel*, einem alten niederländischen Schlagballspiel. Jetzt im Hockey oder im Golf.

De massasprint van het peloton was *een kolfje naar de hand* van Eddy Merckx.

Siehe auch **ergens goed in thuis zijn**.

kommer

* het is allemaal kommer en *kwel*! ▸ es ist alles Kummer und *Sorge*!
☞ *Kwel* (ein altes Wort für *verdriet*, Verdruss) gibt es nur noch in dieser Redewendung.

koning

(2) de koning te rijk zijn (erg gelukkig zijn) ▸ im siebten Himmel sein
☞ Gemeint ist: Sich reicher wähnen als der König.
Toen Jan hoorde dat hij voor zijn examen geslaagd was, *was hij de koning te rijk*.

Siehe auch **in de wolken zijn**.

kont

(3) je kunt hier je kont niet keren! (er is hier erg weinig ruimte) ▸ es ist hier sehr eng/knallvoll!
☞ Wörtlich: Man kann hier nicht ‚mal den Hintern drehen'!
De kamer was zo klein dat je *niet eens je kont kon keren*.

Siehe auch **als haringen in een ton, op elkaars lip zitten**.

(3) de kont tegen de krib gooien (zich koppig opstellen) ▸ sich quer legen
☞ Wie ein Pferd, das sich mit der Hinterhand, statt mit dem Kopf, zur Futterkrippe stellt, weil es sich weigert, zu fressen.
Haar Marokaanse ouders hadden iemand in Marokko uitgezocht, maar *ze gooide haar kont tegen de krib*, want ze wilde niet trouwen met iemand die ze helemaal niet kende.

(3) zijn kont aan iets/iemand afvegen (vulg.) (iets/iemand volledig verachten) ▸ auf etwas/jdn scheißen | de kont = der Arsch
Wat die man over mij vertelt, *daar veeg ik mijn kont aan af*!

Siehe auch **zijn gat aan iemand afvegen**.

kook

(3) van de kook raken (in de war raken) ▸ durcheinander sein
☞ Zuerst sagte man das von Wasser, das vom Kochherd genommen wurde.
Door de repectloze houding van de tegenstander *raakte ik volledig van de kook* en verloor de partij.

Siehe auch **van zijn apropos raken, in de bonen zijn, met de handen in het haar zitten, niet weten hoe men het heeft, de kluts kwijt zijn, van de kaart zijn, aan het eind van zijn Latijn zijn, uit het lood geslagen, overstuur zijn, ten einde raad, van streek zijn, van zijn stuk zijn**.

kool

(2) de kool en de geit willen sparen (partijen met tegengestelde belangen tevreden willen stellen) ▸ es sich mit keinem verderben wollen

☞ Bezieht sich auf eine Fabel von La Fontaine, in der ein Mann in seinem Boot einen Wolf, eine Geiß und einen Kohl übersetzen muss. Er darf aber nur einen der drei mitnehmen, jedoch Wolf und Geiß oder Geiß und Kohl nicht allein am Ufer zurücklassen, sonst würde der Wolf die Geiß oder die Geiß den Kohl fressen.

Je moet nu eens duidelijk kiezen: je kan niet altijd *de kool en de geit sparen*!

(2) iemand een kool stoven (met iemand een grap uithalen) ▸ jdm einen Streich spielen | stoven = schmoren

☞ Eine Antiphrase, denn was positiv aussieht, ist ja eigentlich negativ gemeint.

Het is niet uitgesloten dat de Schotten Engeland *een kool zullen stoven* door zich weer bij de EU aan te sluiten.

Siehe auch **iemand voor aap zetten, met iemand de draak steken, iemand in zijn hemd zetten, iemand voor joker zetten, iemand te kijk zetten, iemand een kunstje flikken, iemand voor het lapje houden, iemand een loer draaien, een loopje met iemand nemen, iemand voor lul zetten, iemand in de maling nemen, iemand bij de neus nemen, iemand een oor aannaaien, iemand in het ootje nemen, iemand een poets bakken, iemand voor schut zetten**.

koop

(1) op de koop toe (bovendien, er nog bij [van iets negatiefs]) ▸ obendrein, zu allem Überfluss

☞ Wörtlich: Bei etwas Gekauften etwas hinzukriegen.

Op de koop toe zal er door die nieuwe fietspaden minder ruimte zijn voor het autoverkeer.

(2) met iets te koop lopen (iets vertrouwelijks overal vertellen, overal bekend maken) ▸ etwas zur Schau tragen, mit etwas hausieren gehen

K

☞ Gemeint ist: Etwas verkaufen wollen, das eigentlich nicht zum Verkauf bestimmt ist.

Ik vind het altijd vervelend als mensen *met hun ongeluk te koop lopen.*

Siehe auch **iets van de daken schreeuwen, iets op de kaart zetten**.

(2) weten wat er in de wereld te koop is (ervaring hebben) ▸ Erfahrung haben

☞ Wörtlich: Wissen was es in der Welt zu kaufen gibt.

Die man kun je niets wijsmaken, *die weet wat er in de wereld te koop is.*

koosjer

* *dat* is niet *helemaal* koosjer! ▸ *die Sache* ist nicht koscher!

Siehe auch **dat is geen zuivere koffie, niet zuiver op de graat zijn**.

kop (siehe auch **kopje und koppie**)

K

* kop of *munt* gooien ▸ Kopf oder *Zahl* werfen

* dat heeft *kop* noch *staart*! ▸ das hat weder *Hand* noch *Fuß*!

Siehe auch **dat raakt kant noch wal, kut met peren, larie en apekool**.

* kop *op*! ▸ Kopf *hoch*!

* hou je kop! kop dicht! ▸ Klappe!

(1) op de kop af 100 (precies 100) ▸ haargenau 100

☞ *de kop* ist ein altes Hohlmaß, das einem Liter entspricht. Gemeint war also ursprünglich: auf den Liter genau.

(2) iets op de kop tikken (iets kunnen krijgen dat goedkoop of moeilijk te vinden is) ▸ etwas kriegen, das billig oder schwer zu finden ist

☞ Die eigentliche Bedeutung kommt aus der Jagdsprache: Man tötete ein gefangenes Kaninchen durch einen Schlag auf den Kopf. Mit *kop* konnte jedoch auch der Kopf eines Nagels, den man genau trifft, gemeint sein.

Waar heb je die mooie vintage Jaguar *op de kop kunnen tikken*?

Siehe auch **iets voor een prikje/prikkie krijgen**.

(2) over de kop gaan (failliet gaan) ▸ Pleite gehen

Na de bankencrisis zijn heel wat bedrijven *over de kop gegaan.*

Siehe auch op de fles gaan.

(2) iets de kop indrukken (iets onderdrukken, iets negatiefs niet tot ontwikkeling laten komen) ▸ etwas unterdrücken

We moeten de verspreiding van het nieuwe virus zo snel mogelijk *de kop indrukken.*

Siehe auch **iets in de kiem smoren**.

(2) boven iemand met kop en schouders uitsteken (ergens veel beter in zijn dan anderen) ▸ jdm haushoch überlegen sein | uitsteken = überragen

Deze violiste *steekt met kop en schouders boven haar collega's uit.*

(2) aan iemands kop zeuren (iemand vermoeien door onophoudelijk te praten of onophoudelijk hetzelfde te vragen) ▸ jdm in den Ohren liegen | zeuren = quengeln

Kom niet weer *aan mijn kop zeuren* over een loonsverhoging!

(3) de kop van jut (iemand die als zondebok fungeert) ▸ der Prügelknabe

☞ Um das Jahr 1872 war *Jut* ein berüchtigter Mörder. Auf den Jahrmärkten konnte man mit einem Holzhammer auf seinen nachgemachten Kopf schlagen. *Op de kop van jut slaan* entspricht dem deutschen ‚Haut den Lukas'.

Mijn makkers hadden de ruiten ingegooid, maar zoals gewoonlijk was ik *de kop van jut.*

Siehe auch **het haasje zijn, in het hoekje zitten waar de klappen vallen, de gebeten hond zijn, het kind van de rekening zijn, de klos zijn, het moeten ontgelden, de kwaaie pier zijn, de pineut zijn, de sigaar zijn, het pispaaltje zijn, in het verdomhoekje zitten**.

(3) zich niet op zijn kop laten zitten (zich niet alles laten welgevallen) ▸ sich nicht alles gefallen lassen

Dat zal ik beslist niet doen, *ik laat me door jou niet op de kop zitten*!

Siehe auch **zich niet laten kisten**.

kopen

(3) wat koop ik ervoor? (daar heb ik niets aan) ▸ was habe ich davon?

Je komt wel je excuses aanbieden, maar *wat koop ik ervoor?*

kopje/koppie (siehe auch kop)

* iemand een kopje kleiner maken ▸ jdn einen *Kopf* kleiner machen

K

* kopp*ie* kopp*ie*! ▸ Köpfchen, Köpfchen!
☞ Hier wäre *kopje kopje* nicht möglich.

koren

* dat is *koren* op zijn molen! ▸ das ist *Wasser* auf seine Mühle!

korrel

* iemand op de *korrel* nemen ▸ jdn aufs *Korn* nemen
Siehe auch **het op iemand begrepen hebben, het op iemand gemunt hebben, het op iemand voorzien hebben**.

kort

(3) iemand/iets te kort doen (iemand/iets niet de eer geven die hem/het toekomt) ▸ jdm/etwas nicht gerecht werden
☞ Wörtlich: Zu kurz tun, nicht alles geben was einem / einer Sache zukommt.

K

Frankrijk wil zijn Europese verbintenissen *niet te kort doen*.

kost

* *kost* en inwoning ▸ Unterkunft und *Verpflegung*

(1) wat doe je voor de kost? (hoe verdien je je geld?) ▸ womit verdienst du deinen Lebensunterhalt?
Toen ik hem vroeg *wat hij voor de kost doet*, wilde hij me geen antwoord geven.

kosten (Substantiv)

(1) kosten noch moeite sparen (al het mogelijke doen om iets te bereiken) ▸ keine Kosten scheuen
We hebben *kosten noch moeite gespaard* om onze kinderen te laten studeren.

Siehe auch **alles op alles zetten, de bramzeilen bijzetten, alle registers opentrekken, alles in de waagschaal stellen, alles in het werk stellen, alle zeilen bijzetten**.

kosten (Verb)

* koste wat het kost ▸ *es* koste, was es *wolle*

kostgangers

(2) onze lieve heer heeft vreemde kostgangers! (er bestaan nu eenmaal merkwaardige mensen!) ▸ es gibt schon merkwürdige Menschen!
Ik weet dat zijn reactie niet normaal was, maar wat wil je, *onze heer heeft vreemde kostgangers!*

kou

(1) iemand in de kou laten staan (iemand aan zijn lot overlaten) ▸ jdn im Regen stehen lassen
Onze trainer *laat nooit een speler van onze ploeg in de kou staan.*

kous

(1) daarmee is de kous af! (daarmee is alles gezegd!) ▸ damit ist die Sache erledigt!
☞ Wörtlich: Damit ist der Strumpf zu Ende gestrickt.
We hebben het proces gewonnen en *daarmee is de kous af!*

K

(2) de kous op de kop krijgen (afgewezen worden bij een aanzoek) ▸ sich eine Abfuhr holen
☞ Die Etymologie ist nicht geklärt.
Toen ik haar vroeg of ze met me wilde trouwen, *heb ik de kous op de kop gekregen.*

Siehe auch **een blauwtje lopen, bot vangen, zijn neus stoten, nul op het rekest krijgen**.

kraag

* dat kan hem zijn kraag kosten ▸ das kann ihn Kopf *und Kragen* kosten

kraak

(3) kraak noch smaak hebben (helemaal geen smaak hebben) ▸ ohne Kraft und Saft sein
☞ Aus *kraken*, das Geräusch, welches das Essen zwischen den Zähnen macht, wenn es nicht zu Mus gekocht ist. Der Binnenreim hat natürlich bei der Wortwahl auch eine Rolle gespielt.
Het eten in een ziekenhuis heeft *kraak noch smaak.*

krant

(3) dat mag wel in de krant! (dat is iets heel bijzonders!) ▸ den Tag streichen wir uns im Kalender an!
Dat de regering toegeeft dat ze fouten heeft gemaakt, *dat mag wel in de krant!*

krent

(2) op zijn krent zitten (niets doen) ▸ auf der faulen Haut liegen | Krent = Korinthe, hier jedoch der Hintern

Ik werk me een ongeluk en *jij zit de hele dag op je krent*!

Siehe auch **geen hand uitsteken, met de handen over elkaar zitten, geen klap uitvoeren, uit zijn neus eten, geen poot uitsteken, geen steek uitvoeren, geen vinger uitsteken, vliegen vangen**.

krenten

(2) de krenten uit/in de pap (het beste, het aangenaamste) ▸ das Beste
☞ *De krent* siehe oben.

Voor een ober zijn de fooien *de krenten in de pap*.

krijt

K

(3) in het krijt treden (de strijd aanbinden) ▸ in die Schranken treten
☞ *Krijt* ist hier nicht die Kreide, mit der man an die Tafel schrieb, sondern ein Kreidekreis, ein eingezäunter Platz, auf dem ein Kampf stattfand.

Hoewel heel wat collega's voor mij *in het krijt traden*, werd ik toch ontslagen.

krimp

(2) geen krimp geven (niet laten merken dat je het moeilijk krijgt) ▸ ohne mit der Wimper zu zucken
☞ Aus *krimpen*, zusammenschrumpfen, zusammenkrampfen, kleiner werden.

De bediende *gaf geen krimp* toen hij hoorde dat hij ontslagen zou worden.

kroon

(3) dat spant de kroon! (dat overtreft alles!) ▸ das übertrifft alles!
☞ Gemeint ist: Sich die Krone aufsetzen, König sein, alles übertreffen.

In alle landen is er wel eens sprake van politiegeweld, maar de Verenigde Staten *spannen de kroon*.

Siehe auch **dat is de klap op de vuurpijl**.

(3) iemand naar de kroon steken (iemand willen overtreffen) ▸ jdn ausstechen wollen
☞ Man denke an Turnierkämpfe, bei denen man nach etwas stechen sollte, um es zu erhalten.

Er zijn veel Franse wielrenners die geprobeerd hebben Eddy Merckx *naar de kroon te steken*, maar het is hun niet gelukt.

kruis

* *kruis* of *munt* gooien ▸ *Kopf* oder *Zahl* werfen

(3) zich in zijn kruis getast voelen (zich zwaar beledigd voelen) ▸ sich auf den Schlips getreten fühlen

☞ *Het kruis* ist die Schamgegend.

Zijn toespelingen waren zo beledigend dat ik me echt *in mijn kruis getast voelde.*

Siehe auch **zich op zijn pik getrapt voelen**.

kruit

* *al* zijn kruit verschoten hebben ▸ sein Pulver verschossen haben

☞ *Kruit* ist die Kurzform von *buskruit*, Pulver.

K

kruitdamp

* toen de kruitdamp was *opgetrokken* ▸ als der Pulverdampf sich *verzogen* hatte

kuierlatten

(3) de kuierlatten nemen (weggaan, weglopen) ▸ weggehen, weglaufen

☞ Wörtlich: *De latten om te kuieren*, die Beine, um zu schlendern.

Nadat hij zoveel kritiek gekregen heeft, overweegt de trainer van Ajax *de kuierlatten te nemen.*

Siehe auch **het anker lichten, de benen nemen, zijn benen onder zijn arm nemen, zijn biezen pakken, ervandoor gaan, het hazenpad kiezen, de/zijn hielen lichten, ertussenuit knijpen, op de loop gaan, zijn matten oprollen, met de muziek meezijn, met de noorderzon vertrekken, ertussenuit piepen, de plaat poetsen, 'm smeren, met de stille trom vertrekken, zich uit de voeten maken, de wijk nemen**.

kunst (siehe auch **kunstje**)

(3) dat is uit de kunst! (dat is voortreffelijk!) ▸ das ist ein Meisterstück!

☞ *Uit* bedeutet hier ein Teil von etwas, zu etwas gehörend.

Wat je voor ons bedrijf gepresteerd hebt, *dat is uit de kunst!*

Siehe auch **(vakwerk) van de bovenste plank**.

kunst- en vliegwerk

(3) met kunst- en vliegwerk (met allerlei kunstgrepen) ▸ mit allen möglichen Tricks

☞ Es handelt sich hier um die Apparatur des Maschinenmeisters im Theater. *Vliegwerk* war die Apparatur, um Darsteller oder Dinge auf die Bühne steigen oder herabsinken zu lassen. Mit *kunstwerk* wurden Geräusche, wie Wellengang, Donner usw. nachgeahmt.

We stonden 1-0 achter, maar met veel *vlieg- en kunstwerk* hebben we toch nog de gelijkmaker gehaald.

kunstje (siehe auch **kunst**)

(2) dat is een koud kunstje! (dat is erg eenvoudig) ▸ das ist kein Kunststück!

☞ *Koud* bedeutet hier ‚unbedeutend', ‚einfach'. Die Verkleinerungsform hat eine negative Bedeutung.

K

Met onze nieuwe app wordt googelen *een koud kunstje.*

Siehe auch **van een leien dakje gaan/lopen, dat is een eitje, een fluitje van een cent zijn, er zijn hand niet voor omdraaien, kat in't bakkie, gesneden koek zijn, een kind kan de was doen**.

(3) iemand een kunstje flikken (iemand een streek leveren) ▸ jdm einen bösen Streich spielen

☞ Die Verkleinerungsform hat auch hier eine negative Bedeutung.

Enkele renners hebben de organisatoren *een kunstje geflikt*: ze kwamen hun startgeld ophalen en hup waren ze weg.

Siehe auch **iemand voor aap zetten, met iemand de draak steken, iemand in zijn hemd zetten, iemand voor joker zetten, iemand te kijk zetten, iemand een kool stoven, iemand voor het lapje houden, iemand een loer draaien, een loopje met iemand nemen, iemand voor lul zetten, iemand in de maling nemen, iemand bij de neus nemen, iemand een oor aannaaien, iemand in het ootje nemen, iemand een poets bakken, iemand voor schut zetten**.

kurk

(3) we hebben nog iets onder de kurk (we hebben nog alcoholische dranken) ▸ hier braucht keiner auf dem Trockenen zu sitzen | de kurk = der Korken einer Weinflasche

Je hoeft geen drank mee te brengen, *we hebben nog iets onder de kurk.*

kust

(2) te kust en te keur (zoveel men maar wil) ▸ in Hülle und Fülle

☞ *Kust* und *keur* sind Formen des Verbs *kiezen*, wählen.

In zijn bibliotheek staan boeken *te kust en te keur.*

Siehe auch **dat ligt daar voor het oprapen, te over, bij de vleet**.

(2) de kust is veilig (er is geen gevaar meer) ▸ die Luft ist rein

☞ Aus der Zeit, als es noch Seeräuber und Strandräuber gab.

Je kan je huis nu verlaten, de politie is weg, *de kust is veilig*.

kut

(3) dat slaat als kut op dirk (dat is totaal onlogisch) ▸ das ist vollkommener Blödsinn | Kut = Fotze

☞ *Dirk* ist ein oft vorkommender männlicher Vorname. Vagina kann sich aber nicht auf einen Mann beziehen, deshalb der Gedanke an Ungereimtheit. Zuerst sagte man *dat rijmt als kut op dirk.*

Deze interpretaie van Marx *slaat als kut op dirk.*

Siehe auch **dat snijdt geen hout, dat slaat nergens op, dat slaat als een tang op een varken**.

(3) kut met peren! (onzin, waardeloos!) ▸ Quatsch!

☞ Ein Nonsenssatz. Wörtlich: Votze mit Birnen.

Stalin met Hitler willen vergelijken, *dat is kut met peren!*

Siehe auch **dat raakt kant noch wal, dat heeft kop noch staart, larie en apekool**.

kwaad

(2) van kwaad tot erger (steeds erger) ▸ immer schlimmer

☞ *Erger* ist der Komparativ von *kwaad.*

In de Belgische politiek gaat het *van kwaad tot erger*: ze hebben nu al negen ministers die met onze gezondheid belast zijn.

Siehe auch **van de regen in de drup komen, van de wal in de sloot raken**.

kwartje

* het kwartje is gevallen ▸ der *Groschen* ist gefallen

☞ *Het Kwartje* war, vor der Einführung des Euro, eine niederländische Münze im Wert von 25 Cent.

L

laag

(2) iemand de volle laag geven (iemand stevig aanvallen) ▸ jdn gehörig abkanzeln

☞ Gemeint ist hier die Breitseite eines Kriegsschiffes, in dem die Kanonen in zwei oder drei Reihen übereinander lagen.

De oppositie heeft de minister *de volle laag gegeven.*

Siehe auch **iemand ervanlangs geven, iemand onder handen nemen, iemand een kat geven, iemand de les lezen, iemand de mantel uitvegen, iemand op zijn nummer zetten, iemand de oren wassen, iemand de pin op de neus zetten, iemand op zijn plaats zetten, iemand een standje geven, iemand zijn vet geven, iemand op de vingers tikken, iemand de wacht aanzeggen**.

laan

(1) iemand de laan uitsturen (iemand ontslaan) ▸ jdm den Laufpass geben

Politieagenten die zich racistisch gedragen, moeten *de laan uit worden gestuurd.*

Siehe auch **iemand de bons geven, iemand aan de dijk zetten.**

laars

(2) iets aan zijn laars lappen (zich er niets van aantrekken) ▸ sich einen Dreck um etwas scheren

☞ Wörtlich: Etwas an den Schuhsohlen befestigen und darauf herumtrampeln | de laars = der Stiefel

De regering heeft de Europese richtlijnen *aan haar laars gelapt.*

Siehe auch **aan iets een broertje dood hebben, lak aan iets/iemand hebben, het land aan iets/iemand hebben, maling aan iets hebben, de pest aan iemand/iets hebben, schijt aan iemand/iets hebben, de schurft aan iemand/iets hebben**.

laat

(3) ik weet al hoe laat het is! (ik weet hoe het met de zaak gesteld is! [niet al te best]) ▸ ich weiß schon was die Uhr geschlagen hat!

Ik moet morgen voor de tuchtcommissie verschijnen, maar *ik weet nu al hoe laat het is!*

lach

(2) in de lach schieten (zijn lach niet kunnen inhouden) ▸ auflachen
Toen Jan die gekke grap vertelde, *schoot iedereen in de lach.*

(2) de slappe lach krijgen (een onbedaarlijke lachbui krijgen) ▸ einen Lachkrampf bekommen
Telkens als ik hem zie in zijn vreemde outfit, *krijg ik de slappe lach.*

Siehe auch **in een deuk liggen, dubbel liggen van het lachen, zich een ongeluk/een bult/een kriek lachen, zich rot lachen, in een stuip liggen**.

lachen (Substantiv)

(1) dubbel liggen van het lachen (heel erg moeten lachen) ▸ sich vor Lachen biegen
☞ Das gleiche Bild in beiden Sprachen.
Toen hij vertelde hoe hij in het ijskoude water gevallen was, *lagen we allemaal dubbel van het lachen.*

Siehe auch **in een deuk liggen, de slappe lach krijgen, zich een ongeluk lachen, zich rot lachen, in een stuip liggen**.

L

lachen (Verb)

(1) zich een ongeluk/bult/kriek lachen / zich rot lachen (heel erg moeten lachen) ▸ sich totlachen | de kriek = de bult = der Höcker
☞ Wenn man sich totlacht, beugt man den Rücken und dann sieht es aus, als hätte man einen Höcker.
Toen Jan hoorde wat me overkomen was, *lachte hij zich een ongeluk.*

Siehe auch **in een deuk liggen, de slappe lach krijgen, dubbel liggen van het lachen, in een stuip liggen**.

(3) lachen als een boer die kiespijn heeft (niet van harte lachen) ▸ gequält lächeln
Hij wist dat de grap over hemzelf ging, wilde echter niet laten zien dat hij kwaad was en *lachte als een boer die kiespijn heeft.*

lachers

* de lachers op zijn *hand* hebben ▸ die Lacher auf seiner *Seite* haben
☞ *Hand* steht hier für *kant* (Seite).

lagerwal

(3) aan lagerwal geraakt (financieel of maatschappelijk achteruitgegaan) ▸ heruntergekommen | de lagerwal = der Legerwall
☞ Dies ist die seichte Stelle an der Küste auf der Leeseite eines Schiffes, zu der der Wind weht. Man denkt hier an ein Schiff, das stranden könnte.
Na de bankencrisis is ons bedrijf *aan lagerwal geraakt.*

Siehe auch **aan lager wal raken**.

lak

(2) lak aan iets/iemand hebben (zich niets aantrekken van iets/iemand) ▸ auf etwas/jdn pfeifen
☞ *Lak* bedeutete früher auch *gebrek* (Mangel), wie im englischen *to lack something.* Die Etymologie ist nicht bekannt.
De regering *heeft lak aan de op- en aanmerkingen van de oppositie.*

Siehe auch **iets aan zijn laars lappen, maling hebben aan iets, de pest aan iets/iemand hebben, schijt aan iemand/iets hebben, de schurft aan iemand/iets hebben**.

L

laken

(2) dat is van hetzelfde laken een pak! (dat is net zo [slecht] als het vorige) ▸ das ist Jacke wie Hose!
☞ Wörtlich: Ein Anzug aus demselben Stoff.
Eens in de regering zijn socialisten en liberalen *van hetzelfde laken een pak.*

Siehe auch **het is zo lang als het breed is, dat is lood om oud ijzer, op hetzelfde neerkomen, dat is één pot nat**.

lakens

(2) de lakens uitdelen (alles regelen, het bevel voeren) ▸ das Sagen haben
☞ Vielleicht denkt man an einen Schneidermeister, der den Gesellen den Stoff austeilt.
Je mag nooit vergeten dat de directeur degene is *die de lakens uitdeelt.*

Siehe auch **de boventoon voeren, de touwtjes in handen hebben, het voor het zeggen hebben**.

lamp

(2) tegen de lamp lopen (betrapt worden) ▸ erwischt werden | de lamp = der Polizist (in der Gaunersprache)

De eerste keer dat zijn vals paspoort gecontroleerd werd, *is hij al tegen de lamp gelopen.*

land

(3) met hem is geen land te bezeilen (er is niets met hem te beginnen, hij is onhandelbaar) ▸ mit ihm ist kein Auskommen, er ist ein Meckerer

☞ *Land bezeilen* bedeutete ‚wohlbehalten den Hafen erreichen'.

Als vader zo slecht gehumeurd is, *is met hem geen land te bezeilen.*

Siehe auch **er is geen huis met hem te houden**.

(3) het land aan iemand/iets hebben (er een hekel aan hebben) ▸ jdn/etwas nicht leiden können

☞ *Het land* steht hier für de *landziekte* = die Epidemie.

Op school *had ik het land aan wiskunde.*

Siehe auch **aan iets een broertje dood hebben, iets aan zijn laars lappen, lak aan iets/iemand hebben, maling hebben aan iets/iemand, de pest hebben aan iets/iemand, schijt aan iemand/iets hebben, de schurft aan iemand/iets hebben**.

lang

(1) het niet lang meer maken (niet meer lang leven) ▸ nicht mehr lange leben

Grootvader is erg ziek, *hij zal het niet lang meer maken.*

Siehe auch **zijn laatste adem uitblazen, op apegapen liggen, ten dode opgeschreven zijn, op sterven na dood zijn, eraan gaan, het hoekje om gaan, het loodje leggen, de pijp aan Maarten geven, de pijp uit gaan, in het stof bijten, in het zand bijten**.

(3) het is zo lang als het breed is (het maakt geen verschil) ▸ das ist gehupft wie gesprungen

☞ Man dachte ursprünglich an ein Viereck.

Of we nu met de trein of met de auto gaan, door al die vertragingen van het treinverkeer en de werkzaamheden op de autoweg *is dat zo lang als het breed is.*

Siehe auch **dat is van hetzelfde laken een pak, dat is lood om oud ijzer, op hetzelfde neerkomen, dat is één pot nat**.

lange

* bij *lange na* niet ▸ bei *weitem* nicht

lap

* dat werkt als een rode lap (*op een stier*) ▸ das wirkt *auf ihn* wie ein rotes Tuch

lapje

(2) iemand voor het lapje houden (siehe iemand voor de gek houden)
☞ Die Etymologie ist nicht geklärt.

larie

(3) dat is larie en apekool! (het is allemaal onzin!) ▸ alles Quatsch!
☞ Beide Substantive bedeuten Unsinn.
Wat die man vertelt is allemaal *larie en apekool!*

Siehe auch **dat raakt kant noch wal, dat heeft kop noch staart, kut met peren**.

L

last

(1) last hebben van zijn maag / de buren (maagklachten hebben / problemen hebben met de buren) ▸ Magenbeschwerden haben / Ärger mit den Nachbarn haben
Ik heb al twintig jaar *last van mijn maag*.

lat

(1) de lat hoog leggen (hoge eisen stellen) ▸ hohe Anforderungen stellen
☞ Man denkt an den Hochsprung.
Als je een taal begint te leren, mag je *de lat niet te hoog leggen*.

Latijn

* aan het eind van zijn Latijn zijn ▸ mit seinem Latein am Ende sein
Siehe auch **van zijn apropos raken, in de bonen zijn, met de/zijn handen in het haar zitten, niet weten hoe men het heeft, van de kaart zijn, de kluts kwijt zijn, van de kook raken, uit het lood geslagen, overstuur zijn, ten einde raad, van slag raken/zijn, het spoor bijster zijn, van streek zijn**.

leed

(3) het leed is weer geleden (het moeilijke moment is weer voorbij) ▸ die Sache ist ausgestanden

Als we allemaal meedoen, is de boete snel betaald en *het leed is weer geleden.*

leeftijd

(1) een man op leeftijd (een oudere man) ▸ ein älterer Mann

Hij was wel *een man op leeftijd*, maar nog niet echt een oude man.

leentjebuur

(3) leentjebuur spelen (altijd iets [bij de buren] gaan lenen) ▸ sich immer (bei den Nachbarn) etwas ausleihen

Ik heb de indruk dat deze componist bij Mozart *leentjebuur is gaan spelen.*

leer

(3) leer om leer (oog om oog, tand om tand) ▸ Auge um Auge, Zahn um Zahn

☞ *Leer* ist hier *Leder*. Die vollständige Redewendung lautete: *leer om leer, sla je mij, ik sla je weer.* Wahrscheinlich aus *van leer trekken*, vom Leder ziehen. Es handelt sich hier auch um die wörtliche Übersetzung von Shakespears *Measure for measure.*

Als je de Bijbel gelooft, moet je leus zijn: *leer om leer.*

leest

* dat is *op dezelfde* leest *geschoeid* ▸ das ist *über* einen Leisten *geschlagen*

lei

(2) (weer) met een schone lei beginnen (een compleet nieuw begin maken, nadat men voor alle fouten geboet heeft) ▸ einen neuen Anfang machen | de lei = die Schiefertafel

☞ Gemeint ist: Alles, was auf der Schiefertafel steht, auswischen und neu anfangen.

Laten we die ruzie vergeten en *met een schone lei beginnen.*

leiband

* aan iemands leiband *lopen* ▸ an jds Gängelband *gehen*

Leiden

* nu is *Leiden* in last! ▸ da ist *Holland* in Not!

☞ Diese Redewendung bezieht sich auf die Belagerung von Leiden im Jahre 1574.

Siehe auch **de boot is aan, daar heb je het gedonder (in de glazen), dan is voor mij de gort gaar, het is hommeles, dan is het huis te klein, de kat vliegt in de gordijnen, daar heb je de poppen aan het dansen, dan is de wereld te klein**.

lekker

(3) lekker is maar een vinger lang (het genot is van korte duur) ▸ das Vergnügen dauert nie sehr lange

☞ Man denkt an etwas Leckeres, das auf der Zunge zergeht, aber nicht lang dauert.

Lekker is maar een vinger lang is zo ongeveer de strekking van alle religies.

L

lengte

(2) tot in lengte van dagen (nog heel lang) ▸ noch viele Jahre

Tot in lengte van dagen zal ik mij de dag herinneren waarop die vliegtuigen op New York neerstortten.

(3) het moet uit de lengte of uit de breedte komen! (het geld moet ergens vandaan komen) ▸ irgendwo muss das Geld doch herkommen!

☞ Ursprünglich dachte man an den Stoff, aus dem Kleider gemacht wurden.

Die zwartwerkers heeft men in de horeca gewoon nodig, want *het moet uit de lengte of uit de breedte komen.*

les

(1) bij de les blijven (goed blijven opletten) ▸ aufpassen

Ik zie dat je weer niet luistert! Jongen, je moet *bij de les blijven*!

(1) iemand de les lezen (iemand berispen) ▸ jdm die Leviten lesen

De minister wil zich door niemand *de les laten lezen.*

Siehe auch **iemand ervanlangs geven, iemand onder handen nemen, iemand een kat geven, iemand de volle laag geven, iemand de mantel uitvegen, iemand op zijn nummer zetten, iemand de oren wassen, iemand de pin op de neus zetten, iemand op zijn plaats zetten, iemand een standje geven, iemand**

zijn vet geven, iemand op de vingers tikken, iemand de wacht aanzeggen.

lesje

(1) hij heeft zijn lesje wel geleerd! (die fout maakt hij niet meer) ▸ das war ihm eine Lehre!

Ik ben met mijn eerste vrouw veel te vroeg getrouwd, *maar nu heb ik mijn lesje wel geleerd!*

letten

* wat let je? ▸ was hindert dich *daran*?

leugentje

(2) een leugentje om bestwil (een leugen met een goede bedoeling) ▸ eine Notlüge

Over het algemeen ben ik eerlijk en oprecht, maar soms vereist de situatie gewoon *een leugentje om bestwil*.

L

leukste

(2) je bent zeker de leukste thuis! (gezegd van iemend die grappig wil zijn) ▸ du glaubst wohl, dass du witzig bist! | leuk = lustig, witzig

Toen ik die domme mop vertelde, zei de leraar: ‚*Je bent zeker de leukste thuis!*'

Siehe auch **je bent zeker de lolligste thuis**.

leven

* iemand naar het leven *staan* ▸ jdm nach dem Leben *trachten*

* er komt leven in de *brouwerij*! ▸ es kommt Leben in die *Bude*!

(2) (er wordt gebouwd enz.) bij het leven (erg veel) ▸ am laufenden Band
☞ Die Etymologie ist nicht bekannt.

Nu de btw op nieuwe huizen verlaagd is, wordt er gebouwd *bij het leven*.

levend

(2) levend en wel (in leven en in goede gezondheid) ▸ gesund und munter

Ik dacht dat opa ernstig ziek was, maar daar zat hij nu *levend en wel*.

Siehe auch **gezond van hoofd en hart, gezond van lijf en leden, gezond en wel**.

lever

* iets op zijn *lever* hebben ▸ etwas auf dem *Herzen* haben

licht

* iemand *het licht* in de ogen niet gunnen ▸ jdm nicht *das Weiße* im Auge gönnen

* zijn licht niet onder de korenmaat *zetten* ▸ sein Licht nicht unter den Scheffel *stellen*

(3) zijn licht bij iemand opsteken (inlichtingen inwinnen bij iemand, van iemands kennis gebruikmaken) ▸ sich bei jdm Aufschluss verschaffen
☞ *Opsteken* bedeutet hier ‚anmachen'. Gemeint ist: Sein Licht, seine Flamme an jds Lichtquelle, Kerze, Fackel anzünden.
Als ik jou was, zou ik *mijn licht bij de voorzitter opsteken.*

lichtje

* er gaat hem een *lichtje* op ▸ es geht ihm ein *Licht* auf
Siehe auch **er gaat een belletje rinkelen**.

L

lid

(3) het lid op de neus krijgen (siehe het deksel op de neus krijgen)

liefdewerk

(3) het is allemaal liefdewerk oud papier (het wordt allemaal gratis gedaan, uit idealisme) ▸ das geschieht alles ehrenamtlich
☞ Diese Redewendung bezieht sich auf ein katholisches Hilfswerk Ende des 19. Jahrhunderts, das für einen guten Zweck Altpapier einsammelte.
Wat we als vereniging doen, is *liefdewerk oud papier*, maar zo kan het niet langer, de staat moet subsidie verlenen.

liegen

* liegen (als)of het gedrukt *staat* ▸ lügen wie gedruckt

(2) dat liegt er niet om! (1. dat is duidelijk; onverbloemd; 2. dat is lang niet slecht) ▸ 1. das ist sonnenklar!, unverblümt; 2. das ist nicht ohne
1. Het rapport over politiegeweld *liegt er niet om!*

2. Het nieuwe toneelstuk van deze auteur *liegt er niet om!*

lievemoederen

(3) daar helpt geen lievemoederen aan! (het heeft geen zin om je te verzetten) ▸ da hilft kein Ach und Weh!

☞ Gemeint ist *Onze Lieve Moeder*. Es hat keinen Zweck, die Jungfrau Maria anzurufen.

Of we dat nu willen of niet, we moeten ons werk afmaken, *daar helpt geen lievemoederen aan!*

Siehe auch **het mocht niet baten, daar helpt geen moedertjelief aan**.

lieverkoekjes

(3) lieverkoekjes worden hier niet gebakken! (gezegd tegen kinderen die altijd iets ‚liever' willen hebben) ▸ es werden keine Extrawürste gebraten!

Ik weet dat je liever een smartphone had gekregen, maar *lieverkoekjes worden hier niet gebakken.*

L

lift

(1) in de lift zitten (vooruitgang maken) ▸ sich im Aufwind befinden

Na jaren van financiële moeilijkheden *zit ons bedrijf weer in de lift.*

lijf (siehe auch **lijve**)

(1) iemand tegen het lijf lopen (iemand toevallig ontmoeten) ▸ jdm über den Weg laufen

Gisteren ben ik totaal onverwacht *de premier tegen het lijf gelopen.*

(1) dat heeft weinig / niets om het lijf (dat betekent niet veel; dat is niet veel waard) ▸ damit ist es nicht weit her

☞ Gemeint ist: Das hat so wenig Kleider an, dass es fast nackt ist.

Wetenschappelijk gezien heeft dit experiment *weinig om het lijf.*

Siehe auch **dat is brandhout, het is niet je dát, dat is een wassen neus, beneden alle peil, het is niet om over naar huis te schrijven, het is niet veel soeps**.

lijk

* een lijk in de *kast* hebben ▸ eine Leiche im *Keller* haben

lijken

* op elkaar lijken als *twee druppels water* ▸ sich gleichen wie *ein Ei dem anderen*

lijn (siehe auch **lijntje**)

* één *lijn* trekken ▸ am *gleichen Strang* ziehen

(1) in lijn zijn met iets (in overeenstemming met iets zijn) ▸ mit etwas konform gehen

Onze tarieven *zijn in lijn met die van onze concurrentie.*

(2) zijn lijn vasthouden (voortgaan volgens de vanaf het begin gehanteerde aanpak) ▸ sich an etwas, das beschlossen war, halten

Verwacht niet van mij dat ik van mening verander. *Ik zal mijn lijn vasthouden.*

Siehe auch **pal staan voor iets**.

L

lijnen

* in grove lijnen ▸ in groben Zügen

lijnrecht

(1) lijnrecht tegenover elkaar staan (volkomen tegenover elkaar staan) ▸ genau entgegengesetzt sein

In de discussie over de begroting *stonden regering en oppositie lijnrecht tegenover elkaar.*

lijntje (siehe auch **lijn**)

(2) iemand aan het lijntje houden (iemand met beloftes zoet houden) ▸ jdn hinhalten, zappeln lassen

☞ *Het lijntje* ist hier der Zügel.

De werknemers hadden een loonsverhoging moeten krijgen, maar voorlopig *worden ze door de werkgevers nog aan het lijntje gehouden.*

Siehe auch **iemand met iets afschepen, iemand met apenmunt betalen, iemand het bos in sturen, iemand met een dooddoener afschepen, zich ergens met een jantje-van-leiden van afmaken, iemand met een kluitje in het riet sturen, iemand blij maken met een dode mus**.

lijst

(3) een lijst van hier tot ginder/overmorgen (een erg lange lijst, een waslijst) ▸ eine ganze Litanei | ginder = dort

De vakbonden zijn met *een lijst van hier tot ginder* gekomen, allemaal eisen die ze ingewilligd willen zien.

lijve (siehe auch lijf)

* iets aan den lijve *voelen*/ondervinden ▸ etwas am *eigenen* Leib erfahren

lik

(2) lik op stuk krijgen; iemand lik op stuk geven (een onmiddellijke en afdoende reactie krijgen; onmiddellijk en raak reageren) ▸ eine scharfe Antwort bekommen; reagieren wie aus der Pistole geschossen

☞ Wahrscheinlich aus *een lik* (von *likken* = lecken) *uit de pan* (einen Klacks aus der Pfanne) *krijgen*, das entstanden sein könnte aus *een veeg uit de pan krijgen* (= einen Rüffel) bekommen. Was in diesem Zusammenhang *stuk* ist, ist nicht geklärt.

Toen ik kritiek uitte op het voorstel van de voorzitter *heb ik lik op stuk gekregen.*

lint

(2) door het lint gaan (zijn zelfbeheersing verliezen) ▸ auf die Palme gebracht werden

☞ *Het lint* ist hier das Band, das etwas absperrt.

Toen ik vernam wat die man over mij gezegd had, *ben ik door het lint gegaan.*

Siehe auch **op zijn achterste benen gaan staan, zich druk maken, de duivel in hebben, des duivels zijn, gebeten zijn op iemand, tekeergaan dat de honden er geen brood van lusten, een kort lontje hebben, op zijn achterste poten gaan staan, uit zijn slof schieten, tekeergaan als een bezetene, uit zijn vel springen, vuur spuwen**.

lip

(3) op elkaars lip zitten (erg dicht bij elkaar zitten) ▸ dicht nebeneinder sitzen

Ons huis is zo klein dat we de hele dag *op elkaars lip zitten.*

Siehe auch **als haringen in een ton, je kunt hier je kont niet keren**.

L

list

* met list en bedrog ▸ mit Lug und Trug

listen

* iemands *listen* an *lagen* ▸ jds *List* und *Tücke*

loef

(3) iemand de loef afsteken (iemand overtreffen) ▸ jdn ausstechen | de loef = die Luv, die dem Wind zugewandte Seite

☞ Wörtlich bedeutet diese Redewendung also: Jdm den Wind aus den Segeln nehmen.

De concurrentie heeft weer eens geprobeerd ons met lagere prijzen *de loef af te steken.*

Siehe auch **iemand de baas zijn, het gras voor de voeten wegmaaien, er zijn kapers op de kust, iemand vliegen (een vlieg) afvangen, iemand te vlug af zijn**.

L

loer

(2) iemand een loer draaien (een gemene grap met iemand uithalen) ▸ jdm einen bösen Streich spielen

☞ *De loer* ist eine Scheinbeute, ein mit Sand gefüllter lederner Beutel, auf dem ein Stück Fleisch befestigt ist. Der Falkner dreht den an einer langen Schnur festgemachten Beutel über seinem Kopf, um den Falken auf das vermeintlich lebende Tier (denn Falken fressen kein Aas) aufmerksam zu machen.

Vele Nederlanders denken dat de EU Nederland *een loer heeft gedraaid.*

Siehe auch **iemand voor aap zetten, met iemand de draak steken, iemand voor de gek houden, iemand in zijn hemd zetten, iemand voor joker zetten, iemand te kijk zetten, iemand een kool stoven, iemand een kunstje flikken, iemand voor het lapje houden, een loopje met iemand nemen, iemand voor lul zetten, iemand in de maling nemen, iemand bij de neus nemen, iemand een oor aannaaien, iemand in het ootje nemen, iemand een poets bakken, iemand voor schut zetten**.

loftrompet

(3) de loftrompet over iemand/iets steken (iemand/iets uitbundig prijzen) ▸ ein Loblied auf jdn anstimmen

☞ *Steken* bedeutet hier ‚in die Höhe heben'.

Het is normaal dat een uitgever *de loftrompet steekt* over een auteur van wie hij de exclusiviteit heeft.

Siehe auch **iemand de hemel in prijzen, hoog opgeven van iemand, (veel) met iemand/iets ophebben, over het paard getild, iemand in het zonnetje zetten**.

lol

* voor de lol ▸ *zum* Spaß

lolligste

(3) je bent zeker de lolligste thuis! (siehe je bent zeker de leukste thuis!)

lonen

(3) het kwaad loont zijn meester (vroeg of laat wordt het kwaad bestraft) ▸ früher oder später wird man für das, was man getan hat, bestraft

☞ *Lonen* steht für *belonen*. Es handelt sich also um eine Antiphrase.

Het duurt soms jaren, maar wees ervan verzekerd dat *het kwaad zijn meester loont*.

L

lontje

(3) een kort lontje hebben (opvliegend zijn) ▸ aufbrausend, jähzornig sein | de lont / het lontje = die Lunte

Pas op met je kritische opmerkingen, de voorzitter *heeft een kort lontje*.

Siehe auch **op zijn achterste benen gaan staan, zich druk maken, de duivel in hebben, des duivels zijn, gebeten zijn op iemand, tekeergaan dat de honden er geen brood van lusten, door het lint gaan, op zijn achterste poten gaan staan, uit zijn slof schieten, tekeergaan als een bezetene, uit zijn vel springen, vuur spuwen**.

lood

(2) uit het lood geslagen zijn (uit zijn evenwicht zijn geraakt) ▸ total verwirrt sein, fassungslos sein

☞ *Het lood* ist hier das Senklot/Senkblei. Früher bedeutete diese Redewendung ‚aus dem Lot sein'.

Toen mijn vriend me vertelde dat hij mijn vrouw met een andere man had gezien, *was ik uit het lood geslagen*.

Siehe auch **van zijn apropos raken, in de bonen zijn, met de handen in het haar zitten, niet weten hoe men het heeft, de kluts kwijt zijn, van de kaart zijn, van de kook raken, aan het eind van zijn Latijn zijn, overstuur zijn, ten einde raad, het spoor bijster zijn/raken, van streek zijn, van zijn stuk raken**.

(3) iets met lood in de schoenen doen (iets traag en met grote tegenzin doen) ▸ etwas mit weichen Knien tun | het lood = das Blei

Heel wat leraren die door hun leerlingen gepest worden, gaan elke dag *met lood in de schoenen* naar school.

Siehe auch **tegen heug en meug, met loden schoenen, tegen wil en dank**.

(3) dat is lood om oud ijzer! (dat maakt geen verschil, dat komt op hetzelfde neer) ▸ das ist gehupft wie gesprungen!

☞ Zwischen dem 14. und dem 17. Jh. waren Blei und Alteisen ungefähr gleich viel wert.

Socialisten of liberalen aan de macht, *dat is lood om oud ijzer!*

L

Siehe auch **dat is van hetzelfde laken een pak, het is zo lang als het breed is, op hetzelfde neerkomen, dat is één pot nat**.

loodje

(2) het loodje leggen (1.verliezen; 2. sterven) ▸ 1. den Kürzeren ziehen; 2. ins Gras beißen

☞ *Het loodje* war früher eine Bleimünze, mit der man eine Theatervorstellung bezahlen konnte. *Het loodje leggen* bedeutete also ‚bezahlen' und daher ‚den Kürzeren ziehen'. In 2. ist *het loodje* vielleicht die Bleimünze, mit der man Charon die Überfahrt über den Styx bezahlte.

1. Onze ploeg heeft met 3-1 *het loodje moeten leggen.*

2. Tijdens de coronacrisis hebben veel bejaarden *het loodje gelegd.*

Siehe auch (zu 1.) **zich laten afdrogen, het tegen iemand (moeten) afleggen, voor de bijl gaan, aan het kortste eind/eindje trekken, het onderspit delven, er niet aan te pas komen, ergens niet tegenop kunnen**; (zu 2.) **zijn laatste adem uitblazen, op apegapen liggen, op sterven na dood zijn, eraan gaan, het hoekje om gaan, het niet lang meer maken, de pijp aan Maarten geven, de pijp uit gaan, in het stof bijten**.

loop

(1) op de loop gaan (vluchten) ▸ die Flucht ergreifen

Toen hij de politie zag aankomen, *is de dief op de loop gegaan.*

Siehe auch **het anker lichten, de benen nemen, zijn benen onder zijn arm nemen, zijn biezen pakken, ervandoor gaan, het hazenpad kiezen, de/zijn hielen lichten, ertussenuit knijpen, zijn matten oprollen, met de muziek meezijn, met de noorderzon vertrekken, ertussenuit piepen, de plaat poetsen, 'm smeren, er de sokken in zetten, met de stille trom vertrekken, zich uit de voeten maken, de wijk nemen**.

loopje

(3) een loopje met de waarheid nemen (niet de waarheid zeggen) ▸ es nicht so genau mit der Wahrheit nehmen

De oppositie heeft duidelijk gezien dat de minister in zijn antwoord *een loopje met de waarheid heeft genomen.*

(3) een loopje met iemand nemen (siehe iemand voor de gek houden)

☞ Die ursprüngliche Bedeutung war: Mit jemandem irgendwo hinlaufen; mit ihm tun, was man will.

lopen

(1) loop naar de bliksem/hel/maan/pomp! (1. maak dat je wegkomt! 2. geen sprake van) ▸ 1. Scher dich zum Teufel! 2. kommt nicht in Frage

1. Toen ik hem iets wilde vragen, riep hij ‚*Loop naar de maan!*'

2. Ik jou 100.000 euro lenen? *Loop naar de bliksem!*

Siehe auch **je kunt de boom in, je kunt me de bout hachelen, ga toch fietsen, mij niet gezien**.

(1) het loopt als een trein (het verkoopt heel goed) ▸ das läuft prima

Mijn nieuwe boek *loopt als een trein*

Siehe auch **gretig aftrek vinden, als warme broodjes over de toonbank gaan, grif van de hand gaan, goed in de markt liggen, opgang maken, opgeld doen, in trek zijn, in zwang zijn**.

loper

* de(rode) *loper* voor iemand *uitleggen* ▸ den roten *Teppich* für jdn *ausrollen*

L

lor

(3) dat kan me geen lor schelen! (siehe dat zal me een zorg zijn/wezen)
☞ *Het/de lor* bedeutet hier der Lumpen, der Lappen. Gemeint ist also: Diese Sache hat für mich weniger Wert als ein Lumpen.

los

(2) alles wat los en vast zit (alles zonder onderscheid) ▸ alles und jedes; alles, was anfällt; alles, was sich anbietet
Als ik naar de vlooienmarkt ga, koop ik soms *alles wat los en vastzit*.

lotje

(3) van lotje getikt zijn (siehe niet goed wijs zijn)
☞ Die Etymologie ist unklar. Es könnte sich jedoch um die Verballhornung von *van het lorretje* (Papagei) *gepikt* handeln.

louter

L

(1) louter en alleen omdat ... (alleen maar omdat ...) ▸ nur weil ...
☞ Die beiden Adverbien haben die gleiche Bedeutung.
Hij wil me niet meer zien, en dat *louter en alleen* omdat ik hem niet op mijn verjaardag had uitgenodigd.

loven

(3) na veel loven en bieden (na lang onderhandeld te hebben; na een lange discussie) ▸ nach langem Feilschen
☞ Diese Redewendung bezieht sich auf das Feilschen, bei dem der Verkäufer einen bestimmten Preis verlangt (*loven*) und der Käufer ein Angebot macht (*bieden*).
Na veel loven en bieden hebben we dan toch toegang gekregen tot de Chinese markt.

Siehe auch **na veel passen en meten, na veel plussen en minnen, na veel vijven en zessen, na veel wikken en wegen**.

lucht (siehe auch luchtje)

* *uit de lucht komen* vallen ▸ *wie vom Himmel* fallen

* dat is allemaal *gebakken* lucht! ▸ das ist alles nur *heiße* Luft!

* in de open lucht (buiten) ▸ im Freien, unter freiem Himmel

(3) niet van de lucht zijn (onophoudelijk aanwezig zijn) ▸ nicht enden wollen (z. B. Buhrufe, Gewitter)

☞ Gemeint ist: Es hängt noch immer etwas in der Luft.

De toespraken van de aanwezige politici *waren niet van de lucht.*

(3) in de lucht zijn / uit de lucht gaan (gezegd van een zender: beginnen/ ophouden met uitzenden) ▸ auf Sendung sein / nicht mehr senden

Volgende maand *gaan alle piratenzenders uit de lucht.*

luchten

* iemand niet kunnen *luchten* ▸ jdn nicht *riechen* können

☞ *Luchten* ist ein altes Wort für ‚riechen'.

luchtje

* een *luchtje* scheppen ▸ *frische Luft* schöpfen

☞ Wieder de typische Verkleinerungsform!

Siehe auch **een frisse neus halen**.

(2) er zit een luchtje aan (het is verdacht) ▸ an der Sache ist etwas faul

☞ *Luchtje* bedeutet hier etwas, das stinkt.

Ik vertrouw de regering niet: als ze iets voorstelt, *zit er altijd een luchtje aan.*

Siehe auch **er zit een geurtje aan, niet in de haak zijn, niet pluis zijn**.

luisteren

(3) dat luistert nauw (dat moet heel precies gebeuren) ▸ das erfordert große Genauigkeit

☞ Die Etymologie ist nicht bekannt.

Een diamant slijpen, *dat luistert nauw.*

lul

(3) iemand voor lul zetten (siehe iemand voor de gek houden)

☞ Die eigentliche Bedeutung von *lul* ist ‚Penis'; hier jedoch ist ‚Schwachkopf' gemeint.

(3) voor lul staan (een belachelijke indruk maken) ▸ sich blamieren

☞ *Lul*: Siehe oben.

Wat je voorstelt, zal ik zeker niet doen: ik wil niet voor alle mensen *voor lul staan.*

Siehe auch **voor aap staan, voor gek staan, te kijk staan, voor paal staan, voor schut staan**.

luren

(2) iemand in de luren leggen / zich in de luren laten leggen (iemand beetnemen / zich laten beetnemen) ▸ jdn reinlegen / sich reinlegen lassen

☞ *De luur* ist hier *de luier* (die Windel). Gemeint ist also: Jdn in die Windeln legen / sich, wie ein kleines Kind, in die Windeln legen lassen.

Pas op, de *regering probeert weer eens de oppositie in de luren te leggen*!

Siehe auch **iemand iets diets maken, iemand op een dwaalspoor brengen, iemand te grazen nemen, iemand knollen voor citroenen verkopen, iemand iets op de mouw spelden, iemand een rad voor (de) ogen draaien, iemand om de tuin leiden; erin trappen, erin vliegen**.

lurven

(3) iemand bij de lurven pakken/grijpen (iemand beetgrijpen) ▸ jdn beim Schlafittchen packen

☞ *Lurven* kommt nur in dieser Redewendung vor. Die Etymologie ist nicht bekannt.

De ruziemakers *werden bij de lurven gepakt* en op straat gezet.

Siehe auch **iemand bij de kladden grijpen, iemand naar de strot vliegen**.

L

lust

(2) dat is mijn lust en leven (dat is mijn passie) ▸ das ist meine ganze Lust, das tu ich für mein Leben gern

Tennissen, *dat is mijn lust en leven.*

lusten (Substantiv)

(3) wel de lusten maar niet de lasten willen (wel het aangename maar niet het onaangename willen) ▸ die Vorteile wollen, aber nicht die Nachteile

☞ Bei der Wahl der Substantive hat die Alliteration eine Rolle gespielt.

Als je in de stad woont en van *de lusten* profiteert, moet je ook *de lasten* op de koop toe nemen.

lusten (Verb)

(3) hij zal ervan lusten! (hij zal ervoor boeten!) ▸ dafür wird er büßen!
☞ Das in dieser Antiphrase ironisch gebrauchte *lusten* bedeutete früher ‚Freude bei etwas haben'.
Als je nog eens zoiets doet, *zal je ervan lusten!*

Siehe auch **het gelag moeten betalen, het moeten ontgelden, voor iets moeten opdraaien**.

(3) zo lust ik er nog wel een(tje)! (daar geloof ik niets van!) ▸ erzähl das deiner Großmutter!
☞ Wieder eine Antiphrase: Man freut sich ja nicht über etwas, das man nicht glaubt.
Jij zou een ufo gezien hebben? *Zo lust ik er nog wel eentje!*

Siehe auch **ik geloof het wel, maak dat de kat (maar) wijs, dat dank je de koekoek, je kunt me nog meer vertellen**.

M

maag

(2) ergens mee in de maag zitten (ergens tegen opzien) ▸ jdm schwer im Magen liegen
De voorzitter zit zwaar in de maag met de kritiek die hij te horen kreeg.

(3) iemand iets in de / zijn maag splitsen (1. iemand ergens mee opschepen; 2. iemand iets aansmeren) ▸ 1. jdm etwas aufhalsen; 2. jdm etwas andrehen
☞ Aus der Seemannssprache: *Splitsen* ist das Auseinanderfädeln eines Seiles, um etwas zwischen die Stränge einzuklemmen, bevor man diese wieder zusammenbindet.
1. Ze hebben mij het voorzitterschap *in de maag gesplitst.*
2. Ik laat me door jou niet zo'n defect toestel *in de maag splitsen*!

maan

(1) loop naar de maan! (ga weg!) ▸ scher dich zum Teufel!
Toen ik hem vroeg of hij me kon helpen, zei hij ‚*Loop naar de maan!*'

Siehe auch **loop naar de bliksem, je kunt de boom in, je kan me de bout hachelen, ga toch fietsen, loop naar de hel, mij niet gezien, loop naar de pomp**.

(2) naar de maan zijn (weg, verloren, kapot, defect zijn) ▸ futsch sein; kaputt sein

Na enkele weken *was mijn nieuwe computer al naar de maan.*

Siehe auch **naar de bliksem zijn, naar de haaien zijn, naar de filistijnen zijn, zeg maar dag met je handje**.

maandag

(3) ergens een blauwe maandag gewerkt hebben (ergens zeer korte tijd gewerkt hebben) ▸ irgendwann einmal kurz irgendwo gearbeitet haben

☞ Die Etymologie ist unklar, aber *blauw* sagte man früher von etwas von geringer Bedeutung. Gemeint ist also ein Tag, an dem wenig gearbeitet wurde. Diese Redewendung entspricht also nicht dem deutschen *blauen Montag.*

Voordat ik leraar werd, heb ik *een blauwe maandag* in een fabriek gewerkt.

maat (siehe auch maten)

M

(1) onder/beneden de maat zijn (niet aan de eisen voldoen) ▸ den Anforderungen nicht gerecht werden

☞ Wörtlich: Nicht die erforderliche Größe haben. Rekruten, die zu klein waren, waren wehrdienstuntauglich.

Die violist is niet door ons orkest geaccepteerd, want *zijn prestatie was beneden de maat.*

magerman

* *magerman* is er keukenmeester ▸ dort ist *Schmalhans* Küchenmeister

Siehe auch **schraalhans is er keukenmeester**.

maken

(3) het gemaakt hebben (genoeg verdiend hebben om onbezorgd te kunnen leven) ▸ seine Schäfchen im Trockenen haben

☞ Wahrscheinlich aus dem englischen *to make it to the top.*

Nadat hij tien jaar restaurantuitbater is geweest, is mijn broer met pensioen gegaan, want *hij heeft het gemaakt.*

Siehe auch **binnen zijn, onder dak zijn, onder de pannen zijn**.

makkelijk (siehe gemakkelijk)

mal

(3) tussen mal en dwaas (de tienerjaren) ▸ die Flegeljahre | mal = albern; dwaas = närrisch

Wind je niet op over het gedrag van je zoon! *Op die leeftijd zijn alle tieners tussen mal en dwaas.*

Siehe auch **te groot voor servet en te klein voor tafellaken, tussen servet en tafellaken**.

malen

(3) ik maal er niet om (ik vind het niet belangrijk, het laat me koud) ▸ es kümmert mich nicht

☞ *Malen* bedeutet hier ‚grübeln', ‚quengeln'.

Mijn vrouw reist niet graag, *maar ik maal er niet om.*

Siehe auch **dat kan me geen barst schelen, het is me om het even, dat kan me geen fluit schelen, dat kan me geen moer schelen, daar word ik warm noch koud van, dat kan me geen zak schelen, dat kan me geen zier schelen, dat zal me een zorg wezen**.

M

maling

(3) iemand in de maling nemen (siehe iemand voor de gek houden)

☞ *De maling* (von *malen*, drehen) bezieht sich auf ein Spiel, bei dem man jdn um seine Achse dreht, indem man an zwei Enden eines Seils zog, das um seinen Körper gewickelt war.

(3) maling hebben aan iemand/iets (siehe *lak hebben aan iemand/iets*)

☞ *De maling* ist hier *de pest.*

mallemoer

(3) naar de mallemoer zijn (siehe naar de bliksem zijn)

☞ *Mallemoer* = malle moeder. Früher lautete diese Redewendung *naar de duivel en zijn* (*malle* = verrückte) *moer zijn.*

man (siehe auch mannetje)

* *man* en paard noemen ▸ Ross und *Reiter* nennen

☞ Man beachte die Umkehrung!

* met *man en* macht ▸ mit *aller* Macht

☞ *De macht* ist eine Nebenform zu mittelniederländisch *maech* (Verwandter). Ursprünglich bedeutete diese Redewendung ‚die Lehnsleute und ihre Verwandten'.

* een man van *de* wereld ▸ ein Mann von Welt

(2) iemand iets op de man af vragen/zeggen (iemand iets rechtstreeks, zonder omwegen vragen/zeggen) ▸ jdn etwas geradeheraus, rundheraus fragen/sagen

Ik zal hem op de man af vragen, waarom hij zoiets over mij gezegd heeft.

(3) de man met de hamer (een plotselinge vermoeidheid [vooral bij sporten gezegd]) ▸ der Durchhänger

☞ Aus dem Radsport, als Übersetzung der französischen *Redewendung l'homme au coup de marteau.* Man fühlt sich, als hätte man einen Hammerschlag auf den Kopf bekommen.

Ik was veel te snel gestart en dus kwam ik al na tien kilometer *de man met de hamer* tegen.

M

Siehe auch **bekaf zijn, op zijn laatste benen lopen, gaar zijn, voor pampus liggen, uitgeteld zijn**.

mand

(1) door de mand vallen (1. iets niet waar kunnen maken; 2. op een leugen betrapt worden) ▸ 1. nicht den Erwartungen entsprechen; 2. bei einer Lüge erwischt werden

☞ Früher wurden unerwünschte Anbeter in einem schadhaften Korb zum Fenster der Geliebten emporgehoben. Dabei fielen sie durch den Sitz und *bekamen so einen Korb.*

1. De regering is met haar politiek *door de mand gevallen.*

2. Toen zijn verhaal gecontroleerd werd, *is hij door de mand gevallen* en kwam de waarheid aan het licht.

mannetje (siehe auch man)

* zijn *mannetje* staan ▸ seinen *Mann* stehen

☞ Wieder die typische Verkleinerungsform!

Siehe auch **voor niets staan, voor geen kleintje vervaard zijn, geen zee gaat hem te hoog**.

mantel

* iets met de mantel der *liefde* bedekken ▸ etwas mit dem Mantel der *christlichen Nächstenliebe* bedecken
☞ Biblischen Ursprungs.

(3) iemand de mantel uitvegen (iemand streng berispen) ▸ jdm die Leviten lesen | uitvegen = ausklopfen, reinigen
We zullen de minister morgen in het parlement eens flink *de mantel uitvegen.*

Siehe auch **iemand ervanlangs geven, iemand onder handen nemen, iemand een kat geven, iemand de volle laag geven, iemand de les lezen, iemand op zijn nummer zetten, iemand de pin op de neus zetten, iemand de oren wassen, iemand op zijn plaats zetten, iemand zijn vet geven, iemand op de vingers tikken, iemand de wacht aanzeggen, dan zwaait er wat**.

markt

(2) goed in de markt liggen (populair zijn) ▸ hoch im Kurs stehen
Ze hebben me gezegd dat ik voor het voorzitterschap *goed in de markt lig.*

M

Siehe auch gretig aftrek vinden, als warme broodjes over de toonbank gaan, grif van de hand gaan, het loopt als een trein, opgang maken, opgeld doen, in trek zijn, in zwang zijn.

markten

(2) van alle markten thuis zijn (veelzijdig zijn, erg handig zijn) ▸ in allen Sätteln gerecht sein
☞ Zuerst hatte diese Redewendung eine negative Bedeutung: Landstreicher und Krämer lernten auf den Märkten alle gemeine Tricks.
In ons bedrijf hebben we geen specialisten nodig, *wel mensen die van alle markten thuis zijn.*

Siehe auch **heel wat in huis hebben, heel wat in zijn mars hebben, van zessen klaar zijn**.

mars

(2) heel wat in zijn mars hebben (veel kunnen, begaafd zijn) ▸ sehr fähig sein, begabt sein | de mars = der Korb, in dem der Hausierer (*marskramer*) seine Ware hatte

Die auteur heeft heel wat in zijn mars, meer dan ik eerst gedacht had.

Siehe auch die vorige Redewendung.

maten (siehe auch **maat**)

* met *twee maten* meten ▸ mit *zweierlei Maß* messen

matje (siehe auch **matten**)

(2) op het matje geroepen worden (ter verantwoording geroepen worden) ▸ einen Rüffel bekommen
☞ *Het matje* ist hier die Fußmatte vor dem Büro des Vorgesetzten.

Omdat ik weer eens te laat gekomen was, werd ik door de directeur *op het matje geroepen.*
Siehe auch **op z'n donder krijgen, op z'n duvel krijgen, ervanlangs krijgen, een uitbrander krijgen, een veeg uit de pan krijgen, de wind van voren krijgen, dan zwaait er wat voor je**.

matras

M

(3) de/het Gooise matras (het glamourwereldje in Hilversum van Nederlandse radio-en televisieomroepen, waar je [als vrouw] via het matras carrière kunt maken) ▸ die Bettkarriere, das ‚sich hochschlafen'
Het Gooise matras was geen succesverhaal voor mijn dochter, want ze wilde niet met een van de directeuren naar bed.

matten (siehe auch **matje**)

(3) zijn matten oprollen (siehe de benen nemen)
☞ *De mat* war der Teppich, den die Gaukler auf der Straße ausrollten, um ihre Künste darzubieten. Nach der Vorstellung wurde der Teppich wieder aufgerollt und die Gaukler zogen weiter.

mazen

* door de mazen van het *net* glippen ▸ durch die Maschen des *Gesetzes* schlüpfen

meegenomen

(2) dat is (mooi) meegenomen! (dat is een aardig, gemakkelijk verkregen voordeeltje) ▸ das ist eine hübsche Zugabe!
Een loonsverhoging van 10 %, *dat is mooi meegenomen!*

Siehe auch **met zijn neus in de boter vallen, (goed) van pas komen, pik in het is winter, dat is nooit weg**.

meet

(2) van meet af (aan) (vanaf het prille begin) ▸ von Anfang an | de meet = die Startlinie

Van meet af aan heb ik gezegd dat die man niet deugde.

mekaar

(1) dat komt voor mekaar (siehe dat komt voor elkaar)

melk

(3) niets in de melk te brokkelen / brokken hebben (niets te zeggen hebben, geen invloed hebben) ▸ nichts zu bestellen haben

☞ Gemeint ist: Wer so arm ist, dass er nicht einmal ein Stück Brot hat, um in die Milch zu bröckeln, hat kein Mitspracherecht.

Jij moet zwijgen, *je hebt hier niets in de melk te brokkelen*!

Siehe auch **als bijwagen fungeren, niets in te brengen hebben, er voor Jan Lul bij zitten, een nul in het cijfer zijn, er voor Piet Snot bij zitten, (er) voor spek en bonen meedoen (bijlopen)**.

M

mens

* de inwendige mens *versterken* ▸ *etwas* für den inneren Menschen *tun*

mep

(3) de volle mep moeten betalen (het hele bedrag moeten betalen) ▸ die volle Summe bezahlen müssen | de mep = der Schlag, aber auch der Verlust

Ik heb nog geprobeerd korting te krijgen, maar *ik moest de volle mep betalen.*

Siehe auch **het volle pond moeten betalen**.

mes

*iemand het mes *op* de keel zetten ▸ jdm das Messer *an* die Kehle setzen

(3) onderhandelen met het mes op tafel (fel, vijandig onderhandelen) ▸ beim Verhandeln eine unnachgiebige Haltung einnehmen

☞ Früher legten gewisse Kartenspieler ihr Messer auf den Tisch als Zeichen, dass mit ihnen nicht zu spaßen war.

Chinezen *onderhandelen altijd met het mes op tafel.*

(3) ergens het mes in zetten (een misstand met krachtige middelen bestrijden; ergens flink op bezuinigen) ▸ einen Missstand beseitigen; drastische Sparmaßnahmen ergreifen, den Etat kürzen

De regering moet nu maar eens *het mes zetten in de veel te hoge staatsuitgaven.*

(3) het mes snijdt aan twee kanten (gezegd van iets dat een dubbel positief effect heeft) ▸ einen doppelten Schnitt haben, einen doppelten Vorteil haben

☞ In Flandern hat diese Redewendung eine andere Bedeutung: Nicht nur Vor-, sondern auch Nachteile haben.

Met deze regeling zijn zowel werkgevers als werknemers tevreden: *het mes snijdt aan twee kanten.*

metten

* ergens korte *metten* mee maken ▸ mit etwas kurzen *Prozess* machen | de metten = die Matutin

☞ Wörtlich: Eine kurze Messe zelebrieren.

M

middelmaat

(3) middelmaat versiert de straat (er zijn veel middelmatige mensen) ▸ es gibt viel mittelmäßige Menschen

Je mag niet teveel van de mensen verwachten, want *middelmaat versiert de straat.*

midden

(2) iets in het midden laten (zich niet over iets uitspreken, iets onbeslist laten) ▸ etwas dahingestellt lassen

☞ Gemeint ist: Sich weder für rechts noch für links, für ja oder nein entscheiden.

We moeten naar hem luisteren, maar of hij gelijk heeft, *dat laat ik in het midden.*

(3) iets in het midden brengen (siehe iets ter tafel brengen)

☞ Gemeint ist: Etwas inmitten von anderen sagen.

mietje

(3) laten we elkaar geen mietje noemen! (laten we de dingen zeggen zoals ze zijn! laten we duidelijk zijn!) ▸ lasst uns die Dinge beim Namen nennen!

☞ *Mietje* ist die Kurzform von *Marietje.* Gemeint ist also: Seien wir nicht nett zueinander, sondern sagen wir die Dinge, wie sie sind.

Vielleicht schwingt hier auch eine Anspielung auf Homosexuelle mit, denn *mietje* = Homosexueller.

Laten we elkaar geen mietje noemen, we hebben de strijd verloren!

mik

(3) het is dikke mik tussen hen (siehe het is koek en ei tussen hen) | de mik = das Brot

☞ Gemeint ist: Sie sind so gut befreundet, dass sie sich das Brot teilen.

minne

(2) iets in der minne schikken (iets op zo'n manier oplossen dat beide partijen tevreden zijn) ▸ etwas gütlich beilegen

☞ *Minne* ist ein altes Wort für Liebe, siehe *Minnelieder.*

We zullen proberen het conflict *in der minne te schikken.*

minste

* bij het *minste* of geringste ▸ beim geringsten *Anlass*

missen

M

(2) dat kan ik missen als kiespijn! (daar ben ik volstrekt niet op gesteld) ▸ darauf habe ich gerade noch gewartet! | Kiespijn = Zahnschmerzen

Mensen die over alles en iedereen klagen, *die kan ik missen als kiespijn!*

mist

* in *mist en nevelen* gehuld ▸ in *Dunkel* gehüllt

☞ *Mist* und *nevel* bedeuten beide ‚Nebel'.

(2) de mist in gaan (gezegd van iets dat mislukt) ▸ schiefgehen

Onze poging om kampioen te worden, *is volledig de mist in gegaan.*

Siehe auch **de boot in gaan, op de klippen lopen, het schip in gaan, er komt niets van terecht**.

modder

* met modder *gooien* ▸ mit Dreck *bewerfen*

Siehe auch **iemand door het slijk sleuren, iemands naam door het slijk halen**.

moed

* zich moed *in*drinken ▸ sich Mut *an*trinken

* de *moed* zonk hem in de *schoenen* ▸ das *Herz* rutschte ihm in die *Hose*

(2) de moed erin houden (niet opgeven) ▸ die Ohren steif halten
Hou de moed erin en dan zal het wel lukken!

Siehe auch **niet bij de pakken neerzitten, de rit uitzitten**.

(3) in arren moede (wanhopig) ▸ aus reiner Verzweiflung
☞ *Arren* gibt es nur noch in dieser Redewendung. Es stammt aus dem mittelniederländischen *erre*, *arre*, das ‚verzweifelt' bedeutete und verwandt ist mit dem lateinischen *errare*. *Moede* hat hier die Bedeutung von ‚Wille', ‚Verlangen'.
Omdat we geen hotel vonden, zijn we *in arren moede* naar een camping gegaan.

Siehe auch **van armoe, met de handen in zijn haar, ten einde raad**.

moeder

(3) niet moeders mooiste zijn (net erg mooi zijn) ▸ das hässliche Entlein sein
Hij is wel niet moeders mooiste, maar het is toch een aardige man.

moedertjelief

(3) daar helpt geen moedertjelief aan! (daar is niet aan te ontkomen) ▸ da hilft kein Ach und Weh!
☞ *Moederlief* sagten die Kinder zu ihrer Mutter, wenn sie etwas haben wollten.
We moeten ons deel van het werk doen, *daar helpt geen moedertjelief aan!*

Siehe auch **het mocht niet baten, daar helpt geen lievemoederen aan**.

moederziel

* moederziel alleen ▸ mutterseel*en*allein

moeilijk

(1) (over iets) moeilijk doen/doe niet zo moeilijk! (niet graag zijn toestemming tot iets geven / maak er niet zo'n probleem van!) ▸ nicht gern sein Einverständnis zu etwas geben / mach nicht solche Sperenzchen!

Kom nou, *doe niet zo moeilijk* en ga voor één keer akkoord met mij!

Siehe auch **zich bij iets neerleggen**.

moeite

(1) dat gaat in één moeite door! (dat kan meteen erbij gedaan worden) ▸ das geht in einem Aufwasch!

Ik kan je morgen een bezoek brengen en dan kan ik ook je fiets repareren, *dat kan dan in één moeite door.*

moer

(3) dat kan me geen moer schelen! (siehe dat zal me een zorg wezen!) | de moer = (hier:) die Mutter des Teufels

M

moeras

(2) iemand uit het moeras helpen (iemand helpen die in moeilijkheden zit) ▸ jdm aus der Patsche helfen | het moeras = der Morast

De regering zal proberen *de banken in moeilijkheden uit het moeras te helpen.*

molen

(3) door de molen gaan (scherp gecontroleerd worden) ▸ auf Herz und Nieren geprüft werden

Voordat je piloot mag worden, moet je eerst *door de molen gaan.*

(2) een klap/slag/tik van de molen (gekregen) hebben (siehe niet goed wijs zijn)

☞ Gemeint ist der Mühlenflügel, von dem man erwischt worden ist und nach dessen Schlag man nicht mehr richtig im Kopf ist.

molentjes

(3) met molentjes lopen (siehe niet goed wijs zijn)

☞ Gemeint ist, dass jd kleine drehende Mühlen im Kopf hat, sodass er nicht mehr klar denken kann

mom

* onder het mom van (bijv. vriendschap) ▸ unter der Maske z. B. der Freundschaft

☞ Bei *mom* denke man an *Vermummung*.

mond

* je *haalt* me *de woorden* uit de mond ▸ du *nimmst* mir *das Wort* aus dem Mund

* iemand de mond *snoeren* ▸ jdm den Mund *stopfen*

(1) met de mond vol tanden staan (niet weten wat men moet zeggen) ▸ betreten dastehen

☞ Gemeint ist: Mit offenem Mund, sodass man die Zähne sieht.

Toen de gastvrouw hem zei dat hij niet welkom was, *stond Jan met de mond vol tanden.*

Siehe auch **ergens niet van terug hebben**.

(1) ergens de mond van vol hebben (onafgebroken over iets praten) ▸ unaufhörlich über etwas reden

M

Iedereen in de VS *had de mond vol van* impeachment, maar er is niets van gekomen.

(2) een grote mond opzetten tegen iemand, iemand een grote mond geven (brutaal zijn tegen iemand) ▸ jdm frech kommen

Omdat hij tegen de leraar een grote mond had opgezet, werd de leerling van school gestuurd.

Siehe auch **een grote broek aantrekken, de gebraden haan uithangen, van het hondje gebeten zijn, de grote Jan uithangen, iemand een grote mond geven, hoog van de toren blazen**.

(2) zijn mond voorbijpraten (meer zeggen dan men mag) ▸ sich den Mund verbrennen, sich verplappern

Iemand heeft zijn mond voorbijgepraat en nu weet de regering wat de oppositie van plan is.

Siehe auch **uit de school klappen**.

monden

* met *twee monden* spreken ▸ mit *doppelter Zunge* reden

mondje

* niet op zijn *mondje* gevallen zijn ▸ nicht auf den *Mund* gefallen sein

☞ Wieder die typische Verkleinerungsform!

Siehe auch **van zich afbijten, geen katje om zonder handschoenen aan te pakken, zijn tanden laten zien**.

(2) een aardig mondje Nederlands spreken (al heel wat Nederlands kennen) ▸ ziemlich gut Niederländisch sprechen

Hij is wel niet perfect tweetalig, maar *hij spreekt toch een aardig mondje Nederlands.*

monnikenwerk

(3) monnikenwerk verrichten (werk doen dat veel tijd, geduld en precisie kost) ▸ mühsame Kleinarbeit verrichten | de monnik = der Mönch

Toen er nog geen computers waren, *werd er veel monnikenwerk verricht.*

mooi

(3) het is mooi geweest! (zo is het genoeg!) ▸ es reicht!

☞ Eine Antiphrase.

Na zes keer minister te zijn geweest, zeg ik nu ‚*Het is mooi geweest!*'

M

Siehe auch **zijn portie wel gehad hebben, het is welletjes geweest**.

moord

* moord en *brand* schreeuwen ▸ *Zeter* und Mordio schreien

mop

(2) een mop met een baard (een heel oude mop) ▸ ein alter Witz

Hou nu eens op met dat verhaal, dat is toch *een mop met een baard*!

morgen

(3) morgen brengen! (gezegd als men iets niet wil doen of om aan te geven dat er toch niets van komt) ▸ ja, Pustekuchen!

☞ Gemeint ist: Wenn dem wirklich so wäre, könntest du es mir morgen bringen.

De regering wil het deficit halveren? *Morgen brengen!*

Siehe auch **ammehoela, om de dooie dood niet, geen haar op mijn hoofd dat/die eraan denkt, soep met balletjes**.

mosterd

(2) mosterd na de maaltijd (dat komt te laat om nog van nut te kunnen zijn) ▸ gesagt von etwas, das zu spät kommt | de mosterd = der Senf

Als de lidstaten van de EU pas geïnformeerd worden als de uitbreiding al besloten is, dan is dat *mosterd na de maaltijd.*

mouw

(1) ergens een mouw aan (weten te) passen (een oplossing hebben voor iets) ▸ wissen, wie man etwas lösen kann

☞ Im Mittelalter konnte man Kleider ohne Ärmel kaufen. Jeder konnte sich dann die dazu passenden Ärmel selbst nähen.

Ik zie dit niet als een onoverwinnelijke moeilijkheid. *Daar valt zeker een mouw aan te passen.*

(2) iemand iets op de mouw spelden (iemand iets wijsmaken) ▸ jdm einen Bären aufbinden

☞ Die Etymologie ist nicht geklärt. Wörtlich: Jdm etwas auf den Ärmel heften.

De minister heeft beterschap beloofd, maar ik geloof *dat hij ons iets op de mouw wil spelden.*

M

Siehe auch **iemand iets diets maken, iemand op een dwaalspoor brengen, iemand te grazen nemen, iemand knollen voor citroenen verkopen, iemand in de luren leggen, iemand een rad voor (de) ogen draaien, iemand om de tuin leiden**.

muisje

(3) dat muisje zal nog wel een staartje krijgen/hebben! (die zaak zal nog gevolgen hebben, daar is het laatste woord nog niet over gezegd) ▸ diese Sache wird noch ein Nachspiel haben!

Geloof maar niet dat ik met deze beslissing tevreden ben, *dat muisje zal nog wel een staartje krijgen!*

Siehe auch **dat zal nog een staartje krijgen/hebben**.

munt

* iets met gelijke munt *terug*betalen ▸ etwas mit gleicher Münze *heim*zahlen

Siehe auch **iemand iets betaald zetten, iemand een koekje van eigen deeg geven**.

muren (siehe auch muur)

(3) de muren komen op me af (ik heb het hier benauwd, ik voel me opgesloten) ▸ ich habe das Gefühl, ersticken zu müssen

☞ Wörtlich: Die Mauern schließen mich immer mehr ein.

Tijdens de coronacrisis hadden veel mensen, die gedwongen thuis moesten blijven, het gevoel *dat de muren op hen af kwamen.*

mus (siehe auch mussen)

(3) iemand blij maken met een dode mus (iemand iets waardevols beloven dat dan echter waardeloos blijkt te zijn) ▸ jdm eine trügerische Freude vorspiegeln

☞ Ein Spatz ist schon kein besonders wertvoller Vogel, aber wenn er dann auch noch tot ist!

We zijn niet onder de indruk van de voorstellen van de regering. *Ze willen ons weer blij maken met een dode mus!*

Siehe auch **iemand met iets afschepen, iemand met apenmunt betalen, iemand het bos in sturen, iemand met een dooddoener afschepen, zich ergens met een jantje-van-leiden van afmaken, iemand met een kluitje in het riet sturen, iemand aan het lijntje houden**.

M

mussen

* de mussen vallen van de daken ▸ die Spatzen fallen *tot* von den Dächern

muur (siehe auch muren)

* met de rug *tegen de muur* ▸ mit dem Rücken *zur Wand*

* met de kop *tegen de muur lopen* ▸ mit dem Kopf *durch die Wand wollen*

(1) geld uit de muur halen (geld opnemen uit een geldautomaat) ▸ Geld am Geldautomaten abheben

In Zweden kun je nu al bijna niet meer met contant geld betalen, dus *geld uit de muur halen* is nagenoeg afgelopen.

(2) uit de muur eten (uit een automatiek eten) ▸ etwas im Automatenrestaurant ziehen

In Nederland *eten de meeste mensen hun kroket uit de muur.*

mutsaard

(3) het riekt naar de mutsaard (dat riekt naar ketterij, het is een heresie) ▸ das riecht nach Ketzerei | *de mutsaard* = der Scheiterhaufen
Als de EU voorstelt de armere lidstaten met meer geld te ondersteunen, *dan riekt dat voor Nederland naar de mutsaard.*

muziek

(3) met de muziek mee zijn (siehe de benen nemen)
☞ Diese Redewendung bezog sich ursprünglich auf Kinder, die dem Spielmannszug folgten.

N

naad

(2) zich uit de naad werken (zich kapot werken) ▸ sich abarbeiten
☞ Gemeint ist: Was aus der Naht ist, ist kaputt.
Ik werk me uit de naad en jullie zitten daar te niksen!

N

Siehe auch **er flink/stevig tegenaan gaan, de hand aan de ploeg slaan, de handen aan de ploeg slaan, handen aan het lijf hebben, de handen uit de mouwen steken, aan de slag gaan, van wanten weten**.

naadje

(3) het naadje van de kous willen weten (alles van iets willen weten) ▸ auch das kleinste Detail von etwas wissen wollen
☞ Wörtlich: Wissen wollen, wo die Naht des Strumpfes ist, die Naht, die man ja nicht sofort sieht.
Als je die man iets vertelt, dan *wil hij het naadje van de kous weten.*

Siehe auch **weten waar Abraham de mosterd haalt, het fijne van iets weten, er haring of kuit van willen hebben, van de hoed en de rand weten, erg goed op de hoogte zijn, willen weten hoe de kaarten worden geschud, weten hoe het er aan toe gaat, weten hoe de vork in de steel zit**.

naald

(3) heet van de naald (onmiddellijk na het gebeuren) ▸ brühwarm

☞ Es handelt sich wahrscheinlich um die Nähnadel des Schneiders. Es könnte jedoch auch die Graviernadel sein.

Nu willen de mensen alles *heet van de naald* weten.

naam

(3) dat mag geen naam hebben! (dat is niet belangrijk, niet vermeldenswaard) ▸ das ist nicht der Rede wert!

☞ Gemeint ist: Das ist so unwichtig, dass man selbst keinen Namen dafür hat.

Ik heb ook wel eens een boek geschreven, maar *dat mag geen naam hebben!*

(3) te goeder naam en faam bekend zijn (een goede reputatie hebben) ▸ unbescholten sein | de faam = der Ruf, der Ruhm

☞ Bei der Wahl der beiden Substantive hat der Binnenreim eine Rolle gespielt.

De familie van de nieuwe minister staat al eeuwen *te goeder naam en faam bekend.*

N

nacht

(3) bij nacht en ontij (op een erg laat tijdstip) ▸ zu nachtschlafender Zeit

☞ *Tij* steht hier für *tijd. Bij ontij* heißt also ‚zu unpassender Zeit'.

Als je *bij nacht en ontij* bij een arts aanbelt, zal hij je niet altijd vriendelijk ontvangen.

nachtje

(2) er een nachtje over slapen (erover willen nadenken, voordat men een beslissing neemt) ▸ etwas beschlafen wollen

☞ Wieder die typische Verkleinerungsform!

Neem nu geen overhaaste beslissing en *slaap er liever een nachtje over!*

nagel

* de nagel op de kop *slaan* ▸ den Nagel auf den Kopf *treffen*

natje

(3) zijn natje en zijn droogje krijgen/hebben (te eten en te drinken krijgen, goed verzorgd worden) ▸ zu essen und zu trinken bekommen, gut versorgt werden

In de internationale treinen is het allang mogelijk *zijn natje en zijn droogje te krijgen.*

nattigheid

(3) nattigheid voelen (merken dat iets niet klopt) ▸ den Braten riechen ☞ Wörtlich: Spüren, dass Regen oder ein Gewitter im Anzug ist.

De vakbonden hebben geweigerd het akkoord te steunen, want *ze voelen nattigheid.*

nauw (Substantiv)

(2) in het nauw komen/raken/zitten (in moeilijkheden komen/verkeren) ▸ in Bedrängnis geraten/sein | *het nauw* = die Enge

Als we niet direct reageren, zullen we *in het nauw komen.*

Siehe auch **in de aap gelogeerd zijn, beren op de weg zien, de bietenbrug opgaan, de bui zien hangen, dan zijn we nog verder van huis, er is een kink in de kabel, in de knel zitten, in de knoei zitten, in de knoop zitten, in de nesten zitten, in een lastig/moeilijk parket verkeren, iemand parten spelen, in de penarie zitten, in de piepzak zitten, in de puree zitten, in de put zitten, in de rats zitten, in het schip zitten, in de soep zitten er is stront aan de knikker, er zijn voetangels en klemmen, het niet meer zien zitten**.

N

nauw (Adverb)

(2) het niet zo nauw met iets/de voorschriften nemen (iets/de voorschriften niet strikt naleven) ▸ etwas/die Vorschriften nicht so genau nehmen

Je weet toch dat Jan *het niet zo nauw neemt met de regels* van onze vereniging.

Siehe auch **de hand met iets lichten**.

nee

(1) nee heb, ja kun je krijgen! (als je niets vraagt, dan krijg je natuurlijk ook niets) ▸ mehr als nein sagen, kann man einem nicht!

Dat moet je aan de directeur vragen, *nee heb je, ja kun je krijgen!*

neerkomen

(1) op hetzelfde neerkomen (hetzelfde zijn) ▸ das läuft auf dasselbe hinaus

Of we nu met de auto of met de bus gaan, *dat komt op hetzelfde neer*, want ook de bus zal hinder ondervinden door de wegwerkzaamheden.

Siehe auch **het is zo lang als het breed is, dat is van hetzelfde laken een pak, dat is lood om oud ijzer, dat is één pot nat**.

neerleggen

(1) zich bij iets neerleggen (erin berusten, geen weerstand meer bieden) ▸ sich mit etwas abfinden

Ik heb me er bij neergelegd dat we dit jaar geen loonsverhoging krijgen.

Siehe auch **doe niet zo moeilijk**.

nek

* iemand op zijn / de nek zitten (siehe iemand op de / zijn huid zitten)

(2) iets de nek omdraaien (iets torpederen, zorgen dat iets mislukt, er een eind aan maken) ▸ etwas sabotieren | de nek = (hier:) der Hals

De regering *heeft het plan van de oppositie de nek omgedraaid.*

Siehe auch **iemand de pas afsnijden, de poten onder iemands stoel wegzagen, iemand een spaak in het wiel steken, ergens een stokje voor steken, iemand de voet dwarszetten, iemand voor de voeten lopen, iemand in de wielen rijden**.

(2) de/zijn nek uitsteken (risico's nemen) ▸ Kopf und Kragen riskieren

☞ Wahrscheinlich eine Übersetzung des englischen *to stick out one's neck.*

Als je iets wil bereiken, moet je bereid zijn *je nek uit te steken.*

(2) iemand met de nek aankijken (iemand niet willen groeten, hem de rug toekeren) ▸ jdm den Rücken zuwenden

Meestal worden de ouders van criminelen door de dorpsgemeenschap *met de nek aangekeken.*

(2) uit zijn nek kletsen (onzin praten) ▸ in den Tag hinein schwatzen

☞ Die Etymologie ist nicht bekannt.

Hou nu eens op! Je bent nu al een uur *uit je nek aan het kletsen*!

(3) over zijn nek gaan (overgeven) ▸ sich übergeben

☞ Wörtlich: Sich über seinen Nacken beugen.

Als je tien glazen bier gedronken hebt, is het normaal *dat je over je nek gaat.*

N

nemen

(1) dat neem ik niet! (dat accepteer ik niet, daar protesteer ik tegen) ▸ das lasse ich mir nicht gefallen!

Ik neem het niet dat hij zomaar wegloopt zonder iets te zeggen.

Siehe auch **ja, dag, dat doet de deur dicht, iets niet kunnen hebben, iets niet over zijn kant laten gaan, iets niet pikken, het er niet bij laten zitten**.

(3) het ervan nemen (een goed leventje leiden) ▸ es sich gut gehen lassen

☞ Gemeint ist: Sich das Beste vom Leben nehmen.

Ik heb niet meer lang te leven, dus *zal ik het er maar van nemen.*

nesten

(2) in de nesten zitten (moeilijkheden hebben) ▸ in der Klemme sitzen | de nesten = die Schwierigkeiten

We hadden deze beslissing nooit mogen nemen, want *nu zitten we in de nesten.*

Siehe auch **in de aap gelogeerd zijn, beren op de weg zien, de bietenbrug opgaan, de bui zien hangen, dan zijn we nog verder van huis, er is een kink in de kabel, in de knel zitten, in de knoei zitten, in de knoop zitten, in het nauw komen/zitten, in een lastig/moeilijk parket verkeren, iemand parten spelen, in de penarie zitten, in de piepzak zitten, in de puree zitten, in de put zitten, in de rats zitten, in het schip zitten, in de soep zitten, er is stront aan de knikker, er zijn voetangels en klemmen, het niet meer zien zitten**.

N

(3) zich in de nesten werken (zichzelf in moeilijkheden brengen) ▸ sich den Teufel auf den Hals laden

☞ *Nesten*, siehe oben.

Het is allemaal onze eigen schuld, want *we hebben ons in de nesten gewerkt.*

net

(2) achter het net vissen (niet meer van iets kunnen profiteren omdat een ander je voor is geweest) ▸ das Nachsehen haben, in die Röhre gucken

Ik dacht dat ik nog kaartjes voor het concert zou krijgen, maar *ik heb achter het net gevist.*

Siehe auch **de boot missen, voor open doel missen, achter de feiten aan lopen, de hond in de pot vinden, de kans is verkeken, het tij laten verlopen**.

neus

* iemand bij de neus *nemen* ▸ jdn an der Nase *herumführen*

Siehe auch **iemand voor de gek houden, met iemand de draak steken, iemand op de hak nemen, iemand in zijn hemd zetten, iemand voor joker zetten, iemand te kijk zetten, iemand een kool stoven, iemand een kunstje flikken, iemand voor het lapje houden, iemand een loer draaien, een loopje met iemand nemen, iemand voor lul zetten, iemand in de maling nemen, iemand een oor aannaaien, iemand in het ootje nemen, iemand een poets bakken, iemand voor schut zetten**.

* zijn *neus* stoten ▸ *sich den Kopf* stoßen

Siehe auch **een blauwtje lopen, bot vangen, de kous op de kop krijgen, nul op het rekest krijgen**.

(1) een frisse neus halen (even naar buiten gaan om lucht te scheppen) ▸ frische Luft schnappen

Ik heb te lang binnen gezeten, ik moet nu even *een frisse neus halen.*

Siehe auch **een luchtje scheppen**.

(2) tussen neus en lippen door (terloops, en passant) ▸ einfach so, als wäre nichts passiert

Tussen neus en lippen door zei mijn vriendin dat ze niet meer zou komen.

Siehe auch **langs zijn neus weg**.

(2) doen alsof je neus bloedt (doen alsof je er niets mee te maken hebt) ▸ sich dumm stellen

☞ Bei Nasenbluten hebt man den Kopf in den Nacken und genau das tut man, wenn man jdm zeigen will, dass einen das Gesagte kalt lässt.

Toen ik hem vroeg wat hij van de zaak wist, *deed hij of zijn neus bloedde.*

Siehe auch **niet thuis geven**.

(2) dat gaat aan zijn neus voorbij (hij krijgt het niet) ▸ es geht ihm durch die Lappen

De titel *gaat* ook dit jaar weer *aan de neus van onze voetbalploeg voorbij.*

N

Siehe auch **iemand iets door de neus boren**.

(2) met zijn neus in de boter vallen (geluk hebben, een onverwacht voordeel hebben) ▸ Schwein haben
Die journalist valt altijd met zijn neus in de boter, want hij is telkens weer ter plaatse, als er iets belangrijks gebeurt.

Siehe auch **dat is mooi meegenomen, pik in het is winter, dat is nooit weg**.

(3) dat is een wassen neus! (siehe dat heeft weinig / niets om het lijf) | wassen = aus Wachs
☞ Gemeint ist eine leere Hülle, eine Mogelpackung.

(3) langs zijn neus weg (siehe tussen neus en lippen door)

(3) iemand iets door de neus boren (ervoor zorgen dat iemand iets niet krijgt) ▸ jdn um etwas prellen/bringen
☞ Schweinen und Ochsen zieht man oft einen Ring durch die Nase, um sie daran zu hindern, in der Erde zu wühlen und um sie besser wegziehen zu können. Zuerst war die übertragene Bedeutung ‚jdm weh tun', dann ‚jdn übers Ohr hauen', woraus sich dann die heutige Bedeutung entwickelt hat.
De beloofde promotie zal ik niet krijgen, *die hebben ze me door de neus geboord.*

N

Siehe auch **dat gaat aan zijn neus voorbij**.

(3) uit zijn neus eten (niets uitvoeren, zich vervelen) ▸ Däumchen drehen
☞ Man denkt an popeln.
Terwijl ik werk, zitten jullie *uit je neus te eten.*

Siehe auch **geen hand uitsteken, met de handen over elkaar zitten, geen klap uitvoeren, op zijn krent zitten, geen poot uitsteken, geen steek uitvoeren, geen vinger (voor iemand) uitsteken, vliegen vangen**.

(3) m'n neus! (vergeet het maar! kom nou!) ▸ das glaubst du doch selber nicht!
Ik die oude Jaguar van jou kopen? *M'n neus!*

(3) de/zijn neus voor iets/iemand ophalen (iets/ iemand minachten) ▸ über etwas/jdn die Nase rümpfen
Voor zo'n slecht betaald werk *haal ik mijn neus op.*

neusje

(2) het neusje van de zalm (het beste) ▸ das Feinste vom Feinen

☞ Das Stück unter dem Maul des Lachses gilt als das beste Teil diese Fisches.

Effectenhandelaren golden in de jaren tachtig als *het neusje van de zalm* in de haute finance.

Siehe auch **dat is jé van hét**.

neuzen

* de *neuzen* tellen ▸ die *Köpfe* zählen

(3) alle neuzen in dezelfde richting krijgen (alle leden van een groep van hetzelfde idee overtuigen) ▸ alle Mitglieder einer Gruppe dazu bringen, die gleiche Haltung anzunehmen

Als er morgen gestemd wordt, moet de voorzitter van onze partij *alle neuzen in dezelfde richting krijgen.*

niet

(2) dat valt in het niet bij ... (dat is niets in vergelijking met ...) ▸ das ist noch gar nichts im Vergleich zu ...

☞ *Niet* = niets.

Bij een migraine *valt een gewone hoofdpijn in het niet.*

N

nippertje

(1) op het (laatste) nippertje (nog maar net op tijd) ▸ in letzter Sekunde

☞ *Nippertje* ist verwandt mit *nippen* und *nijpen* (ein wenig, mit zugekniffenen Lippen, trinken) und mit *knipperen* (mit den Augen zwinkern, was ja nur einen Augenblick dauert, daher die Bedeutung ‚sehr kurze Zeit')

Ik heb de trein nog gehaald, maar *het was op het nippertje.*

Siehe auch **een dubbeltje op zijn kant, het scheelde maar een haar/een haartje, kantje boord, met de hakken over de sloot, door het oog van de naald gekropen, dat was op het randje, op de valreep**.

nodig

* nodig moeten ▸ mal *dringend* müssen

Siehe auch **hoge nood hebben**.

(3) hij moest zo nodig ook wat zeggen! (hij wilde zich ook laten horen, maar niemand nam hem serieus) ▸ er wollte unbedingt auch seinen Senf dazu geben

Je had geen idee waarover het ging, maar *je moest zo nodig ook wat zeggen!*

Siehe auch **ook een duit in het zakje doen, zijn ei niet kwijt kunnen, spuit elf geeft ook modder, zijn zegje willen doen**.

noemer

* alles *onder één* noemer brengen ▸ alles *auf einen gemeinsamen* Nenner bringen

nood

* *van* de nood een deugd maken ▸ *aus* der Not eine Tugend machen

(3) hoge nood hebben (siehe nodig moeten)

noodklok

(2) de noodklok luiden (in het openbaar dringend aandacht voor iets vragen) ▸ Alarm schlagen | de noodklok = die Sturmglocke, die Alarmglocke

Steeds meer mensen *luiden de noodklok* over de toestand van onze planeet.

N

nooit

* nooit *ofte* nimmer ▸ nie *und* nimmer

noorderzon

(2) met de noorderzon vertrekken (voorgoed verdwijnen, stiekem vertrekken) ▸ bei Nacht und Nebel verschwinden

☞ Mit *noorderzon* ist Mitternacht gemeint. *Zuiderzon* = Mittag.

De kassier van onze vereniging *is met de noorderzon vertrokken* en hij heeft natuurlijk de kassa meegenomen.

Siehe auch **het anker lichten, de benen nemen, zijn benen onder zijn arm nemen, zijn biezen pakken, ervandoor gaan, het hazenpad kiezen, zijn hielen lichten, ertussenuit knijpen, de kuierlatten nemen, op de loop gaan, zijn matten oprollen, met de muziek mee zijn, ertussenuit piepen, de plaat poetsen, 'm smeren, er de sokken in zetten, met de stille trom vertrekken, zich uit de voeten maken, de wijk nemen**.

nopjes

(2) in zijn nopjes zijn (erg tevreden zijn over iets) ▸ sich über etwas freuen

☞ *Nopjes* sind die Noppen der Sonntagskleidung. Ursprünglich bedeutete diese Redewendung ‚Festkleidung tragen' und daraus hat sich die heutige Bedeutung entwickelt.

Jan was in zijn nopjes met zijn nieuwe baan. Beter had hij het niet kunnen treffen!

Siehe auch **met zijn hoofd in de wolken zijn, met iets in zijn sas zijn, met iets in zijn schik zijn**.

normen

(2) (de) normen en waarden (de ethische waarden van een maatschappij) ▸ die ethischen Werte einer Gesellschaft

De normen en waarden van de Chinese maatschappij zullen we misschien nooit begrijpen.

noten

(3) veel/heel wat noten op zijn zang hebben (veel pretenties hebben, veeleisend zijn) ▸ hohe Ansprüche stellen

☞ Ursprünglich handelte es sich bei *zang* um ein Gedicht, das auf eine bestimmte Art gesungen wurde.

De vakbonden *hebben heel wat noten op hun zang*: ze eisen niet alleen een loonsverhoging en meer kindergeld, maar ook nog een arbeidstijdverkorting.

Siehe auch **een hoge borst opzetten, een grote broek aantrekken, veel kouwe drukte maken, de gebraden haan uithangen, de grote Jan uithangen, een grote mond opzetten tegen iemand, iemand een grote mond geven, hoog van de toren blazen**.

N

notendop

(1) in een notendop (kort samengevat) ▸ in Kurzfassung | de notendop = die Nussschale

☞ Wahrscheinlich aus dem englischen *in a nutshell*.

Hier vind je *in een notendop* alles wat je moet weten over studeren in de VS.

Siehe auch **in kort bestek**.

nu

* *nu* en dan ▸ dann und *wann*

Siehe auch **bij tijd en wijle, bij vlagen**.

nul

* *van* nul en *gener waarde* ▸ null und *nichtig*

(3) nul op het rekest krijgen (een afwijzend antwoord krijgen) ▸ abgewiesen werden | het rekest = das Gesuch

Toen de EU Google wilde belasten voor hun belastingvoordelen in Ierland, heeft Europa van de rechter *nul op het rekest gekregen.*

Siehe auch **een blauwtje lopen, bot vangen, zijn neus stoten**.

(3) een nul in het cijfer zijn (niets te zeggen hebben) ▸ nichts zu sagen haben

Jan wilde deelnemen aan de discussie, maar de voorzitter zei hem *dat hij een nul in het cijfer was.*

Siehe auch **als bijwagen fungeren, niets in te brengen hebben, er voor Jan Lul bij zitten, niets in de melk te brokkelen/brokken hebben, er voor Piet Snot bij zitten, (er) voor spek en bonen meedoen (bij lopen)**.

N

nummer

(3) iemand op zijn nummer zetten (iemand scherp terechtwijzen) ▸ jdn zurechtweisen

☞ Aus der Soldatensprache: Jeder Soldat hatte früher eine feste Nummer und deshalb einen festen Platz in der Reihe. Verlies er diesen Platz, wurde er zurechtgewiesen.

Heel war EU lidstaten willen dat Polen en Hongarije *op hun nummer worden gezet.*

Siehe auch **iemand ervanlangs langs geven, iemand onder handen nemen, iemand een kat geven, iemand de volle laag geven, iemand de les lezen, iemand de pin op de neus zetten, iemand de oren wassen, iemand op zijn plaats zetten, iemand zijn vet geven, iemand op de vingers tikken, iemand de wacht aanzeggen, dan zwaait er wat**.

O

oefening

* oefening *baart kunst* ▸ Übung *macht den Meister*

ogen (siehe auch oog und oogje)

* grote ogen *opzetten* ▸ große Augen *machen*

* uit mijn ogen! ▸ *geh* mir aus den Augen!

* heb je geen ogen in *je* hoofd? ▸ hast du keine Augen *im* Kopf?

* iets/een gevaar *onder* ogen zien ▸ etwas/einer Gefahr *ins* Auge sehen

(1) iets niet onder ogen willen zien (iets ontvluchten, de ernst van iets niet willen zien) ▸ etwas nicht einsehen wollen
Hij wil maar niet onder ogen zien dat hij voor deze baan niet geschikt is.

(1) iets voor ogen hebben (iets nastreven) ▸ nach etwas streben
Ik weet wat ik wil en *ik heb een duidelijk doel voor ogen.*

(2) iets met lede ogen aanzien (met spijt vaststellen dat iets gebeurt) ▸ voll Bedauern oder mit großer Sorge zusehen, wie etwas passiert
☞ *Leed* ist hier ein veraltetes Adjektiv, das ‚betrübt' bedeutete.
We zien met lede ogen aan hoe een hele bevolking zich door de president laat misleiden.

(2) hoge ogen gooien (een goede kans maken om iets te krijgen) ▸ gute Aussichten auf etwas haben
☞ Es handelt sich hier um die Augen (Punkte) auf einem Würfel.
Daar de ministerpresident onze partij nodig heeft om een regering te vormen, *gooit ons enig parlementslid hoge ogen* om minister te worden.

Siehe auch **gedoodverfd, iemand op het oog hebben, goede papieren hebben**.

(3) iemand (met iets) de ogen uitsteken (iemand jaloers maken) ▸ jds Neid (mit etwas) erregen
Met zijn nieuwe Jaguar probeert mijn broer me *de ogen uit te steken.*

(3) zijn ogen niet in zijn zak hebben (goed zien wat er gebeurt) ▸ Augen im Kopf haben | de zak = die Tasche

Denk maar niet dat ik je niet gezien heb, *ik heb mijn ogen niet in mijn zak!*

Siehe auch **goed uit zijn doppen kijken, iets in de gaten hebben, zijn ogen de kost geven, iets in het oog krijgen, een oogje in het zeil houden, iemand/iets in de peiling hebben, iets in de smiezen krijgen**.

(3) zijn ogen in zijn zak hebben (niet goed opletten) ▸ Tomaten auf den Augen haben

Jan was een leraar die *zijn ogen in zijn zak had* en niet zag wat zijn leerlingen allemaal in de klas uitspookten.

(3) iemand naar de ogen zien/kijken (alles doen wat iemand wil) ▸ vor jdm kriechen

Al zou je het tegendeel verwachten, maar vrouwen houden niet van mannen *die hen naar de ogen kijken.*

(3) niemand naar de ogen behoeven te zien (niet van iemand afhangen) ▸ von niemandem abhängig sein

Ik ben mijn eigen heer en meester en *hoef niemand naar de ogen te zien.*

(3) zijn ogen (goed) de kost geven (goed rondkijken) ▸ die Augen offen halten

O

Toen ik in de VS op vakantie was, *heb ik mijn ogen goed de kost gegeven* en ik weet nu dat ik in dat land niet zou willen leven.

Siehe auch **goed uit zijn doppen kijken, iets in de gaten hebben, zijn ogen niet in zijn zak hebben, iemand/iets in de peiling hebben**.

(3) zijn ogen uitkijken (intens genieten van wat je ziet) ▸ sich an etwas nicht satt sehen können

☞ Gemeint war ursprünglich, dass man so intensiv auf etwas schaute, dass die Augen beinahe aus den Augenhöhlen traten.

Toen ik voor de eerste keer aan zee was, *heb ik mijn ogen uitgekeken.*

olie

(3) in de olie zijn (dronken zijn) ▸ betrunken sein

☞ Eine mögliche Erklärung wäre, dass jd, der betrunken ist, ein glänzendes Gesicht hat, als wäre es mit Öl bestrichen. Man kann auch an eine Verballhornung von *ale* (englisches Bier) denken.

Zo iemand hebben we in ons bedrijf niet nodig, *die is de hele dag in de olie.*

Siehe auch **een glaasje op hebben, 'm om hebben, in kennelijke staat zijn, een stuk in zijn kraag hebben, (flink) boven zijn theewater zijn**.

om

(1) om en nabij (bijv. de 50 mensen) (ongeveer) ▸ ungefähr
Op de vergadering waren er *om en nabij* de vijftig leden aanwezig.

(3) 'm om hebben (dronken zijn) ▸ betrunken sein
☞ Mit *'m* ist vielleicht der Geist gemeint, der, wenn man betrunken ist, ‚um' wäre. Die Etymologie ist jedoch nicht geklärt.
Je had beloofd niet meer te drinken en nu zie ik *dat je 'm weer om hebt.*

Siehe auch **een glaasje op hebben, in de olie zijn, in kennelijke staat zijn, een stuk in zijn kraag hebben, (flink) boven zijn theewater zijn**.

ome (siehe oom)

ommezien

(2) in een ommezien (siehe in een oogwenk)

O

onbeslagen

(3) onbeslagen ten ijs komen (iets beginnen zonder goede voorbereidingen) ▸ etwas unvorbereitet anfangen | onbeslagen = ohne Schlittschuhe
We moeten de vergadering zorgvuldig voorbereiden en zeker niet *onbeslagen ten ijs komen.*

Siehe auch **goed beslagen ten ijs komen**.

onbetuigd

(3) zich niet onbetuigd laten (flink meedoen aan iets) ▸ sich nach Kräften beteiligen
☞ Aus dem alten Verb *betuigen* = Zeugnis über etwas ablegen.
Onze parlementsleden *hebben zich* tijdens de discussie rond het begrotingstekort *niet onbetuigd gelaten.*

onderdoen

(2) voor niemand onderdoen (van niemand de mindere zijn, de beste zijn) ▸ jdm in etwas nicht nachstehen

Mijn broer is de beste kandidaat, *hij doet voor niemand onder.*

onderspit

(1) het onderspit delven (van iemand verliezen) ▸ den Kürzeren ziehen | spitten = graben

☞ *Het onderspit* ist die unterste Schicht einer Grube. Wer da graben muss, verrichtet die schwerste Arbeit.

Ik dacht dat ik mijn tegenstander makkelijk kon verslaan, maar *ik heb het onderspit gedolven.*

Siehe auch **zich laten afdrogen, het tegen iemand (moeten) afleggen, voor de bijl gaan, aan het kortste eind/eindje trekken, er niet aan te pas komen, ergens niet tegenop kunnen**.

ondersteboven

(2) ondersteboven van iets zijn (ontzet zijn) ▸ bestürzt, erschüttert sein

☞ Wörtlich: Das Unterste ist nach oben gekehrt, umgekrempelt sein.

Ik ben ondersteboven van het ongeluk dat jullie overkomen is.

Siehe auch **kapot van iets zijn**.

O

ongelijk

(2) geef hem eens ongelijk! (het is begrijpelijk dat hij zo denkt of handelt) ▸ das ist nicht verwunderlich!

☞ Wörtlich: Gib ihm ’mal Unrecht!

Na wat er gebeurd is, weigert hij nog langer voor die baas te werken en *geef hem eens ongelijk!*

ongeluk

(3) zich een ongeluk lachen (siehe dubbel liggen van het lachen)

ongezouten

(3) iemand ongezouten de waarheid zeggen (iemand de waarheid zeggen zonder hem te sparen) ▸ jdm gehörig die Meinung sagen | ongezouten = ungesalzen

☞ Gemeint ist: Ohne Gewürz hinzuzufügen, roh.

Toen ik vernomen had wat hij allemaal over mij gezegd had, *heb ik hem eens ongezouten de waarheid gezegd.*

Siehe auch **recht voor zijn raap**.

ons

(3) (dan kan je wachten) tot je een ons weegt! (dan kan je zeer lang wachten, dat gebeurt toch nooit) ▸ (da kannst du warten) bis du schwarz wirst!
☞ *Het ons* = 100 Gramm, also mehr als eine Unze. Gemeint ist: Darüber kann so viel Zeit vergehen, dass man fast sein ganzes Gewicht verliert.

Als je iemand van de administratie aan de telefoon wil krijgen, *kun je wachten tot je een ons weegt.*

Siehe auch **als de kalveren op het ijs dansen, als Pasen en Pinksteren op één dag vallen, sint-juttemis**.

ontgelden

(2) het moeten ontgelden (de dupe, het slachtoffer zijn van iets) ▸ den Kopf für etwas hinhalten müssen | ontgelden = entgelten

Mijn broer had het gedaan, maar *ik moest het weer ontgelden.*

Siehe auch **het gelag moeten betalen, het haasje zijn, in het hoekje zitten waar de klappen vallen, de gebeten hond zijn, het kind van de rekening zijn, de klos zijn, de kop van jut, hij zal ervan lusten, voor iets moeten opdraaien, met de gebakken peren zitten, de kwaaie pier zijn, de pineut zijn, de sigaar zijn, het pispaaltje zijn, in het verdomhoekje zitten**.

O

onthouden

(3) iets onthouden van twaalf uur tot middag (iets helemaal niet onthouden) ▸ ein Gedächtnis wie ein Sieb haben

Als je alsheimer hebt, *onthoud je maar iets van twaalf uur tot middag.*

oog (siehe auch ogen)

* *het oog op* iemand/iets hebben ▸ jdn/etwas *im Auge* haben

(1) (zo) op het oog (op het erste gezicht) ▸ dem Anschein nach

Zo op het oog zou je niet zeggen dat die man zo intelligent is!

(1) iemand op het oog hebben (bijv. voor een baan) (iemand willen vragen [bijv. voor een baan]) ▸ an jdn denken (z. B. für eine Stelle)
Ik geloof dat de partij *jou op het oog heeft voor het voorzitterschap.*

Siehe auch **gedoodverfd, hoge ogen gooien, goede papieren hebben**.

(1) ergens oog voor hebben (iets waarderen) ▸ etwas schätzen
Jan houdt niet alleen van architectuur, *hij heeft ook oog voor kunst* in het algemeen.

Siehe auch **iets op prijs stellen**.

(2) iets op het oog hebben (ergens in geïnteresseerd zijn en dat ook proberen te krijgen) ▸ ein Auge auf etwas werfen
Ik geloof dat *jij het voorzitterschap van de partij op het oog hebt.*

(2) iets in het oog krijgen (iets merken) ▸ etwas merken
De voorzitter *heeft in het oog gekregen* dat niet alle leden van de partij hem nog willen volgen.

Siehe auch **iets in de gaten hebben/krijgen, een oogje in het zeil houden, iemand/iets in de peiling hebben, iets in de smiezen hebben**.

(3) door het oog van de naald gekropen (maar net aan iets ontsnapt zijn) ▸ mit knapper Not entkommen oder davongekommen sein
☞ Aus der Bibel (Matthäus 19,24): ‚Es ist leichter, dass ein Kamel durch ein Nadelöhr gehe, als dass ein Reicher ins Reich Gottes komme.' Es handelt sich wahrscheinlich um einen Übersetzungsfehler, denn mit ‚Nadelöhr' war eigentlich eine enge Pforte gemeint.
Ik ben uiteindelijk voor al mijn examens geslaagd, maar *ben door het oog van de naald gekropen.*

Siehe auch **een dubbeltje op zijn kant, het scheelde maar een haar/een haartje, met de hakken over de sloot, het was kantje boord, op het nippertje, op het randje, op de valreep**.

oogje (siehe auch ogen)

* een *oogje* dicht*doen*, dichtknijpen ▸ ein *Auge* zudrücken
☞ Wieder die typische Verkleinerungsform!

(1) een oogje op iemand hebben (verliefd zijn op iemand) ▸ in jdn verliebt sein
Ik heb de indruk dat onze directeur *een oogje op zijn secretaresse heeft.*

Siehe auch het flink te pakken hebben, vlinders in zijn buik hebben.

(2) een oogje in het zeil houden (een wakend oog op iets houden) ▸ nach dem Rechten sehen

☞ Diese Redewendung stammt aus der Seemannssprache: Der Steuermann wirft ab und zu einen Blick auf das Segel (*het zeil*), um die Stellung zum Wind zu kontrollieren.

Als we met vakantie zijn, *houden de buren een oogje in het zeil.*

Siehe auch **iets in de gaten hebben, zijn ogen de kost geven, iets in het oog hebben, iemand/iets in de peiling hebben, iets in de smiezen hebben**.

(3) een oogje op iets houden (siehe iets in het oog houden)

oogopslag

(2) iets in een oogopslag zien (iets direct zien) ▸ etwas auf den ersten Blick sehen

In een oogopslag had ik gezien dat iets niet in orde was.

oogwenk

(1) in een oogwenk (heel snel) ▸ im Handumdrehen

Als we nu direct met ons werk beginnen, zijn we *in een oogwenk* klaar.

Siehe auch **in een ommezien, in een poep en een scheet, in een vloek en een zucht, in een wip**.

O

oom/ome

(2) een hoge oom (een belangrijk, invloedrijk persoon) ▸ ein hohes Tier

Een hoge oom heeft meestal ook een hoog inkomen.

Siehe auch **een hele Piet**.

(3) ome Jan (de lommerd, de bank van lening) ▸ das Leihhaus

☞ Weil man sich schämte, zum Leihhaus gehen zu müssen, sagte man, dass man zum Onkel Jan ging. Das klang plausibel, denn jeder Niederländer hat einen Onkel Jan.

Vroeger had elke Nederlandse stad een ‚*ome Jan*'.

oor (siehe auch **oren**)

* *een en al* oor zijn ▸ *ganz* Ohr sein

(2) iemand een oor aannaaien (siehe iemand voor de gek houden)

☞ Es handelt sich hier um die Eselsohren, die man den Kindern in der Schule an den Kopf klebte.

(3) dat is op een oor na gevild (dat is bijna klaar) ▸ es ist so gut wie fertig | villen = häuten

☞ Gemeint ist: Es bleibt nur noch ein Ohr des Schweins oder des Kalbs zu häuten.

De nieuwe grondwet *is op een oor na gevild.*

oorwurm/oorworm

(3) een gezicht zetten als een oorwurm/oorworm (er ontevreden, ontstemd, knorrig uitzien) ▸ ein Gesicht machen wie drei Tage Regenwetter

☞ Wörtlich: Ein Gesicht machen, als hätte man einen Ohrenkriecher im Ohr.

Toen de voorzitter van de vakbond het voorstel van de regering las, *zette hij een gezicht als een oorwurm.*

Siehe auch **met het verkeerde been uit bed gestapt zijn, de bokkenpruik op hebben, de bolworm hebben, in een slechte bui zijn, slecht gemutst zijn, het (lelijk) op de heupen hebben, (er) de pee/de pest in hebben, de smoor (over iets) in hebben**.

ootje

(3) iemand in het ootje nemen (siehe *iemand voor de gek houden*)

O

☞ *Het ootje* bezieht sich auf ein Spiel mit Murmeln, bei dem man diese in einen kleinen Kreis, ein O schießen muss. Im übertragenen Sinn ist dies der Kreis, den man um denjenigen schließt, den man verspotten will.

Jan denkt dat hij iedereen *in het ootje kan nemen.*

op

(2) het kan niet op! (bijv. geld, cadeaus, eten) (er lijkt geen einde aan te komen) ▸ das scheint nicht enden zu wollen!

Als je naar het geld kijkt dat de regering aan duizenden verenigingen geeft voor alles en nog wat, krijg je de indruk *dat het niet op kan!*

(2) op en top zijn vader! (geheel en al, echt zijn vader) ▸ ganz der Vater!

Je kan je vaderschap niet verloochenen, want je zoon is *op en top zijn vader!*

Siehe auch dat is Jan ... ten voeten uit.

(2) ergens (van)op aan kunnen (ergens op kunnen vertrouwen) ▸ auf etwas vertrauen können

☞ Aus *ergens op kunnen aangaan = in een bepaalde richting gaan.* Gemeint ist dann: In Richtung Vertrauen gehen.

Je kan er vanop aan dat ik voortaan nooit meer te laat zal komen.

(3) op zijn (van de zenuwen) (heel erg zenuwachtig zijn) ▸ fertig mit den Nerven sein!

Na zes uur voor de klas te hebben gestaan, was ik *op van de zenuwen.*

Siehe auch **het heen en weer krijgen, in alle staten zijn, over zijn toeren zijn, een en al zenuwen zijn**.

opbreken

* dat zal hem (*lelijk*) opbreken! ▸ das wird ihm *sauer* aufstoßen!

Siehe auch **een zware/lelijke pijp roken**.

opdraaien

(2) iemand ergens voor laten opdraaien (iemand de verantwoording voor iets negatiefs laten dragen) ▸ jdn für den Schaden einstehen lassen

☞ Aus der Seemannssprache: Früher bedeutete *opdraaien* ‚gebremst werden'. Wenn ein Schiff, bei schon ausgeworfenem Anker, versucht abzudrehen, wird der Anker die Fahrt verlangsamen. Die übertragene Bedeutung war ‚etwas nicht schaffen' und daraus hat sich dann die heutige Bedeutung entwickelt.

Het kan toch niet zijn dat jullie *me laten opdraaien voor iets* wat jullie gedaan hebben!

Siehe auch **het gelag betalen, hij zal ervan lusten, het moeten ontgelden**.

O

open

(1) open en bloot (openlijk) ▸ öffentlich

☞ *Open* und *bloot* haben hier die gleiche Bedeutung. Es handelt sich also um eine Tautologie.

In het park lagen de heroïnespuitjes *open en bloot* op de grond.

opening

(3) opening van zaken geven (inlichtingen geven omtrent de ware stand van zaken) ▸ die Tatsachen offen legen

De oppositie heeft de regering gedwongen *opening van zaken te geven.*

Siehe auch **open kaart spelen**.

opgang

(2) opgang maken (succes hebben [gezegd van zaken]) ▸ im Kommen sein

☞ Wahrscheinlich aus *op gang komen*, in Schwung kommen.

De diensteneconomie *heeft* de laatste decennia *opgang gemaakt.*

Siehe auch **gretig aftrek vinden, als warme broodjes over de toonbank gaan, grif van de hand gaan, het loopt als een trein, goed in de markt liggen, opgeld doen, in trek zijn, in zwang zijn/raken**.

opgelaten

(3) zich opgelaten voelen (in een moeilijke, onaangename situatie verkeren) ▸ sich aufgeschmissen fühlen

☞ Die Etymologie ist nicht bekannt.

Zonder geld in een vreemde stad *voelde ik me helemaal opgelaten.*

opgeld

(3) opgeld doen (siehe opgang maken)

☞ *Het opgeld* hat nicht die gleiche Bedeutung wie das deutsche *Aufgeld*. Es ist der Mehrwert einer Münze. So ist der eigentliche Wert einer zwanzig Dollar Goldmünze viel höher als der Nennwert.

opgeruimd

(2) opgeruimd staat netjes! (gezegd als men iemand die lastig is, kwijt is) ▸ die/den sind wir los!

☞ Diese Redewendung ist natürlich ironisch gemeint: Wenn man aufgeräumt hat, sieht alles wieder ordentlich aus.

Het is goed dat die man eindelijk weg is: *opgeruimd staat netjes!*

opgescheept

(2) met iemand/iets opgescheept zitten (zich niet van iemand/iets kunnen ontdoen, ermee zitten) ▸ jdn/etwas auf dem Hals haben

☞ *Opgescheept* bedeutete ursprünglich, dass etwas ‚auf ein Schiff geladen' war, aber etwas, worauf man gern verzichtet hätte.

Afrika *zit nog steeds opgescheept met* de kunstmatige grenzen uit de koloniale tijd.

opgeven

(3) hoog opgeven van iets/iemand (veel goeds over iets/iemand vertellen) ▸ etwas/jdn in den höchsten Tönen loben
☞ Eine der Bedeutungen von *opgeven* ist ‚rühmen'.
De minister *geeft hoog op van* de samenwerking met de EU.

Siehe auch **iemand de hemel in prijzen, de loftrompet over iemand steken, (veel) met iemand/iets ophebben, over het paard getild, iemand in het zonnetje zetten**.

ophanden

(2) ophanden zijn (binnenkort te verwachten zijn) ▸ bevorstehen
☞ Gemeint ist: *binnen handbereik*, in Reichweite.
Als de drie partijen niet in staat zijn een nieuwe regering te vormen, zullen er verkiezingen *ophanden zijn*.

Siehe auch **op handen zijn, op til zijn**.

ophebben

(3) (veel) met iemand/iets ophebben (erg ingenomen zijn met iemand/iets) ▸ große Stücke auf jdn halten
☞ Die Etymologie ist nicht bekannt.
De voorzitter *heeft veel op met* het nieuwe lid van de partij.

Siehe auch **iemand de hemel in prijzen, de loftrompet over iemand steken, hoog opgeven van iemand, over het paard getild, iemand in het zonnetje zetten**.

opkijken

(2) zonder op- of om te kijken (zonder zich te laten afleiden) ▸ ohne sich um etwas zu kümmern
☞ Wörtlich: Ohne aufzuschauen oder sich umzublicken.
Je hebt me niets te verwijten: ik doe mijn werk *zonder op- noch om te kijken*.

opmars

* *in opmars* zijn ▸ *auf dem Vormarsch sein*

oppassen

(3) oppassen is de boodschap! (nu moet iedereen oppassen) ▸ jetzt heißt es aufpassen!

O

Daar heb je de politie! *Oppassen is de boodschap!*

Siehe auch **nu is het opletten/oppassen geblazen**.

oprapen

(2) dat ligt daar voor het oprapen (het is er in overvloed aanwezig) ▸ in Hülle und Fülle vorhanden sein

☞ Gemeint ist: Man braucht sich nur zu bücken, dann hat man es.

Voor de bouwfirma *lag het geld* in die nieuwbouwwijk *voor het oprapen.*

Siehe auch **te kust en te keur, te over, bij de vleet**.

opschieten

(1) (niet) goed met iemand kunnen opschieten (geen/een goede verstandhouding met iemand hebben) ▸ sich (nicht) gut mit jdm verstehen

☞ Die Etymologie ist nicht bekannt.

Ik kan *met de nieuwe secretaris* van onze vereniging niet *goed opschieten.*

Siehe auch **goed met iemand overweg kunnen, het goed met iemand kunnnen vinden; het wil niet boteren tussen die twee, niet met iemand door één deur kunnen, die twee zijn water en vuur**.

O

opzetten

(2) zet 'm op! (doe je best!) ▸ jetzt nichts wie ran!

☞ Die Etymologie von *'m opzetten*, sich ins Zeug legen, ist nicht bekannt.

Kom, nu niet de moed verliezen, *zet 'm op!*

Siehe auch **de beuk erin, vooruit met de geit, geef 'm van katoen**.

orde

(1) aan de orde komen (ter sprake komen) ▸ zur Sprache kommen

☞ Gemeint ist die Tagesordnung.

Ik was ontgoocheld omdat mijn voorstel niet *aan de orde kwam.*

(1) dat is nu (niet) aan de orde! (daar wordt nu [niet] over gepraat!) ▸ das steht jetzt nicht zur Debatte!

‚Een loonsverhoging', zeggen de werkgevers, *‚is nu niet aan de orde'.*

(1) iets aan de orde stellen (over een probleem willen praten) ▸ etwas zur Sprache bringen
Ik wilde *het probleem aan de orde stellen*, maar de voorzitter zei dat daar geen tijd meer voor was.

Siehe auch **iets te berde brengen, iets ter tafel brengen**.

(1) orde op zaken stellen (iets opnieuw goed regelen) ▸ etwas in Ordnung bringen, klare Verhältnisse schaffen
De nieuwe voorzitter heeft beloofd in de vereniging weer *orde op zaken te stellen.*

oren (siehe auch **oor und oortje**)

* iemand *de oren* wassen ▸ jdm *den Kopf* waschen
Siehe auch **iemand ervanlangs geven, iemand onder handen nemen, iemand een kat geven, iemand de volle laag geven, iemand de les lezen, iemand de mantel uitvegen, iemand op zijn nummer zetten, iemand de pin op de neus zetten, iemand op zijn plaats zetten, iemand een standje geven, iemand zijn vet geven, iemand op de vingers tikken, iemand de wacht aanzeggen**.

* zich iets (goed) *in* de oren *knopen*, iets (goed) in zijn oren knopen ▸ sich etwas *hinter* die Ohren *schreiben*

* iemand *de oren* van het hoofd eten ▸ jdm *die Haare* vom Kopf essen

(2) iemand de oren van het hoofd kletsen (iemand vermoeien door onophoudelijk te praten) ▸ jdm mit seinem Geschwätz auf die Nerven gehen
Ik wil die man niet meer zien, *hij kletst me de oren van het hoofd.*

(2) oren naar iets hebben (ergens in geïnteresseerd zijn) ▸ Lust zu etwas haben
☞ Gemeint ist: Das hören wir gern.
Als we dat boek met 40% korting kunnen kopen, dan *hebben we daar wel oren naar.*

(3) geen oren naar iets hebben (niet naar iets willen luisteren) ▸ sich für etwas taub stellen
Naar de voorstellen van de vakbonden *hebben de werkgevers voorlopig geen oren.*

Siehe auch **Oost-Indisch doof voor iets zijn**.

os

(3) van de os op de ezel springen (siehe van de hak op de tak springen)

oud

(1) (met) oud en nieuw ([met] de jaarwisseling) ▸ Silvester

☞ Gemeint ist der Wechsel vom alten zum neuen Jahr.

In deze brochure vindt u allerlei tips voor wat u kunt doen *met oud en nieuw.*

ouden

(1) de ouden van dagen (de bejaarden) ▸ die älteren Leute

Tijdens de covid-crisis is er onder *de ouden van dagen* het grootste aantal sterfgevallen geweest.

ouwe-jongens-krentenbrood

(3) tussen hen is het ouwe-jongens-krentenbrood (ze kunnen het uitstekend met elkaar vinden) ▸ sie sind dicke Freunde

☞ Wahrscheinlich aus der Soldatensprache: Die Kameraden teilten sich ein Rosinenbrot.

Onder al de wielrenners van onze ploeg is het *ouwe-jongens-krentenbrood.*

O

Siehe auch **koek en ei, dikke mik, pais en vree**.

over

* het is over *en uit*! ▸ es ist vorbei!

(1) over en weer (heen en terug, van weerskanten) ▸ gegenseitig

☞ Zum Beispiel von Beschuldigungen gesagt. Gemeint ist: Von der einen Seite zur anderen und wieder zurück.

De overeenkomst voorziet *over en weer* in een aantal economische concessies.

(1) (voorbeelden, boeken ...) te over (een overvloed aan ...) ▸ im Überfluss

Voor het effect op het klimaat door de aardverwarming zijn er *voorbeelden te over.*

Siehe auch **te kust en te keur, dat ligt daar voor het oprapen, bij de vleet**.

overboord

(2) er is nog geen man overboord! (er is nog niets ergs, niets onherroepelijks gebeurd) ▸ noch ist nichts passiert, also mach keine Tragödie draus!

Nog is de zaak niet verloren, want *er is nog geen man overboord!*

Siehe auch **er is nog geen man over boord**.

overhoop

(2) met iemand overhoop liggen (ruzie met iemand hebben) ▸ Krach mit jdm haben

Die man heeft met iedereen ruzie. Met zijn buren *ligt hij al twintig jaar overhoop*.

Siehe auch **een aanvaring met iemand hebben, Hoekse en Kabeljauwse twisten, hoge woorden met iemand hebben**.

overhouden

(3) het houdt niet over! (het kon beter) ▸ das könnte besser sein

☞ Aus *overhouden*, etwas übrig haben. Wenn man nichts mehr übrig hat, sieht die Sache nicht gut aus.

Hoe gaat het met je? – *Het houdt niet over!*

O

overmaat

(2) tot overmaat van ramp (om de zaak nog te verergeren) ▸ zu allem Unglück

☞ *Overmaat* ist das, was man über das normale Maß hinaus noch dazubekommt.

Ik was al een uur te laat en *tot overmaat van ramp* heb ik ook nog een lekke band gehad.

overstag

(3) overstag gaan (uiteindelijk toegeven) ▸ umkippen, umfallen (seine Meinung ändern)

☞ Aus der Schifffahrt: Der Stag (*de stag*) ist ‚das Drahtseil zum Verspannen und Abstützen von Masten' (Duden). *Overstag gaan* bedeutet also wörtlich: In die Richtung des Stags segeln, den Kurs ändern.

De gijzelnemers en de politie wilden geen van beide als eerste *overstag gaan*.

Siehe auch **door de knieën gaan**.

overstuur

(2) overstuur zijn (door een schok of door ontroering niet kunnen reageren) ▸ aus der Fassung sein

☞ Wieder aus der Seemannssprache: *Overstuur* = *over het stuur heen*, d. h., die Kontrolle über das Steuer verloren haben.

Toen ik het nieuws van zijn dood hoorde, *was ik compleet overstuur.*

Siehe auch **van zijn apropos raken, in de bonen zijn, met de handen in het haar zitten, niet weten hoe men het heeft, van de kaart zijn, kapot zijn, de kluts kwijt zijn, van de kook raken, aan het eind van zijn Latijn zijn, ondersteboven zijn, ten einde raad, van slag raken/zijn, het spoor bijster zijn, van streek zijn**.

overwaaien

(2) het zal wel overwaaien! (het zal wel verdwijnen, het zal wel voorbijgaan!) ▸ das wird schon vorübergehen!

We zitten nu nog volop in een pandemie, maar *die zal ook wel overwaaien!*

Siehe auch **de bui waait wel over**.

overweg

O

(2) (niet) met iets goed overweg kunnen ([niet] goed met iets kunnen omgaan) ▸ mit etwas (nicht) zurechtkommen

Ik kan nog niet goed overweg met mijn nieuwe computer.

Siehe auch **ergens niet mee uit de voeten kunnen, ergens niet mee uit de weg kunnen**.

(2) goed met iemand overweg kunnen (siehe goed met iemand kunnen opschieten)

P

paal

(1) dat staat als een paal boven water! (daar valt niet aan te twijfelen!) ▸ darauf kannst du Gift nehmen!

☞ *De paal* ist der Poller, an dem Schiffe festgemacht werden.

Het plan van de regering zal mislukken, *dat staat als een paal boven water!*

Siehe auch **je kunt ervan op aan, dat geef ik je op een briefje, daar kun je donder op zeggen**.

(1) paal en perk aan iets stellen (ergens een eind aan maken; iets binnen bepaalde grenzen houden) ▸ etwas Schranken setzen

☞ Hier sind *paal* und *perk* Synonyme. Beide bedeuten Schranke oder Grenze (man denke an *beperken* = *begrenzen*) und beziehen sich auf den Platz, auf dem Turniere ausgetragen wurden (*het strijdperk*), und der von einem Zaun (*het paalwerk*) umgeben war. Bei der Wahl der beiden Substantive hat natürlich auch die Alliteration eine Rolle gespielt.

De regering heeft beloofd *paal en perk te stellen* aan de drugshandel.

(3) voor paal staan (siehe *voor aap staan*)

☞ Mit *paal* ist der Schandpfahl gemeint.

paard

* op het verkeerde paard *wedden* ▸ aufs falsche Pferd *setzen*

* het paard *ruikt* de stal ▸ das Pferd *wittert* den Stall

(1) het paard achter de wagen spannen (de zaak net verkeerd aanpakken) ▸ das Pferd beim Schwanz aufzäumen

Je had de zaak anders moeten aanpakken! Wat je nu gedaan hebt, was *het paard achter de wagen spannen.*

P

(3) over het paard getild (te veel geprezen) ▸ zu sehr gelobt

☞ Wenn man jdn zu hoch in den Sattel hebt, kann es passieren, dass er auf der anderen Seite runterfällt. Damit hat man ihm also keinen Gefallen getan.

Het is beter voor je carrière dat je als jong dichter niet *over het paard getild wordt*, want anders zijn de verwachtingen te hoog.

Siehe auch **iemand de hemel in prijzen, de loftrompet over iemand steken, hoog opgeven van iemand, (veel) met iemand/ iets ophebben, iemand in het zonnetje zetten**.

(3) zelfs een blind paard heeft in de gaten dat ... (iedereen kan zien dat ...) ▸ ... das sieht doch ein Blinder mit dem Krückstock!

Zelfs een blind paard heeft in de gaten dat de eisen van de vakbonden door de werkgevers nooit aanvaard zullen worden.

(3) een blind paard zou er geen schade doen (gezegd van een armoedig interieur) ▸ sagt man von einer armseligen Wohnung

Het was zo'n armzalig onderkomen *dat zelfs een blind paard er geen schade zou doen.*

paasbest

(3) op z'n paasbest (met zijn mooiste pak aan) ▸ in Schale

☞ Früher kaufte man zu Ostern neue Kleider.

Op zijn paasbest gekleed gaan, was vooral in mode in de jaren vijftig en zestig.

Siehe auch **aangekleed gaat uit**.

pad

(1) altijd op pad (altijd van huis) ▸ immer unterwegs | *het pad* = der Pfad

Een handelsreiziger is het hele jaar, dag in dag uit, *op pad.*

pais

(3) het is weer pais en vree tussen hen (ze hebben geen ruzie meer) ▸ sie haben sich versöhnt

☞ Pais (aus französisch *paix*) und *vree* (*vrede*) sind Synonyme.

Die twee hebben jarenlang ruzie gehad, maar *nu is het weer pais en vree tussen hen.*

P

Siehe auch **dikke mik, koek en ei, oude-jongens-krentenbrood**.

pak

* met pak en zak ▸ mit Sack und Pack

☞ Man beachte die Umkehrung!

Siehe auch **bepakt en bezakt, met zijn hele hebben en houden, met hutje en mutje**.

(2) dat is een pak van mijn hart! (dat is een hele opluchting!) ▸ da fällt mir ein Stein vom Herzen!

Mijn zoon is voor al zijn examens geslaagd en *dat is een pak van mijn hart!*

(3) een nat pak halen (in het water vallen) ▸ ins Wasser fallen

☞ Hier ist *pak* kein Paket, sondern ein Anzug.

Ik stond aan de rand van het zwembad en een paar vrienden duwden me in het water: ze wilden eens zien hoe ik eruit zou zien *nadat ik een nat pak had gehaald.*

pakken (Substantiv)

(3) niet bij de pakken gaan neerzitten (de moed niet opgeven) ▸ nicht den Kopf hängen lassen

Het eind van de tunnel is in zicht en we mogen dan ook niet *bij de pakken gaan neerzitten.*

Siehe auch **de moed erin houden, de rit uitzitten**.

pakken (Verb)

(3) iemand te pakken nemen (siehe voor de gek houden)

(3) hij heeft het flink te pakken! (hij is erg verliefd) ▸ es hat ihn ganz schön erwischt!

Heb je gezien hoe hij naar dat meisje kijkt? Ik geloof *dat hij het flink te pakken heeft!*

Siehe auch **een oogje op iemand hebben, vlinders in zijn buik hebben**.

(3) het lelijk te pakken hebben (behoorlijk verkouden of anders ziek zijn) ▸ stark erkältet oder anderswie krank sein

Ik voel me nu al een hele tijd niet lekker. Ik denk *dat ik het lelijk te pakken heb*!

Siehe auch **er erg aan toe zijn**.

P

pal

(3) pal staan voor iets (iets met overtuiging blijven verdedigen) ▸ etwas bis zum Äußersten verteidigen | de pal = die Sperrklinke

☞ Hier haben wir die adverbiale Form mit der Bedeutung ‚unbeweglich'.

De EU *staat pal voor de democratie.*

Siehe auch **zijn lijn vasthouden**.

pampus

(3) voor pampus liggen (erg moe zijn) ▸ in den Seilen hängen

☞ *Pampus* ist eine Sandbank im IJ, bei Amsterdam. Früher konnten die Seeleute erst bei Flut ihre Reise fortsetzen. Wer also bei Ebbe vor der Sandbank lag, konnte nicht mehr weiter.

Na zes uur in de tuin te hebben gewerkt, *lag ik voor pampus.*

Siehe auch **bekaf zijn, op zijn laatste benen lopen, gaar zijn, de man met de hamer, uitgeteld zijn**.

pan (siehe auch pannen)

(2) de pan uit rijzen/vliegen (gezegd van iets [prijzen, kosten] waarvan de stijging of toename niet meer te beheersen is) ▸ in die Höhe schießen

☞ Wahrscheinlich aus einem Werbespot für ein bestimmtes Mehl. Der Hersteller behauptete, dass ein mit diesem Mehl gebackener Kuchen aus der Kuchenform schießen würde.

De kosten om aan een beroemde Amerikaanse universiteit te mogen studeren, *rijzen de pan uit.*

Siehe auch **een hoge vlucht nemen**.

pandoer

(3) dat is opgelegd pandoer (1. dat is een zekere zaak; 2. dat is van tevoren al geregeld) ▸ 1. das ist so sicher wie das Amen in der Kirche; 2. das ist ein abgekartetes Spiel

☞ *Pandoer* ist ein Kartenspiel, bei dem man, wenn man sicher ist zu gewinnen, seine Karten offen auf den Tisch legt und dabei ‚Pandoer' ruft.

1. Degene die dit hele gezin uitgemoord heeft, zullen ze nooit pakken. *Dat is opgelegd pandoer*!

2. Ik zag direct dat de verkiezing van de voorzitter *opgelegd pandoer was.*

Siehe auch **dat is een doorgestoken kaart**.

pannen (siehe auch pan)

(3) onder de pannen zijn (siehe onder dak zijn)

☞ *De pan* ist hier nicht die Pfanne (wie in der obigen Redewendung), sondern der Dachziegel. Gemeint ist: Wenn das Dach fertig ist, kann man in das Haus einziehen und hat ein Dach über dem Kopf.

pap

(3) geen pap van iets gegeten hebben (siehe ergens geen kaas van gegeten hebben) | de pap = der Brei

(3) daar lust ik (wel) pap van! (daar kan ik niet genoeg van krijgen!) ▸ das tu ich für mein Leben gern!

Driemaal per jaar op vakantie gaan, *daar lust ik wel pap van!*

Siehe auch **daar lust ik wel soep van**.

papieren

(2) dat loopt (aardig) in de papieren! (dat is behoorlijk duur) ▸ das geht ganz schön ins Geld! | de papieren = die Geldscheine

Een nieuw station bouwen, *dat loopt aardig in de papieren!*

Siehe auch **aantikken, dat is een rib uit mijn lijf**.

(3) goede papieren hebben (veel kans hebben om iets te krijgen, omdat men de juiste diploma's of een aanbeveling heeft) ▸ gute Chancen haben

Jan heeft goede papieren om in de volgende regering minister te worden.

Siehe auch **gedoodverfd, hoge ogen gooien, iemand op het oog hebben**.

paplepel

(2) dat is hem met de paplepel ingegoten (dat is hem vanaf zijn kinderjaren ingeprent. ▸ das hat er mit der Muttermilch eingesogen | de paplepel = der Esslöffel, mit dem Brei gegessen wird.

Smartphone, Twitter en Facebook worden de kinderen nu *met de paplepel ingegoten.*

pappen

(2) pappen en nat houden (gezegd van een misstand die men slechts met halve maatregelen behandelt) ▸ das ist Flickschusterei

☞ Wörtlich: 1. Mit Brei bestreichen: früher bei Verwundungen. 2. Mit Kleister bestreichen: Der Kleister muss nass sein, um die Tapete an die Wand hängen zu können.

Er moeten nu harde maatregelen worden genomen, de tijd van *pappen en nat houden* is voorbij.

parket

(2) in een lastig parket verkeren (in een moeilijke positie verkeren) ▸ in der Klemme stecken

☞ *Het parket* (die Staatsanwaltschaft) geht zurück auf das

P

französische *le parquet*: Der Teil des Gerichtssaals, wo sich die Richter und die Rechtsanwälte aufhielten.

Nu dat de oppositie weet dat de minister geld geïnvesteerd heeft in belastingparadijzen, is de regering *in een moeilijk parket*.

Siehe auch **in de aap gelogeerd zijn, beren op de weg zien, de bietenbrug opgaan, de bui zien hangen, dan zijn we nog verder van huis, er is een kink in de kabel, in de knel zitten, in de knoei zitten, in de knoop zitten, in het nauw komen/zitten, iemand parten spelen, in de penarie zitten, in de piepzak zitten, in de puree zitten, in de put zitten, in de rats zitten, in het schip zitten, in de soep zitten, er is stront aan de knikker, er zijn voetangels en klemmen, het niet meer zien zitten**.

parochie

* voor eigen *parochie preken* ▸ vor der eigenen *Gemeinde sprechen*

part

(3) part noch deel aan iets hebben (er niets mee te maken hebben) ▸ mit etwas nichts zu schaffen haben

☞ *Part* (das französische *la part*) und *deel* sind Synonyme.

Aan die vechtpartij *had ik part noch deel.*

parten

P

(2) dat speelt hem parten (dat brengt hem in moeilijkheden) ▸ das spielt ihm einen Streich | Part = (hier:) List oder Streich

De nieuwe Amerikaanse politiek zal de EU *parten spelen.*

Siehe auch **in de aap gelogeerd zijn, beren op de weg zien, de bietenbrug opgaan, de bui zien hangen, dan zijn we nog verder van huis, er is een kink in de kabel, in de knel zitten, in de knoei zitten, in de knoop zitten, in het nauw komen/zitten, in de nesten zitten, in een lastig/moeilijk parket verkeren, in de penarie zitten, in de piepzak zitten, in de puree zitten, in de put zitten, in de rats zitten, in het schip zitten, in de soep zitten, er is stront aan de knikker, er zijn voetangels en klemmen, het niet meer zien zitten**.

(2) mijn geheugen speelt mij parten (mijn geheugen laat me in de steek) ▸ mein Gedächtnis lässt mich im Stich

Ik herinner me echt zijn naam niet meer, *mijn geheugen speelt me parten.*

partij

* van de partij zijn ▸ *mit* von der Partie sein

(2) geen partij voor iemand zijn (niet opgewassen zijn tegen iemand) ▸ jdm nicht gewachsen sein

Frazer *was geen partij voor* Mohamed Ali.

Siehe auch **zich laten afdrogen, het tegen iemand (moeten) afleggen, voor de bijl gaan, aan het kortste eind trekken, het loodje leggen, het onderspit delven, er niet aan te pas komen, ergens niet tegenop kunnen**.

pas (het)

(1) te pas en te onpas (bij iedere mogelijke gelegenheid, ook als het niet goed uitkomt) ▸ bei jeder, auch unpassender Gelegenheit

☞ Gemeint ist: *Of het nu past of niet.*

Hoed je voor die man, hij komt *te pas en te onpas* bij je aankloppen om je domme vragen te stellen.

(2) er (niet) aan te pas komen (1. [niet] nodig zijn; 2. [niet] opgewassen zijn tegen iemand) ▸ 1. (nicht) mehr nötig sein; 2. jdm (nicht) gewachsen sein

☞ *Te pas* bedeutet hier *op de goede plaats.*

1. Er moesten drie politieagenten *aan te pas komen* om de dief in bedwang te houden.

2. De tenniswedstrijd tegen Becker heb ik natuurlijk verloren, *ik kwam er gewoon niet aan te pas.*

Siehe auch (zu 2.) **zich laten afdrogen, het tegen iemand (moeten) afleggen, voor de bijl gaan, aan het kortste eind trekken, het loodje leggen, het onderspit delven, ergens niet tegenop kunnen**.

(3) dat geeft geen pas! (zoiets doe je niet!) ▸ das gehört sich nicht!

☞ Gemeint ist: *Dat is ongepast.*

Ongeschoren naar de opera gaan, *dat geeft geen pas!*

pas (de)

* *pas* op de plaats *maken* ▸ auf der Stelle *treten*

(1) (goed) van pas komen (nuttig zijn) ▸ gelegen kommen, gerade zur rechten Zeit kommen

☞ Gemeint ist: So, dass es passt.

Dat nieuwe woordenboek *zal ons goed van pas komen.*

Siehe auch **dat is mooi meegenomen, met zijn neus in de boter vallen, pik in het is winter, dat is nooit weg**.

(1) in de pas lopen (zich net zo gedragen als iets of iemand anders, iets of iemand volgen) ▸ Schritt halten mit etwas oder jdm.

Amerika zou willen dat de hele wereld *in de pas loopt.*

(3) iemand de pas afsnijden (iemand verhinderen een bepaalde handeling uit te voeren) ▸ jdm den Weg versperren

☞ *Pas* bedeutet hier *passage.*

Toen ik naar de kermis van het naburige dorp wilde gaan, *heeft een groepje jongeren me de pas afgesneden.*

Siehe auch **iets de nek omdraaien, de poten onder iemands stoel wegzagen, iemand een spaak in het wiel steken, ergens een stokje voor steken, iemand de voet dwarszetten, iemand voor de voeten lopen, iemand in de wielen rijden**.

pas (Adverb)

(1) dat is/da's pas werken/lekker! (dat noem ik nou werken! dat vind ik nu echt lekker!) ▸ das nenn ich arbeiten! das ist erst lecker!

Heb je al eens een Japanner zien werken? *Dat is pas werken!*

Pasen

P

(2) als Pasen en Pinksteren op één dag vallen (nooit) ▸ am Sankt-Nimmerleins-Tag | Pasen = Ostern; Pinksteren = Pfingsten

Denk je dat Jan ooit op tijd komt?– Ja, *als Pasen en Pinksteren op één dag vallen*!

Siehe auch **als de kalveren op het ijs dansen, tot je een ons weegt, met sint-juttemis**.

paskwil

(3) een paskwil van iets maken (iets belachelijk maken) ▸ etwas ins Lächerliche ziehen

☞ *Het paskwil* stammt aus dem Italienischen und bedeutet Karikatur. *Pasqualino* war im 16. Jh. ein Einwohner Roms, an dessen Haus satirische Gedichte geklebt wurden.

Jullie hebben van mijn mooie plan *een paskwil gemaakt.*

passen

(3) na veel passen en meten (na veel overleg) ▸ nach langem Hin und Her
☞ Hier sind *passen* (genau abmessen, daraus *passer* = Zirkel)) und *meten* Synonyme.
Na veel passen en meten heeft de Kamer dan toch het wetsvoorstel aangenomen.

Siehe auch **na veel loven en bieden, na veel plussen en minnen, na veel vijven en zessen, na veel wikken en wegen**.

paus

* *Roomser* zijn dan de paus ▸ *päpstlicher* sein als der Papst

pee

(3) de pee aan iemand hebben (siehe de pest aan iemand hebben)
☞ Der erste Buchstabe des Wortes, *pee* geschrieben, steht für das ganze Wort.

(3) de pee in hebben (siehe de pest in hebben)

peil

(2) beneden (alle) peil (1. onvoldoende, van een te laag niveau; 2. laf, gemeen) ▸ 1. das ist unter allem Niveau; 2. das ist unter aller Würde
☞ Dies bezog sich zuerst auf den Wasserstand in Amsterdam (NAP = *normaal Amsterdams peil*). Wenn der Wasserstand zu niedrig war, konnten die Schiffe nicht einlaufen.

1. De nieuwe film van Woody Allen *is beneden alle peil.*

2. Het gedrag van deze minister *is beneden alle peil.*

Siehe auch (zu 1.) **dat is brandhout, het is niet je dát, weinig/niets om het lijf hebben, een wassen neus zijn, dat is niet om over naar huis te schrijven, niet veel soeps zijn**.

(3) daar valt/is geen peil op te trekken (je weet niet wat je ervan kunt verwachten) ▸ darauf ist kein Verlass
☞ Aus der Seemannssprache: *Peil* ist ein fester Punkt, wie ein Leuchtturm, an dem man sich orientieren kann. Gab es diesen festen Punkt nicht, konnte man den richtigen Kurs nicht bestimmen.
Je weet nooit wat je aan die man hebt, *er is geen peil op te trekken.*

P

peiling

(3) iets/iemand in de peiling hebben/krijgen (siehe *iets/iemand in de gaten hebben/krijgen*)

pen (siehe auch pennen)

(1) met geen pen te beschrijven zijn (zo absurd zijn dat het onmogelijk te beschrijven is) ▸ unbeschreiblich

De situatie in Jemen *is met geen pen te beschrijven.*

(2) in de pen klimmen (ergens op reageren door te gaan schrijven) ▸ zur Feder greifen

Toen ik dat bericht in de krant las, *ben ik in de pen geklommen.*

Siehe auch **veel pennen in beweging brengen**.

(3) iemand de pen op de neus zetten (siehe *iemand de pin op de neus zetten*)

☞ *Pen* steht hier für *pin* (die Klammer).

penarie

(2) in de penarie zitten (in moeilijkheden zitten) ▸ in der Patsche, der Klemme, der Tinte sitzen

☞ *Penarie*, aus dem lateinischen *penuria*, bedeutet ‚Mangel'.

Als ik geweten had dat je al zolang *in de penarie zit*, had ik je natuurlijk geholpen.

P

Siehe auch **in de aap gelogeerd zijn, beren op de weg zien, de bietenbrug opgaan, de bui zien hangen, dan zijn we nog verder van huis, er is een kink in de kabel, in de knel zitten, in de knoei zitten, in de knoop zitten, in de nesten zitten, in een lastig/moeilijk parket verkeren, iemand parten spelen, in de piepzak zitten, in de puree zitten, in de put zitten, in de rats zitten, in het schip zitten, in de soep zitten, er is stront aan de knikker, er zijn voetangels en klemmen, het niet meer zien zitten**.

pennen (siehe auch pen)

(3) veel pennen in beweging brengen (veel schriftelijke reacties veroorzaken) ▸ viel schriftliche Reaktionen verursachen

Het financieel schandaal heeft in de internationale pers *veel pennen in beweging gebracht.*

Siehe auch **in de pen klimmen**.

peren

(2) met de gebakken peren (blijven) zitten (de dupe zijn) ▸ der Gelackmeierte sein

☞ Gebackene Birnen galten auch früher schon als etwas Leckeres. Der negative Beigeschmack in dieser Redewendung ist dem Wegbleiben der Gäste geschuldet. Man muss dann seine Birnen allein aufessen.

Jij hebt je aandelen op tijd verkocht, maar *wij zijn met de gebakken peren blijven zitten.*

Siehe auch **het haasje zijn, in het hoekje zitten waar de klappen vallen, de gebeten hond zijn, het kind van de rekening zijn, de klos zijn, de kop van jut, het moeten ontgelden, de kwaaie pier zijn, de pineut zijn, de sigaar zijn, het pispaaltje zijn, in het verdomhoekje zitten**.

perken

(2) binnen de perken blijven (geen overlast of schade veroorzaken) ▸ sich in Grenzen halten | het perk = die Grenze

☞ Man denke an *beperkt* = beschränkt, begrenzt.

De regering zal er alles aan doen om prijsverhogingen te vermijden, want de inflatie moet absoluut *binnen de perken blijven.*

(3) alle perken te buiten gaan (te ver gaan) ▸ jedes Maß übersteigen

Door de bankencrisis is de goudprijs *alle perken te buiten gegaan.*

Siehe auch **zijn boekje te buiten gaan, iets te buiten gaan, het te gortig maken, over de schreef gaan**.

P

pest

* de pest aan iets/iemand *hebben* ▸ etwas/jdn *wie* die Pest *hassen*

Siehe auch **aan iets een broertje dood hebben, iets aan zijn laars lappen, lak aan iemand/iets hebben, het land aan iemand/iets hebben, maling hebben aan iets, schijt aan iemand/iets hebben, de schurft aan iemand/iets hebben**.

(3) de pest in hebben (erg slecht gehumeurd zijn) ▸ eine Stinklaune haben

Ik zie dat de directeur vandaag weer *de pest in heeft.*

Siehe auch **met het verkeerde been uit bed gestapt zijn, de bokkenpruik op hebben, de bolworm hebben, in een slechte bui zijn, slecht gemutst zijn, een gezicht zetten als een oorwurm,**

het (lelijk) op de/zijn heupen hebben, er de pee in hebben, de smoor (over iets) in hebben.

pet

* met de *pet* rondgaan ▸ mit dem *Hut* rundgehen | de pet = die Mütze

* zijn *pet* voor iemand/iets afnemen ▸ seinen *Hut* vor jdn/etwas abnehmen

* dat gaat *boven zijn pet* ▸ das geht *ihm zu hoch*

(2) van iemand/iets geen hoge pet op hebben (iemand/iets negatief beoordelen) ▸ keine hohe Meinung von jdm/etwas haben
☞ Die Etymologie ist nicht bekannt.
Ik zal die man zeker niet in dienst nemen, want *ik heb geen hoge pet van hem op.*

Siehe auch **geen hoge dunk van iemand hebben**.

(2) daar kan ik met mijn pet niet bij! (dat is totaal onbegrijpelijk!) ▸ da bleibt einem der Verstand stehen!
☞ Metonymisch steht *pet* hier für Kopf.
Hoe zo'n dom ongeluk heeft kunnen gebeuren, *daar kan ik met mijn pet niet bij!*

Siehe auch **daar kan ik geen brood van bakken, daar kan ik geen chocola van maken, gooi het maar in mijn pet**.

P

(2) met de pet naar iets gooien (1. geen zorg aan iets besteden, knoeiwerk leveren; 2. naar iets gissen) ▸ 1. schludern; 2. drauflosraten
☞ Vielleicht aus dem Versuch von Kindern, Schmetterlinge zu fangen, indem sie ihre Mützen auf die Tierchen werfen.
1. Het gebeurt soms dat een beroemd violist, die voor de zoveelste keer hetzelfde concerto speelt, er gewoon *met de pet naar gooit.*

2. Ik wist het niet zeker, *ik heb er met de pet naar gegooid.*

Siehe auch (zu 1.) **er een potje van maken**; (zu 2.) **iets met de natte vinger doen**.

(2) iets onder de pet houden (niet openbaar maken) ▸ etwas nicht öffentlich bekanntmachen
De vliegtuigmaatschappij heeft de ware oorzaak van het ongluk *onder de pet gehouden.*

(3) gooi (het) maar in mijn pet! (1. ze zoeken het maar uit! 2. ik begrijp er niets van!) ▸ 1. sollen sie doch zusehen, wo sie bleiben! 2. das geht über meinen Verstand!
☞ Die erste Bedeutung war das Sammeln von Geld. Gemeint war dann: Wirf die Münze nur in meine Mütze. Ich sortiere es dann später.
1. Het interesseert me niet meer wat jullie doen, *gooi het maar in mijn pet!*

2. Die moderne jongerentaal, *gooi maar in mijn pet!*

Siehe auch (zu 1.) **je bekijkt het maar, dikke mik**; (zu 2.) **daar kan ik geen brood van bakken, daar kan ik geen chocola van maken, daar kan ik met mijn pet niet bij**.

petje

* *petje* af! ▸ *Hut* ab!

piepen

(3) ertussenuit piepen (siehe de benen nemen)

piepzak

(3) in de piepzak zitten (1. bang zijn; 2. grote moeilijkheden hebben)
▸ 1. Bammel haben; 2. Schwierigkeiten haben
☞ *Piepzak* ist wahrscheinlich eine andere Form von *pijpzak* = Dudelsack.
1. Ik was bang nog iets te zeggen want *ik zat in de piepzak.*

2. Als je in zo'n godverlaten dorp autopech hebt, *dan zit je in de piepzak.*

Siehe auch (zu 1.) **zijn hart vasthouden, 'm knijpen**; (zu 2.) **in de aap gelogeerd zijn, beren op de weg zien, de bietenbrug opgaan, de bui zien hangen, dan zijn we nog verder van huis, er is een kink in de kabel, in de knel zitten, in de knoei zitten, in de knoop zitten, in het nauw komen/zitten, in de nesten zitten, in een lastig/moeilijk parket verkeren, iemand parten spelen, in de penarie zitten, in de puree zitten, in de put zitten, in de rats zitten, in het schip zitten, in de soep zitten, er is stront aan de knikker, er zijn voetangels en klemmen, het niet meer zien zitten.**

pier

(3) de kwaaie pier zijn (de schuld van iets krijgen) ▸ immer herhalten müssen

☞ *Pier* steht hier für *Piet*, ein häufig vorkommender Vorname. Wahrscheinlich aus dem französischen Vornamen *Pierre*.

Toen ons team de wedstrijd verloren heeft, *was ik natuurlijk de kwaaie pier.*

Siehe auch **het haasje zijn, in het hoekje zitten waar de klappen vallen, de gebeten hond zijn, het kind van de rekening zijn, de klos zijn, de kop van jut, het moeten ontgelden, met de gebakken peren (blijven) zitten, de pineut zijn, het pispaaltje zijn, de sigaar zijn, in het verdomhoekje zitten**.

Piet

(1) een hele Piet (iemand die meetelt) ▸ ein hohes/großes Tier

Nadat hij lid van onze partij werd, is hij *een hele Piet* geworden.

Siehe auch **een hoge oom**.

(3) er voor Piet Snot bij zitten (gezegd van iemand die niet meetelt) ▸ das fünfte Rad am Wagen sein

☞ Bei *Piet Snot* denkt man wahrscheinlich an *snotjongen* = Rotznase.

Ik zal zeker niet met jullie meekomen, ik heb geen zin *er voor Piet Snot bij te zitten.*

P

Siehe auch **als bijwagen fungeren, niets in te brengen hebben, er voor Jan Lul bij zitten, niets in de melk te brokken/brokkelen hebben, er voor spek en bonen bij lopen**.

Pietje

(2) een Pietje precies (iemand die overdreven nauwkeurig is) ▸ ein Pedant

Ik vind het vervelend dat je altijd zo'n *Pietje Precies* wil zijn.

pijlen

* nog meer *pijlen* op zijn *boog* hebben ▸ mehrere *Eisen* im *Feuer* haben

pijn

(2) met veel pijn en moeite (met erg veel inspanning) ▸ mit Mühe und Not

☞ Eine Tautologie, denn *pijn* und *moeite* sind hier Synonyme.

We hebben de wedstrijd ten slotte *met veel pijn en moeite* gewonnen.

Siehe auch **met veel duwen en trekken, met veel getrek en geduw**.

(3) pijn in zijn portemonnee hebben (geldgebrek hebben, blut zijn) ▸ knapp bei Kasse sein

Door de hoge werkloosheid hebben veel gezinnen *pijn in hun portemonnee.*

Siehe auch **het kan er niet af, in de brand zitten, het niet breed hebben, dat kan Bruin(tje) niet trekken, geen rooie cent hebben, geen rode duit bezitten, de eindjes niet aan elkaar kunnen knopen, aan de grond zitten, op zwart zaad zitten**.

pijp

(2) de pijp uit gaan / uit zijn (sterven/dood zijn) ▸ den Löffel abgeben/ hinüber sein

☞ Mit *pijp* ist wahrscheinlich der Kaninchenbau gemeint: Wenn das Kaninchen seinen Bau verlässt, während der Jäger in der Nähe ist, wird es abgeschossen.

Na zes weken in het ziekenhuis te hebben gelegen, is grootvader ten slotte *de pijp uit gegaan.*

Siehe auch **zijn laatste adem uitblazen, op apegapen liggen, ten dode opgeschreven zijn, op sterven na dood zijn, eraan gaan, het hoekje om gaan, het niet lang meer maken, het loodje leggen, de pijp aan Maarten geven, in het stof bijten, in het zand bijten**.

P

(2) de pijp aan Maarten geven (1. het opgeven; 2. sterven) ▸ 1. das Handtuch werfen; 2. den Löffel abgeben

☞ Die Etymologie ist nicht bekannt.

1. In de Ronde van Frankrijk moest ik al in de derde etappe *de pijp aan Maarten geven.*

2. Jan heeft gisteren *de pijp aan Maarten gegeven*, maar hij is toch 95 geworden!

Siehe auch (zu 1.) **het bijltje erbij neergooien, er de brui aan geven, iets over de haag gooien, het hoofd in de schoot leggen, iets aan de wilgen hangen**; (zu 2.) **zijn laatste adem uitblazen, op apegapen liggen, op sterven na dood zijn, eraan gaan, het**

hoekje om gaan, het niet meer lang maken, het loodje leggen, de pijp uit gaan, in het stof bijten, in het zand bijten.

(3) een zware/lelijke pijp roken (de onaangename gevolgen van iets ondervinden) ▸ die unangenehmen Folgen tragen müssen
☞ Gemeint ist eine Pfeife mit minderwertigem oder zu starkem Tabak, von dem einem schlecht wird.
We zullen nog een zware pijp roken aan de gevolgen van de bankencrisis.

Siehe auch **dat zal hem lelijk opbreken.**

(3) dat is geen pijp tabak waard! (dat is niets waard) ▸ das ist keinen Schuss Pulver wert!
Ik zal die jongen zeker niet in dienst nemen, *die is geen pijp tabak waard!*

Siehe auch **geen knip voor de neus waard zijn, geen sikkepit waard zijn, het zout in de pap niet waard zijn.**

pik

(3) zich op zijn pik getrapt voelen (zwaar beledigd zijn) ▸ eingeschnappt sein | de pik = der Schwanz, der Penis
Bij de minste of de geringste kritiek *voelt hij zich op zijn pik getrapt.*

Siehe auch **gauw aangebrand zijn, zich in zijn kruis getast voelen, lange tenen hebben, gauw op de tenen/teentjes getrapt zijn, in zijn/de wiek geschoten zijn.**

P

pikken

(1) iets niet pikken (iets niet accepteren) ▸ sich etwas nicht bieten lassen
Zo'n gedrag *pik ik gewoon niet*!

Siehe auch **ja, dag, dat doet de deur dicht, iets niet over zijn kant laten gaan, iets niet nemen.**

pin

(3) iemand de pin op de neus zetten (iemand streng vermanen) ▸ jdm den Daumen aufs Auge drücken | de pin = die Klemme
De directeur wenst je onmiddellijk te zien, ik geloof dat hij je *de pin op de neus wil zetten.*

Siehe auch **iemand ervanlangs geven, iemand onder handen nemen, iemand een kat geven, iemand de volle laag geven, iemand de les lezen, iemand de mantel uitvegen, iemand op zijn nummer zetten, iemand de oren wassen, iemand de pen op de neus zetten, iemand op zijn plaats zetten, iemand een standje geven, iemand zijn vet geven, iemand op de vingers tikken, iemand de wacht aanzeggen, dan zwaait er wat voor je**.

pineut

(1) de pineut zijn (de dupe zijn) ▸ der Dumme sein

☞ *De pineut* stammt vielleicht aus dem englischen *peanuts* (Erdnüsse, also etwas Minderwertiges)

Jullie hebben gewonnen en *ik ben weer de pineut*!

Siehe auch **het haasje zijn, in het hoekje zitten waar de klappen vallen, de gebeten hond zijn, het kind van de rekening zijn, de klos zijn, de kop van jut, het moeten ontgelden, met de gebakken peren (blijven) zitten, de kwaaie pier zijn, het pispaaltje zijn, de sigaar zijn, in het verdomhoekje zitten**.

pinken

(3) bij de pinken zijn (pienter, bijdehand zijn) ▸ Köpfchen haben

☞ *Pinke* ist Rotwelsch für ‚Geld'. Die erste Bedeutung war ‚auf sein Geld aufpassen'.

Die man kun je niet makkelijk bedriegen, *hij is altijd bij de pinken*.

Siehe auch **bij de tijd zijn, zijn weetje wel weten**.

pispaal(tje)

(3) niet de pispaal / het pispaaltje willen zijn (niet degene willen zijn die alles moet accepteren) ▸ nicht der Prügelknabe sein wollen

Je denkt toch niet dat ik *het pispaaltje wil zijn*?

Siehe auch **het haasje zijn, in het hoekje zitten waar de klappen vallen, de gebeten hond zijn, het kind van de rekening zijn, de klos zijn, met de gebakken peren (blijven) zitten, de kwaaie pier zijn, de pineut zijn, de sigaar zijn, in het verdomhoekje zitten**.

pitje

(2) iets op een laag pitje zetten (iets voorlopig laten rusten, er nauwelijks meer aan werken of aandacht aan besteden) ▸ etwas auf Sparflamme setzen | het pitje = die Flamme des Gaskochers

De regering heeft de sanering van de staatschuld *op een laag pitje gezet.*

Siehe auch **op de lange baan schuiven**.

plaat

(3) de plaat poetsen (siehe de benen nemen)
☞ Die Etymologie ist nicht bekannt.

plaatje

(3) wat een plaatje! (wat is ze/het mooi!) ▸ sie/es ist wunderschön! | het plaatje = das Bild
Wat een plaatje, dat kind!

Siehe auch **een wolk van een baby**.

plaats

(1) op zijn plaats zijn (gerechtvaardigd zijn) ▸ gerechtfertigt sein
Je zult zien dat enige kritiek op die film wel *op zijn plaats is.*

(2) iemand op zijn plaats zetten (iemand scherp terechtwijzen) ▸ jdn in seine Schranken weisen
Als hij nog eens zoiets zegt, *zal ik hem op zijn plaats zetten.*

Siehe auch **iemand ervanlangs geven, iemand onder handen nemen, iemand een kat geven, iemand de volle laag geven, iemand de les lezen, iemand de pin op de neus zetten, iemand de oren wassen, iemand op zijn nummer zetten, iemand zijn vet geven, iemand op de vingers tikken, iemand de wacht aanzeggen, dan zwaait er wat**.

P

plak

(3) onder de plak zitten (thuis niets te zeggen hebben) ▸ unter dem Pantoffel stehen
☞ Aus der Schulsprache: *De plak* war ein Stock, an dessen Ende sich eine runde Platte befand, mit der der Lehrer faulen oder widerspenstigen Schülern auf die Finger schlug.
Bij ons doet hij alsof hij een hele Piet was, maar thuis *zit hij onder de plak.*

Siehe auch **een held op sokken**.

plank

(3) de plank misslaan (zich vergissen) ▸ sich vergaloppieren
☞ Diese Redewendung ist ursprünglich eine Kontamination von *de bal misslaan* (im Kegelspiel danebenkegeln) und *de plank mis zijn* (neben dem Sprungbrett laufen und ins Wasser fallen)
In zijn interpretatie van deze beroemde roman *slaat de criticus de plank enkele keren mis.*

Siehe auch **in de bonen zijn, het bij het verkeerde eind hebben**.

(3) dat is vakwerk van de bovenste plank! (eerste klas, van erg goede kwaliteit) ▸ das ist Spitzenklasse!
☞ Auf das oberste Regal des Geschirrschranks stellte man das kostbarste Geschirr, weil man es ja nicht jeden Tag brauchte.
De jongste roman van deze auteur is *vakwerk van de bovenste plank.*

Siehe auch **dat is uit de kunst**.

platzak

(3) platzak zijn (geldgebrek hebben, blut zijn) ▸ blank, abgebrannt sein
☞ Wörtlich: Die Geldbörse ist platt.
Ik kan je helaas geen geld lenen, *ik ben zelf platzak.*

Siehe auch **het kan er niet af, in de brand zitten, het niet breed hebben, dat kan Bruin(tje) niet trekken, geen rooie cent hebben, geen rode duit bezitten, de eindjes niet aan elkaar kunnen knopen, aan de grond zitten, pijn in zijn portemonnee hebben, op zwart zaad zitten**.

P

plooi

(3) nooit uit de plooi raken (nooit zijn ernst verliezen) ▸ immer Haltung bewahren | *de plooi* = die Falte
Die man windt zich nooit op. Ik heb hem nog nooit *uit de plooi zien raken.*

Siehe auch **met een uitgestreken gezicht, geen spier vertrekken**.

pluim

(2) iemand een pluim geven / iemand een pluim aan de hoed steken (iemand een compliment geven) ▸ jdn loben | de pluim = die Feder
Voor de eerste keer in jaren heeft de professor zijn assistent *een pluim aan de hoed gestoken.*

pluis

(1) het is daar niet pluis (het is daar niet helemaal te vertrouwen) ▸ es geht dort nicht mit rechten Dingen zu
☞ *Pluis* (= sauber) aus *pluizen*, das zuerst ‚auseinanderzupfen' und dann ‚sauber machen' bedeutete.
Ik vertrouw het zaakje niet, *het is daar niet pluis.*

Siehe auch **er zit een geurtje aan, dat is niet in de haak, er zit een luchtje aan**.

plussen

(3) na veel plussen en minnen (siehe na veel wikken en wegen)

poeier

(3) in de poeier liggen (siehe naar de knoppen zijn)
☞ *Poeier* = *poeder.* Gemeint ist Pulver, Scherben.

poep

(3) in een poep en een scheet (vulg.) (siehe *in een oogwenk*) | Poep = Scheiße, Furz; Scheet = Furz; also nicht ‚Schiss'!

poepje/poepie

(3) iemand een poepje/poepie laten ruiken (vulg.) (iemand laten zien waartoe men in staat is) ▸ jdm zeigen, was Sache ist | Poepje = Furz
☞ Die Etymologie ist nicht bekannt.
Ik zal de directeur eens *een poepie laten ruiken.*

P

poes

(3) dat is niet voor de poes! (siehe dat is geen kattenpis) | *de poes* = die Katze

poets

(1) iemand een poets bakken (een grap uithalen met iemand) ▸ jdm einen Streich spielen
☞ *De poets* bedeutete früher im übertragenen Sinn zuerst ‚der Schlag', dann, unter Einfluss des deutschen *Posse* (wie in *potsierlijk*, possierlich) ‚der Streich'. Zuerst sagte man *iemand een poets spelen*, dann ironisch *bakken*, weil man an das Vorbereiten oder Zubereiten dachte.
Ik verdenk je vriend ervan dat hij me *een poets wou bakken.*

Siehe auch **iemand voor aap zetten, met iemand de draak steken, iemand voor de gek houden, iemand in zijn hemd zetten, iemand voor joker zetten, iemand te kijk zetten, iemand een kool stoven, iemand een kunstje flikken, iemand voor het lapje houden, iemand een loer draaien, een loopje met iemand nemen, iemand voor lul zetten, iemand in de maling nemen, iemand bij de neus nemen, iemand een oor aannaaien, iemand in het ootje nemen, iemand voor schut zetten**.

pof

* iets op *de pof* kopen ▸ etwas auf *Pump* kaufen

☞ *De pof* (der Schlag) ist ein Klangwort. Zuerst bedeutete *op de pof* ‚auf gut Glück', dann ‚auf Kredit'.

Siehe auch **iets op de beer halen**.

polonaise

(3) aan mijn lijf geen polonaise! (dat is niets voor mij! ik doe daar niet aan mee!) ▸ nicht mit mir!

☞ *Een polonaise* war im 18. Jh. eine sehr enge Damen- oder Herrenbekleidung, die wegen der Enge nicht angenehm zu tragen war. Es handelt sich hier also nicht um den Tanz oder den musikalischen Begriff, sondern um eine ursprünglich polnische Kleidung.

‚Daar doe ik niet aan mee', zei hij, *‚aan mijn lijf geen polonaise!'*

Siehe auch **geef mijn portie maar aan fikkie**.

P

pols

* iets uit *de losse pols doen* ▸ etwas aus *dem Handgelenk schütteln*

Siehe auch **voor de vuist weg**.

pomp

(3) loop naar de pomp (siehe *loop naar de bliksem*)

☞ Die Etymologie ist nicht bekannt.

pompen

(3) het is pompen of verzuipen (gezegd wanneer men alles moet doen om een zaak te redden) ▸ es gibt keine andere Möglichkeit, das ist unsere letzte Chance

☞ Diese Redewendung bezog sich ursprünglich auf ein Schiff, das unterzugehen drohte.

Voor ons bedrijf is het nu in deze crisistijden *pompen of verzuipen*.

pond

(2) het volle pond (het totale bedrag) ▸ die volle Summe
☞ Aus Shakespeares ‚Der Kaufmann von Venedig': Shylock verlangt von Antonio das versprochene Pfund Fleisch.
Ik dacht dat ik een flinke korting zou krijgen, maar de verkoper wilde *het volle pond*.

Siehe auch **de volle mep**.

ponteneur

(3) op zijn ponteneur staan (ergens een prestigekwestie van maken) ▸ auf seine Ehre bedacht sein
☞ *Ponteneur* ist das französische *point d'honneur*.
Een voorwaardelijke vrijspraak accepteer ik niet, ik *sta op mijn ponteneur* en ga in hoger beroep.

Pontius

(3) iemand van Pontius naar Pilatus sturen (siehe iemand van het kastje naar de muur sturen)
☞ Das Eigenartige ist hier, dass Pontius und Pilatus ein und dieselbe Person sind. Eigentlich müsste es heißen: ‚Van Herodes naar Pilatus'.
Siehe auch **iemand van het kastje naar de muur sturen**.

Pools

P

* (het lijkt op) een Poolse *landdag* ▸ eine polnische *Wirtschaft*

poolshoogte

(2) poolshoogte nemen (inlichtingen inwinnen) ▸ sich erkundigen
☞ Aus der Seemannssprache: Anhand des Nordsterns konnte man ungefähr die Position eines Schiffes bestimmen.
Ik zou graag weten wat de regering van plan is. Ga eens *poolshoogte nemen* bij de ministerpresident!

poot (siehe auch poten)

(3) geen poot uitsteken (siehe geen hand uitsteken)

(3) geen poot hebben om op te staan (siehe geen been hebben om op te staan) | *de poot* = *de voet*

(3) de poot stijf houden (siehe *voet bij stuk houden*)

(3) ergens geen poot aan de grond krijgen (siehe *ergens geen voet aan de grond krijgen*)

(3) iemand een poot uitdraaien (iemand te veel laten betalen) ▸ jdn übers Ohr hauen

☞ Die Etymologie ist nicht bekannt.

Pas op met die autohandelaar, hij zal proberen *je een poot uit te draaien.*

pootje (siehe auch poten)

(3) iemand een pootje lichten/haken (siehe iemand een beentje lichten)

pootjes

* weer op zijn *pootjes terechtkomen* ▸ wieder auf die *Beine fallen*

(3) met hangende pootjes terugkomen (teleurgesteld en beschaamd terugkomen) ▸ zu Kreuze kriechen

☞ Man denkt an einen Hund, der beschämt und schuldbewusst zu seinem Herrchen zurückkommt.

Jan had zijn vrouw verlaten, maar na een jaar wilde zijn nieuwe vriendin niets meer van hem weten en dus *kwam hij met hangende pootjes terug.*

Siehe auch **met de staart tussen de benen**.

poppen (siehe auch poppetje)

(2) daar heb je de poppen aan het dansen! (nu begint de ellende!) ▸ da haben wir die Bescherung!

☞ Diese Redewendung bezog sich im eigentlichen Sinn auf das Kasperletheater.

Nu iedereen in de oppositie weet wat de regering van plan is, *heb je de poppen aan het dansen.*

Siehe auch **de boot is aan, daar heb je het gedonder (in de glazen), dan is voor mij de gort gaar, het is hommeles, dan is het huis te klein, de kat vliegt in de gordijnen, nu is Leiden in last, de rapen zijn gaar, dan is de wereld te klein**.

poppenkast

(2) wat een poppenkast! (wat een belachelijk gedoe!) ▸ was für eine Komödie! | de poppenkast = das Kasperletheater

Heb je de manier gezien waarop de oppositie zich weer eens heeft gedragen? *Wat een poppenkast!*

P

poppetje (siehe auch poppen)

(3) poppetje gezien, kastje dicht! (gezegd als men heel even iets laat zien) ▸ Schluss der Vorstellung!

☞ Mit diesen Worten beendet der Puppenspieler seine Vorstellung.

De ambtenaar liet me heel even het document zien en zei toen *'Poppetje gezien, kastje dicht!'*

porren

(3) voor iets wel te porren zijn (siehe ergens voor te vinden zijn) | porren = anspornen

portie

(3) geef mijn portie maar aan fikkie! (ik doe hier niet aan mee!) ▸ ohne mich!

☞ *De fik* ist der Spitz. *Fikkie*, die Verkleinerungsform, steht dann für jeden kleinen Hund. Wörtlich: Meine Portion kannst du dem Hund geben, ich will sie nicht.

Nu nog een diesel kopen? Nee hoor! *Geef mijn portie maar aan fikkie!*

Siehe auch **aan mijn lijf geen polonaise**.

(3) zijn portie wel gehad hebben (al heel wat meegemaakt hebben) ▸ schon einiges durchgemacht haben

Al die reizen naar het buitenland hoeven voor mij niet meer, *ik heb mijn portie wel gehad!*

P

Siehe auch **het is mooi geweest, nu is het welletjes**.

porem

(3) dat is geen porem! (dat is niet om aan te zien!) ▸ das ist ja schrecklich anzusehen!

☞ *Het porem* ist die Visage, aus Hebräisch *panim*.

De toestand van de Italiaanse banken, *dat is geen porem!*

Siehe auch **dat is geen gezicht**.

positieven

(3) weer bij zijn positieven komen (weer bij bewustzijn komen) ▸ wieder zu sich kommen

☞ Die Etymologie ist nicht bekannt.

Na de hartmassage is de patiënt *weer bij zijn positieven gekomen.*

pot (siehe auch potje und potjes)

(2) hij kan (van mij) de pot op! (daar is geen sprake van!) ▸ er kann mich mal (gern haben)! | de pot = der Nachttopf

Die vriend van je krijgt de betrekking zeker niet, *hij kan van mij de pot op!*

Siehe auch **loop naar de bliksem, de boom in kunnen, de bout hachelen, het dak op kunnen, op je duim fluiten, ga toch fietsen, mij niet gezien, daar komt niets van in.**

(3) een mooie/leuke pot (een mooie/leuke wedstrijd) ▸ ein schönes Spiel

☞ Siehe die Erklärung von *pot* bei *een potje schaken.*

Arsenal tegen Liverpool, dat was *een leuke pot.*

(3) dat is één pot nat! (dat komt op hetzelfde neer!) ▸ das ist gehupft wie gesprungen!

☞ Gemeint ist: Das ist alles im selben Wasser gekocht.

Voor Hollanders zijn Groningen en Friesland *één pot nat.*

Siehe auch **dat is van hetzelfde laken een pak, het is zo lang als het breed is, dat komt op hetzelfde neer, dat is lood om oud ijzer.**

(3) eten wat de pot schaft (eten wat er op tafel komt) ▸ essen, was auf den Tisch kommt

Jullie zijn vanavond welkom, maar *we eten wat de pot schaft.*

P

(3) buiten de pot pissen (zijn vrouw bedriegen) ▸ einen Seitensprung machen

☞ Gemeint ist: In einen fremden Nachttopf pissen.

‚De volgende keer *dat je buiten de pot pist*, vraag ik de scheiding aan,' zei zijn vrouw.

Siehe auch **een scheve schaats rijden.**

(3) de pot verwijt de ketel (dat hij zwart ziet) (gezegd als men een ander zijn eigen gebreken verwijt) ▸ ein Esel schilt den anderen Langohr

☞ Topf und Kessel sind über dem offenen Feuer vom Ruß geschwärzt. *Ziet* bedeutet hier ‚aussieht'.

Deze corrupte staatssecretaris verwijt de minister dat hij geld in eigen zak zou hebben gestoken. M.a.w. *de pot verwijt de ketel dat hij zwart ziet.*

poten (siehe auch **poot und pootje**)

* iets op poten *zetten* ▸ etwas auf die Füße *stellen*

Siehe auch **iets op touw zetten**.

(2) de poten onder iemands stoel wegzagen (iemands positie verzwakken) ▸ jdn schwächen

☞ Mit *stoel* ist der Stuhl des Vorsitzenden gemeint.

Met zijn kritische opmerking wilde mijn tegenstander *de poten onder mijn stoel wegzagen.*

Siehe auch **iets de nek omdraaien, iemand de pas afsnijden, iemand een spaak in het wiel steken, ergens een stokje voor steken, iemand de voet dwarszetten, iemand voor de voeten lopen, iemand in de wielen rijden**.

(3) op zijn achterste poten gaan staan (siehe op zijn achterste benen gaan staan)

(3) op hoge poten komen aanzetten (heel erg boos aan komen lopen) ▸ vor Wut schäumend angelaufen kommen

☞ Wer wütend wird, macht sich größer, um imposanter zu wirken.

Toen hij hoorde wat ik over hem gezegd had, is hij *op hoge poten bij de directeur komen aanzetten.*

Siehe auch **gebeten zijn op iemand**.

P

(3) een brief op poten schrijven (een brief schrijven waarin men scherp uitdrukt wat men te zeggen heeft) ▸ einen geharnischten Brief schreiben

☞ *Op poten* ist wahrscheinlich unter Einfluss von *op hoge poten* (siehe oben) entstanden.

Na dit financieel schandaal heb ik de minister *een brief op poten geschreven.*

potje (siehe auch **pot**)

(1) er een potje van maken (geen zorg aan iets besteden; knoeiwerk leveren) ▸ schludern, etwas vermurksen

☞ Wahrscheinlich aus *pot* in der Bedeutung von ‚Eintopf', wo alles Mögliche hineingetan wird. Wieder die typische Verkleinerungsform!

De regering heeft van de beheersing van de coronacrisis *een potje gemaakt.*

Siehe auch **met de pet naar iets gooien**.

(2) een potje schaken/kaarten/biljarten ... (een partijtje schaken/kaarten/biljarten) ▸ eine Partie Schach/Karten/Billard spielen
☞ Wieder die typische Verkleinerungsform! *Potje* war zuerst ein kleiner Würfelbecher, dann hat sich die Bedeutung erweitert zu ‚ein bisschen'.
Nu we klaar zijn met het werk heb ik wel zin in *een potje kaarten.*

(3) een potje neuken (vulg.) (geslachtsgemeenschap hebben) ▸ eine schnelle Nummer machen
☞ Für die Erklärung siehe oben.
Ik zag wel dat mijn vriendin *een potje wilde neuken*, maar ik had er op dat ogenblik geen zin in.

Siehe auch **met iemand de koffer in duiken**.

(3) bij iemand een potje kunnen breken (veel goodwill hebben en zich dus heel wat kunnen permitteren) ▸ bei jdm einen Stein im Brett haben
☞ Gemeint ist: Man kann bei ihm etwas kaputt machen, ohne dass er sich darüber aufregt.
Er moet al veel gebeuren voor ik kwaad op je word. Je weet *dat je bij mij een potje kan breken.*

Siehe auch **bij iemand in een goed blaadje staan, bij iemand goed te boek staan, bij iemand een streepje voor hebben, een wit voetje bij iemand halen**.

P

potjes

(3) in talrijke potjes roeren (overal belangen hebben) ▸ überall seine Hand im Spiel haben
Die politicus heeft overal zijn hand in het spel, *hij roert in zoveel potjes*, dat het niet meer te tellen is.

Siehe auch **ergens de hand in hebben, een stem in het kapittel hebben, aan de touwtjes trekken, een vinger in de pap hebben**.

praat

(1) iets (een motor, een softwarepakket ...) aan de praat krijgen (aan de gang krijgen, doen functioneren) ▸ in Gang bekommen | de praat = das Gespräch, hier im übertragenen Sinn
Ik heb van alles geprobeerd, maar ik ben er niet in geslaagd de motor *aan de praat te krijgen.*

praatje

(3) een praatje voor de vaak (een praatje zonder veel betekenis, een smoesje) ▸ leeres Gerede | De vaak = (hier:) Klaas Vaak (das Sandmännchen)

☞ Wörtlich: Ein Märchen, das man den Kindern vor dem Einschlafen erzählt.

Luister niet naar die man! Wat die te vertellen heeft, is toch maar *een praatje voor de vaak*!

praatstoel

(2) op zijn praatstoel zitten (niet kunnen ophouden met praten) ▸ labern

Als grootvader over de oorlog vertelt, *zit hij urenlang op zijn praatstoel.*

Siehe auch **een boom over iets opzetten, daar heb je hem weer, honderduit praten, lang van stof zijn**.

pracht

(3) met pracht en praal (met veel luister) ▸ prachtvoll, prunkvoll | de praal = der Prunk

De Nobelprijs van deze beroemde wetenschapper werd door zijn universiteit *met pracht en praal* gevierd.

prak

P

(2) zijn auto in de prak rijden (zijn auto total loss rijden) ▸ sein Auto zu Schrott fahren

☞ *De prak* ist abgeleitet von *prakken*, zermanschen, zerquetschen.

Dit is nu al de tweede wagen die je *in de prak rijdt*!

prat

(3) ergens prat op gaan (ergens trots op zijn) ▸ stolz auf etwas sein | prat = stolz, hoffärtig

We gaan er prat op dat we ons plan hebben kunnen realiseren.

Siehe auch **zich op de borst kloppen**.

praten

* langs elkaar *heen* praten ▸ aneinander vorbeireden

(1) praten als een kip zonder kop (onnadenkend praten, raaskallen) ▸ Unsinn verzapfen

Luister niet naar die man! *Die praat altijd als een kip zonder kop.*

Siehe auch **redeneren als een kip zonder kop**.

(2) praten als Brugman (veel en overtuigend praten) ▸ reden wie ein Buch
☞ Brugman (1400–1473) war ein berühmter Kanzelredner.
Je mag praten als Brugman, ik zal toch niet van mening veranderen!

pret

(2) dat mag de pret niet drukken! (1. dat is geen reden om minder vrolijk te zijn! 2. dat is geen bezwaar!) ▸ 1. das darf die Freude nicht verderben! 2. das ist kein Grund zur Traurigkeit!
☞ *Drukken* bedeutet hier ‚dämpfen'.

1. Dat twee van onze vrienden niet zijn kunnen komen, *dat mag de pret niet drukken!*

2. Dat we niet alle plannen gerealiseerd hebben, *dat mag de pret niet drukken!*

prijs

(1) iets op prijs stellen (iets waarderen) ▸ etwas (sehr) schätzen
Ik zou *het zeer op prijs stellen* als je voortaan op tijd zou komen.

Siehe auch **ergens oog voor hebben**.

prik

P

(3) dat is vaste prik! (dat gebeurt regelmatig) ▸ das ist eine feste Gewohnheit!
☞ *De prik* war zuerst eine Kerbe in einem Kerbholz, dann der Preis, der Betrag und zuletzt die Gewohnheit, weil man ja, wenn man etwas bezahlen musste, jedesmal eine Kerbe ins Kerbholz schlug.
Op zondag gaat moeder om 11 uur naar de mis, *dat is vaste prik* bij haar.

prikje/prikkie

(2) iets voor een prikje/prikkie krijgen (iets heel erg goedkoop krijgen) ▸ etwas für einen Pappenstiel bekommen
☞ *Het prikje* war früher eine Münze von geringem Wert.
Die stokoude Mercedes heb ik *voor een prikje gekregen.*

Siehe auch **iets op de kop tikken**.

prins

(3) van de prins geen kwaad weten (totaal onschuldig en argeloos zijn, nergens iets van weten) ▸ unschuldig wie ein Lamm sein

☞ Wahrscheinlich aus der Zeit des Prinzen von Oranien, der so sehr von seinem Volk verehrt wurde, dass niemand ihm etwas Böses zutraute.

Toen ik hem vroeg of hij iets afwist van dat schandaal, zei hij: *‚Ik weet van de prins geen kwaad!‘*

Siehe auch **zich van de domme houden, van zijn gezond niet weten, van zijn santé niet weten**.

proef

* de proef op *de som* nemen ▸ die Probe aufs *Exempel* nehmen

proefballon(netje)

* een proefballon/*proefballonnetje* oplaten ▸ einen Versuchsballon steigen lassen

Siehe auch **een balletje (over iets) opgooien, een ballonnetje oplaten**.

prop

(3) een prop in de keel hebben (siehe *een brok in de keel hebben*) | de prop = der Pfropfen

P

proppen

(2) met iets op de proppen komen (iets nieuws vertellen, ergens melding van maken) ▸ etwas aufs Tapet bringen

☞ *De proppen* sind hier die Beine. Zuerst bedeutete *op de proppen komen* ‚auf die Beine kommen‘. Daher ‚sich wieder zeigen können‘ und dann auch ‚seine Meinung kundtun können‘.

Als hij *met dat verhaal op de proppen komt,* moet je hem zeggen, dat we daar niets meer over willen horen.

Siehe auch **met iets voor de dag komen, met iets voor de draad komen**.

pudding

(2) als een pudding in elkaar zakken (instorten) ▸ in sich zusammensinken

Het hele herstelplan van de regering *is als een pudding in elkaar gezakt.*

puin

(3) iets in puin rijden (siehe in de prak rijden) | het puin = der Schutt, die Trümmer

punt (het/de) (siehe auch *puntje* und *puntjes*)

* ergens een punt achter zetten ▸ einen Schlussstrich unter etwas ziehen

(2) daar heb je een punt! (daar heb je gelijk in!) ▸ damit hast du Recht!
Je beweert dat de regering de coronacrisis slecht heeft aangepakt, *daar heb je een punt!*

(2) (och) dat is geen punt! (dat is geen probleem!) ▸ kein Problem!
Als je boek pas over een maand klaar is, *dan is dat geen punt!*

(2) ergens een punt van maken (ergens een belangrijke zaak van maken) ▸ etwas zum Problem machen
Ik moet altijd mijn vakantie afstemmen op de vakantie van de collega's. Ja, *daar maak ik een punt van*!

Siehe auch **ergens moeilijk over doen**.

punt (de)

(3) op de punt van zijn stoel zitten (siehe op het puntje van zijn stoel zitten)

(3) daar kun je een punt aan zuigen! (daar kun je een voorbeeld aan nemen!) ▸ davon kannst du dir eine Scheibe abschneiden!
☞ Wörtlich: Du kannst dir den Bleistift oder die Feder mit der Zunge anspitzen. Die Etymologie ist nicht bekannt.
Kijk eens wat de zoon van onze buurman allemaal gepresteerd heeft, *daar kun je een punt aan zuigen!*

Siehe auch **daar kun je een puntje aan zuigen**.

punthoofd

(3) daar krijg ik een punthoofd van! (siehe daar word ik niet goed van)
☞ *Het punthoofd* ist ein spitzer Kopf. Die Etymologie ist nicht bekannt.

puntje

(2) op het puntje van zijn stoel zitten (heel goed luisteren) ▸ ganz Ohr zijn | het puntje van de stoel = die Stuhlkante

P

Toen Nadal tegen Federer 6:5 gewonnen stond, *zaten de toeschouwers op het puntje van hun stoel.*

Siehe auch **op de punt van zijn stoel zitten**.

(2) als puntje bij paaltje komt (als het echt belangrijk wordt, als het erop aankomt, uiteindelijk) ▸ wenn es darauf ankommt

☞ *Puntje* ist das Tüpfelchen und *paaltje* das i.

Bij Ryanair zijn de prijzen wel heel erg laag, maar *als puntje bij paaltje komt*, moet je toch veel meer betalen dan je eerst had gedacht.

(3) daar kun je een puntje aan zuigen (siehe daar kun je een punt aan zuigen)

puntjes

(2) tot in de puntjes (tot in de kleinste details) ▸ bis in alle Einzelheiten

☞ Das könnten wieder die Tüpfelchen auf dem i sein. Siehe oben.

Het trouwfeest was prachtig en alles was *tot in de puntjes* verzorgd.

Siehe auch **op zijn duimpje, in geuren en kleuren**.

puree

(2) in de puree zitten (in de problemen zitten) ▸ in der Patsche/Tinte sitzen

☞ Vielleicht aus dem französischen *être dans la purée.*

Als de bank ons bedrijf geen geld meer wil lenen, *zitten we in de puree.*

P

Siehe auch **in de aap gelogeerd zijn, beren op de weg zien, de bietenbrug opgaan, de bui zien hangen, dan zijn we nog verder van huis, er is een kink in de kabel, in de knel zitten, in de knoei zitten, in de knoop zitten, in het nauw komen/zitten, in een lastig/moeilijk parket verkeren, iemand parten spelen, in de penarie zitten, in de piepzak zitten, in de put zitten, in de rats zitten, in het schip zitten, in de soep zitten, er is stront aan de knikker, er zijn voetangels en klemmen, het niet meer zien zitten**.

put

(2) in de put zitten/raken (in de problemen zitten/raken; geen uitweg meer zien) ▸ so viele Probleme haben, dass man keinen Ausweg mehr sieht | de put = der Brunnen, die Grube, das Loch

Het ging me financieel al niet goed, maar nu, met die ziekte, *ben ik nog verder in de put geraakt.*

Siehe auch **in de aap gelogeerd zijn, beren op de weg zien, de bietenbrug opgaan, de bui zien hangen, dan zijn we nog verder van huis, er is een kink in de kabel, in de knel zitten, in de knoei zitten, in de knoop zitten, in het nauw komen/zitten, in een lastig/moeilijk parket verkeren, iemand parten spelen, in de penarie zitten, in de piepzak zitten, in de puree zitten, in de rats zitten, in het schip zitten, in de soep zitten, er is stront aan de knikker, er zijn voetangels en klemmen, het niet meer zien zitten**.

R

raad

(1) ten einde raad (wanhopig) ▸ völlig ratlos

☞ Gemeint ist: Es ist kein guter Rat mehr übrig.

Ik wilde eerst de zaak zelf oplossen, maar *ten einde raad* ben ik dan toch naar de politie gestapt.

Siehe auch **van zijn apropos zijn, in de bonen zijn, met de handen in het haar, niet weten hoe men het heeft, van de kaart zijn, de kluts kwijt zijn, van de kook raken, aan het eind van zijn Latijn zijn, uit het lood geslagen, overstuur zijn, van slag raken, het spoor bijster zijn, van streek zijn, van zijn stuk zijn**.

rad

(3) iemand een rad voor (de) ogen draaien (iemand misleiden) ▸ jdm etwas vorgaukeln

☞ *Het rad* ist hier wahrscheinlich das Glücksrad auf der Kirmes.

Dat bedrijf heeft zijn beleggers jarenlang *een rad voor de ogen gedraaid* en hun laten geloven dat de aandelen nog verder de hoogte in zouden gaan.

Siehe auch **iemand iets diets maken, op een dwaalspoor brengen, iemand te grazen nemen, iemand knollen voor citroenen verkopen, iemand in de luren leggen, iemand iets op de mouw spelden, iemand om de tuin leiden**.

R

raden

* dat is je geraden! ▸ das *möchte ich* dir geraten *haben*!

randje

(3) dat was op het randje! (dat ging nog maar net goed!) ▸ das ist noch gerade einmal gut gegangen!

☞ Gemeint ist *op de grens*. Wieder die typische Verkleinerungsform!

Ik heb een paar seconden niet opgelet en bijna was ik tegen een bus gebotst, *dat was op het randje.*

Siehe auch **een dubbeltje op zijn kant, het scheelde maar een haar/een haartje, met de hakken over de sloot, het was kantje boord, op het nippertje, door het oog van de naald gekropen, op de valreep**.

rangen

* mensen van allerlei *rangen en standen* ▸ Menscher aller *Art*

rapen

(3) de rapen zijn gaar! (er dreigt een hevige ruzie) ▸ jetzt wird's kritisch!

☞ Wörtlich: Die Rüben sind gar. Soll heißen: Jetzt können wir essen. Rüben waren früher ein wichtiger Bestandteil einer Mahlzeit. Der Zusammenhang mit der Bedeutung der Redewendung ist nicht geklärt.

Toen Tiktok in de VS dreigde verboden te worden, *waren in China de rapen gaar.*

Siehe auch **de boot is aan, daar heb je het gedonder, dan is voor mij de gort klaar, het is hommeles, dan is het huis te klein, de kat vliegt in de gordijnen, nu is Leiden in last, daar heb je de poppen aan het dansen, dan is de wereld te klein**.

R

rats

(3) in de rats zitten (1. heel erg bang of zenuwachtig zijn; 2. moeilijkheden hebben) ▸ 1. Bammel haben; 2. in der Patsche stecken

☞ *Rats* ist aus *ratatouille* entstanden. Damit meinte man zuerst schlechtes Soldatenessen. Der Gedanke ist hier: Als ob man in einem dickflüssigen Brei säße.

1. Toen we de politie hoorden naderen, *zaten we alle drie in de rats.*

2. Op jou hoef ik niet te rekenen *als ik in de rats zit!*

Siehe auch (zu 1.) **zijn hart vasthouden, 'm knijpen, in de piepzak zitten**; (zu 2.) **in de aap gelogeerd zijn, beren op de weg zien, de bietenbrug opgaan, de bui zien hangen, dan zijn we nog** verder van huis, er is een kink in de kabel, in de knel zitten, in de knoei zitten, in de knoop zitten, in het nauw komen/zitten, in een lastig/moeilijk parket verkeren, iemand parten spelen, in de penarie zitten, in de piepzak zitten, in de puree zitten, in de put zitten, in het schip zitten, in de soep zitten, er is stront aan de knikker, er zijn voetangels en klemmen, het niet meer zien zitten.

rauw

(3) iemand wel rauw lusten (zin hebben om iemand eens flink aan te pakken) ▸ Lust haben, jdm eine Abreibung zu verpassen
☞ Wörtlich: Jdn roh fressen können.
Als je hem dat zegt, *zal de voorzitter je rauw lusten.*

Siehe auch **iemand bont en blauw slaan, iemand op zijn broek geven, iemand ervanlangs geven, iemand op zijn flikker geven, iemand onder handen nemen, iemand alle hoeken van de kamer laten zien, van dik hout zaagt men planken, iemand van jetje geven, iemand van katoen geven, iemand een opdoffer geven, iemand een opdonder geven, iemand een pak slaag geven, iemand naar de strot vliegen, iemand een dreun/een klap verkopen.**

(3) deze maatregel viel ons rauw op het dak (deze maatregel kwam als een onaangename verrassing) ▸ das versetzte uns einen Schlag
☞ *Rauw* bedeutete früher *ruw* (brutal) und *dak* steht hier für ‚Kopf'.
De nieuwe Covid-regels *vielen ons bedrijf rauw op het dak.*

recht (Substantiv)

* het recht in eigen hand nemen ▸ das Recht in *die* eigene Hand nehmen

recht (Adverb)

(2) recht door zee zijn (eerlijk zijn) ▸ ehrlich, geradeheraus sein
☞ Man denkt an ein Schiff, das nicht von seinem Kurs abweicht.
Die man kun je vertrouwen, *die is recht door zee.*

(3) recht voor zijn raap (heel erg duidelijk) ▸ geradeheraus
☞ *Raap* steht hier für den Kopf. Die Alliteration hat natürlich bei der Wahl der Worte auch eine Rolle gespielt.
Ik heb hem *recht voor zijn raap* gezegd dat ik hem niet meer wilde zien.

Siehe auch **iemand ongezouten de waarheid zeggen.**

(3) recht praten wat krom is (iets dat onjuist is als juist voorstellen) ▸ krumme Sachen geradebiegen

Je hebt een fout gemaakt en het heeft geen zin te proberen *recht te praten wat krom is.*

rechttoe

(3) rechttoe, rechtaan (zonder franje, zonder poespas) ▸ geradeheraus

☞ Aus der Seemannssprache: *Rechttoe* = gerade voraus; *rechtaan* = auf dem kürzesten Weg.

De romans van deze schrijver zijn altijd *rechttoe, rechtaan.*

rede

* iemand in de *rede* vallen ▸ jdm ins *Wort* fallen

redeneren

(2) redeneren als een kip zonder kop (siehe praten als een kip zonder kop) | redeneren = argumentieren

regen

* van de regen in *de drup* komen ▸ vom Regen in *die Traufe* kommen

Siehe auch **van kwaad tot erger, van de wal in de sloot komen**.

regenen

(1) het regent dat het giet /

(2) het regent pijpenstelen /

R

(3) het regent oude wijven (het regent erg hard) ▸ es regnet in Strömen, es regnet Bindfäden

☞ *Pijpenstelen* sind die langen weißen niederländischen Pfeifenrohre.

Het regent dat het giet en dus kunnen we niet tennissen.

registers

* alle registers *open*trekken/*bespelen* ▸ alle Register ziehen

Siehe auch **alles op alles zetten, de bramzeilen bijzetten, kosten noch moeite besparen, alles in de waagschaal stellen, alles in het werk stellen, alle zeilen bijzetten**.

reilen

(2) iemands reilen en zeilen (iemands hele gedrag) ▸ jds Handel und Wandel

☞ Aus der Seemannssprache: *Reilen* steht für *rijden* und bedeutet hier die schaukelnde Bewegung des vor Anker liegenden Schiffes; *zeilen* ist ‚segeln'. Man beachte den Binnenreim!

De directeur wil alles weten over *het reilen en zeilen van deze kandidaat.*

Siehe auch **iemands handel en wandel**.

(3) zoals het reilt en zeilt (zoals het is met alle kwaliteiten en gebreken) ▸ mit allem Drum und Dran

☞ Für die Erklärung siehe oben.

Dit is Parijs *zoals het reilt en zeilt.*

Siehe auch **met al wat erop/eraan is**.

rekening

* een *gepeperde* rekening ▸ eine *gesalzene* Rechnung | gepeperd = gepfeffert

(1) iets voor eigen rekening nemen (de verantwoordelijkheid opnemen; ervoor zorgen dat iets gebeurt) ▸ die Verantwortung für etwas übernehmen

☞ Wörtlich: Etwas auf seine eigene Rechnung schreiben lassen.

De uitvoering van dat plan *neem ik voor eigen rekening.*

remmen

(3) alle remmen losgooien (zich helemaal laten gaan) ▸ alle Hemmungen fallen lassen

Als we de wedstrijd willen winnen, moeten we *alle remmen losgooien.*

rep

(1) in rep en roer zijn/staan (in grote opwinding of verwarring zijn) ▸ in heller Aufregung sein

☞ *Zich reppen* und *zich roeren* bedeuten beide ‚sich bewegen'. Man beachte wieder die Alliteration!

De oppositie is in rep en roer, want de regering komt alweer met een nieuw wetsvoorstel.

retour

(3) op zijn retour zijn (aan het aftakelen zijn) ▸ sagt man, wenn es mit jdm abwärts geht

☞ Aus dem französischen *être sur le retour.*

Denk niet dat ik er volgend jaar niet meer ben. *Ik ben nog lang niet op mijn retour!*

rib

(3) dat is een rib uit mijn lijf! (dat is erg duur) ▸ das reißt mir ein Loch in den Beutel!

☞ Eine Anspielung auf die Rippe Adams, aus der Eva entstand.

Die nieuwe Jaguar, *dat is een rib uit mijn lijf!*

Siehe auch **dat loopt aardig in de papieren**.

rijk

(2) het rijk allen hebben (ergens alleen zijn en door niemand gehinderd worden) ▸ irgendwo allein sein

☞ Wörtlich: Das Reich für sich allein haben, meistens mit der Bedeutung ‚allein zu Hause sein'.

Mijn vrouw was een week op reis en dus *had ik het rijk alleen.*

rijtje

(1) alles nog eens op een rijtje zetten (alles nog eens samenvatten, een overzicht van iets geven) ▸ alles noch einmal der Reihe nach durchgehen

☞ Wieder die typische Verkleinerungsform!

Voor we met dat project beginnen, moeten we *alles nog eens op een rijtje zetten.*

(2) ze niet allemaal op een rijtje hebben (siehe *niet goed wijs zijn*)

ringetje

(3) om door een ringetje te halen (bijzonder netjes) ▸ wie aus dem Ei gepellt

☞ In der eigentlichen Bedeutung handelte es sich um ein feines Tüchlein, das durch einen Ring gezogen wurde, wie bei einem Serviettenring.

Als we al deze vernieuwingen realiseren, zal onze stad weer *om door een ringetje te halen* zijn.

rit

(3) de rit uitzitten (iets volhouden tot het einde) ▸ (etwas) durchhalten bis zum Ende

☞ Zuerst handelte es sich um eine Fahrt mit einer Kutsche auf holprigen Wegen.

We mogen nu niet opgeven. We moeten *de rit uitzitten.*

S

Siehe auch **de moed erin houden, niet bij de pakken gaan neerzitten**.

robbertje

(3) een robbertje vechten (een partijtje vechten) ▸ sich prügeln
☞ *Robbertje* komt nur in dieser Redewendung vor. Es ist die Verkleinerungsform von *robber* = Partie Whist.
Ik zag dat de jongens uit het naburige dorp zin hadden *een robbertje te vechten.*

Siehe auch **met iemand op de vuist gaan**.

roer

* *het roer* uit handen geven ▸ *das Heft* aus der Hand geben | *het roer* = das Ruder

roet

(2) roet in het eten gooien (de zaak bederven) ▸ jdm die Suppe versalzen
☞ Ruß wurde früher auch als Arzneimittel gebraucht. Hier steht *roet* für etwas Unangenehmes.
De regering dacht dat het land financieel hersteld was, *maar nu heeft de crisis roet in het eten gegooid.*

rood

* rood staan ▸ in den roten *Zahlen* stehen

rook

(1) onder de rook van Amsterdam (heel dicht bij Amsterdam) ▸ in der Nähe von, vor den Toren von Amsterdam
Sinds een jaar woon ik *onder de rook van* Keulen.

roos

(2) in de roos schieten (precies het onderwerp raken waar het op aankomt) ▸ ins Schwarze treffen
☞ *De roos* ist der Mittelpunkt der Schießscheibe.
Met zijn waarschuwing voor het nationalisme *heeft de premier in de roos geschoten.*

Siehe auch **een schot in de roos, de spijker op de kop slaan**.

rouwig

(2) niet rouwig om iets zijn (helemaal niet erg vinden dat men iets niet meer heeft) ▸ einer Sache nicht nachtrauern | de rouw = die Trauer
Ik ben er niet rouwig om dat we die onbetrouwbare bediende kwijt zijn.

rozengeur

* het is niet alles/allemaal *rozengeur en maneschijn*! ▸ es ist nicht alles *eitel Sonnenschein*!

rug

(3) je kunt mijn rug op! (daar is geen sprake van!) ▸ rutsch mir den Buckel runter!
De regering wil dat we nog meer werken? *Ze kunnen mijn rug op!*

Siehe auch **schrijf het maar op je buik, hij kan het dak op, hij kan op het dak gaan zitten, je kunt op je duim fluiten, ga toch fietsen, naar iets kunnen fluiten, daar komt niets van in, hij kan de pot op**.

S

santé

(3) van zijn santé niet weten (siehe van de prins geen kwaad weten)

sas

(2) met iets in zijn sas zijn (erg blij zijn met iets, het naar zijn zin hebben) ▸ froh über etwas sein
☞ Die Bedeutung von *sas* in dieser Redewendung ist nicht geklärt.
De leider van de oppositie *was niet in zijn sas met het besluit van de regering.*

Siehe auch **met zijn hoofd in de wolken zijn, met iets in zijn nopjes zijn, met iets in zijn schik zijn**.

schaamrood

* iemand het schaamrood *naar de kaken* jagen ▸ jdm die Schamröte *ins Gesicht* treiben | de kaak = der Kiefer, die Kinnlade, die Wange

schaats

(2) een scheve schaats rijden (zich onbehoorlijk gedragen) ▸ sich daneben benehmen; krumme Sachen machen; fremdgehen | de schaats = der Schlittschuh

Vrouwen die weten dat hun echtgenoot *een scheve schaats rijdt*, gaan toch niet altijd scheiden.

Siehe auch **buiten de pot pissen**.

schamen

* zich *rot* schamen ▸ sich *zu Tode* schämen | rot = faul, beknackt, morsch

* zich *de ogen uit het hoofd/zijn kop* schamen ▸ sich *in Grund und Boden* schämen

schandpaal

* iemand aan de schandpaal *nagelen* ▸ jdn an den Pranger *stellen*

scheel

(3) zich scheel aan iets betalen (siehe zich blauw betalen)

schelden

(2) iemand de huid vol schelden (iemand overladen met scheldwoorden) ▸ jdm mal richtig aufs Dach steigen

Ik laat me niet door iemand die veel jonger is dan ik *de huid vol schelden*!

Siehe auch **iemand uitmaken voor honderd en tien, iemand voor rotte vis uitmaken/uitschelden, iemand een uitbrander geven**.

S

schellen

* de schellen zullen hem van de ogen vallen ▸ *es* wird ihm *wie* Schuppen von den Augen fallen | de schellen = die Häutchen

☞ Diese Redewendung bezieht sich auf ein Bibelwort: Aus Saulus wurde Paulus, als ihm die Schuppen von den Augen fielen.

schenen

* iemand tegen *de schenen* schoppen ▸ jdm gegen *das Schienbein* treten

schepen (siehe auch **schip**)

* zijn *schepen* achter zich *verbranden* ▸ alle *Brücken* hinter sich *abbrechen*

schepje

(2) er nog een schepje bovenop doen (iets nog intensiever doen) ▸ einen Zahn zulegen | het schepje = das Schippchen

Als u mijn huis wil kopen, moet u nog *een schepje bovenop uw eerste bod doen.*

schering

(2) schering en inslag zijn (erg vaak voorkomen) ▸ gang und gäbe sein

☞ *De schering* ist die Kette, d. h. die Gesamtheit der Kettfäden; *de inslag* ist der Einschuss, d. h. die eingeschossenen Querfäden. Zusammen bilden sie das Gewebe.

Sinds de opening van de binnengrenzen van de EU zijn inbraken *schering en inslag* geworden.

schermen (Substantiv)

* achter de *schermen* ▸ hinter den *Kulissen*

☞ *Het scherm* ist hier ‚der Vorhang'.

schermen (Verb)

(2) met iets schermen (veel ophef maken van iets en als argument gebruiken) ▸ mit etwas schwadronieren | schermen = fechten

Die auteur schermt altijd met zijn vele boeken, maar die zijn eigenlijk niet veel waard.

S

Siehe auch **een oude koe die nog vlijtig uitgemolken wordt**.

scherp

* op het scherp van de snede *balanceren* ▸ auf (des) Messers Schneide *stehen*

(3) op scherp staan (erg gespannen, geconcentreerd zijn) ▸ gespannt, konzentriert sein

☞ Diese Redewendung bezog sich ursprünglich auf eine entsicherte Waffe, bei der der Hahn gespannt ist.

Toen de koning uit zijn paleis kwam, *stonden alle journalisten op scherp.*

schijt

(3) schijt aan iemand/iets hebben (vulg.) (siehe de pest aan iemand/iets hebben)

schik

(3) (met iets) in zijn schik zijn (erg tevreden [over iets] zijn) ▸ sich sehr (über etwas) freuen
☞ *De schik* ist abgeleitet von *schikken*, ‚ordnen'. Es bedeutet hier jedoch *plezier*.
Ik ben erg in mijn schik met het nieuwe reglement.

Siehe auch **met zijn hoofd in de wolken zijn, met iets in zijn nopjes zijn, met iets in zijn sas zijn**.

schip (siehe auch schepen)

* schoon *schip* maken ▸ reinen *Tisch* machen

* het schip *van* staat ▸ das Staatsschiff

(3) het schip in gaan (veel geld verliezen) ▸ mit viel Geld baden gehen
☞ Vielleicht weil Seefahrten in früheren Zeiten sehr gefährlich waren, aber die Etymologie ist nicht geklärt.
Door de bankencrisis *zijn veel beleggers het schip in gegaan.*

Siehe auch **de boot in gaan, een financiële strop zijn**.

(3) in het schip zitten (siehe in de nesten zitten)

schipbreuk

(3) schipbreuk lijden in het zicht van de haven (iets zien mislukken op het moment dat men dacht te slagen) ▸ im letzten Augenblick noch scheitern
We waren bijna geslaagd, maar *we hebben schipbreuk geleden in het zicht van de haven.*

S

schoen/schoentje

* voelen/weten waar de schoen / *het schoentje wringt* ▸ wissen, wo *der Schuh drückt*
Siehe auch **daar zit 'm de kneep**.

(3) wie de schoen past, trekke hem aan! (wie zich schuldig voelt, moet weten dat de zinspeling tot hem gericht is) ▸ wer sich getroffen fühlt, nehme es sich zu Herzen!
Ik weet dat iemand van u de verrader is. *Wie de schoen past, trekke hem aan!*

schoenen

* ik zou niet graag in zijn *schoenen* willen *staan*! ▸ ich möchte nicht in seiner *Haut stecken*!

* met *loden schoenen* ▸ mit *Blei an den Sohlen*

Siehe auch **tegen heug en meug, met lood in de schoenen, tegen wil en dank**.

(2) de stoute schoenen aantrekken (iets doen wat men eerder niet aandurfde) ▸ sich ein Herz fassen

☞ *Stout* bedeutet hier ‚(wage)mutig'.

Hou nu eens op met klagen, *trek je stoute schoenen aan* en stap naar de directeur.

(3) naast zijn schoenen lopen (arrogant zijn) ▸ fürchterlich eingebildet sein

Zie je hoe verwaand Jan is? *Hij loopt echt naast zijn schoenen*!

Siehe auch **een hoge dunk van zichzelf hebben, van het hondje gebeten zijn, de grote Jan uithangen**.

(3) stevig in zijn schoenen staan (zeker van zijn zaak zijn) ▸ seiner Sache sicher sein

☞ Gemeint ist: Wer fest in den Schuhen steht, fällt nicht so leicht um.

Maak je over mij geen zorgen, *ik sta stevig in mijn schoenen*!

school

* uit de school *klappen* ▸ aus der Schule *plaudern*. | *klappen* = schwätzen, plappern

Siehe auch **zijn mond voorbijpraten**.

S

schop

(3) op de schop gaan (helemaal veranderd worden) ▸ umorganisiert werden

☞ Wörtlich: Auf die Schaufel gehen.

Ons hele onderwijssysteem moet *op de schop gaan*.

schopstoel

(3) op de schopstoel zitten (siehe op de wip / de wipstoel zitten)

☞ *De schopstoel* war ein Folterwerkzeug, bei dem jd, an Händen und Füßen gebunden, mit einer Art Wippe in die Höhe geschleudert wurde.

schot

* een schot in de *roos* ▸ ein Schuss ins *Schwarze*

Siehe auch **in de roos schieten, de spijker op de kop slaan**.

* buiten *schot* blijven ▸ außer *Schussweite* bleiben

(2) er komt schot in de zaak (er komt vordering in de zaak) ▸ es tut sich etwas

☞ *Het schot* hat hier die Bedeutung von ‚Fortschritt' und ist verwandt mit *opschieten*, sich beeilen.

We maken veel te weinig vorderingen, *er moet nu eens schot in de zaak komen*!

schots

* *schots* en scheef ▸ *krumm* und schief

☞ Die beiden Adverbien sind Synonyme. Bei der Wahl der Worte hat die Alliteration natürlich eine Rolle gespielt.

schouders

(2) zijn schouders ophalen (een gebaar met de schouders maken waarmee men te kennen geeft dat men iets niet weet, dat men iets niet wil of kan zeggen of dat men niet weet hoe men moet reageren) ▸ die Achseln zucken

☞ Wörtlich: Die Schultern heben.

Toen ik de directeur vroeg of hij iets aan deze onaangename situatie kon doen, haalde hij de *schouders op*.

Siehe auch **zich geen raad met iets weten**.

schraalhans

* *schraalhans* is er keukenmeester ▸ dort ist *Schmalhans* Küchenmeister

| schraal = mager

Siehe auch **magerman is er keukenmeester**.

schrap

(2) zich schrap zetten (zich voorbereiden op iets onaangenaams, zich klaar maken om een aanval op te vangen) ▸ sich auf etwas gefasst machen

☞ *Schrap* bedeutet hier ‚fest auf den Füßen'.

Als de regering met nieuwe wetsvoorstellen komt, zal de oppositie *zich schrap zetten*.

Siehe auch **zijn borst nat maken**.

schreef

(2) over de schreef gaan (te ver gaan; zich misdragen) ▸ zu weit gehen; über die Stränge schlagen | de schreef = der Strich, im Sinne von ‚Grenze'.

Door het geld van zijn cliënt voor eigen doel te beleggen *is de notaris over de schreef gegaan.*

Siehe auch **zijn boekje te buiten gaan, iets te buiten gaan, het te gortig maken, alle perken te buiten gaan**.

schrijven

(2) het is niet om over naar huis te schrijven! (het is niet de moeite waard) ▸ das ist nicht berauschend!

☞ Wahrscheinlich sind Soldaten gemeint, die in ihren Briefen von besonderen Vorkommnissen berichteten.

Ja, we zijn in Rome geweest, maar *het was niet om over naar huis te schrijven!*

Siehe auch **dat is brandhout, het is niet je dát, weinig/niets om het lijf hebben, een wassen neus zijn, beneden alle peil, niet veel soeps zijn**.

schrik

* met de schrik *vrij*komen ▸ mit dem *bloßen* Schrecken *davon*kommen

* iemand *de* schrik *op het lijf* jagen ▸ jdm Schrecken *ein*jagen

Siehe auch **iemand de stuipen op het lijf jagen**.

schroeven

S

(2) iets op losse schroeven zetten (iets onzeker maken) ▸ etwas in Frage stellen, etwas gefährden

☞ Gemeint ist: Was auf lockeren Schrauben steht, ist nicht mehr sehr fest.

Door je domme opmerking *heb je ons hele plan op losse schroeven gezet.*

Siehe auch **op de helling (komen te) staan**.

schudden

(3) het kunnen schudden (iets kunnen vergeten, niet krijgen) ▸ sich etwas aus dem Kopf schlagen | schudden = schütteln

☞ Die Etymologie ist nicht bekannt.

Als de financiële crisis nog erger wordt, *kan de regering het wel schudden.*

Siehe auch **schrijf het maar op je buik, je kunt het op je buik schrijven, hij kan het dak op, op het dak gaan zitten, je kunt op je duim fluiten, naar iets kunnen fluiten, daar komt niets van in, hij kan de pot op, je kunt mijn rug op**.

schuitje

* in hetzelfde *schuitje* zitten ▸ im gleichen *Boot* sitzen | de schuit / het schuitje = der Kahn

schuiven

(3) laat hem maar schuiven! (laat hem maar zijn gang gaan, hij weet zich wel te redden!) ▸ lass ihn nur machen! | schuiven = schieben

☞ Der Zusammenhang ist nicht geklärt.

Mijn zoon heeft geen hulp nodig, *laat hem maar schuiven!*

schuld

(2) eigen schuld, dikke bult! (gezegd tegen iemand die het ongeluk dat hem overkomt geheel aan zichzelf te wijten heeft) ▸ selber schuld! | de bult = der Buckel

☞ Früher glaubte man, dass Bucklige an ihrem Unglück selbst schuld waren.

Als je naar een gevaarlijk land als Mexico vertrekt en er overkomt je iets, dan zeg ik: *eigen schuld, dikke bult!*

schulp

(3) in zijn schulp kruipen (zich afsluiten voor anderen) ▸ sich in sein Schneckenhaus zurückziehen

☞ *De schulp* ist eine Nebenform von *de schelp* = die Muschel.

Mijn zoon werd op school zo gepest dat hij helemaal *in zijn schulp gekropen is.*

schurft

(3) de schurft aan iets/iemand hebben (siehe *de pest aan iemand hebben*) | de schurft = die Krätze

schut

(2) iemand voor schut zetten (iemand in het openbaar belachelijk maken) ▸ jdn lächerlich machen, jdn zum Gespött machen

☞ *Schut* kommt aus der Gaunersprache und ist eine Verkürzung von *verschut*, das selbst aus *iemand verschutten* (jdn bei einer Missetat ertappen) entstanden ist.

De leraar *heeft mijn zoon voor de hele klas voor schut gezet.*

Siehe auch **iemand voor aap zetten, met iemand de draak steken, iemand voor de gek houden, iemand op de hak nemen, iemand in zijn hemd zetten, iemand voor joker zetten, iemand te kijk zetten, iemand een kool stoven, iemand een kunstje flikken, iemand voor het lapje houden, iemand een loer draaien, iemand voor lul zetten, iemand in de maling nemen, iemand bij de neus nemen, iemand een oor aannaaien, iemand in het ootje nemen, iemand een poets bakken**.

(2) voor schut staan (zich in het openbaar belachelijk maken) ▸ sich blamieren

☞ Für die Bedeutung von *schut*, siehe oben!

Ik stond voor schut voor de hele klas, want iedereen kon zien dat ik chocopasta op mijn hemd had.

Siehe auch **voor aap staan, voor gek staan, te kijk staan, voor lul staan, voor paal staan**.

servet

(3) tussen tafellaken en servet (siehe te groot voor servet en te klein voor tafellaken)

siberisch

* dat laat me Siberisch (koud)! ▸ das lässt mich eiskalt!

Siehe auch **dat is ver van mijn bed, dat raakt mijn kouwe kleren niet**.

S

sier

(2) goede sier met iets maken (een goede indruk maken met iets dat men eigenlijk niet verdient of dat een ander toebehoort) ▸ mit etwas prunken, das einem nicht gehört | de sier = die Zierde

De professor *maakt goede sier* met de onderzoeksresultaten van zijn assistent.

sigaar

(1) de sigaar zijn (de dupe zijn) ▸ der Dumme sein

☞ *De sigaar* steht hier für *de lul* = der Penis.

Het bedrijf is failliet en de arbeiders *zijn weer de sigaar.*

Siehe auch **het haasje zijn, in het hoekje zitten waar de klappen vallen, de gebeten hond zijn, het kind van de rekening zijn, de klos zijn, de kop van jut zijn, het moeten ontgelden, met de gebakken peren (blijven) zitten, de kwaaie pier zijn, de pineut zijn, het pispaaltje, in het verdomhoekje zitten**.

(2) een sigaar uit eigen doos krijgen, dat is een sigaar uit eigen doos (iets cadeau krijgen, een cadeau krijgen waar men zelf voor betaald heeft) ▸ ein Geschenk bekommen, das man selbst bezahlt hat.

Eerst heeft de staat de belastingen verhoogd en nu krijgen we een deel terug. Dat noem ik *een sigaar uit eigen doos.*

sikkepit

(2) 1. ergens geen sikkepit van begrijpen; 2. geen sikkepit waard zijn (1. er helemaal niets van begrijpen; 2. niets waard zijn) ▸ 1. keine Bohne von etwas verstehen; 2. keinen Pfifferling wert sein

☞ *De sikkepit* kommt wahrscheinlich von *de sik* (die Ziege) und *de pit* (hier der Kötel).

1. Wat je daar allemaal verteld hebt, *ik heb er geen sikkepit van begrepen*!

2. Dat boek van je *is geen sikkepit waard.*

Siehe auch (zu 1.) **er geen bal van snappen, geen biet, er geen hout van begrijpen, ergens geen snars van begrijpen, er tittel noch jota van begrijpen, er geen touw aan kunnen vastknopen**; (zu 2.) **geen knip voor de neus waard zijn, geen pijp tabak waard zijn, het zout in de pap niet waard zijn**.

sint-juttemis

(3) met sint-juttemis (nooit) ▸ am Sankt-Nimmerleins-Tag

☞ Es gibt keinen Heiligen, der *Jut* hieße.

Denk je dat ik mijn geld ooit terugkrijg? – Ja, *met sint-juttemis*!

Siehe auch **als de kalveren op het ijs dansen, tot je een ons weegt, als Pasen en Pinksteren op één dag vallen**.

S

sisser

(1) met een sisser aflopen (geen ernstige gevolgen hebben) ▸ zu nichts führen

☞ Ein gezündeter aber nicht explodierender Feuerwerkskörper macht nur ein zischendes Geräusch.

Het hele herstelplan van de regering *is met een sisser afgelopen.*

slaag

* een *pak* slaag krijgen/geven ▸ eine *Tracht* Prügel bekommen/verabreichen

Siehe auch **zich laten afdrogen, voor de broek/op zijn broek krijgen, op z'n duvel krijgen, ervanlangs krijgen, op zijn falie krijgen, over de knie gaan; iemand bont en blauw slaan, iemand op zijn broek geven, iemand ervanlangs geven, iemand op zijn flikker geven, iemand onder handen nemen, iemand alle hoeken van de kamer laten zien, van dik hout zaagt men planken, iemand van jetje geven, iemand van katoen geven, iemand een opdoffer geven, iemand een opdonder geven, iemand rauw lusten, iemand naar de strot vliegen, iemand een dreun/een klap verkopen**.

slaan

(1) dat slaat nergens op! (dat is totaal onlogisch!) ▸ das geht völlig daneben! | op iets slaan = sich auf etwas beziehen

Eerst zeggen dat mondkapjes tot niets dienen en ze dan verplicht stellen, *dat slaat nergens op!*

Siehe auch **dat snijdt geen hout, dat slaat als kut op dirk, dat slaat als een tang op een varken**.

S

slaatje

(3) ergens een slaatje uit slaan (ergens goed van weten te profiteren) ▸ seinen Schnitt bei etwas machen

☞ Mit *slaatje* ist hier nicht ‚Salat' gemeint, sondern *slagje*. Gemeint ist also: *Een slagje uit iets slaan.*

Die man is erg handig, *hij weet uit alles een slaatje te slaan.*

slag

* een slag in de *lucht* ▸ ein Schlag ins *Wasser*

(1) aan de slag gaan (aan het werk gaan) ▸ sich an die Arbeit machen
☞ *De slag* ist hier wahrscheinlich die Bewegung des Mühlenflügels. Siehe diese Bedeutung auch *in een slag van de molen hebben*. Wörtlich bedeutet die Redewendung also: Anfangen zu mahlen.

Jongens, het is weer tijd om *aan de slag te gaan!*

Siehe auch **de hand aan de ploeg slaan, de handen aan de ploeg slaan, handen aan het lijf hebben, de handen uit de mouwen steken, zich uit de naad werken, er flink/stevig tegenaan gaan, van wanten weten**.

(2) een slag om de arm houden (de mogelijkheid openhouden om zich ergens uit te redden) ▸ ein Hintertürchen offen halten
☞ *De slag* ist hier der Teil eines Seils, den man beim Heben oder Ziehen um den Arm gewunden hat.

De oppositie is wel bereid om de regering te steunen, maar op een aantal punten *houdt ze toch een slag om de arm.*

(2) zonder slag of stoot (zonder strijd, zonder te vechten) ▸ ohne auf Widerstand zu stoßen | de slag = der Schlag mit dem Säbel; de stoot = der Stoß mit der Lanze
☞ Diese Redewendung bezog sich ursprünglich auf Soldaten, die sich, ohne zu kämpfen, dem Feind ergaben.

Zonder slag of stoot kon de politie het huis binnendringen.

(2) zijn slag slaan (bij een geschikte gelegenheid zijn voordeel doen) ▸ einen Coup landen
☞ Gemeint ist hier der Schlag mit dem Schwert.

In de koopjesperiode proberen veel mensen *hun slag te slaan.*

(2) (helemaal) van slag raken/zijn (niet meer weten wat men moet doen) ▸ völlig durchdrehen
☞ *Van slag* bezieht sich hier auf eine Uhr, die nicht mehr richtig die Stunden schlägt.

Toen ik hoorde dat mijn beste vriend bij dat ongeval om het leven was gekomen, *was ik helemaal van slag.*

Siehe auch **van zijn apropos raken, in de bonen zijn, met zijn handen in het haar zitten, niet weten hoe men het heeft, van de kaart zijn, de kluts kwijt zijn, van de kook zijn, aan het eind van zijn Latijn zijn, overstuur zijn, ten einde raad, het spoor bijster zijn/raken, van streek zijn**.

(3) geen slag aan de bak krijgen (niet aan het woord komen doordat de anderen teveel praten) ▸ nicht zu Wort kommen

S

☞ *De bak* ist hier ein Kübel, aus dem die Schiffsbesatzung aß. *Slag* = Portion, wie in ‚ein Schlag Suppe'. Wörtlich bedeutet diese Redewendung also: Nichts zu essen bekommen.

De voorzitter heeft zolang gepraat *dat ik geen slag aan de bak kreeg.*

(3) een slag naar iets slaan (naar iets raden) ▸ drauflosraten
☞ Diese Redewendung bezog sich ursprünglich auf ein Spiel, bei dem man mit verbundenen Augen nach einer an einem Seil befestigten Wurst oder einem Stück Kuchen schlagen musste.

Over de precieze omstandigheden van de moord is nog niets bekend en, zoals gewoonlijk, *slaan de journalisten er maar een slag naar.*

slakken

(2) niet op alle slakken zout willen leggen (niet op alle kleinigheden aanmerkingen willen maken) ▸ nicht an allem herummäkeln wollen, nicht nach jeder Mücke schlagen wollen
☞ Früher streute man Salz auf Schnecken, um sie zu vertilgen.

Je kan wel kritisch zijn, maar je moet *niet op alle slakken zout leggen.*

Siehe auch **spijkers op laag water zoeken**.

slijk

* iemand door *het slijk* sleuren, iemands naam door het slijk halen ▸ jdn durch *den Dreck* ziehen | het slijk = der Schlamm; sleuren = schleifen

Siehe auch **met modder gooien**.

slikken

(3) het is slikken of stikken (siehe het is buigen of barsten)

S

slim

(2) iemand te slim af zijn (slimmer zijn dan iemand anders) ▸ jdn überlisten | slim = schlau

Mijn tegenstander was me te slim af en dus heb ik de wedstrijd verloren.

Siehe auch **iemand kunnen verkopen, terwijl hij erbij staat, die kun je zo in je zak steken**.

slof

(2) uit zijn slof schieten (plotseling heel boos reageren) ▸ in die Luft gehen

☞ Heute ist *slof* ein Pantoffel. In dieser Redewendung ist *slof* jedoch abgeleitet von dem substantivierten Verb *sloffen*, das ‚Nachlässigkeit, Schlamperei' bedeutet. *Schieten* war, in diesem Zusammenhang, zuerst ‚reagieren', ‚aktiv werden', dann hat die Bedeutung sich verschoben zu ‚böse reagieren'.

Toen de minister het voorstel van de oppositie hoorde, *schoot hij uit zijn slof.*

Siehe auch **op zijn achterste benen gaan staan, zich druk maken, de duivel in hebben, des duivels zijn, gebeten zijn op iemand, tekeergaan dat de honden er geen brood van lusten, door het lint gaan, een kort lontje hebben, op zijn achterste poten gaan staan, tekeergaan als een bezetene, uit zijn vel springen, vuur spuwen**.

sloffen

(3) op zijn sloffen (siehe op zijn dooie gemak)

☞ Hier bedeutet *slof* ‚Pantoffel'.

slok

(3) dat scheelt een slok op een borrel! (dat maakt een groot verschil!) ▸ das macht schon einiges aus! | schelen = einen Unterschied machen; de borrel = das Schnapsglas

☞ Ein Schluck ist normalerweise nicht viel, aber ein Schluck aus einem (kleinen) Schnapsglas macht schon etwas aus.

Nieuwe auto's verbruiken veel minder dan de vorige generatie en *dat scheelt een slok op een borrel!*

slop

(2) in het slop raken / sich in het slop bevinden (in een impasse raken / vastgelopen zijn) ▸ in eine Sackgasse geraten / sich in einer Sackgasse befinden

Met haar voor de brede massa onaanvaardbare maatregelen is de regering *in het slop geraakt.*

sloten

(3) niet in zeven sloten tegelijk lopen (siehe niet over één nacht ijs gaan) | de sloot = der Wassergraben

smaak

(2) in de smaak vallen (zeer gewaardeerd worden) ▸ Anklang finden, gefallen

De nieuwe aanpak van de directeur *is bij het personeel in de smaak gevallen.*

(2) de smaak (van iets) te pakken krijgen (meer van iets willen hebben) ▸ auf den Geschmack kommen

Enkele weken geleden ben ik met tennislessen begonnen en *nu heb ik de smaak ervan te pakken gekregen.*

smeren

(3) 'm smeren (siehe de benen nemen)

☞ Die Etymologie ist nicht bekannt und es ist auch nicht deutlich, was mit 'm gemeint ist.

smiezen

(3) iets in de smiezen hebben (siehe iets in de gaten hebben)

☞ *Smiezen* ist Argot für ‚Augen'.

(3) iemand in de smiezen hebben (iemands plannen doorzien) ▸ jdn durchschauen

Hij dacht dat hij me kon beetnemen, maar *ik had hem in de smiezen.*

smoor

(3) de smoor (over iets) in hebben (siehe *de pest in hebben*)

☞ *De smoor* ist wahrscheinlich zurückzuführen auf *smoren* = ersticken.

S

snaar

* een gevoelige snaar *raken* ▸ eine empfindliche Saite (bei jdm) *anschlagen.*

snars

(3) ergens geen snars van begrijpen (siehe *er geen bal van snappen*)

☞ *De snars* bedeutete zuerst ‚ein kleiner Schluck', dann ‚ein kleiner Bissen' und später nur noch ‚ein bisschen'.

snik

(3) niet goed snik zijn (siehe niet goed wijs zijn)

☞ *Snik* ist hier verwandt mit *snugger* = gescheit, klug.

snor (Substantiv)

(3) zijn snor drukken (siehe de kantjes aflopen) | de snor = der Schnurrbart
☞ Gemeint ist: Wenn man sich wegdrückt, sieht man auch den Schnurrbart nicht mehr.

snor (Adverb)

(3) dat zit wel snor! (dat zit wel goed! daarover hoef je je geen zorgen te maken!) ▸ das geht in Ordnung! das ist O.K.!
☞ Dieses *snor* gibt es nur in dieser Redewendung. Die Etymologie ist nicht geklärt.
Ik vind dat de nieuwe bediende goed werkt, dus *dat zit wel snor!*

Siehe auch **ergens niet wakker van liggen**.

soep

(2) de zaak is in de soep gelopen (de zaak is mislukt) ▸ die Sache ist schief gegangen
De opvang van migranten in de EU *is volledig in de soep gelopen.*

(3) een auto in de soep rijden (siehe een auto in de prak rijden)

(3) in de soep zitten (siehe *in de puree zitten*)

(3) daar lust ik wel soep van! (daar krijg ik niet genoeg van!) ▸ das mag ich gern! | lusten = gern essen, trinken oder etwas anderes tun
Lekker in de zon liggen te niksen, *daar lust ik wel soep van!*

Siehe auch **daar lust ik wel pap van**.

(3) soep met balletjes/ballen! (gezegd als men iets niet wil doen, of om aan te geven dat er toch niets van komt) ▸ von wegen!
☞ *Ballen/balletjes* sind Knödel. Die Etymologie ist nicht geklärt.
Je wil dat ik dat allemaal doe? *Soep met balletjes!*

Siehe auch **ammehoela, om de dooie dood niet, geen haar op mijn hoofd dat/die eraan denkt, morgen brengen**.

S

soeps

(2) dat is niet veel soeps! (dat is niet veel waard!) ▸ damit ist es nicht weit her! das ist Mist!
☞ *Soeps* ist ein alter Genitiv. Gemeint ist, dass man damit nicht einmal Suppe machen kann.
Jan schrijft nu ook romans, maar *die zijn niet veel soeps!*

Siehe auch **dat is brandhout, het is niet je dát, weinig/niets om het lijf hebben, dat is een wassen neus, beneden alle peil, het is niet om over naar huis te schrijven**.

sokken

(3) van de sokken gaan (siehe *buiten westen raken*)

(3) iemand van de sokken rijden (iemand omverrijden) ▸ jdn über den Haufen fahren

Als je hier de straat oversteekt, loop je gevaar *van de sokken gereden te worden.*

(3) er de sokken in zetten (harder gaan lopen; weglopen) ▸ schneller gehen; weglaufen

☞ *Sokken* steht hier für ‚Füße'.

Toen de dieven de politie zagen naderen, *zetten ze er de sokken in.*

Siehe auch **het anker lichten, de benen nemen, zijn benen onder zijn arm nemen, zijn biezen pakken, ervandoor gaan, het hazenpad kiezen, de/zijn hielen lichten, ertussenuit knijpen, de kuierlatten nemen, op de loop gaan, zijn matten oprollen, met de muziek meezijn, met de noorderzon vertrekken, ertussenuit piepen, de plaat poetsen, 'm smeren, met de stille trom vertrekken, zich uit de voeten maken, de wijk nemen**.

soldaat

(3) een fles soldaat maken (een fles helemaal leggdrinken) ▸ einer Flasche den Hals brechen

☞ Die Etymologie ist nicht bekannt.

Voordat jullie weggaan, moeten we eerst nog *deze fles soldaat maken.*

S

soorten

* in alle soorten en *maten* ▸ in allen Sorten und *Größen*

sop

* iemand in zijn eigen sop *gaar* laten *koken* ▸ jdn im eigenen Saft *schmoren* lassen

Siehe auch **iemand in zijn eigen vet gaar laten koken**.

(3) het sop is de kool niet waard (het is niet de moeite waard) ▸ der ganze Aufwand lohnt sich nicht

☞ Wörtlich: Die Brühe ist nicht gut genug für den Kohl. Zuerst sagte man: *De kool is het sop niet waard*: Der Kohl ist die Brühe nicht wert.

Ze hebben me gevraagd om nog een jaar voorzitter te blijven, maar *het sop is de kool niet waard.*

(3) het ruime sop kiezen (uitvaren) ▸ das offene Meer gewinnen
☞ *Het sop* steht hier für das Meer.
Met zo'n oud schip is het gevaarlijk *het ruime sop te kiezen.*

spaak (Substantiv)

(2) iemand een spaak in het wiel steken (iemand tegenwerken, dwarsbomen) ▸ jdm Knüppel zwischen die Beine werfen
☞ *De spaak* (die Speiche) steht hier für Stock, Knüppel.
Deze collega doet niets liever dan anderen *een spaak in het wiel te steken.*

Siehe auch **iets de nek omdraaien, iemand de pas afsnijden, de poten onder iemands stoel wegzagen, ergens een stokje voor steken, iemand de voet dwarszetten, iemand voor de voeten lopen, iemand in de wielen rijden**.

spaak (Adverb)

(3) de zaak is spaak gelopen (de zaak is misgelopen) ▸ die Sache ist schief gegangen
☞ Gemeint ist: Man hat eine Speiche ins Rad gesteckt, sodass das Rad / die Sache klemmt.
Ons plan was bijna gerealiseerd, maar *toen is het spaak gelopen.*

spaan

(3) ergens geen spaan van heel laten (iets helemaal afbreken) ▸ kein gutes Haar an etwas lassen | de spaan = der Span
Ik weet dat er fouten in die dissertatie staan, maar ik vind het overdreven *dat je er geen spaan van heel laat.*

Siehe auch **brandhout van iets maken, het is niet je dát, weinig/niets om het lijf hebben, dat is een wassen neus, beneden alle peil, het is niet om over naar huis te schrijven, het is niet veel soeps**.

speelkwartier

(2) het speelkwartier is voorbij! (nu moeten we weer serieus werken!) ▸ jetzt geht es wieder an die Arbeit! | het speelkwartier = die Schulpause
Jongens, *het speelkwartier is voorbij*, dus allemaal aan het werk!

spek

(3) (er) voor spek en bonen meedoen (bij lopen) (meedoen zonder echt mee te tellen) ▸ das fünfte Rad am Wagen sein

☞ Gemeint ist: Eine Arbeit leisten, bei der die einzige Bezahlung eine Portion Speck und Bohnen ist, was sich also nicht lohnt.

Als ik geen stemrecht heb, kom ik niet. Ik heb geen zin *er voor spek en bonen bij te lopen.*

Siehe auch **als bijwagen fungeren, niets in te brengen hebben, er voor Jan Lul bij zitten, niets in de melk te brokken/brokkelen hebben, een nul in het cijfer zijn, er voor Piet Snot bij zitten**.

(3) met spek schieten (opscheppen) ▸ aufschneiden, sich dicktun

☞ Früher schoss man mit brennendem Speck umwickelte Projektile auf feindliche Häuser und Schiffe, um sie niederzubrennen. Später bedeutete diese Redewendung ‚energische Maßnahmen ergreifen' und dann ‚sich dicktun'.

Ik hou niet van mensen die *met spek schieten.*

Siehe auch **een hoge borst opzetten, veel kouwe drukte maken, de grote Jan uithangen, hoog van de toren blazen**.

spekje/spekkie

(3) dat is spekje/spekkie voor jouw bekje/bekkie! (dat is precies iets voor jou!) ▸ das ist genau etwas für dich!

☞ Gemeint ist: Leckerer Speck für deinen Mund.

Zo'n goed betaalde baan, zonder veel te hoeven werken, *dat is spekkie voor jouw bekkie!*

S

(3) dat is geen spekje/spekkie voor jouw bekje/bekkie! (daarvan zul je niets krijgen, dat is te goed, te mooi voor jou!) ▸ das ist nicht für dich! davon bekommst du nichts!

Die taart is alleen voor mijn verjaardag, *dat is geen spekkie voor jouw bekkie!*

Siehe auch **schrijf het maar op je buik, op zijn duim kunnen fluiten, naar iets kunnen fluiten, daar komt niets van in, dan kun je het wel schudden**.

spel

* iemand/iets vrij *spel* geven ▸ jdm freie *Hand* lassen / etwas seinen *Lauf* lassen

speld

* een speld in een hooi*berg* ▸ eine Nadel im Heu*haufen*

(2) er is geen speld tussen te krijgen (het klopt precies) ▸ dagegen lässt sich nichts einwenden

Wat zijn redenering betreft, *daar is geen speld tussen te krijgen.*

spier

* geen *spier* vertrekken ▸ keine *Miene* verziehen | de spier = der Muskel

Siehe auch **met een uitgestreken gezicht, nooit uit de plooi raken**.

spierballen

(3) zijn spierballen laten zien (laten zien dat je sterk bent om indruk te maken) ▸ den starken Mann spielen | de spierballen = das Muskelbündel

Tegenover China wil de Amerikaanse president *de spierballen laten zien.*

spijker

* de spijker op de kop *slaan* ▸ den Nagel auf den Kopf *treffen*

Siehe auch **in de roos schieten, een schot in de roos**.

(3) weet ik een spijker, hij weet een gat! (hij weet zich er altijd uit te praten) ▸ er hat auf alles eine Antwort!

☞ Wörtlich: Wenn ich einen Nagel habe, weiß er, in welches Loch man den einschlagen kann.

Bij die man heb je nooit het laatste woord: *weet jij een spijker, hij weet een gat!*

spijkers

(2) spijkers op laag water zoeken (onbelangrijke dingen bekritiseren) ▸ Haarspalterei betreiben

☞ Diese Redewendung bezieht sich auf den Schiffsbau: Früher suchten die Arbeiter bei Ebbe die Nägel, die beim Zimmern ins Wasser gefallen waren. Daher die Bedeutung ‚sich mit etwas von geringem Wert, etwas Unbedeutendem beschäftigen', obwohl Nägel früher verhältnismäßig teurer waren als heutzutage.

Je moet ook eens de positieve kant van de zaak zien en niet altijd *spijkers op laag water zoeken.*

Siehe auch **niet op alle slakken zout willen leggen**.

spinnen

(3) het is bij de wilde spinnen af (siehe *het loopt de spuigaten uit*)

spits

(2) de/het spits afbijten (als eerste iets doen waar moed voor nodig is) ▸ den Anfang machen, den Reigen eröffnen
☞ Gemeint ist: Gegen die Lanzenspitzen des Gegners kämpfen und so den Weg frei machen für die eigenen Soldaten. Normalerweise sagt man nur *de spits*. In dieser Redewendung gibt es jedoch auch *het spits*, vielleicht abgeleitet von *het spitse*.
Ik constateer dat je je niet wil engageren en *dat ik weer de spits moet afbijten*.

spons

* *de* spons erover ▸ Schwamm drüber

(2) ergens de spons over halen (er niet mehr over praten) ▸ über etwas hinwegsehen; nicht mehr an etwas rühren | de spons = der Schwamm
☞ Diese Redewendung stammt aus der Zeit, in der der Wirt die Schulden seiner Gäste, die bei ihm in der Kreide standen, auf eine Schiefertafel schrieb.
Laten we *de spons erover halen* en niet meer ruziën!

Siehe auch **(met) de hand over het hart strijken, zand erover**.

spoor

* iemand op een verkeerd/*dood* spoor *zetten* ▸ jdn auf eine falsche Spur *bringen*

S

(2) het spoor bijster zijn/raken (niet weten hoe het verder moet) ▸ weder ein noch aus wissen
☞ Wörtlich: Vom Weg abkommen. *Bijster* = nicht mehr wissend.
Er zijn heel wat jongelui *die het spoor bijster zijn geraakt*.

Siehe auch **van zijn apropos raken, in de bonen zijn, met de/zijn handen in het haar zitten, niet weten hoe men het heeft, van de kaart zijn, de kluts kwijt zijn, van de kook zijn, aan het eind van zijn Latijn zijn, overstuur zijn, ten einde raad, van slag raken/zijn, van streek zijn**.

(2) op een dood spoor zitten (niet verder komen) ▸ in eine Sackgasse geraten sein | *het spoor* = die Spur

☞ Vielleicht dachte man zuerst an ein Eisenbahngleis.

De politie heeft de moord nog steeds niet opgelost; *ze zitten al jaren op een dood spoor.*

spreken

(3) van zich af spreken (zich verbaal goed verdedigen) ▸ sich wortgewandt verteidigen

De aangeklaagde heeft zich door de rechter niet laten intimideren *maar van zich af gesproken.*

Siehe auch **van zich afbijten, goed gebekt zijn, niet op zijn mondje gevallen zijn, goed van de tongriem gesneden zijn**.

spuigaten

(2) het loopt de spuigaten uit! (het wordt veel te erg) ▸ das geht mir über die Hutschnur!

☞ *Spuigaten* sind die Speigatte des Schiffes, durch die Wasser vom Deck abfließen kann. Gemeint ist: Wenn das Deck unter Wasser steht, könnte das gefährlich werden.

Met de criminaliteit *loopt het* de laatste jaren in alle grote steden *de spuigaten uit.*

Siehe auch **het is bij de beesten af, dat wordt me te bruin, het is bij de wilde spinnen af**.

spuit

(3) spuit elf geeft ook modder! (gezegd als een onbelangrijk persoon ook eens wat zegt) ▸ er muss auch unbedingt seinen Senf dazugeben! | de spuit = die Feuerwehrspritze; de modder = der Schlamm

☞ Gemeint ist, dass statt Wasser nur Schlamm aus der Spritze kommt. Früher waren die Spritzen nummeriert und jeder freiwillige Feuerwehrmann wusste, welche Spritze er zu bedienen hatte.
Die negative Bedeutung der Zahl elf hat vielleicht etwas mit der närrischen Elf des Karnevals zu tun.

Toen ik dat zei, meende de voorzitter: *Spuit elf geeft ook modder!*

Siehe auch **ook een duit in het zakje doen, zijn ei niet kwijt kunnen, hij moest zo nodig ook wat zeggen, zijn zegje willen doen**.

staan

(1) ... laat staan dat ... (... en zeker niet ...) ▸ ... und schon mal gar nicht ...

Ik vertrouw die man niet, *laat staan dat ik hem geld zou lenen.*

(3) de techniek/wetenschap ... staat voor niets (de techniek/ wetenschap ... laat zich door niets tegenhouden) ▸ der technische/ wissenschaftliche Fortschritt ist nicht aufzuhalten | voor niets staan = vor nichts zurückschrecken

Over een paar decennia landen we op Mars, want *de techniek staat voor niets.*

(3) hij staat voor niets (hij is nergens bang voor) ▸ er fürchtet weder Tod noch Teufel

☞ *Staan voor*: Siehe oben.

Jan zal zeker zijn beklag doen bij de de directeur, *hij staat voor niets.*

Siehe auch **zijn mannetje staan, voor geen kleintje vervaard zijn, geen zee gaat hem te hoog**.

staart

* met de staart *tussen de benen* afdruipen ▸ mit *eingezogenem* Schwanz abziehen | afdruipen = abziehen

Siehe auch **met hangende pootjes**.

staartje

(2) dat zal nog een staartje krijgen/hebben! (die zaak zal nog gevolgen hebben, daar is het laatste woord nog niet over gezegd!) ▸ die Sache wird noch ein Nachspiel haben!

☞ Wieder die typische Verkleinerungsform!

Je moet niet denken dat daarmee alles opgelost is, *die zaak zal nog een staartje krijgen!*

Siehe auch **dat muisje zal nog wel een staartje hebben/krijgen**.

staat (siehe auch staten)

(3) in kennelijke staat zijn (dronken zijn) ▸ betrunken sein

☞ Die amtliche Formulierung lautet: *In kennelijke staat van dronkenschap zijn.*

De politie zag *dat Jan in kennelijke staat was* en dus werd zijn rijbewijs ingetrokken.

Siehe auch **een glaasje op hebben, in de olie zijn, 'm om hebben, een stuk in zijn kraag hebben, (flink) boven zijn theewater zijn**.

staatsruif

* uit/*aan/van* de staatsruif *eten* ▸ aus der Staatskrippe *futtern*

stadje

* in elk stadje een ander *schatje* ▸ in jedem Städtchen ein anderes *Mädchen*

stal

(2) iets van stal halen (iets ouds opnieuw gebruiken) ▸ etwas hervorkramen

☞ Zuerst meinte man damit ein altes Pferd, das man wieder aus dem Stall holte, weil man es noch einmal brauchte.

Mijn nieuwe computer is al defect. Ik zal dus maar weer *de oude van stal halen*.

standje

(2) een standje krijgen / iemand een standje geven (berispt worden / iemand berispen) ▸ einen Verweis, eine Rüge bekommen/geben

Omdat ik weer te laat was, *heeft de directeur me een standje gegeven*.

Siehe auch **op zijn donder krijgen, op zijn duvel krijgen, ervanlangs krijgen, een veeg uit de pan krijgen, de wind van voren krijgen, dan zwaait er wat; iemand ervanlangs geven, iemand onder handen nemen, iemand een kat geven, iemand de volle laag geven, iemand de les lezen, iemand de mantel uitvegen, iemand op zijn nummer zetten, iemand de oren wassen, iemand de pin op de neus zetten, iemand op zijn plaats zetten, iemand zijn vet geven, iemand op de vingers tikken, iemand de wacht aanzeggen**.

S

stang

(3) iemand op stang jagen (siehe iemand op de kast jagen/krijgen) | de stang = (hier :) die Gebissstange des Pferdes

stank

(3) stank voor dank krijgen (grove ondank in plaats van dank krijgen) ▸ Undank ist der Welt Lohn

☞ *Voor* bedeutet hier ‚statt'. Bei der Wahl der beiden Substantive hat der Binnenreim eine Rolle gespielt.

Na dertig jaar voor dat bedrijf te hebben gewerkt, zijn we nu allemaal ontslagen: *we hebben stank vor dank gekregen.*

stapel

(2) (te) hard van stapel lopen (haastig of te vlug te werk gaan; iets te onstuimig aanpakken) ▸ überstürzt handeln

☞ Gemeint ist: Wenn ein Schiff zu schnell vom Stapel läuft, kann es kentern.

De regering zou het rustig aan moeten doen en niet zo hard *van stapel lopen.*

startblokken

(1) in de startblokken staan (op het punt staan te beginnen) ▸ startbereit sein

☞ Wörtlich: In den Startblöcken stehen.

Waar blijven jullie? *Wij staan al in de startblokken*!

staten (siehe auch staat)

(2) in alle staten zijn (erg opgewonden zijn door woede of zenuwen) ▸ aus dem Häuschen sein

Na zijn nederlaag tegen Federer *was Nadal in alle staten.*

S

Siehe auch **het heen en weer krijgen, op zijn (van de zenuwen), over zijn toeren zijn, een en al zenuwen zijn, één brok zenuwen zijn**.

steek

* een *steek* laten vallen ▸ eine *Masche* fallen lassen; einen Fehler machen

(1) geen steek zien (niets zien) ▸ überhaupt nichts sehen

☞ Man denkt an einen Stich beim Nähen.

Het was er zo donker *dat ik geen steek kon zien.*

(2) geen steek uitvoeren (helemaal niets doen) ▸ überhaupt nichts tun

☞ *Steek* ist hier wahrscheinlich der Stich beim Nähen.

Wanneer begin je nu eens eindelijk te werken ? *Je hebt vandaag nog geen steek uitgevoerd*!

Siehe auch **geen hand uitsteken, met de handen over elkaar zitten, geen klap uitvoeren, op zijn krent zitten, uit zijn neus eten, geen poot uitsteken, geen vinger uitsteken, vliegen vangen**.

(3) iemand een steek onder water geven (iemand in bedekte termen iets hatelijks zeggen, een hatelijke toespeling maken) ▸ jdm einen Seitenhieb versetzen

☞ Diese Redewendung ist eine Kontamination von *iemand een steek geven* und *iemand een schot onder water geven*. Letztere Redewendung bezieht sich auf den Seekrieg: Wenn man das gegnerische Schiff unter der Wasserlinie traf, sank es sofort.

De Franse president zei dat Nederland het drugsproblem beter zou moeten aanpakken. *Dat was een steek onder water tegen ons land.*

Siehe auch **iemand een hak zetten**.

steen

(1) steen en been klagen (heel erg klagen) ▸ jammern

☞ *Steen* (*het*) ist hier das Grabmal eines Heiligen und *been* (*het*) bezieht sich auf dessen Gebein. Diese Redewendung bedeutet also wörtlich: ‚Einen Heiligen an dessen Grab anflehen'. Der Binnenreim hat natürlich auch eine Rolle gespielt.

Het enige wat jij doet, is altijd *steen en been* over alles en nog wat *klagen*.

(3) de onderste steen moet boven (siehe *alles moet tot op de bodem uitgezocht worden*)

S

steentje

(1) ergens zijn / een steentje toe bijdragen (een bijdrage aan / tot iets leveren) ▸ seinen Teil zu etwas beitragen

☞ Zuerst meinte man damit einen Ziegelstein, den man zum Bau eines Hauses beitrug. Wieder die typische, bescheidene, Verkleinerungsform!

Als iedereen *zijn steentje bijdraagt*, zijn we vanavond klaar met ons werk.

steigers

(2) in de steigers staan (in voorbereiding zijn) ▸ in Arbeit sein | de steiger = das Gerüst

Mijn volgende roman *staat al in de steigers.*

stel

(2) op stel en sprong (vlug, onmiddellijk) ▸ auf der Stelle

☞ *Stel* bedeutet hier ‚an der richtigen Stelle' und *sprong*, dass man etwas schnell tut.

De directeur verwacht altijd van ons dat we alles *op stel en sprong* doen.

stellen

(2) het zonder iets kunnen stellen (iets kunnen missen) ▸ es ohne etwas schaffen

Na mijn infarct moet ik *het nu zonder koffie stellen.*

(3) veel met iemand te stellen hebben (veel moeite hebben om met iemand om te gaan) ▸ seine liebe Not mit jdm haben

☞ Früher bedeutete *stellen* auch ‚regeln', ‚in Ordnung bringen'.

Ik heb altijd veel te stellen met mensen die te laat op een afspraak komen.

stelten

(2) de boel op stelten zetten (alles in de war brengen) ▸ alles auf den Kopf stellen | de stelt = die Stelze

Als je gekomen bent om hier *de boel op stelten te zetten*, kun je gelijk weer gaan.

S

stem

(3) een stem in het kapittel hebben (mee mogen beslissen) ▸ ein Wörtchen mitzureden haben

☞ *Het kapittel* ist hier das Kapitel eines Doms, in dem nicht alle Mitglieder Stimmrecht haben.

Als ik aan dat project meewerk, wil ik ook *een stem in het kapittel hebben.*

Siehe auch **ergens de hand in hebben, in talrijke potjes roeren, aan de touwtjes trekken, een vinger in de pap hebben**.

stempel

(2) iemand van de oude stempel (iemand die de oude tradities in ere houdt) ▸ jd von altem Schrot und Korn

☞ *Stempel* bezieht sich hier (wie auch im Deutschen) auf alte Münzen, deren Prägung man kannte und vertraute.

Mijn leermeester op de universiteit was nog een professor *van de oude stempel.*

sterk

(2) zich sterk maken voor iets/dat iets gebeurt (garanderen dat iets gebeurt) ▸ sich dafür verbürgen, dass etwas geschieht

De nieuwe directeur *maakt zich sterk* dat hij ons bedrijf weer tot bloei zal brengen.

sterren

(3) de sterren van de hemel spelen/zingen (ongelooflijk goed spelen/zingen) ▸ sehr gut spielen/singen

Deze violist, een van de besten ter wereld, *speelt werkelijk de sterren van de hemel.*

steun

(3) iemands steun en toeverlaat zijn (iemand zijn op wie je altijd kunt rekenen) ▸ für jdn eine Stütze sein | de steun = die Stütze; de toeverlaat = der Halt, die Stütze

☞ Es handelt sich hier also um eine Tautologie.

Mijn vrouw is altijd *mijn steun en toeverlaat* geweest.

stijf

* iets stijf en strak volhouden ▸ etwas steif und *fest* behaupten

☞ Beide Adverbien haben die gleiche Bedeutung. Man beachte auch die Alliteration!

S

stinken

(3) erin stinken (siehe *erin trappen*)

stoelen

* voor *stoelen* en banken praten ▸ vor *leeren* Bänken sprechen

(1) iets niet onder stoelen of banken steken (duidelijk zeggen wat men denkt) ▸ keinen Hehl aus etwas machen

De directeur heeft zijn ergernis *niet onder stoelen of banken gestoken.*

Siehe auch **ergens geen doekjes om winden, recht voor zijn raap**.

stof

* in het *stof* bijten ▸ ins *Gras* beißen | Stof = Staub

Siehe auch **zijn laatste adem uitblazen, op apegapen liggen, ten dode opgeschreven zijn, op sterven na dood zijn, eraan gaan, het hoekje om gaan, het niet lang meer maken, het loodje leggen, de pijp aan Maarten geven, de pijp uit gaan, in het zand bijten**.

* veel stof *doen* opwaaien ▸ viel Staub aufwirbelen

(3) kort van stof zijn; lang van stof zijn (niet veel woorden nodig hebben; wijdlopig, breedsprakig zijn) ▸ kurz angebunden sein; weitschweifig sein

Waarom ben je toch altijd zo *lang van stof*?

Siehe auch **een boom over iets opzetten, daar heb je hem weer, op zijn praatstoel zitten, honderduit praten**.

stok

(1) een stok achter de deur (iets dat als dreigend machtsmiddel gebruikt kan worden) ▸ ein Druckmittel

De voorwaardelijke gevangenisstraf die de inbreker gekregen heeft, is *een stok achter de deur.*

(2) het met iemand aan de stok hebben/krijgen (problemen met iemand hebben/krijgen) ▸ mit jdm aneinander geraten

☞ Ursprünglich bedeutete diese Redewendung ‚sich mit Stöcken schlagen'.

Toen ik nog op school zat, *heb ik het altijd aan de stok gehad met mijn leraar wiskunde.*

(3) hij is met geen stok de deur uit te krijgen (je krijgt hem echt de deur niet uit) ▸ keine zehn Pferde kriegen ihn hier weg

☞ Gemeint ist: Selbst, wenn man ihn mit einem Stock schlagen würde.

Mijn zoon is nu al dertig, woont nog steeds bij ons en hij *is met geen stok de deur uit te krijgen.*

stokje

(1) ergens een stokje voor steken (iets verhinderen) ▸ einer Sache einen Riegel vorschieben

☞ *Stokje* ist hier ein Stöckchen, das als Riegel gebraucht wird.

Jan wilde het plan zonder mij uitvoeren, maar *ik heb daar een stokje voor gestoken.*

Siehe auch **iets de nek omdraaien, iemand de pas afsnijden, de poten onder iemands stoel wegzagen, iemand een spaak in het wiel steken, iemand de voet dwars zetten, iemand voor de voeten lopen, iemand in de wielen rijden**.

(3) van zijn stokje gaan (flauwvallen) ▸ schlappmachen, zusammenklappen

☞ *Het stokje* ist hier die Stange, auf der die Hühner sitzen. Wörtlich bedeutet diese Redewendung also ‚von der Stange fallen'.

Toen Jan hoorde dat zijn vriend bij dat ongeval om het leven was gekomen, *is hij van zijn stokje gegaan.*

Siehe auch **van de sokken gaan, buiten westen raken**.

stokpaardje

* *op* zijn stokpaardje *zitten*, zijn stokpaardje *be*rijden ▸ sein Steckenpferd *reiten*

stom

(3) te stom om voor de duivel/duvel te dansen (siehe te dom zijn om voor de duivel/duvel te dansen)

stomheid

(2) met stomheid geslagen zijn (plotseling geen woord meer kunnen zeggen) ▸ sprachlos sein

☞ *Geslagen* bedeutet hier ‚getroffen'.

Toen ik hoorde dat die middelmatige schrijver de Nobelprijs had gekregen, *was ik met stomheid geslagen.*

stoom

* stoom *afblazen* ▸ Dampf *ablassen*

stootje

(2) tegen een stootje kunnen (sterk zijn, veel kunnen verdragen) ▸ aus hartem Holz geschnitzt sein

☞ Wörtlich: Einen Stoß vertragen können. Wieder die Verkleinerungsform!

Je hoeft geen medelijden met mij te hebben, *ik kan tegen een stootje*!

stoppen

* *alle* stoppen zijn bij hem doorgeslagen ▸ ihm sind die Sicherungen durchgebrannt

storm

* een storm in *een glas water* ▸ ein Sturm im *Wasserglas*

straatje

* dat past niet in *zijn straatje* ▸ das passt ihm nicht *in den Kram*

(3) vanuit zijn eigen straatje (vanuit zijn eigen opvatting) ▸ von seiner Warte aus

Vanuit je eigen straatje heb je gelijk, maar je kunt de zaak ook eens vanuit mijn oogpunt bekijken!

straatstenen

(3) iets aan de straatstenen niet kwijt kunnen/raken (iets absoluut niet kunnen verkopen of er geen geïnteresseerde voor kunnen vinden) ▸ auf seiner Ware sitzen bleiben | Straatstenen = Pflastersteine

☞ Gemeint ist: Selbst die Straße würde sich nicht dafür interessieren.

Ik heb nog honderd exemplaren van mijn boek, maar *ik kan ze aan de straatstenen niet kwijt*.

Siehe auch **met iets de boer opgaan**.

S

streek (siehe auch **streken**)

(2) van streek zijn (1. door een schok of door ontroering niet kunnen reageren; 2. [van een orgaan, bijv. de maag] niet goed functioneren) ▸ 1. fassungslos sein; 2. nicht mehr richtig funktionieren, (vom Magen) verstimmt sein.

1. Na de overval op zijn bank was de directeur helemaal *van streek*.

2. Ik heb teveel pizza gegeten en nu is mijn maag helemaal *van streek*.

Siehe auch (zu 1.) **van zijn apropos raken, in de bonen zijn, met de handen in het haar zitten, niet weten hoe men het heeft, van de kaart zijn, nu breekt mijn klomp, de kluts kwijt raken, van**

de kook raken, aan het eind van zijn Latijn zijn, ten einde raad, van slag raken, van zijn stuk zijn.

streep (siehe auch strepen)

* ergens een streep onder iets *zetten* ▸ einen *Schluss*strich unter etwas *ziehen*

(2) iemand over de streep trekken (ervoor zorgen dat iemand iets doet dat hij eerst niet wilde doen) ▸ jdn auf seine Seite ziehen | de streep = der Strich

☞ Diese Redewendung bezog sich ursprünglich auf das Tauziehen.

Misschien zal de beloofde loonsverhoging de arbeiders *over de streep trekken* om weer aan het werk te gaan.

streepje

(2) bij iemand een streepje voor hebben (meer in de gunst bij iemand staan dan anderen) ▸ bei jdm einen Stein im Brett haben

☞ Diese Redewendung bezieht sich auf ein Kinderspiel, bei dem jeder Gewinn mit einem Strich auf dem Papier belohnt wird.

Door zijn talenkennis *heeft Jan bij de voorzitter een streepje voor.*

Siehe auch **bij iemand in een goed blaadje staan, goed te boek staan, bij iemand een potje kunnen breken, een wit voetje bij iemand halen**.

streken

* streken *uithalen* ▸ Streiche *verüben*

strepen (siehe auch streep)

(3) op zijn strepen staan (zijn autoriteit gebruiken om iets door te drukken) ▸ die Zügel anziehen | de streep = der Winkel (als militärisches Rangabzeichen)

Toen er kritiek werd geuit op zijn beleid, is de premier *op zijn strepen gaan staan.*

strijk

(3) strijk-en-zet (herhaaldelijk) ▸ immer wieder, wiederholt

☞ Zuerst bezogen sich beide Imperative auf ein Karten- oder Würfelspiel: *Strijk* stand für *strijk het geld op, dat je gewonnen hebt!* und *zet* für *zet direct weer nieuw geld in!* Da beide Handlungen

S

sofort nacheinander passierten, konnte sich daraus die Bedeutung ‚wiederholt' entwickeln.

Deze bediende moeten we helaas ontslaan, want hij komt *strijk-en-zet* te laat.

Siehe auch **om de haverklap, keer op keer**.

strijkstok

(3) er blijft veel aan de strijkstok hangen (veel geld blijft achter bij allerlei tussenpersonen) ▸ unterwegs wird viel abgerahmt

☞ *De strijkstok* hat hier nichts mit einem Geigenbogen zu tun. Es handelt sich um das Gerät, mit dem ein Haufen Getreide in einem Behältnis glattgestrichen wurde. Hatte jd nicht bekommen, was ihm zustand, sagte man scherzend, dass etwas am *strijkstok* hängen geblieben war.

Als je geld aan een liefdadigheidsfonds overmaakt, moet je weten dat er *veel aan de strijkstok blijft hangen.*

strobreed

* iemand geen *strobreed* in de weg leggen ▸ jdm keine *Steine* in den Weg legen

stront

(3) er is stront aan de knikker (vulg.) (er dreigen grote moeilijkheden) ▸ die Kacke ist am Dampfen | de stront = die Scheiße; de knikker = die Murmel

Nu het bedrijf in moeilijkheden is, *is er voor de arbeiders stront aan de knikker.*

S

Siehe auch **in de aap gelogeerd zijn, beren op de weg zien, de bietenbrug opgaan, de bui zien hangen, dan zijn we nog verder van huis, er is een kink in de kabel, in de knel zitten, in de knoei zitten, in de knoop zitten, in het nauw komen/zitten, in de nesten zitten, in een lastig/moeilijk parket verkeren, iemand parten spelen, in de penarie zitten, in de piepzak zitten, in de puree zitten, in de put zitten, in de rats zitten, in het schip zitten, in de soep zitten, er zijn voetangels en klemmen, het niet meer zien zitten**.

stroom

* tegen de stroom *oproeien* ▸ wider den Strom *schwimmen* | *roeien* = rudern

stroomversnelling

(3) de zaken zijn in een stroomversnelling gekomen (de dingen hebben zich sneller ontwikkeld dan voorzien) ▸ die Dinge haben sich überstürzt | de stroomversnelling = die Stromschnelle

We dachten dat we nog wat meer tijd hadden om te reageren, maar *de zaken zijn in een stroomversnelling gekomen.*

stroop

* iemand *stroop* om *de mond* smeren ▸ jdm *Honig* um *den Bart* schmieren | *de stroop* = der Sirup

strop

(3) een financiële strop zijn (een zaak waar verlies wordt geleden) ▸ ein finanzieller Verlust | de strop = 1. der Strang; 2. das Pech

De hele onderneming is uitgedraaid op *een financiële strop* van een half miljoen euro.

Siehe auch **het schip in gaan**.

strot

* dat *komt* me de *strot* uit! ▸ das *hängt* mir zum *Halse* heraus! | de strot = die Kehle, die Gurgel

Siehe auch **zijn bekomst van iets hebben, er de buik van vol hebben, dat hangt me de keel uit, ergens tabak van hebben, dat/het zit me tot hier**.

(3) iets door de strot geduwd krijgen (gedwongen worden iets te accepteren) ▸ eine Kröte schlucken müssen

In het nieuwe schooljaar krijgen de leerlingen een hoop wiskunde *door de strot geduwd.*

(3) iets niet door zijn strot krijgen (1. iets bijzonder onsmakelijk vinden; 2. zich generen om iets te zeggen) ▸ 1. etwas nicht herunterkriegen; 2. etwas nicht herauskriegen

1. Oesters heb ik nooit *door mijn strot gekregen.*

2. *Ik kreeg het niet door mijn strot* hem de waarheid te vertellen.

(3) iemand naar de strot vliegen (iemand fel aanpakken) ▸ jdn an die Kehle pakken

Toen ik zei dat ik niet met hem akkoord kon gaan, *is hij me bijna naar de strot gevlogen.*

Siehe auch **iemand bont en blauw slaan, iemand op zijn broek geven, iemand ervanlangs geven, iemand op zijn flikker geven, iemand onder handen nemen, iemand alle hoeken van de kamer laten zien, van dik hout zaagt men planken, iemand van jetje geven, iemand van katoen geven, iemand een opdoffer geven, iemand een opdonder geven, iemand rauw lusten, iemand een dreun/een klap verkopen**.

stuip

(3) in een stuip liggen (siehe *dubbel liggen van het lachen*) | de stuip = die Zuckung, die Konvulsion

stuipen

(3) iemand de stuipen op het lijf jagen (siehe iemand de schrik op het lijf jagen)

stuiver

(3) het is vreemd hoe een stuiver kan rollen! (de dingen kunnen anders verlopen dan je had verwacht) ▸ die Dinge nehmen manchmal eine unerwartete Wendung!

☞ *De stuiver* ist eine frühere niederländische 5-cent Münze.

Ik had nooit verwacht dat Trump president zou worden: *het is vreemd hoe een stuiver kan rollen!*

S

Siehe auch **je weet nooit hoe een dubbeltje kan rollen**.

stuk

(2) klein/groot van stuk (klein/groot van lichaamslengte) ▸ klein-/hochgewachsen

Jan was wel *klein van stuk*, maar zo sterk als een beer.

(2) een stuk in de/zijn kraag hebben (dronken zijn) ▸ einen in der Krone haben

☞ Eine alte Bedeutung von *het stuk* ist ‚das Weinfass'. *Kraag* steht hier für ‚Hals'.

Ik zag dat hij *een stuk in zijn kraag had* en er niet meer met hem te praten viel.

Siehe auch **een glaasje op hebben, in de olie zijn, 'm om hebben, in kennelijke staat zijn, flink boven zijn theewater zijn**.

(3) van zijn stuk raken (in de war raken) ▸ aus der Fassung / dem Konzept geraten

☞ *Het stuk* ist hier das Gesprächsthema.

Sorry, waar was ik gebleven? Ik ben even *van mijn stuk geraakt.*

Siehe auch **van zijn apropos raken, in de bonen zijn, met de handen in het haar, niet weten hoe men het heeft, de kluts kwijt zijn, van de kaart zijn, van de kook raken, aan het eind van zijn Latijn zijn, uit het lood geslagen, overstuur zijn, ten einde raad, het spoor bijster zijn, van streek zijn**.

(3) iemand uit één stuk (iemand die consequent is in zijn opvattingen) ▸ ein ganzer Mann

Die man weet wat hij wil, hij is *een man uit één stuk.*

stukje

(2) stukje bij beetje (siehe beetje bij beetje)

stukken

(3) ... dat de stukken eraf vliegen! (met veel enthousiasme en inzet) ▸ dass es nur so eine Art hat!

Die Middelnederlandse tekst over de leprozerieën gaan we nu vertalen *dat de stukken eraf vliegen!*

T

taal

(2) taal noch teken geven (helemaal niets van zich laten horen) ▸ kein Lebenszeichen von sich geben

☞ *Taal* steht hier für die gesprochene Sprache und *teken* (Schriftzeichen) für die schriftliche Sprache.

Sinds Jan drie jaar geleden naar Australië is vertrokken, *heeft hij taal noch teken gegeven.*

tabak

(3) ergens tabak van hebben (siehe zijn bekomst van iets hebben)

tafel

* iets *ter tafel* brengen ▸ etwas *aufs Tapet* bringen

Siehe auch **iets te berde brengen, iets aan de orde stellen**.

tand

* iemand *aan* de tand voelen ▸ jdm *auf* den Zahn fühlen

* de tand *des tijds* ▸ der Zahn *der Zeit*

☞ *Tijd* ist jetzt männlich, früher war *tijd* (wie jetzt im Deutschen) weiblich: Das sieht man an *indertijd*. Dagegen ist *tijd* in *destijds* männlich.

tanden

* *zijn* tanden laten zien ▸ *die* Zähne zeigen

Siehe auch **van zich afbijten, geen katje om zonder handschoenen aan te pakken, niet op z'n mondje gevallen zijn**.

* tot de tanden bewapend ▸ *bis* an die Zähne bewaffnet

* (even) *op* zijn tanden bijten ▸ *die* Zähne *zusammen*beißen

(3) ergens de tanden in zetten (vasthoudend zijn) ▸ an etwas richtig herangehen

De inspecteur heeft beloofd *de tanden te zetten in* de oplossing van die gruwelijke moord.

Siehe auch **zich uit de naad werken, werk van iets maken**.

tandje

(3) een tandje bijzetten/bijschakelen ▸ einen Zahn zulegen

☞ *Tandje* bezieht sich hier auf die Kettenschaltung des Fahrrads. Wieder die typische Verkleinerungsform!

Siehe auch **een schepje bovenop doen**.

tang

(1) een oude tang (een oude, lastige vrouw) ▸ eine alte Hexe

Je tante is een echte *oude tang*.

(3) dat slaat als een tang op een varken (er zit geen logica in wat je zegt) ▸ das passt wie die Faust aufs Auge

☞ *Tang* (Zange) und *varken* (Schwein) stehen in keinem logischen Verhältnis zueinander.

Eerst willen bezuinigen op cultuur en dan beweren dat de regering de cultuur wil bevorderen, *dat slaat als een tang op een varken.*

Siehe auch **dat snijdt geen hout, dat slaat nergens op, dat slaat als kut op dirk**.

teentjes (siehe auch tenen)

(3) gauw op de teentjes getrapt zijn (siehe gauw op de tenen getrapt zijn) | de teen = die Zehe

teerling

* *de teerling is geworpen* ▸ *die Würfel sind gefallen* / de teerling = der Würfel

tegen

(2) daar is niets op tegen (daar is geen bezwaar tegen) ▸ dagegen ist nichts einzuwenden

Dat je met ons mee wil gaan, *daar is niets op tegen.*

Siehe auch **daar is niets tegen in te brengen**.

tegenaan

(2) er flink/stevig tegenaan gaan (iets flink aanpakken; hard werken) ▸ sich ins Zeug legen

We zullen ons direct met die zaak bezighouden en *er flink tegenaan gaan.*

Siehe auch **zich uit de naad werken, ergens de tanden in zetten, ergens werk van maken**.

tegengas

(3) tegengas geven (argumenten tegen een plan van iemand naar voren brengen) ▸ etwas entgegenwirken

Ik dacht dat ik een mooi voorstel had ingediend, maar *de voorzitter heeft tegengas gegeven.*

Siehe auch **gas terugnemen**.

tegenop

(2) ergens tegenop zien (het moeilijk vinden om ergens aan te beginnen) ▸ einer Sache mit Schrecken entgegensehen

Ik weet dat het werk gedaan moet worden, maar *ik zie er toch tegenop.*

T

(2) ergens niet tegenop kunnen (niet met iets kunnen rivaliseren) ▸ nicht mithalten können
Het spel van mijn tegenstander was zo goed *dat ik er niet tegenop kon.*

Siehe auch **zich laten afdrogen, het tegen iemand (moeten) afleggen, voor de bijl gaan, aan het kortste eind trekken, het loodje leggen, het onderspit delven, geen partij voor iemand zijn, er niet aan te pas komen**.

tekeergaan

* tekeergaan als een bezetene ▸ toben wie ein *Wilder*/Besessener

(3) tekeergaan dat de honden er geen brood van lusten (siehe honden)
Siehe auch **op zijn achterste benen gaan staan, zich druk maken, des duivels zijn, gebeten zijn op iemand, door het lint gaan, een kort lontje hebben, op zijn achterste poten gaan staan, uit zijn slof schieten, uit zijn vel springen, vuur spuwen**.

teken

(2) een teken aan de wand (een ernstige waarschuwing) ▸ ein Menetekel
De jongste nederlaag tegen zo'n zwakke ploeg is *een teken aan de wand* voor ons elftal.

tekst

(1) tekst en uitleg geven (alles precies uitleggen) ▸ etwas genau erklären; Rede und Antwort stehen
☞ Gemeint ist: Der Text mit allen nötigen Erklärungen.
Ik wil *dat je me tekst en uitleg geeft* over wat er allemaal gebeurd is.

Siehe auch **iets uit de doeken doen**.

T

tellen (Substantiv)

(2) op zijn tellen passen (goed letten op wat men zegt of doet) ▸ sich in Acht nehmen
☞ Wörtlich: Aufpassen beim Zählen.
In een land als Saudi-Arabië moet je *op je tellen passen*; je mag niet zomaar zeggen wat je denkt.

tellen (Verb)

* hij kijkt of hij niet tot *tien* kan tellen ▸ er sieht aus, als könnte er nicht bis *drei* zählen

tenen (siehe auch teentjes)

(2) lange tenen hebben (zich snel beledigd voelen) ▸ leicht einschnappen
Pas op wat je tegen de directeur zegt, *die man heeft lange tenen.*

Siehe auch **gauw aangebrand zijn, zich op zijn pik getrapt voelen, gauw op de tenen/teentjes getrapt zijn, in zijn/de wiek geschoten zijn**.

(2) gauw op de tenen getrapt zijn (zich snel beledigd voelen) ▸ leicht einschnappen
Jan heeft geen gevoel voor humor en bovendien *is hij gauw op de tenen getrapt.*

Siehe auch **gauw aangebrand zijn, zich op zijn pik getrapt voelen, gauw op de teentjes getrapt zijn, lange tenen hebben, in zijn/de wiek geschoten zijn**.

(3) op zijn tenen lopen (iets maar net aankunnen) ▸ das Letzte aus sich herausholen
☞ Wer auf den Zehen läuft, wird dadurch etwas größer und kann dann nach etwas greifen, was er sonst nicht erreichen könnte.
Ik heb op mijn tenen moeten lopen om mijn diploma te behalen.

tent

* zich niet uit zijn *tent* laten lokken ▸ sich nicht aus seiner *Reserve heraus*locken lassen

terecht

(1) er komt niets van terecht (het lukt niet; het gebeurt niet; het loopt op niets uit) ▸ aus der Sache wird nichts
De regering heeft weer eens van alles beloofd en, je zult het zien, *er zal weer niets van terechtkomen.*

Siehe auch **de boot ingaan, op de klippen lopen, de mist in gaan, het schip ingaan**.

tering

(3) de tering naar de nering zetten (niet méér uitgeven dan je verdient) ▸ sich nach der Decke strecken
☞ Wörtlich: Seine Ausgaben (*de vertering*) in Einklang bringen mit den Einkünften (*de nering*)

T

Je hebt bijna geen inkomsten en dus kun je je ook geen nieuwe wagen permitteren: *je moet gewoon de tering naar de nering zetten!*

terug

(1) terug naar af (terug naar het punt waar je begonnen bent, weer van voren af aan moeten beginnen) ▸ zum Ausgangspunkt zurück

☞ Aus einem Gesellschaftsspiel: Wenn man eine bestimmte Karte zieht, muss man zurück zum ersten Spielfeld.

Zie je niet dat we de weg kwijt zijn? *We moeten terug naar af!*

(1) terug zijn van weggeweest (terug zijn van een vakantie of na een langere periode van afwezigheid) ▸ nach längerer Abwesenheit wieder da sein

Onze huisarts *is terug van weggeweest.*

(2) ergens niet van terug hebben (iets niet kunnen beantwoorden) ▸ auf etwas keine Antwort wissen

☞ Vielleicht aus einer Situation entstanden, bei der die Kassiererin nicht genug Wechselgeld hatte.

Jan had zulke doorslaggevende argumenten, *dat ik daar niet van terug had.*

Siehe auch **met de mond vol tanden staan**.

teugel

(3) iemand de vrije teugel laten (iemand zijn gang laten gaan, iemand carte blanche geven) ▸ jdm freie Hand lassen

☞ Wenn man dem Pferd die Zügel schießen lässt, kann es tun, was es will.

Het enige wat telt, is dat je het doel bereikt. Voor de rest *laat ik je de vrije teugel.*

T

teugels

* de teugels in *handen* nemen ▸ die Zügel in *die Hand* nehmen

* de teugels (strakker) *aanhalen*/aantrekken ▸ die Zügel *straffer* anziehen

(2) de teugels (laten) vieren (minder streng worden/optreden) ▸ die Zügel lockern

☞ Hier bedeutet *vieren* nicht ‚feiern', sondern ‚loslassen'.

Je kan niet altijd even streng zijn met je kinderen; je moet ook al eens *de teugels laten vieren.*

theewater

(3) (flink) boven zijn theewater zijn (siehe een stuk in zijn kraag hebben)

thuis

(2) niet thuis geven (niet reageren, niet ingaan op een vraag) ▸ nicht auf eine Frage eingehen

De journalisten stelden de president een heleboel vragen, maar *die gaf niet thuis.*

Siehe auch **doen alsof je neus bloedt**.

(2) iemand/iets niet thuis kunnen brengen (zich iemands naam niet herinneren / niet weten wat het is) ▸ sich nicht an jds Namen erinnern können / nicht wissen was etwas ist

Ik weet dat ik die man al eens gezien heb, maar *ik kan hem niet thuisbrengen.*

(2) ergens goed in thuis zijn (ergens veel van af weten) ▸ in einem Sachgebiet zu Hause sein

Jan weet niet veel af van wiskunde, maar *in de taalkunde is hij goed thuis.*

Siehe auch **dat is een kolfje naar zijn hand**.

tien

(3) een tien met een griffel (en een zoen van de juffrouw)! (heel erg goed gedaan!) ▸ eine Eins mit Sternchen!

☞ Als in der Schule noch mit Griffeln auf Schiefertafeln geschrieben wurde, bekamen die Schüler für eine gute Arbeit einen Griffel. Der Preis für das beste niederländische Kinderbuch heißt noch immer ‚De gouden griffel'. In den Niederlanden ist ‚Zehn' die beste Note, was der deutschen ‚Eins' entspricht.

Voor mijn opstel heb ik *een tien met een griffel* gekregen.

T

tij

(2) het tij is gekeerd (de situatie is veranderd) ▸ das Blatt hat sich gewendet | het tij = das Hochwasser

In Nederland is het tij gekeerd: de strijd tegen drugs is begonnen.

Siehe auch **de bakens verzetten, de bordjes zijn verhangen, de hekken zijn verhangen, de kaarten liggen nu anders**.

(3) het tij laten verlopen (de gelegenheid voorbij laten gaan) ▸ die Gelegenheit verpassen

☞ Wenn ein Schiff, das in den Hafen einlaufen will, die Flut verpasst, muss es bis zur nächsten Flut warten.

De regering *heeft het tij laten verlopen* om het begrotingstekort aan te pakken.

Siehe auch **de boot missen, voor open doel missen, achter de feiten aan lopen, de hond in de pot vinden, de kans is verkeken, achter het net vissen**.

tijd

(1) uit de tijd zijn (ouderwets of niet meer actueel zijn) ▸ nicht mehr zeitgemäß sein

Nu nog met een Rolls-Royce rijden *is uit de tijd.*

(1) zijn beste tijd gehad hebben (versleten, opgebrand zijn) ▸ ausgedient haben; jds beste Zeit ist vorbei

Je oude Jaguar *heeft zijn beste tijd gehad*!

(2) bij tijd en wijle (soms) ▸ ab und zu, gelegentlich, dann und wann

Bij tijd en wijle rook ik ook soms een dikke sigaar.

Siehe auch **nu en dan, bij vlagen**.

(3) bij de tijd zijn (slim, bijdehand zijn) ▸ nicht von gestern sein

Die man kun je niet makkelijk beetnemen, *die is bij de tijd.*

Siehe auch **bij de pinken zijn, zijn weetje wel weten**.

til

(2) op til zijn (op komst zijn, op het punt staan te gebeuren) ▸ bevorstehen, ins Haus stehen

☞ Früher bedeutete *tillen* auch ‚ankommen'. Jetzt bedeutet es ‚heben'.

Voor ons bedrijf zijn er moeilijke tijden *op til.*

tillen

(2) zwaar aan iets tillen (zich bezorgd over iets maken; iets een groot probleem vinden) ▸ etwas schwer nehmen

☞ *Tillen* bedeutet hier ‚heben'.

Ik til er zwaar aan dat mijn beste vriend me verraden heeft.

tipje

* een tip*je* van de sluier oplichten ▸ einen Zipfel des Schleiers lüften

tittel

(3) er tittel noch jota van begrijpen (siehe er geen bal van snappen)
☞ *Jota* ist der kleinste Buchstabe und hat daher hier die Bedeutung ‚nicht viel' oder ‚nichts'. *Tittel* ist das Tüpfelchen auf dem i.

tocht

(2) op de tocht staan (gevaar lopen, bedreigd worden [bijv. gezegd van een baan]) ▸ gefährdet sein
☞ Wörtlich: In der Zugluft stehen.
De voorzitter beweert dat ons hele plan *op de tocht staat.*

toe

* ergens niet *aan* toe komen ▸ nicht zu etwas kommen

(1) weten hoe het er aan toe gaat (weten wat er precies gebeurt) ▸ wissen, was los ist
De politie wil *weten hoe het er aan toe is gegaan.*

Siehe auch **weten waar Abraham de mosterd haalt, het fijne van iets weten, er haring of kuit van willen hebben, van de hoed en de rand weten, erg goed op de hoogte zijn, willen weten hoe de kaarten worden geschud, het naadje van de kous, weten hoe de vork in de steel zit**.

(1) er erg slecht/belabberd aan toe zijn (in slechte gezondheid verkeren) ▸ nicht bei bester Gesundheit sein
Ik voel me niet lekker en ik ben *er* ook over het algemeen *slecht aan toe.*

Siehe auch **het lelijk te pakken hebben**.

(1) ergens aan toe zijn (bijv. aan vakantie, koffie, een nieuwe auto …) (behoefte hebben aan) ▸ etwas brauchen
Ik heb zo lang gewerkt *dat ik nu echt aan vakantie toe ben.*

(2) dat is nog tot daaraan toe! (dat is nog niet zo héél erg!) ▸ das ist noch nicht so schlimm!
Dat hij soms te laat komt, *dat is nog tot daaraan toe*, maar dat hij nu ook nog onbeleefd wordt, dat vind ik erg.

T

toeren

(2) over zijn toeren zijn (totaal overspannen zijn) ▸ durchgedreht sein

☞ Man denkt an einen Motor, der zu schnell dreht.

Als je voortdurend *over je toeren bent*, zal je na verloop van tijd ernstig ziek worden.

Siehe auch **het heen en weer krijgen, in alle staten zijn, een en al zenuwen zijn, één brok zenuwen zijn, op zijn van de zenuwen**.

toeters

(3) met veel toeters en bellen (met veel overbodige snufjes; met veel ophef) ▸ mit viel Trallala

☞ Wörtlich: Mit vielen Tuten und Schellen, wie bei gewissen Karussells.

Die vele toeters en bellen in een nieuwe auto moet je natuurlijk betalen.

toets

(3) de toets der kritiek kunnen doorstaan (deugdelijk blijken, tegen kritiek bestand zijn) ▸ vor der Kritik bestehen

☞ Diese Redewendung bezieht sich auf den *toetssteen* (Probierstein), mit dem der Goldgehalt von Legierungen bestimmt wurde.

De nieuwe roman van die auteur *zal de toets der kritiek niet kunnen doorstaan.*

tong

(3) niet het achterste van zijn tong laten zijn (niet alles vertellen wat men weet) ▸ kein Wort zu viel sagen, sich keine Blöße geben

☞ Gemeint ist: Was sich hinten auf der Zunge befindet, sieht man nicht.

Je moet niet denken dat Jan je alles verteld heeft. *Die laat nooit het achterste van zijn tong zien.*

(3) iemand over de tong laten gaan (kwaad over iemand spreken) ▸ jdn durch den Kakao ziehen

Ik ga niet naar de vergadering, want daar laat iedereen de anderen toch maar *over te tong gaan.*

Siehe auch **iemands doopceel lichten**.

tongriem

(3) goed van de tongriem gesneden zijn (welbespraakt zijn) ▸ zungenfertig sein | Tongriem = Zungenband

☞ Als ob der Riemen von einem Stück Leder geschnitten worden wäre.

Als politicus moet je *goed van de tongriem gesneden zijn.*

Siehe auch **van zich afbijten, goed gebekt zijn, niet op zijn mondje gevallen zijn, van zich af spreken**.

toon

* uit de *toon* vallen ▸ aus dem *Rahmen* fallen

(3) een andere toon aanslaan (siehe een toontje lager zingen)

toontje

(2) een toontje lager zingen (zich bescheidener opstellen) ▸ kleinlaut werden

☞ *Lager* (tiefer) steht hier für ‚leiser'.

Als je met de directeur praat, moet je wel *een toontje lager zingen.*

Siehe auch **zoete broodjes bakken, een andere toon aanslaan, uit een ander vaatje tappen**.

top

* iemand van *top tot teen* bekijken ▸ sich jdn vom *Scheitel bis zur Sohle* ansehen

☞ *Top* steht hier für ‚Kopf'.

topje

* het *topje* van de ijsberg ▸ die *Spitze* des Eisbergs

☞ Wieder die typische Verkleinerungsform!

T

toren

(3) hoog van de toren blazen (brutaal zijn tegen iemand, uit arrogantie hoge eisen stellen) ▸ große Bogen spucken

De nieuwe minister *heeft wel hoog van de toren geblazen*, maar hij zal zijn beloftes niet waar kunnen maken.

Siehe auch **een hoge borst opzetten, een grote broek aantrekken, veel kouwe drukte maken, de gebraden haan uithangen, de grote Jan uithangen, een grote mond opzetten tegen iemand,**

iemand een grote mond geven, heel wat noten op zijn zang hebben.

tornen

(3) daar valt niet aan te tornen (men kan er niets aan doen) ▸ daran kann nicht gerüttelt werden | tornen = eine Naht auftrennen
We moeten het werk afmaken, *daar valt niet aan te tornen.*

Siehe auch **er zit niets anders op**.

tot en met

(3) **boeiend, gierig ... tot en met** (heel, erg boeiend, gierig ...) ▸ äußerst spannend, geizig ...
☞ Gemeint ist: Bis ... und ... einbegriffen, alle Elemente einer Aufzählung.
De lezing van die grote geleerde was *boeiend tot en met.*

touw

(2) iets op touw zetten (iets organiseren) ▸ etwas veranstalten, organisieren
☞ Mit *touw* ist *weefgetouw* (Webstuhl) gemeint, also wörtlich: Etwas auf den Webstuhl spannen.
Ik weet niet of we dit jaar nog tijd hebben om de tentoonstelling *op touw te zetten.*

Siehe auch **iets op poten zetten**.

(2) in touw zijn (druk aan het werk zijn) ▸ beschäftigt sein
☞ Wörtlich: Damit beschäftigt sein, ein Schiff zu treideln.
De monteur is de hele nacht *in touw geweest* om de motor te repareren.

Siehe auch **in de weer zijn**.

T

(2) ergens geen touw aan kunnen vastknopen (er niets van begrijpen) ▸ aus etwas nicht klug werden
☞ Ursprünglich bedeutete diese Redewendung: Nicht im Stande sein, ein Schiff zu vertäuen.
Wat je me daar vertelt, *daar kan ik geen touw aan vastknopen.*

Siehe auch **er geen bal van begrijpen, geen biet, geen hout, geen sikkepit, geen snars, tittel noch jota, geen zier**.

touwtjes

(2) de touwtjes in handen hebben (siehe *het voor het zeggen hebben*)
☞ Dies bezog sich zuerst auf den Puppenspieler.

(2) aan de touwtjes trekken (degene zijn die alles regelt en bestuurt) ▸ am Hebel sitzen
☞ Für die Erklärung, siehe oben.
De ministers denken altijd, ten onrechte, dat zij het zijn *die aan de touwtjes trekken.*

Siehe auch **ergens de hand in hebben, een stem in het kapittel hebben, in talrijke potjes roeren, een vinger in de pap hebben**.

tranen

(2) tranen met tuiten huilen (hevig huilen) ▸ dicke Tränen weinen
☞ *De tuit* ist die Tülle, der Schnabel. Gemeint ist hier, dass die Tränen so lang sind wie die Tülle einer Kaffeekanne.
Ons dochtertje is haar pop kwijt. Nu zit ze daar *tranen met tuiten te huilen.*

trappen

(1) erin trappen (zich laten beetnemen; denken dat iets waar is, terwijl dat niet zo is) ▸ hereinfallen | trappen = treten
☞ Man kann hier an das Treten in einen Kuhfladen oder in Hundekacke denken.
Dat verhaal, *daar trap ik niet in.*

Siehe auch **erin stinken, erin vliegen**.

tred

* *gelijke* tred *met iets* houden ▸ Schritt halten

trek

(1) in trek zijn (erg gewild zijn, in de mode zijn) ▸ gefragt, beliebt sein
Spijkerbroeken zijn al decennia lang *in trek.*

Siehe auch **gretig aftrek vinden, als warme broodjes over de toonbank gaan, grif van de hand gaan, het loopt als een trein, goed in de markt liggen, opgang maken, opgeld doen, in zwang zijn**.

trekken (Substantiv)

(3) (niet) aan zijn trekken komen (zijn deel [niet] krijgen) ▸ (nicht) zu seinem Recht kommen

☞ Diese Redewendung bezog sich zuerst auf das Kartenspiel und bedeutete ‚(nicht) zum Zuge kommen'.

‚Wat de verdeling van de buit betreft, *ben ik niet aan mijn trekken gekomen*', meende een lid van de bende.

trekschuit

(3) met de trekschuit komen (siehe met de nachtschuit komen) | *de trekschuit* = die Treckschute

☞ Da sie ja von Hand gezogen werden musste, war sie langsamer.

trom

(3) met de stille trom vertrekken (stilletjes, ongemerkt) ▸ in aller Stille verschwinden

☞ Nach einer Niederlage zogen die Soldaten sich ohne Trommelschlag zurück.

Na dit financieel schandaal is de minister *met de stille trom vertrokken.*

Siehe auch **het anker lichten, de benen nemen, zijn benen onder de arm nemen, zijn biezen pakken, ervandoor gaan, het hazenpad kiezen, de/zijn hielen lichten, ertussenuit knijpen, de kuierlatten nemen, op de loop gaan, zijn matten oprollen, met de muziek mee zijn, met de noorderzon vertrekken, ertussenuit pijpen, de plaat poetsen, 'm smeren, er de sokken in zetten, zich uit de voeten maken, de wijk nemen**.

tuig

T

(3) tuig van de richel (gepeupel, uitschot, mensen van laag allooi) ▸ Pack, Gesindel

☞ *De richel* war eine Art Bank, hoch oben in einem Theater, wo sich die billigsten Plätze befanden. *Het tuig* ist abgeleitet von *werktuig*. Im Deutschen hat *Zeug* auch manchmal eine negative Bedeutung, z. B. in ‚das Zeug stinkt'.

Hoe kun je nu zo iemand als vriend hebben? Dat is toch *tuig van de richel*!

Siehe auch **Jan Rap en zijn maat**.

tuin

(1) iemand om de tuin leiden (iemand beetnemen, bedriegen) ▸ jdn hinters Licht führen

☞ *De tuin* bedeutet hier nicht ‚der Garten', sondern ‚der Zaun'.

Hij heeft geprobeerd me *om de tuin te leiden*, maar ik had zijn plan doorzien.

Siehe auch **iemand iets diets maken, iemand op een dwaalspoor brengen, iemand te grazen nemen, iemand knollen voor citroenen verkopen, iemand iets op de mouw spelden, iemand een rad voor (de) ogen draaien**.

U

u

(1) dat is iets om u tegen te zeggen (daar moet men ontzag voor hebben, daarvan ben ik onder de indruk) ▸ etwas, das Respekt einflößt

De nieuwe roman van Uli Zeh is *iets om u tegen te zeggen*.

Siehe auch **voor iets de hoed afnemen**.

uiltje

(3) een uiltje knappen (siehe *een dutje doen*)

 Früher bedeutete diese Redewendung: Einen Nachtfalter (*uiltje*) fangen (*knappen*). Später: So tun, als ob man weggehen würde, um einen Nachtfalter zu fangen, aber in Wirklichkeit, um sich etwas hinzulegen. Man kann auch an das Fangen einer jungen Eule denken, die als Nachttier ja tagsüber schläft.

uit

(3) ergens niet over uit kunnen (ergens heel verbaasd over zijn) ▸ über etwas verblüfft sein

Ik kan er gewoon niet over uit dat Jan zo tegen de directeur heeft durven spreken.

Siehe auch **daar zakt me de broek van af, daar word ik niet goed van, staan te kijken of men het in Keulen hoorde donderen, daar krijg ik een punthoofd van**.

uitbrander

(3) een uitbrander krijgen/geven (siehe op het matje geroepen worden/iemand de huid vol schelden)
☞ *Uitbrander* ist abgeleitet von *uitbranden* (ausbrennen). Gemeint ist: Durch brennen heilen, zuerst von Wunden gesagt, dann auch im übertragenen Sinn ‚moralisch gereinigt werden'.

(3) iets uit-en-ter-na kennen (iets grondig kennen) ▸ etwas gründlich kennen
☞ Wörtlich: Bis zum Schluss und noch darüber hinaus.
Je hoeft niet bang te zijn dat hij zijn taak niet aankan, hij kent zijn vak *uit-en-ter-na.*

Siehe auch **op zijn duimpje, tot in de puntjes**.

uitgeteld (siehe auch uittellen)

(2) uitgeteld zijn (doodmoe zijn) ▸ erschöpft sein
☞ Diese Redewendung kommt aus dem Boxsport: Wenn der Schiedsrichter bis zehn gezählt hat, ist der am Boden Liegende *uitgeteld* und also k.o.
Ik kon geen meter meer lopen, *ik was helemaal uitgeteld.*

Siehe auch **bekaf zijn, op zijn laatste benen lopen, de man met de hamer, voor pampus liggen**.

uithangen

(2) de onnozele, de leuke jongen ... uithangen (als een onnozele, leuke jongen ... willen overkomen) ▸ den Unschuldigen, den netten Jungen ... spielen

Waarom moet je toch altijd *de onnozele uithangen*!

Siehe auch *de grote Jan uithangen.*

U

uitkomen

(2) goedkoper/duurder uitkomen (ten slotte goedkoper/duurder zijn) ▸ letztendlich billiger/teurer sein, als erwartet
Als we altijd de goedkoopste materialen willen nemen, zal ons dat ten slotte *veel duurder uitkomen.*

uitmaken

(1) het maakt niet(s) uit (dat is niet erg) ▸ das ist egal

Jan zegt dat hij niet kan komen, maar *dat maakt niet uit.*

Siehe auch **dat geeft niet**.

(3) iemand uitmaken voor alles wat (mooi en) lelijk is (iemand enorm uitschelden) ▸ jdn zur Schnecke machen

Omdat de arbeiders geprotesteerd hadden, *maakte de directeur ze uit voor alles wat mooi en lelijk was.*

Siehe auch **iemand de huid vol schelden, iemand uitmaken voor honderd en tien, iemand voor rotte vis uitmaken/uitschelden, iemand een uitbrander geven**.

(3) iemand uitmaken voor honderd en tien (siehe die vorige Redewendung)

☞ Die Etymologie ist nicht bekannt.

uittellen (siehe auch uitgeteld)

(3) tel uit je winst! (dat zal je heel wat opleveren, dat heeft je heel wat opgeleverd) ▸ das rentiert sich! das hat sich rentiert!

Jan heeft dat huis voor drie ton gekocht en drie maanden later voor vijf ton weer verkocht, *tel uit je winst!*

V

vaandel

(2) iets hoog in het vaandel voeren/hebben staan (iets erg belangrijk vinden, er veel belang aan hechten) ▸ etwas hochhalten

Onze partij *voert vrijheid van meningsuiting hoog in het vaandel.*

vaart

(2) ergens vaart achter zetten (ergens haast mee maken) ▸ Druck hinter etwas machen

☞ Aus der Seemannssprache. Die ursprüngliche Bedeutung war: Ein langsames Schiff schneller segeln lassen.

Als we voor vanavond met ons werk klaar willen zijn, moeten we er *vaart achter zetten.*

(2) zo'n vaart zal het niet lopen! (dat zal wel meevallen!) ▸ so schlimm wird es schon nicht werden!
☞ *Lopen* bedeutet hier ‚segeln'.
De gevangenis zal Jan wel niet in moeten, *zo'n vaart zal het niet lopen!*

vaatje

(3) uit een ander vaatje tappen (beleefder gaan spreken; iemand anders gaan behandelen) ▸ kleinlaut werden; andere Saiten aufziehen
☞ Wörtlich: Aus einem anderen Fass schöpfen.
Toen ik hem zei dat zijn toekomst in ons bedrijf in gevaar was, begon hij opeens *uit een ander vaatje te tappen.*

Siehe auch **zoete broodjes bakken, een andere toon aanslaan, een toontje lager zingen**.

vallen

(2) met vallen en opstaan (ondanks veel tegenslagen toch vooruitgang boeken) ▸ mit viel Rückschlägen
☞ Man denkt an ein Kind, das mehrmals hinfällt, ehe es richtig laufen kann.
Het is ons ten slotte gelukt, maar *met veel vallen en opstaan.*

valreep

(2) op de valreep (nog net op het laatste moment, net voor het einde) ▸ kurz vor Torschluss
☞ Aus der Seemannssprache: *De valreep* = das Fallreep
Net voor het proces zou beginnen, kwam de advocaat van de beschuldigde *op de valreep* met een nieuwe getuige.

Siehe auch **een dubbeltje op zijn kant, het scheelde maar een haar/een haartje, met de hakken over de sloot, kantje boord, op het nippertje, door het oog van de naald gekropen, op het randje**.

(3) een glaasje op de valreep (een afscheidsdronk) ▸ ein Gläschen zum Abschied, ein Absacker.
Nog een glaasje *op de valreep*?

V

van

(3) een klap/lawaai ... van heb ik jou daar (een geweldige klap/lawaai ...) ▸ ein gewaltiger Schlag, ein Höllenlärm
☞ Gemeint ist: Jetzt habe ich dich (damit) erwischt!
Ik werd na het feest wakker met *een kater van heb ik jou daar.*

varkentje

(2) we zullen dat varkentje wel wassen! (we zullen die moeilijke zaak wel even oplossen!) ▸ wir werden die Sache schon schaukeln!
☞ Nachdem das Schwein getötet worden ist, wird es mit heißem Wasser gewaschen, was eine ziemlich harte Arbeit ist. Auch hier wieder die typische Verkleinerungsform!
Maak je geen zorgen, *we zullen dat varkentje wel wassen!*

* vast en zeker ▸ ganz sicher
Siehe auch **wis en waarachtig**.

vat

(2) geen vat op iemand krijgen (geen invloed op iemand hebben, geen macht over iemand krijgen) ▸ jdm nicht beikommen können
☞ *Vat* hat hier nichts mit einem Fass zu tun; es ist abgeleitet von dem Verb *vatten*, fassen.
Ik zeg hem elke dag dat hij op tijd moet komen, maar *ik krijg geen vat op hem.*

vechten

(2) dat is vechten tegen de bierkaai (dat is een hopeloze strijd) ▸ das ist ein aussichtsloser Kampf
☞ Die Bewohner des Bierkade in Amsterdam waren sehr kampflustig. Man legte sich also nicht gern mit ihnen an.
Iets tegen de corruptie in ons land willen doen, *dat is vechten tegen de bierkaai.*

(2) tegen elkaar vechten als kemphanen (fanatiek vechten) ▸ verbissen kämpfen | Kemphanen = Kampfhähne
Regering en oppositie *vechten tegen elkaar als kemphanen.*

veeg

(2) een veeg uit de pan krijgen (een scherp verwijt krijgen) ▸ einen Rüffel bekommen
☞ Zuerst hatte diese Redewendung eine positive Bedeutung: Etwas Leckeres aus der Pfanne bekommen. Vielleicht hat das *veeg* in *oorveeg* (Ohrfeige) zur negativen Bedeutung beigetragen.
Toen ik de voorzitter zei dat ik met zijn plan niet akkoord kon gaan, *heb ik een veeg uit de pan gekregen.*

Siehe auch **op zijn donder krijgen, op z'n duvel krijgen, ervanlangs krijgen, op het matje geroepen worden, een**

uitbrander krijgen, de wind van voren krijgen, dan zwaait er wat voor je.

veilig

(1) veilig en wel (helemaal veilig) ▸ wohlbehalten
☞ *Veilig* und *wel* sind hier Synonyme.
We zijn *veilig en wel* op onze vakantiebestemming aangekomen.

vel

* vel *over* been zijn ▸ *nur noch* Haut *und* Knochen sein

* uit zijn vel springen ▸ aus *der* Haut *fahren*
Siehe auch **op zijn achterste benen gaan staan, zich druk maken, de duivel in hebben, des duivels zijn, gebeten zijn op iemand, tekeergaan dat de honden er geen brood van lusten, door het lint gaan, een kort lontje hebben, op zijn achterste poten gaan staan, uit zijn slof schieten, tekeergaan als een bezetene, vuur spuwen.**

* iemand het vel over de oren *halen* ▸ jdm das Fell über die Ohren *ziehen*

veld

* *veld* winnen ▸ *Boden* gewinnen

velden

(3) in geen velden of wegen te bekennen (nergens te vinden) ▸ weit und breit nicht zu finden
Een oplossing voor ons probleem *is in geen velden of wegen te bekennen.*

ver

* het ver *schoppen*/brengen ▸ es weit bringen
☞ *Schoppen* bedeutet hier ‚befördern'.

V

verdomhoekje

(3) in het verdomhoekje zitten (altijd de klappen of de schuld krijgen) ▸ immer die Schuld von allem kriegen
☞ Zuerst sagte man *in het verdomboekje* (= das Totenregister der guten und der schlechten Taten) *staan.* Später kam es zu einer Kontamination mit *in het hoekje staan/zitten* = in der Ecke stehen.

In het middelbaar onderwijs *zit de* grammatica nog steeds *in het verdomhoekje.*

Siehe auch **het haasje zijn, in het hoekje zitten waar de klappen vallen, de gebeten hond zijn, het kind van de rekening zijn, de klos zijn, de kop van jut zijn, het moeten ontgelden, met de gebakken peren (blijven) zitten, de kwaaie pier zijn, de pineut zijn, het pispaaltje, de sigaar zijn**.

verf

(2) niet uit de verf komen (het positief aspect van iets blijkt niet duidelijk) ▸ nicht zur Geltung kommen

☞ Aus der Malersprache.

Ik vrees dat mijn goede bedoelingen niet *uit de verf gekomen zijn.*

vergeven

(3) van iets (schadelijks) vergeven zijn (vol zijn van iets) ▸ von etwas wimmeln

☞ Eine der Bedeutungen von *vergeven* ist ‚vergiftet'.

Het is dit jaar *vergeven van* de wespen.

verhaal

(1) om een lang verhaal kort te maken ... (kort gezegd ...) ▸ langer Rede kurzer Sinn ...

Ik zou je nu van alles kunnen vertellen, maar *om een lang verhaal kort te maken*, ik kan niet komen.

(2) op (zijn) verhaal komen (op adem komen) ▸ zu Atem kommen

☞ *Verhaal* bedeutet hier nicht ‚Erzählung', sondern ‚das wieder zu Kräften kommen'.

Na deze enorme inspanning moet je me even *op mijn verhaal laten komen.*

verkeren

(1) het kan verkeren! (commentaar dat men geeft als iets volkomen anders is gelopen dan verwacht) ▸ das Glücksrad kann sich drehen

☞ Ein berühmtes Wort des niederländischen Dichters Bredero (16.–17. Jh.)

Ik dacht dat we samen gelukkig waren en opeens is mijn vrouw weg! *Het kan verkeren!*

verkijken

(2) zich op iemand/iets verkijken (iemand/iets verkeerd inschatten) ▸ sich verschätzen
☞ Gemeint ist: Jdn/etwas verkehrt sehen.
Ik dacht dat Jan een eerlijke jongen was, maar nu moet ik constateren *dat ik me helemaal op hem verkeken heb.*

verkopen

* verkopen als warme *broodjes* ▸ *weggehen* wie warme *Semmeln*
Siehe auch **gretig aftrek vinden, als warme broodjes over de toonbank gaan, goed in de markt liggen, grif van de hand gaan, lopen als een trein**.

(2) iemand een dreun / een klap verkopen (iemand een dreun / een klap geven) ▸ jdm einen Schlag versetzen
☞ *Verkopen* bedeutet hier *geven*; *de klap* = der Schlag; *de dreun* ist abgeleitet von *dreunen*, wie das deutsche ‚dröhnen', ein Klangwort.
Hij wou me een dreun verkopen, maar ik had hem zien komen en kon nog net wegduiken.

Siehe auch **iemand bont en blauw slaan, iemand op zijn broek geven, iemand ervanlangs geven, iemand op zijn flikker geven, iemand onder handen nemen, iemand alle hoeken van de kamer laten zien, iemand van jetje geven, iemand van katoen geven, iemand een opdoffer geven, iemand een opdonder geven, iemand rauw lusten, iemand een pak slaag geven, iemand naar de strot vliegen**.

(3) iemand kunnen verkopen, terwijl hij erbij staat (siehe iemand te slim af zijn)

vers

(3) of het ook echt gebeurd is, is vers twee (dat is nog lang niet zeker) ▸ ob dem auch wirklich so ist, steht auf einem anderen Blatt
Voor de verkiezingen heeft de regering veel beloofd, maar *of het ook echt gebeurt, is vers twee.*

V

verschiet

(3) in het verschiet liggen (verwacht mogen worden, aangekondigd zijn) ▸ bevorstehen, in Aussicht haben

☞ *Het verschiet* ist die Perspektive, der Horizont.

Als het geld minder waard wordt, *ligt een verhoging van de goudprijs in het verschiet.*

verstand

(2) iemand iets aan het/zijn verstand brengen (iemand iets duidelijk maken) ▸ jdm etwas klarmachen

Ik heb geprobeerd hem *aan zijn verstand te brengen* dat het zo niet meer verder kan.

Siehe auch **iemand iets diets maken**.

(3) niet goed bij zijn verstand zijn (siehe *niet goed wijs zijn*)

(3) verstand op nul, blik op oneindig (gezegd als iemand bij saai of vervelend werk dit doet zonder zijn hersens te gebruiken) ▸ sagt man, wenn jd etwas automatisch tut, ohne nachzudenken

De meeste arbeiders die aan de lopende band staan, doen hun werk *met hun verstand op nul en de blik op oneindig.*

verstek

(2) verstek laten gaan (niet komen opdagen) ▸ nicht erscheinen, sich nicht blicken lassen

☞ Aus dem veralteten *versteken*, nicht mit der Bedeutung ‚verstecken', sondern ‚berauben'. Daher *verstoken zijn van iets* (etwas entbehren müssen) und dann, als juristischer Begriff, jdm ein Recht wegnehmen. Man kan auch *bij verstek veroordeeld worden* (in Abwesenheit), weil man nicht vor Gericht erschienen ist.

De minister had beloofd de oppositie te woord te staan, maar *hij heeft verstek laten gaan.*

Siehe auch **het laten afweten**.

V

* verte

in de *verste verte* niet ▸ nicht im *Entferntesten*

vertellen

(2) je kunt me nog meer vertellen! (daar geloof ik niets van!) ▸ das kannst du deiner Großmutter erzählen!

Toen de pastoor weer over de hemel begon, dacht ik bij mezelf *‚je kunt me nog meer vertellen!'*

Siehe auch **ik geloof het wel, maak dat de kat wijs, dat dank je de koekoek, zo lust ik er nog wel eentje**.

vertikken

(2) het vertikken iets te doen (iets beslist niet willen doen) ▸ nicht dran denken, etwas zu tun | vertikken = sich weigern

Deze nieuwslezer *vertikt het* gewoon de Engelse namen correct uit te spreken.

vervaard

(3) voor geen kleintje vervaard zijn (veel durven, moedig zijn, niet gauw bang zijn) ▸ nicht schnell Angst haben, sich nicht einschüchtern lassen | vervaard = ängstlich

Je hoeft je geen zorgen te maken, die jongen is *voor geen kleintje vervaard.*

Siehe auch **zijn mannetje staan, hij staat voor niets, geen zee gaat hem te hoog**.

verzeild

(2) ergens verzeild geraken (ergens toevallig terechtkomen) ▸ irgendwo landen, irgendwohin verschlagen werden

☞ Aus der Seemannssprache : Vom Kurs abgekommen sein und irgendwo gelandet sein, wo man eigentlich nicht hin wollte. *Het zeil* = das Segel.

Ik vraag me af hoe Jan in dat dorp *verzeild is geraakt.*

vestzak

V

(3) dat is vestzak-broekzak (iets met de ene hand geven en het met de andere hand terugnemen) ▸ das wandert in die eigenen Tasche zurück | de vestzak = die Westentasche; de broekzak = die Hosentasche

Aan de ene kant steunt de regering de middenstand, aan de andere wil ze de belastingen verhogen, *dat is broekzak-vestzak.*

vet

* iemand in *zijn eigen vet* gaar laten koken ▸ jdn schmoren lassen
Siehe auch **iemand in zijn eigen sop gaar laten koken**.

(3) iemand zijn vet geven (iemand flink de waarheid zeggen) ▸ jdm sein Teil geben
☞ Dies ist die aktive Form der deutschen passiven Redewendung ‚sein Fett abbekommen/abkriegen'.
Dit is nu al de derde keer dat hij te laat komt, we moeten *die jongen eens zijn vet geven.*

Siehe auch **iemand ervanlangs geven, iemand onder handen nemen, iemand een kat geven, iemand de volle laag geven, iemand de les lezen, iemand de mantel uitvegen, iemand op zijn nummer zetten, iemand de oren wassen, iemand de pin op de neus zetten, iemand op zijn plaats zetten, iemand een standje geven, iemand op de vingers tikken, iemand de wacht aanzeggen**.

vies

(2) ergens (geld, macht ...) niet vies van zijn (er nogal van houden, er plezier aan beleven) ▸ etwas nicht gerade verachten
☞ *Vies* bedeutet hier ‚wählerisch', wie in dem Sprichwort *Vieze varkens worden niet vet.*
Jan heeft altijd gezegd dat hij nooit minister wilde worden, maar nu blijkt *dat hij er toch niet vies van is.*

vijven

(3) na veel vijven en zessen (na allerlei langdurige aarzelingen en bedenkingen) ▸ nach langem Hin und Her
☞ Diese Redewendung lautete früher *na veel vieren en vijven* und bedeutete ‚nach langem Fluchen', wobei *vieren*, abgeleitet von *vuur*, sich auf das göttliche Feuer, den Blitz, bezog und *vijven* auf die fünf Wunden Christi.
Na veel vijven en zessen heeft de oppositie besloten het wetsvoorstel van de regering goed te keuren.

Siehe auch **na veel loven en bieden, na veel passen en meten, na veel plussen en minnen, na veel wikken en wegen**.

vin

(2) geen vin verroeren (doodstil zitten/staan, helemaal niet bewegen) ▸ sich mäuschenstill verhalten | de vin = die Flosse

We moesten stil blijven zitten en mochten *geen vin verroeren.*

Siehe auch **geen kik geven**.

vinden

(2) zich in iets kunnen vinden (iets kunnen aanvaarden) ▸ mit etwas einverstanden sein

In het voorstel van de regering *kan de oppositie zich vinden.*

(2) ergens (niet) voor te vinden zijn (het [niet] leuk vinden om eraan mee te doen) ▸ für etwas (nicht) zu haben sein

Voor zo'n dom plan *ben ik niet te vinden*!

Siehe auch **(geen) oren naar iets hebben, ergens (niet) veel voor voelen**.

(2) ik zal er wel iets op vinden! (ik zal er wel een oplossing voor bedenken) ▸ ich werde schon eine Lösung finden!

Maak je geen zorgen, *we zullen er wel iets op vinden!*

(3) het goed met iemand kunnen vinden (siehe goed met iemand kunnen opschieten)

vinger

* *een* vinger in de *pap* hebben ▸ *die* Finger im *Spiel* haben | de pap = der Brei

☞ Siehe auch das englische *to have a finger in someone's pie.*

Siehe auch **ergens de hand in hebben, in talrijke potjes roeren, een stem in het kapittel hebben, aan de touwtjes trekken**.

* geen vinger voor iemand *uitsteken* ▸ keinen Finger für jdn *krumm machen.*

Siehe auch **geen hand uitsteken, met de handen over elkaar, geen klap uitvoeren, op zijn krent zitten, uit zijn neus eten, geen poot uitsteken, geen steek uitvoeren, vliegen vangen**.

V

* als je hem een vinger *geeft*, neemt hij de hele hand ▸ wenn man ihm den *kleinen* Finger reicht, nimmt er *gleich* die ganze Hand

* de vinger op de *zere plek* leggen ▸ den Finger auf *die Wunde* legen | zeer = schmerzhaft

* iemand om de / zijn vinger winden ▸ jdn um den (*kleinen*) Finger wickeln

(2) de vinger aan de pols houden (de ontwikkeling precies volgen, nauwkeurig op iets letten) ▸ etwas im Auge behalten

We moeten die zaak goed in het oog houden en voortdurend *de vinger aan de pols houden.*

(3) met een natte vinger te lijmen zijn (erg gemakkelijk over te halen zijn om iets te doen) ▸ sich leicht zu etwas überreden lassen

☞ Man kann also jdn sogar ohne Leim leimen, man braucht nur einen nassen Finger.

Die man is helemaal niet intelligent, *die is met een natte vinger te lijmen.*

(3) iets met de / een natte vinger doen (iets doen zonder er grondig over na te denken) ▸ etwas übers Knie brechen

☞ Man streckt manchmal einen nassen Finger in die Luft, um zu sehen, woher der Wind kommt.

De conclusies van de werkgroep zijn gebaseerd op *de natte vinger* en niet op serieus wetenschappelijk onderzoek.

Siehe auch **met de pet naar iets gooien**.

vingers

* iemand op de vingers *tikken* ▸ jdm auf die Finger *klopfen.*

Siehe auch **iemand ervanlangs geven, iemand onder handen nemen, iemand een kat geven, iemand de volle laag geven, iemand de les lezen, iemand de mantel uitvegen, iemand op zijn nummer zetten, iemand de oren wassen, iemand de pin op de neus zetten, iemand op zijn plaats zetten, iemand een standje geven, iemand zijn vet geven, iemand de wacht aanzeggen**.

(2) iets in de vingers hebben (iets goed kunnen) ▸ etwas meistern

Deze violist *heeft dat moeilijke concerto in de vingers.*

(2) zich (lelijk) in de vingers snijden (zichzelf schade berokkenen) ▸ sich die Finger verbrennen

Met deze kritiek op de voorzitter *heb je je lelijk in de vingers gesneden.*

vinkentouw

(3) op het vinkentouw zitten (ongeduldig op iets zitten te wachten; klaar zitten om toe te kunnen slaan) ▸ auf der Lauer liegen

☞ Gemeint ist: Bereit sein, die Schnur zu ziehen, mit der man das Netz mit den gefangenen Finken zuziehen kann.

Facebook *zit op het vinkentouw* om een belangrijke concurrent over te nemen.

vis

(2) iemand voor rotte vis uitmaken/uitschelden (iemand enorm uitschelden) ▸ jdn zur Sau machen | rot = faul

Al ben je mijn chef, ik laat me niet *voor rotte vis uitmaken.*

Siehe auch **iemand onder handen nemen, iemand de huid vol schelden, iemand een kat geven, iemand de volle laag geven, iemand de les lezen, iemand de mantel uitvegen, iemand op zijn nummer zetten, iemand te pakken nemen, iemand een standje geven, iemand een uitbrander geven, iemand uitmaken voor alles wat mooi en lelijk is, iemand uitmaken voor honderd en tien, iemand op de vingers tikken, iemand de wacht aanzeggen**.

vlag

* de vlag *uitsteken* ▸ die Fahne *hissen/aushängen*

* met *vlag* en *wimpel* slagen ▸ mit *Glanz* und *Gloria* bestehen

(2) de vlag dekt de lading niet (de inhoud komt niet overeen met de beschrijving) ▸ der Name deckt die Sache nicht

Zijn jongste roman was als een thriller aangekondigd, maar *de vlag dekt de lading niet.*

(3) dat staat als een vlag op een modderschuit! (die versiering past niet bij de rest) ▸ das passt wie die Faust aufs Auge! | *de modderschuit* = die Baggerschute

Een mooi vest op een spijkerbroek, *dat staat als een vlag op een modderschuit!*

Siehe auch **dat is als een draaiorgel op een uitvaart, dat is geen gezicht**.

V

vlagen

(3) bij vlagen (siehe *nu en dan*) | de vlaag = der Windstoß

vlak

* op een *hellend* vlak raken ▸ auf die *schiefe* Ebene kommen | hellend = schräg abfallend

vlakte

(3) zich op de vlakte houden (niet duidelijk zijn mening willen geven) ▸ mit seiner Meinung zurückhalten | *de vlakte* = die Ebene
☞ Gemeint ist: Auf der Ebene bleiben, um nicht gesehen zu werden.
Wat een mogelijke coalitie aangaat, *houdt onze partij zich nog wat op de vlakte.*

(3) tegen de vlakte gaan (1.[van gebouwen] afgebroken worden; 2. [van personen] tegen de grond gaan) ▸ 1. dem Erdboden gleich gemacht werden; 2. niedergeschlagen werden
1. In de oorlog is bijna de hele stad Dresden *tegen de vlakte gegaan.*

2. Ze waren met z'n drieën en het is dus normaal *dat ik tegen de vlakte ben gegaan.*

vlam

(3) de vlam in de pan doen slaan (een uitbarsting veroorzaken) ▸ das Pulverfass zum Explodieren bringen
☞ *De pan* ist hier die Pfanne eines alten Gewehres oder einer alten Pistole.
De dood van het zoveelste zwarte slachtoffer van de Amerikaanse politie *heeft de vlam in de pan doen slaan.*

vlassen

(3) op iets vlassen (sterk naar iets verlangen) ▸ ungeduldig auf etwas warten, auf etwas spannen
Jan heeft lang op deze erfenis gevlast, maar vergeefs, hij heeft niets gekregen.

vlees

* vlees noch vis ▸ *weder* Fisch noch Fleisch
☞ Man beachte die Umkehrung! Die Wahl zwischen Fisch oder Fleisch hat etwas mit dem katholischen Glauben zu tun, der Fleisch am Freitag verbat, als Erinnerung an den Karfreitag.

(2) weten wat voor vlees men in de kuip heeft (weten met wat voor mensen men te maken heeft)
☞ *De kuip* ist der Kübel, der Bottich, das Fass in dem man früher gepökeltes Fleisch aufbewahrte.
Ik wil dat alle kandidaten een examen afgenomen wordt. We moeten ten slotte toch weten *wat voor vlees we in de kuip hebben!*

(3) goed in zijn/het vlees zitten (vrij dik zijn) ▸ gut gepolstert sein
Sinds Jan getrouwd is, *zit hij goed in zijn vlees.*

Siehe auch **een Holle Bolle Gijs**.

vleet

(1) iets (boeken, geld, vrienden ...) bij de vleet hebben (er een overvloed aan hebben) ▸ etwas in Hülle und Fülle haben | de vleet = das Heringstreibnetz
Breng maar geen boeken mee, want *boeken heb ik bij de vleet*!

Siehe auch **te kust en te keur, voor het oprapen liggen, te over**.

vlek

(2) een blinde vlek voor iets hebben (iets niet willen of kunnen zien) ▸ etwas nicht sehen können oder nicht sehen wollen
Voor de gebreken van zijn zoon *heeft bijna elke vader een blinde vlek.*

vlieg

(2) iemand een vlieg afvangen (siehe *iemand vliegen afvangen*)

vliegen (Substantiv)

* twee vliegen *in* één *klap* slaan ▸ zwei Fliegen *mit* einer *Klappe* schlagen

(2) iemand vliegen afvangen (iemand een voordeeltje voor de neus wegkapen; iets net even iets eerder doen dan iemand anders) ▸ jdm zuvorkommen
☞ Gemeint ist: Jdm Fliegen vor der Nase wegschnappen.
Die twee kranten proberen *elkaar vliegen af te vangen*, want ze hebben allebei veel nieuwe lezers nodig.

Siehe auch **iemand de baas zijn, iemand het gras voor de voeten wegmaaien, er zijn kapers op de kust, iemand de loef afsteken, iemand te vlug af zijn**.

V

(2) vliegen vangen (niets doen) ▸ Daumen drehen
Kom Jan, aan het werk, we zijn hier niet *om vliegen te vangen*!

Siehe auch **geen hand uitsteken, met de handen over elkaar, geen klap uitvoeren, op zijn krent zitten, uit zijn neus eten, geen poot uitsteken, geen steek uitvoeren**.

vliegen (Verb)

(3) hij ziet ze vliegen (siehe *niet goed wijs zijn*)
☞ Gemeint ist: Er sieht Dinge fliegen, die es gar nicht gibt.

(3) erin vliegen (1. fanatiek aan een wedstrijd beginnen; 2. zich laten beetnemen) ▸ 1. sich in den Kampf stürzen. 2. hereinfallen

1. Ons hele bataljon *is erin gevlogen* en heeft de vijand kunnen verslaan.

2. Ik heb me door die verkoper laten beetnemen. *Ik ben er gewoon in gevlogen.*

Siehe auch (zu 1.) **de beuk erin, geef'm van katoen, zet 'm op**; (zu 2.) **erin stinken, erin trappen**.

vlieger

(2) die vlieger gaat niet op (die poging zal niet slagen) ▸ das wird keinen Erfolg haben, die Masche zieht nicht
☞ *De vlieger* ist nicht ‚der Flieger', sondern ‚der Drache'. *Opgaan* = steigen.
De goudexporterende landen dachten dat door de inflatie de goudprijs zou stijgen, maar *die vlieger gaat niet op.*

Siehe auch **een proefballon(netje) oplaten**.

vlinders

(3) vlinders in zijn buik hebben (opgewonden zijn omdat men verliefd is) ▸ flatterig sein vor Verliebtheit | de vlinder = der Schmetterling
Is het normaal dat je op je zestigste nog *vlinders in je buik hebt*?

Siehe auch **een oogje op iemand hebben, het flink te pakken hebben**.

vloek

(3) in een vloek en een zucht (siehe *in een oogwenk*)
☞ Gemeint ist: In der kurzen Zeit, die man braucht, um zu fluchen oder zu seufzen.

vloer

(2) bij iemand over de vloer komen (vaak bij iemand thuis op bezoek komen) ▸ bei jdm ein und aus gehen | *de vloer* = (hier:) der Boden, symbolisch für ‚das Haus'

We zien elkaar vaak, maar *komen toch niet elke dag bij elkaar over de vloer.*

Siehe auch **kind aan huis zijn**.

(2) met iets/iemand de vloer aanvegen (iets/iemand vernietegend bekritiseren) ▸ etwas zur Sau machen, jdn fertig machen
☞ Gemeint ist: Etwas/jdn als Besen benutzen.
In zijn jongste boek *veegt de auteur de vloer aan met het populisme.*

Siehe auch **iets aan de kaak stellen**.

vlucht

(2) een hoge vlucht nemen (zich sterk ontwikkelen) ▸ einen mächtigen Aufschwung nehmen
☞ Man denkt an Vögel, die hoch fliegen, wie z. B. ein Adler.
Sinds de opening van de binnengrenzen heeft de criminaliteit in Europa *een hoge vlucht genomen.*

Siehe auch **de pan uit rijzen/vliegen**.

vlug

(3) iemand te vlug af zijn (iets net even eerder doen dan iemand anders) ▸ jdm zuvorkommen
Ik dacht dat ik nog een kaartje voor de wedstrijd zou krijgen, maar *anderen zijn me te vlug af geweest.*

Siehe auch **iemand de baas zijn, iemand het gras voor de voeten wegmaaien, er zijn kapers op de kust, iemand de loef afsteken, iemand viegen/een vlieg afvangen**.

vodden

(3) iemand achter de vodden zitten (siehe iemand achter de broek zitten) | de/het vod = der Fummel, der Lappen

voelen

V

(2) ergens (niet) veel voor voelen (ergens [niet] veel zin in hebben) ▸ (keine) große Lust zu etwas haben
Ik voel er niet veel voor om met jou op vakantie te gaan.

Siehe auch **oren naar iets hebben, ergens voor te vinden zijn**.

voet (siehe auch voeten und voetje)

* zich in *zijn eigen* voet schieten ▸ sich in *den* Fuß schießen

(1) voet bij stuk houden (volhouden) ▸ auf seinem Standpunkt beharren, nicht nachgeben
☞ Bei gewissen Spielen, wie dem Schlagballspiel, war *het stuk* ein Grenzpfahl, von dem man sich nicht entfernen wollte.
We mogen ons niet van onze zwakke kant laten zien, maar *voet bij stuk houden.*

Siehe auch **het been stijf houden, de poot stijf houden**.

(2) ergens (geen) voet aan de grond krijgen ([niet] succesvol sein, [geen] invloed krijgen) ▸ (nicht) Fuß fassen können
In de VS *krijgt* het Chinese 5G-systeem *geen voet aan de grond.*

Siehe auch **(niet) van de grond komen**.

(3) onder de voet gelopen worden (1. gemakkelijk verslagen worden; 2. vertrapt worden door de menigte.) ▸ 1. ohne Schwierigkeiten besiegt werden; 2. überrannt werden
1. De jonge tennisser *werd door Federer onder de voet gelopen.*

2. Toen iedereen in paniek het stadion wilde verlaten, *werden heel wat mensen onder de voet gelopen.*

(3) iemand de voet dwars zetten (iemand tegenwerken) ▸ sich jdm in den Weg stellen | dwars = quer
Deze collega probeert me al een hele tijd *de voet dwars te zetten.*

Siehe auch **iets de nek omdraaien, iemand de pas afsnijden, de poten onder iemands stoel wegzagen, iemand een spaak in het wiel steken, ergens een stokje voor steken, iemand voor de voeten lopen, iemand in de wielen rijden**.

voetangels

(3) (daar liggen) voetangels en klemmen (verborgen gevaren of moeilijkheden) ▸ (das ist) ein heikles Thema | de voetangel = die Fußangel (für Menschen); de klem = das Fangeisen (für Tiere)
Als je een klacht wil indienen tegen een minister, *dan liggen er voetangels en klemmen.*

Siehe auch **in de aap gelogeerd zijn, beren op de weg zien, de bietenbrug opgaan, de bui zien hangen, dan zijn we nog verder van huis, er is een kink in de kabel, in de knel zitten, in de knoei**

zitten, in de knoop zitten, in de nesten zitten, in een lastig/ moeilijk parket verkeren, iemand parten spelen, in de penarie zitten, in de piepzak zitten, in de puree zitten, in de put zitten, in de rats zitten, in het schip zitten, in de soep zitten, er is stront aan de knikker, het niet meer zien zitten.

voeten (siehe auch voet)

* zich uit de voeten maken ▸ sich aus dem Staub machen

Siehe auch **het anker lichten, de benen nemen, zijn benen onder zijn arm nemen, zijn biezen pakken, ervandoor gaan, zijn hielen lichten, ertussenuit knijpen, de kuierlatten nemen, op de loop gaan, zijn matten oprollen, hij is met de muziek mee, met de noorderzon vertrekken, ertussenuit piepen, de plaat poetsen, 'm smeren, er de sokken in zetten, met de stille trom vertrekken, de wijk nemen**.

* iemand iets voor *de voeten* werpen ▸ jdm etwas vorwerfen

* zijn voeten stuklopen voor iemand ▸ sich für jdn die Füße *wund*laufen

Siehe auch **zich het vuur uit de sloffen lopen**.

(2) dat heeft nogal wat voeten in de aarde! (dat kost heel wat moeite!) ▸ das ist kein Kinderspiel! das ist eine harte Nuss! | de voeten = (hier:) die Wurzeln eines Baumes

Ons plan door het parlement te loodsen, *dat heeft nogal wat voeten in de aarde!*

(2) niet uit de voeten kunnen (niet goed meer kunnen lopen) ▸ nicht mehr gut zu Fuß sein

Het is hoog tijd dat oma naar een bejaardentehuis gaat, want *ze kan niet meer uit de voeten.*

(2) iemand voor de voeten lopen (iemand hinderen) ▸ jdn hindern, jdm Knüppel zwischen die Beine werfen

☞ Diese Redewendung hat also eine andere Bedeutung als ‚Jdm vor die Füße laufen'!

V

We hebben altijd goed samengewerkt en *hebben elkaar nog nooit voor de voeten gelopen.*

Siehe auch **iets de nek omdraaien, iemand de pas afsnijden, de poten onder iemands stoel wegzagen, iemand een spaak in het wiel steken, ergens een stokje voor steken, iemand de voet dwarszetten, iemand in de wielen rijden**.

(3) dat is Jan ... ten voeten uit! (zo is Jan ... precies!) ▸ das ist typisch Jan ...!
☞ Gemeint ist: Ein Porträt in ganzer Figur.
Eerst zeggen dat hij zeker zal komen en dan toch niet komen opdagen, *dat is Jan ten voeten uit!*

Siehe auch **op en top**.

(3) ergens (niet) mee uit de voeten kunnen (ergens [niet] goed mee kunnen omgaan) ▸ mit etwas (nicht) zurechtkommen
Met de nieuwe computer *kan ik nog niet goed uit de voeten.*

Siehe auch **(niet) goed met iets overweg kunnen, ergens niet mee uit de weg kunnen**.

voetje (siehe auch voet)

(3) een wit voetje bij iemand halen (siehe *bij iemand in een goed blaadje staan*)
☞ Ein Pferd, das vier weiße Pfoten hatte, galt als etwas ganz Besonderes. Eine andere Etymologie sieht den Ursprung dieser Redewendung in der Geschichte von den *Sieben Geißlein.*

voetlicht

(3) iets voor het voetlicht brengen (de aandacht op iets vestigen) ▸ an die Öffentlichkeit bringen | het voetlicht = das Rampenlicht
De regering moet de bestrijding van de criminaliteit veel meer *voor het voetlicht brengen.*

vogel (siehe auch vogeltje)

* de vogel is gevlogen ▸ der Vogel ist *aus*geflogen

vogels (siehe auch vogeltje)

(3) vogels van diverse pluimage (allerlei [excentrieke] mensen) ▸ eine bunte Gesellschaft | de pluimage = das Gefieder
De nieuwe regering bestaat uit een reeks *vogels van diverse pluimage.*

V

vogelvlucht

(2) iets in vogelvlucht beschouwen/behandelen (een kort, algemeen overzicht van iets geven; iets in grote lijnen bespreken) ▸ etwas in groben Zügen betrachten/behandeln | de vogelvlucht = die Vogelperspektive

In die korte tijd kan ik de rijke geschiedenis van onze stad slechts *in vogelvlucht behandelen.*

voordeeltje

(2) iemand/iets het voordeel van de twijfel gunnen (een onzekere factor voor iemand/iets zo gunstig mogelijk laten meetellen) ▸ jdm/etwas im Zweifelsfall dennoch glauben

Ik weet niet of het Europees project zal slagen, maar *ik geef het toch het voordeel van de twijfel.*

voorspoed

(2) in voor- en tegenspoed (in goede en in slechte tijden) ▸ in guten und in schlechten Zeiten | de voorspoed = das Glück; de tegenspoed = das Unglück

We hebben beloofd elkaar altijd te helpen, *in voor- en tegenspoed.*

voortouw

(3) het voortouw nemen (het initiatief nemen) ▸ die Initiative ergreifen

☞ *Het voortouw* war früher das Seil am Vordersteven eines Schiffes, an dem man es festmachen oder ziehen konnte.

Als niemand het wil doen, zal ik maar *het voortouw nemen.*

voorzien

(3) het op iemand voorzien hebben (siehe *het op iemand gemunt hebben*)

vork

(2) weten hoe de vork in de steel zit (weten wat er precies gebeurd is) ▸ wissen, welche Bewandtnis es damit hat, wissen, wie der Hase läuft | de vork = (hier:) die Heugabel

Vertel nu maar eens alles! Ik wil *weten hoe de vork in de steel zit.*

V

Siehe auch **weten waar Abraham de mosterd haalt, het fijne van iets weten, er haring of kuit van willen hebben, van de hoed en de rand weten, erg goed op de hoogte zijn, willen weten hoe de kaarten worden geschud, het naadje van de kous, weten hoe het er aan toe gaat**.

vraag

(3) voor jou een vraag, voor mij een weet! (gezegd als iemand een vraag stelt waarop je het antwoord niet wil geven) ▸ für dich noch eine Frage, für mich nicht mehr!

Of ik minister word? *Voor jou een vraag, voor mij een weet!*

vrienden

(3) van je vrienden moet je het hebben! (zelfs op je vrienden kan je niet altijd rekenen) ▸ Freunde in der Not gehen hundert auf ein Lot

Mijn vrienden hebben mijn kandidatuur ook niet gesteund. Ja, *van je vrienden moet je het hebben!*

vriezen

(3) het kan vriezen of het kan dooien (de afloop van een zaak is onzeker) ▸ es kann so oder so ausgehen | vriezen = frieren; dooien = tauen

Of de formateur erin slaagt een nieuwe regering op de been te krijgen? Tja, *het kan vriezen of het kan dooien.*

vrijheid

(3) vrijheid, blijheid! (alles moet kunnen!) ▸ alles ist erlaubt! | Blijheid = Fröhlichkeit

☞ Bei der Wahl der Worte hat der Binnereim eine Rolle gespielt.

Wat het Nederlands in Vlaanderen betreft, zou je kunnen zeggen ‚*Vrijheid, blijheid*'!

vuiltje

(2) er is geen vuiltje aan de lucht! (siehe er is niets aan de hand!)

☞ *Het vuiltje* ist hier nicht etwas Schmutziges, sondern die Wolke, die ein Gewitter ankündigt.

vuist

(2) met iemand op de vuist gaan (met iemand gaan vechten) ▸ mit jdm eine Schlägerei anfangen

Ik denk er niet aan met die kerel *op de vuist te gaan*

Siehe auch **een robbertje vechten**.

(2) voor de vuist (weg) (geïmproviseerd, onvoorbereid) ▸ aus dem Stegreif

☞ Gemeint ist: Ohne ein Hilfsmittel in der Hand oder in der Faust zu haben.

Voor de vuist weg hield de minister een schitterend betoog over de plannen van de regering.

Siehe auch **iets uit de losse pols doen**.

vuistje

* in *zijn* vuistje lachen ▸ *sich* ins Fäustchen lachen

* uit het *vuistje* eten ▸ aus der *Hand* essen

vuren

(3) voor heter(e) vuren hebben gestaan (wel grotere problemen hebben meegemaakt) ▸ schon Schlimmeres erlebt haben

Maak je geen zorgen, *ik heb al voor heter vuren gestaan.*

vuur

* *vuur* spuwen ▸ *Gift und Galle* spucken

Siehe auch **op zijn achterste benen gaan staan, zich druk maken, de duivel in hebben, des duivels zijn, gebeten zijn op iemand, tekeergaan dat de honden er geen brood van lusten, door het lint gaan, een kort lontje hebben, op zijn achterste poten gaan staan, uit zijn slof schieten, tekeergaan als een bezetene, uit zijn vel springen.**

* onder *vuur komen te liggen* ▸ unter *Beschuss geraten*

(1) iemand onder vuur nemen (iemand erg lastige vragen stellen) ▸ jdn mit lästigen Fragen bombardieren

Ik wilde de spreker na de lezing *onder vuur nemen*, maar ik kreeg er niet meer de tijd voor.

(2) iemand het vuur (na) aan de schenen leggen (het iemand erg moeilijk maken) ▸ jdm die Hölle heiß machen, jdm Feuer unter dem Hintern machen | de scheen = das Schienbein

☞ Diese Redewendung bezieht sich auf eine der Foltermethoden der Inquisition.

De nieuwe minister is van plan de belastingontduikers *het vuur na aan de schenen te leggen.*

Siehe auch **iemand voor het blok zetten.**

V

(3) zich het vuur uit de sloffen lopen (erg veel moeite doen) ▸ sich die Füße wundlaufen

☞ *De slof* (jetzt Pantoffel) bedeutete früher ‚der Pferdehuf'. Wörtlich bedeutet diese Redewendung: Laufen wie ein Pferd, unter dessen Hufe die Funken sprühen.

Ik heb me voor jou *het vuur uit de sloffen gelopen* en nu ben je nog niet tevreden!

Siehe auch zijn voeten stuklopen.

vuurtje

* als een lopend *vuurtje* ▸ wie ein Lauffeuer

W

waagschaal

(3) alles in de waagschaal stellen (siehe alles op alles zetten)
☞ *Waagschaal* ist eine ältere Form von *weegschaal* (Waage).

waan

(3) de waan van de dag (een kortstondige actuele modegril) ▸ eine vorübergehende Modelaune
Wat hun programma betreft, mogen de universiteiten niet afhankelijk zijn van *de waan van de dag.*

waard

* *buiten* de waard rekenen ▸ die Rechnung *ohne* den Wirt machen

waarden

(3) waarden en normen (siehe normen en waarden)

waarheid

(1) een waarheid als een koe (iets dat erg vanzelfsprekend is) ▸ eine Binsenwahrheit
Dat we iets tegen de opwarming van de aarde moeten doen, is *een waarheid als een koe.*

wacht

(2) iets in de wacht slepen (iets te pakken krijgen, iets bemachtigen [meestal ten nadele van een ander]) ▸ etwas ergattern
☞ Wörtlich bedeutet diese Redewendung: Etwas (früher jdn) in die Wachstube schleppen.
Ons bedrijf is erin geslaagd een groot bouwproject *in de wacht te slepen.*

(3) iemand de wacht aanzeggen (iemand ernstig waarschuwen) ▸ jdm richtig Bescheid sagen

☞ Gemeint ist: Einem Soldaten sagen, er sei an der Reihe, Wache zu stehen.

Jan was vanmorgen weer eens te laat en nu *heb ik hem de wacht aangezegd.*

Siehe auch **iemand ervanlangs geven, iemand onder handen nemen, iemand een kat geven, iemand de volle laag geven, iemand de les lezen, iemand de mantel uitvegen, iemand op zijn nummer zetten, iemand de oren wassen, iemand de pin op de neus zetten, iemand op zijn plaats zetten, iemand een standje geven, iemand zijn vet geven, iemand op de vingers tikken**.

(3) iemand in de wacht zetten (iemand laten wachten voordat hij doorverbonden wordt) ▸ in die Warteschleife kommen

Als je de administratie opbelt, wordt je eerst op z'n minst 10 minuten *in de wacht gezet.*

wakker

(1) ergens niet wakker van liggen (zich ergens geen zorgen over maken) ▸ sich von etwas nicht um den Schlaf bringen lassen

Dat we waarschijnlijk een uurtje langer moeten werken, *daar lig ik niet wakker van.*

Siehe auch **dat zit wel snor**.

wal

(2) tussen wal en schip vallen/raken/terechtkomen (nergens bij ingedeeld kunnen worden) ▸ zwischen zwei Stühlen sitzen | de wal = (hier:) der Kai

Als je noch voor de regeringspartijen, noch voor de oppositie wil kiezen, zal je altijd *tussen wal en schip vallen.*

(2) van de wal in de sloot raken (in plaats van een gehoopte betere toestand in een slechtere terechtkomen) ▸ vom Regen in die Traufe kommen | de wal = der Ringwall, der Kai; de sloot = der Wassergraben

W

We dachten dat ons protest iets zou opleveren, maar *we zijn van de wal in de sloot geraakt.*

Siehe auch **van kwaad tot erger, van de regen in de drup**.

(2) van wal steken (beginnen te vertellen) ▸ loslegen

☞ Wörtlich: In See stechen.

Stipt om 20 uur *stak de ontdekkingsreiziger van wal* en vertelde over zijn fantastische avonturen.

(3) aan lager wal raken (siehe aan lagerwal raken)

(3) iemand van de wal in de sloot helpen (iemand op de verkeerde manier helpen en hem zodoende in een nog moeilijkere situatie brengen) ▸ jdm einen Bärendienst erweisen

Jan wilde me helpen, maar eigenlijk heeft hij me *van de wal in de sloot geholpen.*

wallen

(3) van twee wallen eten (siehe van twee walletjes eten)

walletjes

(2) van twee walletjes eten (van twee partijen tegelijk profiteren) ▸ beide Seiten ausnutzen

In de politiek is het altijd gevaarlijk van *twee walletjes te eten.*

wandelgangen

(2) iets in de wandelgangen horen/vernemen (iets te weten komen dat nog niet officieel bevestigd is) ▸ etwas en passant erfahren

☞ In den Wandelgängen (z. B des Parlaments) vernimmt man oft etwas, das noch nicht offiziell bekannt ist.

In de wandelgangen heb ik gehoord dat de president een nieuwe premier wil benoemen.

wandeling

(2) (De Woordenlijst Nederlandse taal) in de wandeling (het groene boekje genoemd) (gewoonlijk, in het algemeen) ▸ gemeinhin

☞ *De wandeling* (jetzt ‚Spaziergang') bedeutete früher ‚der Umgang mit anderen'.

Het nieuwe coronavirus, *in de wandeling* covid 19 (voor corona virus disease 2019) genoemd, is heel moeilijk te bestrijden.

wanten

(2) van wanten weten (van aanpakken weten) ▸ zupacken können

☞ *Het want* ist das Tauwerk eines Schiffes. Wörtlich bedeutet diese Redewendung ‚das Seemannshandwerk verstehen'.

Alle arbeiders van ons kleine bedrijf *weten van wanten.*

Siehe auch **de hand aan de ploeg slaan, de handen aan de ploeg slaan, handen aan het lijf hebben, de handen uit de mouwen steken, zich uit de naad werken, ergens de tanden in zetten, er flink/stevig tegenaan gaan, ergens werk van maken, aan de slag gaan**.

warm

(2) warm voor iets lopen (enthousiast worden voor iets) ▸ sich für etwas begeistern

Hoewel mijn vader een bekend voetballer was, kan ik niet *warm lopen voor voetbal.*

(3) daar word ik warm noch koud van! (dat kan me niets schelen!) ▸ das berührt mich nicht!

Of de regering valt of niet valt, daar *word ik koud noch warm van.*

Siehe auch **dat kan me geen barst schelen, het is me om het even, dat kan me geen fluit schelen, dat kan me geen lor schelen, ik maal er niet om, dat kan me geen moer schelen, dat kan me geen zak schelen, dat kan me geen zier schelen, dat zal me een zorg wezen**.

warmpjes

(2) er warmpjes bij/(in) zitten (veel geld hebben) ▸ das nötige Kleingeld haben

☞ Die erste Bedeutung war ‚warm gekleidet sein'.

Over mijn broer hoef je je geen zorgen te maken, *die zit er warmpjes bij*!

Siehe auch **er dik in zitten, in goede doen zijn, goed in de slappe was zitten**.

was

* je moet de vuile was niet buiten *hangen* ▸ man soll seine schmutzige Wäsche nicht in der Öffentlichkeit *waschen*

W

(3) goed in de slappe was zitten (veel geld hebben) ▸ das nötige Kleingeld haben

☞ *Het/de was* ist hier ‚das Wachs'. Diese Redewendung bezog sich auf die Soldatensprache: Die Soldaten mussten flüssiges Wachs kaufen, um ihre Stiefel zu wichsen.

Sinds mijn broer zijn restaurant verkocht heeft, *zit hij goed in de slappe was.*

Siehe auch **er dik in zitten, in goede doen zijn, er warmpjes bij/in zitten**.

water

* het water loopt hem in de mond ▸ das Wasser läuft ihm im Munde *zusammen*

* in troebel *water* vissen ▸ im Trüben fischen

* het water staat hem tot aan de *lippen* ▸ das Wasser steht ihm bis zum *Halse*

* water bij de wijn *doen* ▸ Wasser in den Wein *gießen/schütten*

* water naar de zee dragen ▸ Eulen nach Athen tragen

* iets *aan* zijn water *voelen* ▸ etwas *im* Urin *haben*

Siehe auch **iets op zijn klompen aanvoelen**.

(2) iets boven water halen (iets tevoorschijn halen) ▸ etwas ans Licht bringen

De onderzoekscommissie heeft heel wat criminele feiten *boven water gehaald.*

(2) weer boven water komen (weer te voorschijn komen) ▸ auftauchen

De verloren gewaande schilderijen zijn na de oorlog *weer boven water gekomen.*

(2) water in je kelder hebben (een te korte broek aanhebben) ▸ Hochwasser haben

Je broekspijpen zijn te kort, *je hebt water in je kelder*!

(3) sindsdien is er veel water naar de zee gelopen (dat is al lang geleden gebeurd en sindsdien is er al heel wat gebeurd) ▸ das ist schon sehr lange her

In 1989 is de muur gevallen en *sindsdien is er veel water naar de zee gelopen.*

(3) die twee zijn water en vuur (ze kunnen elkaar niet uitstaan) ▸ sie sind wie Hund und Katze

De socialisten en de liberalen *zijn water en vuur.*

Siehe auch **tussen die twee wil het niet boteren, niet met iemand door één deur kunnen, (niet) goed met elkaar kunnen opschieten, (niet) goed met iemand overweg kunnen, het (niet) goed met iemand kunnen vinden**.

watten

* iemand in de watten leggen ▸ jdn in Watte packen

week

* week *in* week *uit* ▸ Woche *für* Woche

weer

(2) (druk) in de weer zijn ([druk] bezig zijn) ▸ sehr beschäftigt sein

☞ *De weer* ist hier ‚der Widerstand gegen einen Angriff'. Gemeint ist: Bereit sein, Widerstand zu leisten.

Er zijn mensen die meer *in de weer zijn* met hun wagen dan met hun kinderen.

Siehe auch **in touw zijn**.

(3) mooi weer spelen (doen alsof er niets aan de hand is door huichelachtig vriendelijk te doen) ▸ schöntun; tun, als wäre nichts geschehen

Hoewel Jan allang een vriendin had, bleef hij tegenover zijn vrouw *mooi weer spelen.*

weerklank

* *weer*klank vinden ▸ *An*klang finden

weeromstuit

(3) van de weeromstuit moest ik ook lachen (als reactie op wat er gebeurt) ▸ das Lachen steckte mich an | de weeromstuit = der Abprall einer Kugel oder eines Balls

De wetenschap zegt ons dat het altijd maar bezig zijn met de gezondheid *van de weeromstuit* heel ongezond kan zijn.

weetje

(3) zijn weetje wel weten (iets goed weten) ▸ gut Bescheid wissen

De nieuwe directeur is iemand die ook op computergebied *zijn weetje wel weet.*

Siehe auch **bij de pinken zijn, bij de tijd zijn**.

weg (Substantiv)

* (zich) met iets geen *weg* weten ▸ sich mit etwas keinen *Rat* wissen

(1) naar de bekende weg vragen (vragen naar iets dat men zelf erg goed weet) ▸ etwas fragen, was man schon weiß

☞ Wörtlich: Nach dem Weg fragen, den man schon kennt.

In hun interviews *vragen veel journalisten naar de bekende weg.*

(2) aan de weg timmeren (veel actie ontplooien en daarmee naar buiten treden) ▸ deutlich auf sich aufmerksam machen

☞ *Timmeren* = zimmern, aber hier ist jede Arbeit am Wegesrand gemeint, die jeder sehen kann.

De burgemeester zegt dat onze stad al jaren *aan de weg timmert.*

(3) ergens niet mee uit de weg kunnen (siehe ergens niet mee uit de voeten kunnen)

weg (Adverb)

* hij heeft veel *weg* van zijn vader ▸ er hat viel von seinem Vater

(2) weg zijn van iets/iemand (dol zijn op iets/iemand) ▸ von etwas/jdm hingerissen sein

Toen ik mijn vrouw voor de eerste keer zag, *was ik weg van haar.*

Siehe auch **met iets/iemand weglopen**.

(3) dat is nooit weg! (siehe dat komt goed van pas)

wegleggen

(3) dat was niet voor hem weggelegd (hij kon dat niet bereiken/ krijgen) ▸ das war ihm nicht beschieden

Een gelukkig huwelijk *was niet voor hem weggelegd.*

weglopen

(3) met iets/iemand weglopen (dol zijn op iets/iemand) ▸ für etwas/jdn schwärmen

Ik weet *dat je wegloopt met de jongste film* van Woody Allen, maar ik vind hem maar niks.

Siehe auch **weg zijn van iets/iemand**.

wel (Substantiv)

* het *wel* en wee ▸ das *Wohl* und Wehe

wel (Adverb)

(1) laten we wel wezen! (laten we serieus blijven!) ▸ lasst uns ehrlich sein!

Jan is nu tot professor benoemd, maar *laten we wel wezen*, veel gepubliceerd heeft hij niet!

welles-nietes

(3) een welles-nietesspelletje (een situatie waarbij de mening van de een tegenover die van de ander staat, zonder dat een van beiden wil toegeven) ▸ diese Redewendung bezieht sich auf eine Situation, in der niemand nachgeben will. Wenn der eine ‚nein' sagt, sagt der andere jedes Mal ‚doch'.

Waren de verkiezingen nu wel of niet vervalsd? Tussen oppositie en regering was het *een welles-nietesspelletje.*

welletjes

(2) nu is het welletjes! (nu is het genoeg!) ▸ jetzt reicht's!

☞ *Welletjes* ist die Verkleinerungsform von *wel* + adverbiales s.

De regering wil dat er nog meer bezuinigd wordt, maar de oppositie zegt ‚*Nu is het welletjes!*'

Siehe auch **het is mooi geweest, zijn portie wel gehad hebben**.

wenden

(2) hoe je het ook wendt of keert (hoe je de situatie ook bekijkt) ▸ wie man es auch nimmt

☞ *Wenden* und *keren* sind Synonyme. Man denkt an jdn, der etwas von allen Seiten betrachtet.

Hoe je het ook wendt of keert, we moeten bezuinigen.

wenken

(2) iemand op zijn wenken bedienen (hem meteen geven wat hij wil) ▸ jdm aufs Wort gehorchen

☞ Gemeint ist: Kommen, wenn jd einen herbeiwinkt.

Dat hotel is wel erg duur, maar *je wordt er ook op je wenken bediend.*

wereld

* iets (bijv. een gerucht, een misverstand) uit de wereld *helpen* ▸ etwas aus der Welt *schaffen*

W

(2) als dat gebeurt, dan is de wereld te klein! (als dat gebeurt, dan windt hij/zij zich heel erg op) ▸ wenn das geschieht, wird er/sie außer sich sein

Als onze ploeg ook nog volgende week verliest, *dan is de wereld te klein!*

Siehe auch **de boot is aan, daar heb je het gedonder, dan is voor mij de gort klaar, het is hommeles, dan is het huis te klein, de kat vliegt in de gordijnen, nu is Leiden in last, daar heb je de poppen aan het dansen, de rapen zijn klaar**.

werk

(1) alles in het werk stellen om ... (alles doen om ...) ▸ alles tun, um ...
Ik beloof *dat ik alles in het werk zal stellen om* je bij het realiseren van je plan te helpen.

Siehe auch **alles op alles zetten, de bramzeilen bijzetten, kosten noch moeite sparen, alle registers open trekken, alles in de waagschaal stellen, alle zeilen bijzetten**.

(1) werk van iets maken (moeite voor iets doen; de vereiste stappen zetten om een misverstand te verhelpen of om een probleem op te lossen) ▸ in einer bestimmten Situation etwas unternehmen
De regering heeft beloofd *werk te maken van* de bestrijding van de corruptie.

Siehe auch **zich uit de naad werken, de tanden in iets zetten**.

(1) dat is onbegonnen werk (dat is zoveel, zo moeilijk dat je er maar beter niet aan kunt beginnen) ▸ das ist vergebliche Liebesmühe
In Italië is gebleken dat het bestrijden van de mafia *onbegonnen werk* is, zolang ze politieke steun heeft.

Siehe auch **dat is de aap gevlooid**.

(1) hoe gaat dat in zijn werk? (hoe doet men dat? hoe zit dat in elkaar?) ▸ wie geht das, wie funktioniert das?
Leren improviseren, *hoe gaat dat in zijn werk?*

(1) er is veel werk aan de winkel (we moeten nog veel doen) ▸ hier ist noch einiges zu tun
☞ Hier steht *winkel* nicht für ‚Geschäft', sondern für jede Arbeitsstelle.
Als de regering de corruptie wil bestrijden, *dan is er voor haar nog veel werk aan de winkel.*

Siehe auch die nächste Redewendung.

(3) we hebben nog veel werk voor de boeg (siehe nog heel wat voor de boeg hebben)

W

wespennest

* zich in een wespennest *steken* ▸ sich in ein Wespennest *setzen*

westen

(2) buiten westen zijn/raken (het bewustzijn verloren hebben/verliezen, flauwvallen) ▸ bewusstlos werde, das Bewusstsein verlieren

☞ Diese Redewendung stammt aus der Seemannssprache: Das Schiff befindet sich *buiten westen*, wenn es durch die Sandbänke vor der niederländischen Küste zu weit nach Westen abgedrängt worden ist und so vom Kurs abgekommen ist.

Toen ik dat verschrikkelijke nieuws hoorde, *ben ik buiten westen geraakt.*

Siehe auch **van de sokken gaan, van zijn stokje gaan**.

wet

(3) dat is geen wet van Meden en Perzen (dat is geen absolute wet) ▸ das ist kein unumstößliches Gesetz

☞ Dies bezieht sich auf die in der Bibel erwähnten ehernen Gesetze der Meden und der Perser.

Dat een goede voetballer ook altijd een goede trainer wordt, *dat is geen wet van Meden en Perzen.*

weten

(3) (iemand die zoiets doet) zal het weten! (die zal er zeker de onaangename gevolgen van ondervinden) ▸ (wer so etwas tut) wird die Konsequenzen tragen müssen

Als je nog eens te laat komt, *zal je het weten!*

(3) dat hebben we geweten! (daar hebben we de gevolgen van ondervonden) ▸ das haben wir zu spüren bekommen!

Jan heeft een boek over spreekwoorden gelezen en *dat hebben we geweten!* Nu gebruikt hij voortdurend spreekwoorden.

wezen

W

(1) hij/zij/dat mag er wezen! (hij/zij/dat ziet er goed uit!) ▸ er/sie/es kann sich sehen lassen!

☞ *Wezen* ist eine ältere Form von *zijn*, kann jedoch nicht immer durch *zijn* ersetzt werden.

Ken je de vrouw van Jan? *Die mag er wezen!*

wieg

* van de wieg tot het *graf* ▸ von der Wiege bis zur *Bahre*

(3) daar ben ik niet voor in de wieg gelegd! (daar ben ik helemaal ongeschikt voor!) ▸ dafür bin ich nicht geschaffen!
Een politieke carrière? *Daar ben ik niet voor in de wieg gelegd!*

wiek

(2) in zijn wiek geschoten zijn (zich snel beledigd voelen) ▸ sich auf den Schlips getreten fühlen | de wiek = der Flügel eines Vogels
Toen ik hem zei dat ik niet naar de vergadering kon komen, was de voorzitter *in zijn wiek geschoten.*

Siehe auch **aangebrand, zich op zijn pik getrapt voelen, gauw op de teentjes getrapt zijn, gauw op de tenen getrapt zijn, lange tenen hebben**.

wiel

* *het wiel* weer/opnieuw uitvinden ▸ *etwas* noch einmal erfinden | het wiel = das Rad

wielen

(2) iemand in de wielen rijden (iemand tegenwerken) ▸ jdm einen Strich durch die Rechnung machen
☞ Diese Redewendung findet man schon seit dem Ende des 18. Jahrhunderts. Damals gab es noch keine Fahrräder. Gemeint ist also das Rad einer Kutsche oder eines Karrens.
De regering is niet van plan de middenstand in de *wielen te rijden.*

Siehe auch **iets de nek omdraaien, de poten onder iemands stoel wegzagen, iemand een spaak in het wiel steken, ergens een stokje voor steken, iemand de voet dwarszetten, iemand voor de voeten lopen**.

wijd

* wijd en zijd bekend zijn ▸ weit und breit bekannt sein
☞ *Wijd* und *zijd* (das nur in dieser Redewendung vorkommt) sind Synonyme.

W

wijk

(2) de wijk nemen (weglopen) ▸ die Flucht ergreifen | de wijk = das Stadtviertel, das Revier, hier jedoch ‚die Flucht'
Toen de dieven de politie zagen naderen, *namen ze de wijk.*

Siehe auch **het anker lichten, de benen nemen, zijn benen onder zijn arm nemen, zijn biezen pakken, ervandoor gaan, het hazenpad kiezen, zijn hielen lichten, ertussenuit knijpen, de kuierlatten nemen, op de loop gaan, zijn matten oprollen, met de muziek meezijn, met de noorderzon vertrekken, 'm smeren, er de sokken in zetten, zich uit de voeten maken**.

wijn

* oude wijn in nieuwe *zakken* ▸ alter Wein in neuen *Schläuchen*

* *klare* wijn schenken ▸ *reinen* Wein *ein*schenken

wijntje

(3) van wijntje en trijntje houden (van drank en vrouwen houden) ▸ Wein, Weib und Gesang lieben
☞ *Trijntje* ist abgeleitet von *Katharina.* Diesen Vornamen hat man wegen des Reimes gewählt. Man beachte auch wieder die typische Verkleinerungsform.
De meeste acteurs *houden van wijntje en trijntje.*

wijs (Substantiv)

(2) zich niet van de wijs laten brengen (bij zijn standpunt blijven) ▸ sich nicht aus dem Takt bringen lassen | de wijs = die Weise, die Melodie
Ondanks die rellen *heeft de politie zich niet van de wijs laten brengen* en het hoofd koel gehouden.

Siehe auch **zijn eindje vasthouden**.

(2) 's lands wijs, 's lands eer (elk land heeft zijn bijzondere zeden en gebruiken) ▸ andere Länder, andere Sitten
Het heeft geen zin zich over de eigenaardige toestanden in een vreemd land op te winden, want *'s lands wijs, 's lands eer.*

wijs (Adverb/Adjektiv)

(1) niet goed wijs zijn (een beetje gek zijn) ▸ nicht ganz bei Trost sein
Ik jou 100.000 euro lenen? *Je bent zeker niet goed wijs!*

Siehe auch **belatafeld, het is hem in zijn bol geslagen, niet goed bij zijn hoofd zijn, van lotje getikt, een klap/slag/tik van de molen (gekregen) hebben, met molentjes lopen, ze niet allemaal op een rijtje hebben, niet goed snik zijn, niet goed bij zijn verstand zijn, ze zien vliegen**.

wikken

(1) na veel wikken en wegen (na allerlei langdurige aarzelingen en bedenkingen) ▸ nach langem Hin und Her

☞ *Wikken* bedeutete zuerst ‚mit der Hand wiegen', dann ‚abwägen'. *Wikken* und *wegen* sind Synonyme. Die Alliteration hat bei der Wahl der Worte natürlich auch eine Rolle gespielt.

Na veel wikken en wegen heb ik besloten niet mee op reis te gaan.

Siehe auch **na veel loven en bieden, na veel passen en meten, na veel plussen en minnen, na veel vijven en zessen**.

wil

(2) tegen wil en dank (tegen zijn zin) ▸ wohl oder übel

☞ Gemeint ist: Obwohl man etwas nicht will. Früher bedeutete *dank* auch *wil*. Es handelt sich also hier um eine Tautologie.

Tegen wil en dank hebben ze me tot voorzitter benoemd, zogezegd, omdat er geen betere kandidaat was.

Siehe auch **tegen heug en meug, met loden schoenen, met lood in de schoenen**.

wild

(3) wild en woest (onbeheerst en gewelddadig) ▸ wie ein Wilder

☞ *Wild* und *woest* sind hier Synonyme.

Toen onze zeereis begon, *waaide de wind wild en woest.*

wilde

(2) in het wilde weg (schieten, redeneren) (zonder goed te kijken, zonder goed na te denken) ▸ aufs Geratewohl, drauflos

De vijand konden we niet goed zien, dus *schoten we maar wat in het wilde weg.*

W

wilgen

(3) iets (bijv. zijn lier) aan de wilgen hangen (het opgeven, met iets ophouden) ▸ etwas an den Nagel hängen

☞ Ursprünglich handelte es sich um eine Leier. Gemeint war: Aufhören zu dichten. *De lier* = die Leier, *de wilg* = die Weide. Aus der Bibel (Psalm 137): Dort jedoch ist es eine Harfe.

Na die schouderblessure *heb ik mijn viool aan de wilgen gehangen.*

Siehe auch **het bijltje erbij neerleggen, er de brui aan geven, iets over de haag gooien, het hoofd in de schoot leggen, de pijp aan Maarten geven**.

willens

(3) iets willens en wetens doen (zich goed bewust zijn van zijn daad) ▸ etwas wissentlich tun

☞ Die Wahl der Worte ist der Alliteration geschuldet, wobei das *s* eine adverbiale Funktion hat.

De rechter heeft Jan erop gewezen dat *hij willens en wetens* met een onveilige auto heeft gereden.

(3) willens nillens (vrijwillig of gedwongen) ▸ nolens, volens

De EU wil dat de verschillende regeringen *willens nillens* de Europese wetgeving toepassen.

Siehe auch **goedschiks of kwaadschiks**.

wils

(2) voor elk wat wils (er zit voor iedereen wel wat bij) ▸ für jeden ist etwas dabei

☞ Wörtlich: Für jeden, was er will.

In een land als Frankreich is er voor buitenlandse toeristen *voor elk wat wils.*

wind (siehe auch winden)

(1) het gaat hem voor de wind (het gaat goed met hem) ▸ es geht ihm ausgezeichnet

☞ Gemeint ist: Rückenwind haben.

Je hoeft je over Jan geen zorgen te maken, *het gaat hem voor de wind.*

Siehe auch **de wind mee hebben**.

W

(2) de wind van voren krijgen (scherp terechtgewezen worden) ▸ eins aufs Dach kriegen

☞ *De wind van voren* ist der Gegenwind.

Als je nog eens zoiets zegt, *zal je de wind van voren krijgen*!

Siehe auch **op zijn donder krijgen, op z'n duvel krijgen, ervanlangs krijgen, op het matje geroepen worden, een uitbrander krijgen, een veeg uit de pan krijgen, dan zwaait er wat voor je**.

(3) de wind mee hebben (in een gunstige situatie verkeren) ▸ Rückenwind haben

Al mijn problemen zijn opgelost, *nu heb ik de wind mee.*

Siehe auch **het gaat hem voor de wind**.

(3) de wind eronder hebben (respect inboezemen) ▸ Autorität haben

☞ Zuerst waren damit Blätter gemeint, die der Wind aufwirbelt.

Vroeger *hadden de leraren de wind eronder*, nu allang niet meer!

windeieren

(2) dat zal hem geen windeieren leggen! (hij zal er wel degelijk groot voordeel bij hebben) ▸ das wird ihm zum Vorteil gereichen!

☞ Diese Redewendung gibt es nur in der negativen Form. *Windei* = Ei ohne Schale, das man nicht verkaufen kann.

De belastingverlaging voor grote bedrijven heeft de oliemaatschappijen *geen windeieren gelegd.*

winden (siehe auch wind)

(2) met alle winden meewaaien (de mening van alle partijen volgen omdat men geen eigen standpunt heeft) ▸ sein Fähnchen nach dem Wind hängen

☞ Es kann sich ursprünglich um eine Wetterfahne handeln, aber auch um Blätter, die vom Wind aufgewirbelt werden.

Jan is een van die politici *die met alle winden meewaaien.*

Siehe auch **de huik naar de wind hangen**.

wip

(3) op de wip zitten (elk ogenblik ontslagen kunnen worden) ▸ auf der Kippe stehen | *de wip* = die Wippe

Als ons bedrijf nog meer klanten verliest, *zitten duizend werknemers op de wip.*

Siehe auch **op de schopstoel zitten**.

(3) in een wip klaar zijn (siehe *in een oogwenk klaar zijn*)

☞ *De wip* ist hier ein kleiner, schneller Sprung.

wipstoel

(3) op de wipstoel zitten (siehe op de wip zitten)

wis

(3) wis en waarachtig (siehe vast en zeker) | wis = gewiss; waarachtig = wahrhaftig

☞ Bei der Wahl der Worte hat die Alliteration eine Rolle gespielt.

wisseling

(3) een wisseling van de wacht (een verandering in de leiding) ▸ die Wachablösung

Aan de leiding van onze partij is *een wisseling van de wacht* aangekondigd.

wol

(2) onder de wol kruipen (naar bed gaan) ▸ unter die Decke kriechen, schlafen gehen

☞ Meistens, weil man sich nicht wohlfühlt oder sogar krank ist.

Ik voel me vandaag niet lekker, ik zal vroeg *onder de wol kruipen.*

Siehe auch **een dutje doen, een hazenslaapje doen, een uiltje knappen, onder zeil gaan**.

(2) door de wol geverfd (gezegd van iemand die zijn vak kent of die veel ervaring met iets heeft) ▸ jd, der sein Fach kennt

☞ Gemeint ist hier die Wolle, die schon vor dem Weben gefärbt wurde.

De nieuwe premier is *een door de wol geverfde politicus.*

Siehe auch **gepokt en gemazeld, het klappen van de zweep kennen, van wanten weten**.

wolk

(2) een wolk van een baby (een gezonde, stralende baby) ▸ ein prächtiges Baby

☞ Der Zusammenhang mit *wolk* ist nicht geklärt.

Mijn zus heeft nu ook een zoontje, het is *een wolk van een baby.*

Siehe auch **wat een plaatje**.

wolken

* in de *wolken* zijn ▸ im *siebten Himmel* sein

Siehe auch **de koning te rijk zijn**.

wonderen

* de wonderen zijn de wereld nog niet uit! ▸ es geschehen noch *Zeichen* und Wunder!

woord

* iemand te *woord* staan ▸ jdm *Rede und Antwort* stehen

* het *verlossende* woord spreken ▸ das *erlösende* Wort sprechen

(1) ergens geen goed woord voor over hebben (iets heel slecht vinden) ▸ etwas völlig ablehnen

De nieuwe minister *had geen goed woord over voor* de politiek van zijn voorganger.

Siehe auch **dat krijg je van mij cadeau, iets over de hekel halen, de honden lusten er geen brood van, het is huilen met de pet op, uit/van het jaar nul, niet kapot van iets zijn, het is knudde**.

woorden

* iets *onder* woorden *brengen* ▸ etwas *in* Worte *fassen*

* zijn woorden *kracht bijzetten* ▸ seinen Worten *Nachdruck verleihen*

* zijn woorden op *een goudschaaltje wegen*/leggen ▸ seine Worte auf *die Goldwaage* legen

Siehe auch **op zijn tellen passen**.

(2) iets (niet) met zoveel woorden zeggen (iets [niet] uitdrukkelijk, expliciet zeggen) ▸ etwas (nicht) ausdrücklich sagen

De Amerikaanse president *heeft met zoveel woorden gezegd* dat Irak geen massavernietigingswapen had.

(2) daar heb ik geen woorden voor! (dat shockeert me! dat is ongehoord!) ▸ das verschlägt mir die Sprache! ich bin sprachlos!

Wat jij je broer hebt aangedaan, *daar heb ik geen woorden voor!*

(2) ergens geen woorden aan vuil willen maken (het niet nodig vinden er iets over te zeggen) ▸ nicht viel Worte über etwas verlieren | vuil = schmutzig

Voor mij is de situatie duidelijk en we hoeven er dus *geen woorden aan vuil te maken.*

(2) niet (goed) uit zijn woorden komen (iets niet goed kunnen formuleren) ▸ nach Worten ringen

Jan kan echt niet goed uit zijn woorden, ik vraag me af hoe hij tot professor heeft kunnen worden benoemd.

(2) iemand bepaalde woorden in de mond leggen (iemand opzettelijk verkeerd citeren) ▸ Jdm das Wort im Munde umdrehen

De minister heeft mij woorden in de mond gelegd, die ik nooit zo gezegd heb.

(3) hoge woorden met iemand hebben (ruzie met iemand hebben) ▸ sich mit jdm streiten

☞ *Hoge woorden* sind unfreundliche, heftige Worte.

We zijn na al die jaren nog steeds vrienden en we *hebben nog nooit hoge woorden met elkaar gehad.*

Siehe auch **een aanvaring met iemand hebben, Hoekse en Kabeljauwse twisten, met iemand overhoop liggen**.

(3) met twee woorden spreken (beleefd antwoorden [bijv. ja, mijnheer; nee, mama]) ▸ höflich antworten

Vroeger leerden de kinderen nog *met twee woorden te spreken.* Dat is echter allang voorbij.

worst

* dat *zal* me worst *wezen*! ▸ das ist mir wurst/wurscht!

☞ *Wezen* ist eine alte Form von *zijn.*

(3) wat zeg je?- Of je worst lust! (gezegd als geërgerde reactie wanneer iemand een vraag herhaaldelijk niet verstaat) ▸ Was sagst du?- Bist du taub? Sitzt du auf deinen Ohren?

☞ Wörtlich: Als ob du gern Wurst haben würdest. Die Etymologie ist nicht geklärt.

Toen hij vor de derde keer vroeg ‚Wat zeg je?‘ antwoordde ik: *‚Of je worst lust!‘*

W

wortel

* iets met *wortel en tak* uitroeien ▸ etwas met *Stumpf und Stiel* ausrotten

Z

zaad

(3) op zwart zaad zitten (zonder geld zitten) ▸ knapp bei Kasse sein
☞ Diese Redewendung bezog sich zuerst auf Kanarienvögel, die man mit schwarzen und weißen Samenkörnchen fütterte. Sie fraßen lieber die weißen, aber wenn die alle waren, mussten sie auch die schwarzen fressen.
Je zou je broer wat geld moeten lenen, *hij zit al maanden op zwart zaad!*

Siehe auch **het kan er niet af, in de brand zitten, het niet breed hebben, dat kan Bruin(tje) niet trekken, geen rooie cent hebben, geen rooie duit bezitten, de eindjes niet aan elkaar kunnen knopen, aan de grond zitten, pijn in zijn portemonnee hebben, platzak zijn**.

zadel

* *stevig* in het zadel zitten ▸ *fest* im Sattel sitzen

(3) iemand in het zadel helpen (iemand aan een goede positie helpen) ▸ jdm den Steigbügel halten
Ik zal nooit vergeten dat mijn oud-leraar me bij mijn eerste betrekking *in het zadel geholpen heeft.*

zak

* in zak en as *zitten* ▸ in Sack und Asche *gehen*

(3) die kun je zo in je zak steken! (die is geen partij voor jou! jij bent veel beter dan hij! ▸ den kannst du um den Finger wickeln!
De minister denkt dat hij de oppositie zo *in zijn zak kan steken.*

Siehe auch **iemand te slim af zijn, iemand kunnen verkopen, terwijl hij erbij staat**.

(3) het kan me geen zak schelen! (siehe dat zal me een zorg zijn)
☞ *De zak* ist hier *de balzak*, der Hodensack.

zaken

* zaken zijn zaken! ▸ Geschäft ist Geschäft!

Z

zand

* *zand* erover! ▸ *Schwamm* drüber!

☞ Ehe es Löschpapier gab, streute man Sand auf die frische Tinte, damit sie schneller trocknen konnte.

Siehe auch **(met) de hand over het hart strijken, de spons erover**.

* in het zand bijten ▸ ins Gras beißen

☞ Ursprünglich bezog sich diese Redewendung auf Turniere und Ritterkämpfe. Wer besiegt wurde, fiel mit dem Gesicht in den Sand oder ins Gras.

Siehe auch **zijn laatste adem uitblazen, op apegapen liggen, ten dode opgeschreven zijn, op sterven na dood zijn, eraan gaan, het hoekje om gaan, het niet lang meer maken, het loodje leggen, de pijp aan Maarten geven, de pijp uit gaan, in het stof bijten**.

(3) als los zand aan elkaar hangen (geen samenhang hebben) ▸ keinen Zusammenhalt haben

De plannen van de regering *hangen als los zand aan elkaar.*

zee

* geen *zee* gaat hem te hoog! ▸ kein *Berg* ist ihm zu hoch!

☞ Der Unterschied zwischen einem flachen Seefahrerland und einem bergigen Land!

Siehe auch **zijn mannetje staan, hij staat voor niets, voor geen kleintje vervaard zijn**.

(1) een zee van tijd hebben (heel veel tijd hebben) ▸ sehr viel Zeit haben

We hoeven ons niet te haasten, *we hebben een zee van tijd.*

(2) met iemand in zee gaan (met iemand zaken doen; zich met iemand inlaten) ▸ sich mit jdm einlassen

Ik zou nooit *met iemand in zee gaan,* die ik niet voor 100% vertrouw.

zeep

(3) iets/iemand om zeep helpen/brengen (1. iets verknoeien, een eind maken aan iets; 2. iemand doden) ▸ 1. etwas verknallen; 2. jdm den Garaus machen

☞ Zuerst bedeutete *om zeep gaan* ‚Seife kaufen gehen'. Dann sagte man das als Entschuldigung, um wegzugehen. Danach einfach ‚weggehen' und daraus entwickelte sich ‚sterben'.

1. Deze krant beweert dat onze leescultuur *om zeep is gebracht.*

2. Dit is nu al de derde journalist die door de mafia *om zeep is gebracht.*

Siehe auch (zu 2.) **iemand van kant maken**.

zeggen

* *het voor* het zeggen hebben ▸ das Sagen haben

Siehe auch **de boventoon voeren**.

(1) zeg nu zelf! (dat vind je toch ook, of niet?) ▸ nicht wahr?

Als je de eerste keer dat je naar de vergadering gaat al onvriendelijk ontvangen wordt, dan ga je toch geen tweede keer! *Zeg nu zelf!*

(1) daar is/valt wel iets voor te zeggen! (dat is misschien wel een goed idee) ▸ das hat viel für sich!

Een compromis sluiten met de regering, *daar valt wel iets voor te zeggen.*

(1) (wijn of bier ...) je zegt het maar! (je mag zelf beslissen!) ▸ du hast die Wahl!

Wat wil je drinken, wijn, bier of spuitwater? *Je zegt het maar!*

zegje

(2) zijn zegje willen doen (zijn mening willen uiten) ▸ seinen Senf dazu geben wollen

Ook al wist Jan niets van de zaak af, *hij wilde toch zijn zegje doen.*

Siehe auch **een duit in het zakje doen, zijn ei niet kwijt kunnen, hij moest zo nodig ook wat zeggen, spuit elf geeft ook modder**.

zeil

(2) onder zeil gaan (gaan slapen) ▸ schlafen gehen

☞ Wörtlich: Unter Segel gehen

Ik ben zo moe dat ik vandaag al vroeg *onder zeil ga.*

Siehe auch **een dutje doen, een hazenslaapje doen, een uiltje knappen, onder de wol kruipen**.

zeilen

* alle zeilen *bijzetten* ▸ alle Segel *aufziehen*

Siehe auch **alles op alles zetten, de bramzeilen bijzetten, kosten noch moeite sparen, alle registers opentrekken, alles in de waagschaal stellen, alles in het werk stellen**.

zenuwen

(3) een en al zenuwen zijn (siehe één brok zenuwen zijn)

zessen

(3) van zessen klaar zijn (veelzijdig zijn, erg handig zijn) ▸ in allen Sätteln gerecht sein

☞ Die 6 bezieht sich hier auf die 2 Augen und die 4 Beine eines Pferdes. Wenn diese 6 Körperteile in Ordnung waren, glaubte man, dass das Pferd gesund sei. *Klaar* bedeutet hier ‚gesund sein', ‚keine Krankheiten haben'.

Deze bejaarde vrouw *was van zessen klaar*, want naast haar herberg baatte ze ook nog een slagerij uit.

Siehe auch **heel wat in huis hebben, van alle markten thuis zijn, heel wat in zijn mars hebben**.

ziel

(3) zijn ziel en zaligheid voor iets over hebben (er alles voor over hebben, bereid zijn er alles voor te doen) ▸ sein Seelenheil für etwas hingeben

Voor de schone Helena hadden heel wat mannen *hun ziel en zaligheid over*.

(3) zijn ziel in lijdzaamheid bezitten (het onvermijdelijke gelaten ondergaan) ▸ sich in Geduld fassen | *de lijdzaamheid* = die Geduld

☞ Zuerst sagte Jesus das zu seinen Jüngern.

Je mag niet zo ongeduldig zijn! Je moet gewoon *je ziel in lijdzaamheid bezitten.*

(3) met zijn ziel onder zijn/de arm lopen (doelloos rondlopen, omdat men zich verveelt) ▸ nichts mit sich anzufangen wissen

☞ Die Etymologie ist nicht bekannt.

Sinds zijn vrouw hem verlaten heeft, *loopt Jan met zijn ziel onder de arm.*

(3) iemand op zijn ziel trappen (iemand erg beledigen) ▸ jdn schwer beleidigen | trappen = treten

Homoseksuelen voelen zich door de uitspraak van de paus *op hun ziel getrapt.*

Siehe auch **iemand tegen het zere been schoppen, iemand op het hart trappen, iemand op zijn pik trappen**.

zien (siehe gezien)

Z

zier

(2) er geen zier van begrijpen (siehe er geen bal van begrijpen) | de zier = etwas sehr Kleines

(3) dat kan me geen zier schelen (siehe dat zal me een zorg zijn/wezen)

zijspoor

* iemand op een zijspoor *zetten* ▸ jdn auf ein Abstellgleis *schieben*

zingen

(3) voor het zingen de kerk uit gaan (zich terugtrekken voor de ejaculatie, coïtus interruptus) ▸ vorher aussteigen

☞ Der Gottesdient wird mit Gesang abgeschlossen.

Vrouwen hebben er de pest aan als mannen *voor het zingen de kerk uit gaan.*

zinnen

(2) zijn zinnen op iets zetten (iets per se willen bereiken of bezitten) ▸ sich etwas in den Kopf setzen

☞ *Zijn zinnen* bedeutet hier ‚seine Aufmerksamkeit, sein Interesse'.

De Amerikaanse president *heeft zijn zinnen gezet op* de vermindering van de Chinese invloed.

(3) dat verzet de zinnen (dat ontspant) ▸ das verschafft Ablenkung

☞ *Verzetten* bedeutet hier ‚verändern'.

Wie de hele week hard gewerkt heeft, moet ook af en toe eens *zijn zinnen verzetten.*

zitten

* het *zit* me tot hier! ▸ es *steht* mir bis hier!

Siehe auch **zijn bekomst van iets hebben, er de buik van vol hebben, het hangt me de keel uit, dat komt me de strot uit, ergens tabak van hebben**.

(1) het niet meer zien zitten (geen oplossing, geen uitweg meer zien) ▸ nicht wissen, wie es weitergehen soll

Ik doe niet meer mee, want *ik zie het niet meer zitten.*

Siehe auch **ergens geen gat in zien, in de put zitten**.

(1) met iets zitten ([zich] met iets geen raad weten) ▸ sich mit etwas keinen Rat wissen

Ik zit met iets waarbij jij me ook niet kunt helpen.

Z

(1) er zit niets anders op! (er is geen andere oplossing) ▸ es geht nicht anders! es gibt keine andere Lösung!

We moeten proberen de zaak tot een goed einde te brengen, *er zit niets anders op!*

Siehe auch **daar valt niet aan te tornen**.

(1) dat zit er weer op! de vakantie zit er weer op! (dat werk is weer gedaan! de vakantie is weer voorbij) ▸ das hätten wir geschafft! die Ferien sind schon wieder vorbei!

☞ Vielleicht ist mit *op op het weefgetouw* (der Webstuhl) gemeint.

De vakantie zit er op en nu moeten we weer aan het werk!

(2) het er niet bij laten zitten (iets niet accepteren en de nodige maatregelen treffen) ▸ es nicht dabei bewenden lassen

Die man heeft me zwaar beledigd en *daar laat ik het niet bij zitten*, ik zal een klacht tegen hem indienen.

Siehe auch **ja, dag, dat doet de deur dicht, iets niet kunnen hebben, iets niet over zijn kant laten gaan, iets niet nemen, iets niet pikken**.

(2) laat maar zitten! (1. laat het maar zoals het is! 2. ik hoef geen geld terug!) ▸ 1. lass nur! 2. stimmt so!

1. *Laat maar zitten!* Het beste is niet te reageren.

2. 19 euro? Hier heb je 20 euro, *laat maar zitten!*

zoden

(2) dat zet geen zoden aan de dijk (dat helpt niet veel, dat levert weinig op) ▸ das macht den Kohl auch nicht fett | *de zode* = die Plagge

☞ In den Niederlanden werden die Deiche mit Rasenstücken verstärkt.

Je hebt me wel met 100 euro geholpen, maar *dat zet geen zoden aan de dijk.*

Siehe auch **daar ben je mooi mee gezegend**.

zonnetje

(2) iemand in het zonnetje zetten (iemend fêteren, prijzen) ▸ jdn feiern

☞ Wieder die typische Verkleinerungsform!

De arbeiders van het bedrijf hebben gisteren de directeur *in het zonnetje gezet.*

Siehe auch **iemand de hemel in prijzen, de loftrompet over iemand steken, hoog opgeven van iemand, (veel) met iemand/iets ophebben, over het paard getild**.

zorg

(2) dat zal me een zorg zijn/wezen! (dat kan me niet schelen!) ▸ das ist mir egal! das ist nicht mein Bier!
☞ Gemeint ist das Gegenteil, nämlich ‚das ist keine Sorge für mich'.
Dat hij niet meer wil deelnemen aan ons project, *dat zal me een zorg zijn!*

Siehe auch **dat kan me geen barst schelen, het is me om het even, dat kan me geen fluit schelen, ik maal er niet om, dat kan me geen moer schelen, daar word ik warm noch koud van, dat kan me geen zak schelen, dat kan me geen zier schelen**.

zout

(3) het zout in de pap niet waard zijn (niets waard zijn) ▸ keinen Schuss Pulver wert sein
Met die man kan ik niet samenwerken, *die is het zout in de pap niet waard.*

Siehe auch **geen knip voor de neus waard zijn, geen sikkepit waard zijn, geen pijp tabak waard zijn**.

(3) zo zout heb ik het nog niet gegeten! (zo erg heb ik het nog niet meegemaakt!) ▸ so ein starkes Stück habe ich noch nicht erlebt!
In dat peperdure hotel was de ontvangst al onvriendelijk, maar ook de douche deed het niet en bovendien waren er bloedvlekken op de lakens. *Zo zout heb ik het nog niet gegeten!*

zuinig

(3) zuinig kijken (kijken alsof men iets niet erg leuk vindt, teleurgesteld zijn) ▸ verdrießlich dreinschauen | zuinig = sparsam
Waarom kijk je zo zuinig? Is er iets aan de hand?

zuiver

(3) niet helemaal zuiver op de graat zijn (niet helemaal eerlijk, niet volledig betrouwbaar zijn) ▸ ein unsicherer Kantonist sein | de graat = die Fischgräte
☞ Diese Redewendung bedeutete ursprünglich, dass der Fisch nicht mehr frisch war. Daher später: Nicht vertrauenswürdig.

Volgens mij is dat bedrijf *niet helemaal zuiver op de graat.*

Siehe auch **dat is geen zuivere koffie, dat is niet helemaal koosjer**.

zuur

* dat zal hem zuur *opbreken*! ▸ das wird ihm sauer *aufstoßen*!

zwaaien

(2) (als je dat doet) dan zwaait er wat voor je! (dan krijg je een flinke uitbrander!) ▸ (wenn du das tust,) kannst du was erleben!
☞ Bei *zwaaien* denkt man an das Schwingen der Hände beim Zuschlagen.
Als je zoiets tegen je leraar zegt, *dan zwaait er wat voor je!*

Siehe auch **op z'n donder krijgen, op z'n duvel krijgen, ervanlangs krijgen, op het matje geroepen worden, een uitbrander krijgen, een veeg uit de pan krijgen, de wind van voren krijgen**.

zwaan-kleef-aan

(3) een zwaan-kleef-aan effect (het feit dat een bepaalde handeling een kettingreactie uitlokt, waarbij steeds meer mensen hetzelfde willen doen) ▸ sagt man, wenn eine bestimmte Handlung bei andern eine Art Kettenreaktion verursacht
☞ Diese Redewendung findet ihren Ursprung in einem von Grimms Märchen (*Die goldene Gans*), in dem jeder, der eine Zaubergans berührt, an ihr hängen bleibt, und jeder, der das Opfer berührt, auch an diesem hängen bleibt.
Nadat zich een tiental vrijwilligers via Twitter aangemeld had, kwamen er opeens enkele honderden bij: een typisch *zwaan-kleef-aan effect.*

zwang

* *in* zwang zijn ▸ *im* Schwang*e* sein
Siehe auch **gretig aftrek vinden, als warme broodjes over de toonbank gaan, grif van de hand gaan, het loopt als een trein, goed in de markt leggen, opgang maken, opgeld doen, in trek zijn**.

zweep

(2) het klappen van de zweep kennen (weten hoe iets gedaan moet worden) ▸ seine Sache verstehen

☞ Damit ist die Peitsche des Kutschers gemeint, deren Knallen das Pferd genau kennt.

De nieuwe directeur heeft veel ervaring, *hij kent het klappen van de zweep.*

Siehe auch **gepokt en gemazeld zijn, van wanten weten, door de wol geverfd**.

zwier

(2) aan de zwier zijn/gaan (uitgaan en pret maken) ▸ einen draufmachen

☞ *Zwier* ist abgeleitet von *zwieren* (torkeln), weil man zu viel getrunken hat.

Wat is dat voor lawaai? *Zijn de studenten weer aan de zwier?*

Siehe auch **de bloemetjes buitenzetten, aan de boemel zijn**.

zwijgen (Substantiv)

* iemand *het* zwijgen opleggen ▸ jdm Schweigen auf*er*legen

(2) er het zwijgen toe doen (verder niets meer zeggen) ▸ sich über etwas ausschweigen

Ik wil verder niets meer over die zaak zeggen, het is beter *er het zwijgen toe te doen.*

zwijgen (Verb)

* in *alle* talen zwijgen ▸ in *sieben* Sprachen schweigen

Liste niederländisch-deutscher Vergleiche

I Mit Adjektiven

A	
zo **arm** als een kerkrat	arm wie eine Kirchenmaus
B	
zo **bang** als een wezel (Wiesel)	so bang wie ein Hase
doods**bang** zijn	eine Heidenangst haben
zo **behaard** als een aap	so behaart wie ein Affe
bekend staan als de bonte hond	so bekannt sein wie ein bunter Hund
straal**bezopen**	so blau wie ein Veilchen, sternhagelvoll
zo **bitter** als gal	so bitter wie Chicorée, wie Galle
zo **bleek** als de dood	so bleich wie der Tod
zo **blij** als een kind, dol**blij**, ziels**blij**	sich freuen wie ein Schneekönig
steke**blind** (aus *stokblind*)	so blind wie ein Maulwurf
kakel**bont** (*kakelen* = sich abheben, von Farben), zo **bont** als een ekster (Elster)	so bunt wie ein Regenbogen
zo **boos** als een spin	stinksauer
hemels**breed** (een - verschil)	himmelweit (ein -er Unterschied)
poep**bruin**	kackbraun
zo **brutaal** als de beul, als de pest, honds**brutaal**	rotzfrech
D	
oer**degelijk**	grundsolide
pot**dicht**	fest verschlossen; verstopft (Verkehr)
zo **dik** als een olifant, als een ton, als een pad (*pad* = Kröte)	so dick wie ein Schwein, ein Fass
zo **dom** als het achtereind van een varken, als een ezel, olie**dom**, oer**dom**, aarts**dom**	strohdumm
als de **donder**	blitzschnell

zo **donker** als de nacht, pikke**donker**, pik**donker** (*pik* = Pech)	stockdunkel
zo **dood** als een pier, mors**dood**	mausetot, so tot wie eine Kirchenmaus
zo **doof** als een kwartel (*kwartel* = Wachtel), stok**doof**, pot**doof**	stocktaub
zo **dronken** als een tor (Käfer), stom**dronken**	so blau wie ein Veilchen
gort**droog** (*gort* = Graupen)	stinklangweilig
kurk**droog** (*kurk* = Korken)	sehr trocken
zo **droog** als leer (Zunge, Lippen ...)	knochentrocken
flinter**dun** (*flinter* = Scheibchen)	hauchdünn
peper**duur**	sündhaft teuer
E	
dood**eenvoudig**	kinderleicht
ras**echt**	waschecht
stront**eigenwijs**	dickschädelig
F	
haar**fijn**	haargenau
piek**fijn** (*piek* = Spitze)	tipptopp, picobello
rag**fijn** (*rag* = Spinngewebe)	hauchdunn
zo **fit** als een hoentje	topfit
G	
zo **geil** als boter	so scharf wie ein Rasiermesser (Sex)
zo **gek** als een (draai)deur, knetter**gek**, knots**gek**	total verrückt
dol**gelukkig**, ziels**gelukkig**	überglücklich
dood**gemakkelijk**	kinderleicht
zo **gemeen** als de pest, honds**gemeen**	hundsgemein
zo **gesloten** als een oester (*oester* = Auster)	so verschwiegen wie ein Grab
levens**gevaarlijk**	lebensgefährlich, brandgefährlich
dood**gewoon**	ganz normal
oer**gezellig**	urgemütlich

zo **gezond** als een vis, kern**gezond**, oer**gezond**	kerngesund, so gesund wie ein Fisch im Wasser
zo **gierig** als de pest	sehr geizig
aal**glad**	aalglatt
steen**goed**, bere**goed**	fabelhaft, spitze
ziels**goed**	herzensgut
dol**graag**, ziels**graag**	liebend gern
zo **grijs** als een duif (Haar)	silbergrau
levens**groot**	riesengroß
gods**gruwelijk**	entsetzlich, scheußlich
H	
zo **hard** als steen, als staal, kei**hard**, bikkel**hard** (*bikkel* = Schafsknochen), knal**hard**	steinhart, stahlhart, knallhart
bloed**heet**, snik**heet** (*snik* = Schluchzer); wit**heet**	bullenheiß; fuchsteufelswild
zo **helder** als glas, als kristal, glas**helder**, kraak**helder**, kristal**helder**	glasklar, sonnenklar
kraak**helder**	blitzsauber
zo **helder** als koffiedik (*koffiedik* = Kaffeesatz)	klar wie dicke Tinte
toren**hoog**, hemel**hoog**	haushoch
J	
stik**jaloers**	rasend eifersüchtig
piep**jong**, bloed**jong**	blutjung
K	
zo **kaal** als een biljartbal, als een knikker	eine Spielwiese auf dem Kopf haben
dood**kalm**	seelenruhig
zo **klaar** als een klontje, zonne**klaar**	so klar wie Kloßbrühe, sonnenklar
piep**klein**	klitzeklein, winzig
zo **knorrig** als een stekelvarken	kratzbürstig
zo **koppig** als een ezel	so störrisch wie ein Esel
ijs**koud**, steen**koud**, bere**koud**	eiskalt
zo **koud** als een kikker	gefühllos
zo **krom** als een banaan	furchtbar krumm

L	
zo **lek** als een mandje, als een zeef	so leck wie ein Sieb
reuze**lekker**	sehr lecker
kip**lekker**	pudelwohl
zo **lelijk** als de nacht, oer**lelijk**, foei**lelijk**	grundhässlich
zo **lenig** als een kat	geschmeidig wie eine Katze
reuze**leuk**	riesig nett
dood**leuk**	in aller Gemütsruhe
poes**lief**	katzenfreundlich
bloed**link** (*link* = brenzlig)	verdammt riskant
zo **lui** als een varken, als de pest, aarts**lui**	stinkfaul, erzfaul
M	
zo **mager** als een lat, een hout, brood**mager**	spindeldürr, so mager wie ein Hering
zo **mak** als een lammetje, als een schaap	lammfromm
zo **mals** als boter	butterweich
zo **misselijk** als een kat, kots**misselijk**	speiübel
zo **moe** als een hond, dood**moe**, honds**moe**	todmüde, hundsmüde
honds**moeilijk**	verdammt schwer
zo **mooi** als een bloem, bloed**mooi**	bildschön, bildhübsch
N	
poedel**naakt**, spier**naakt**, moeder**naakt**	splitternackt, pudelnackt
zo **nat** als een (verzopen) kat, klets**nat**, door**nat**	so nass wie ein begossener Pudel, klatschnass
splinter**nieuw**, gloed**nieuw**, spiksplinter**nieuw**, fonkel**nieuw**, nagel**nieuw**	(funkel) nagelneu
zo **nijdig** als een spin, pis**nijdig** (*nijdig* = wütend)	fuchsteufelswild
brood**nodig**, hoog**nodig**	dringend nötig
brood**nuchter**	stocknüchtern

O	
zo **onschuldig** als een pasgeboren lam	so unschuldig wie ein Lamm, wie ein neugeborenes Kind
zo **oud** als de weg naar Rome	so alt wie die Welt
P	
zo **plat** als een dubbeltje (*dubbeltje* = Zehncentstück)	so platt wie eine Flunder, wie ein Bügelbrett
R	
kaars**recht**	kerzengerade
schat**rijk**	steinreich
kogel**rond**, bol**rond**	kugelrund
zo **rood** als een kreeft, vuur**rood**, knal**rood**	so rot wie eine Tomate, knallrot
zo **rot** als een mispel	total verfault, morsch
knal**roze**	bonbonrosa
S	
oer**saai**	stinklangweilig
haar**scherp** ; vlijm**scherp**	haarscharf; messerscharf; beißend (Worte)
brand**schoon**	blitzsauber, makellos
bloed**serieus**, dood**serieus**	todernst
dood**simpel**	kinderleicht
zo **slank** als een den	so schlank wie eine Tanne
zo **slap** als een vaatdoek (*vaatdoek* = Spültuch)	matt und schlapp
zo **slim** als een vos	so klug wie eine Schlange
zo **smerig** zijn als de pest	vor Dreck starren
zo **snel** als de bliksem, razend**snel**, pijl**snel**	blitzschnell
zo **sterk** als een beer, een leeuw, een paard, ijzer**sterk**, oer**sterk**, bere**sterk**	so stark wie ein Elefant
zo **stijf** als een plank, als een hark	so steif wie ein Brett
zo **stil** als een muis, dood**stil**, muis**stil**	(mucks)mäuschenstill
zo **stom** als het achtereind van een varken	strohdumm

T	
zo **taai** als een schoenzool, als leer	so zäh wie Leder
ziels**tevreden**	zutiefst zufrieden
tieren als een bezetene	herumtoben wie ein Verrückter
zo **traag** als een slak	so langsam wie eine Schnecke
zo **trots** als een pauw, als een aap, ape**trots**	stolz wie Oskar, so eitel wie ein Pfau
U	
uitgaan als een nachtkaars	ausgehen wie das Hornberger Schießen
iemand **uitknijpen** als een citroen	jdn auspressen wie eine Zitrone
V	
zo **vals** als een kat, als een slang	so falsch wie eine Katze, eine falsche Schlange
muur**vast** (onderhandelingen)	die Verhandlungen sind festgefahren
rots**vast** (vertrouwen)	unerschütterliches Vertrauen
stom**verbaasd**	platt, baff
snip**verkouden**	einen Stockschnupfen haben
smoor**verliefd**	verknallt
kers**vers**	taufrisch
kakel**vers** (eieren)	ganz frisch
oer**vervelend**, stom**vervelend**, dood**vervelend**	stinklangweilig, todlangweilig
zo **vet** als modder (*modder* = Schlamm), als een varken, als een mol (*mol* = Maulwurf)	so fett wie ein Schwein
zo **vlijtig** als een spinnetje, als een bij	so emsig wie eine Biene, bienenfleißig
zo **vlug** als water, vliegens**vlug**	blitzschnell
zo **vol** als een ei, bom**vol**, boorde**vol**, prop**vol**, stamp**vol**, tjok**vol** (aus engl. *chock-full*), ei**vol**	gerammelt voll
W	
wagen**wijd**	sperrangelweit
zo **wijs** als een slang, als een uil	so weise wie eine Eule

zo **wit** als sneeuw, spier**wit**, hagel**wit**, sneeuw**wit**	schneeweiß
zo **wit** als een doek, als een laken, als een lijk	totenblass
Z	
zo **zacht** als boter, boter**zacht** ; fluweel**zacht**	butterweich; samtweich
zo **zat** als een aap, als een kanon, als een maleier, ladder**zat**, stront**zat**, ape**zat**	sternhagelvoll
iets spuug**zat** zijn	von etwas die Nase gestrichen voll haben
zo **zeker** als een huis, als tweemaal twee vier is	todsicher, so sicher wie das Amen in der Kirche
zo **ziek** als een hond, dood**ziek**	todkrank
suiker**zoet** ; mier**zoet** (mier = Ameise)	zuckersüß, widerlich süß
stapel**zot**	total verrückt
loep**zuiver**	lupenrein
lood**zwaar**	so schwer wie Blei
zo **zwart** als roet, als ebbenhout, git**zwart**, pik**zwart**, inkt**zwart**, raven**zwart** (haar), kool**zwart** (ogen)	(kohl)rabenschwarz

II Mit Verben

A	
afgaan als een gieter (*afgaan* = sich blamieren; de gieter = die Gießkanne)	sich fürchterlich blamieren
B	
balen als een stier (*balen* = genug von etwas haben)	die Nase gestrichen voll haben
beven als een rietje/als een riet	zittern wie Espenlaub
bloeden als een rund	bluten wie ein Schwein
branden als een fakkel	brennen wie Zunder
briesen als een paard	schnaufen wie ein Walross

buigen als een knipmes (*knipmes* = Klappmesser)	einen Bückling machen
D	
draaien als een molen	wetterwendisch sein
drinken als een tempelier (*tempelier* = Templer)	saufen wie ein Loch
E	
zich groen en geel **ergeren**, zich dood **ergeren**	sich schwarz ärgern
eruitzien als melk en bloed	kerngesund aussehen
eten als een wolf	essen wie ein Scheunendrescher
G	
geld hebben/verdienen als water	Geld haben/verdienen wie Heu
gillen als een mager varken	schreien wie ein gestochenes Schwein
groeien als Kohl	prächtig gedeihen
H	
als klitten **aan elkaar hangen**	zusammenhalten wie Pech und Schwefel
hijgen als een (post)paard	keuchen wie ein Ackergaul
honger hebben als een paard	einen Bärenhunger haben
K	
iets **kennen** als zijn broekzak	etwas kennen wie seine Westentasche
kijken of men azijn gedronken heeft (*azijn* = Essig)	eine saure Miene machen
kijven als een viswijf	schimpfen wie ein Rohrspatz
dat **klopt** als een bus/als een zwerende vinger (*bus* = Büchse; aus *dat sluit als een bus*)	das stimmt haargenau
kotsen als een reiger	reihern
L	
zich een ongeluk **lachen**, zich rot **lachen**, zich een bult **lachen** (*bult* = Höcker), zich kapot **lachen**	sich einen Ast lachen
leven als God in Frankrijk	leben wie Gott in Frankreich

liegen of het gedrukt staat	lügen wie gedruckt, lügen, dass sich die Balken biegen
op elkaar **lijken** als twee druppels water	sich gleichen wie ein Ei dem andern
lopen als een trein	weggehen wie warme Semmeln
lopen als een kievit, als een haas	laufen wie ein Wiesel
lopen als een kip die haar ei niet kwijt kan	unruhig auf und ab laufen
R	
reageren als door een adder gebeten	reagieren, wie von einer Tarantel gestochen
roken als een ketter, als een schoorsteen	rauchen wie ein Schlot
S	
schelden als een viswijf	keifen wie ein Marktweib
als paddestoelen **uit de grond schieten**	aus dem Boden schießen wie Pilze
schreeuwen als een mager varken	schreien/brüllen wie am Spieß
zich een ongeluk **schrikken**, zich rot **schrikken**, zich kapot **schrikken**,	sich zu Tode erschrecken
slapen als een roos, als een os, als een marmot	schlafen wie ein Murmeltier
smelten als sneeuw voor de zon	schmelzen wie Schnee in/an der Sonne
snurken als een os	schnarchen wie ein Bär
spreken als een advokaat	sehr redegewandt sein
dat **staat** als een huis	das ist so sicher wie das Amen in der Kirche
stinken als een bunzing (*bunzing* = Stinktier), als de pest	stinken wie die Pest
T	
tekeergaan als een bezetene	toben wie ein Wilder, ein Besessener
trillen als een rietje	zittern wie Espenlaub
V	
iemand laten **vallen** als een baksteen	jdn fallen lassen wie eine heiße Kartoffel

vechten als een leeuw	kämpfen wie ein Löwe
zich **verspreiden** als een lopend vuurtje	sich verbreiten wie ein Lauffeuer
vloeken als een ketter	fluchen wie ein Bierkutscher
W	
zich een ongeluk **werken**, zich rot **werken**, zich uit de naad **werken**	sich totarbeiten, schuften
Z	
zinken als een baksteen (*baksteen* = Ziegelstein)	sinken wie ein Stein
zuipen als een tempelier	saufen wie ein Loch
zwemmen als een vis	schwimmen wie ein Fisch
zweten als een otter, als een paard	schwitzen wie ein Affe
zwijgen als het graf	schweigen wie ein Grab
zwoegen als een os	schuften wie ein Ochse

Bibliografie

Groot, Hans de: *Idioomwoordenboek. Verklaring en herkomst van uitdrukkingen en gezegden*, Utrecht/Antwerpen, 1999

Onze Taal, https://onzetaal.nl

Philippa, M. / F. Debrabandere / A. Quack / T. Schoonheim / N. van der Sijs: *Etymologisch Woordenboek van het Nederlands*, Amsterdam, 2003–2009

Sijs, N. van der: https://etymologiebank.nl

Stoett, F. A.: *Nederlandse spreekwoorden, uitdrukkingen en gezegden*, Zutphen, 1923–1925

Van Dale, *Groot woordenboek Nederlands–Duits*, Utrecht/Antwerpen, 2012

Van Dale, *Groot woordenboek van de Nederlandse taal*, Utrecht/Antwerpen, 2015

Veen, P. A. F. van / N. van der Sijs: *Etymologisch Woordenboek*, Utrecht/Antwerpen, 1989